Weg des Friedens von den Alpen bis zur Adria

Wander-Reise-Lesebuch an der Isonzofront

Drava
Drava Verlag · Založba Drava GmbH

WALK OF PEACE

Der Weg des Friedens von den Alpen bis zur Adria
Wander-Reise-Lesebuch an der Isonzofront
HERAUSGEBER UND VERLEGER: Drava Verlag – Založba Drava GmbH und
Ustanova „Fundacija Poti miru v Posočju" (Stiftung „Weg des Friedens im Sočatal")
AUTOR: Mag. Tadej Koren
REDAKTEURIN: Dr. Petra Testen Koren
ÜBERSETZUNG: Elke Arcet, Katja Sivec
KORREKTURLESER: Bernd Weisheit
GESTALTUNG: Matic Leban, Urška Alič
ERSTELLUNG DER KARTENAUSSCHNITTE: Kartografija d.o.o.
Klagenfurt *Celovec*, Kobarid, 2018

Drava Verlag – Založba Drava GmbH,
A-9020 Klagenfurt *Celovec* ◆ Gabelsbergerstraße 5/II
office@drava.at ◆ www.drava.at

CIP - Kataložni zapis o publikaciji
Narodna in univerzitetna knjižnica, Ljubljana

94(497.472/.473)"1915/1917"(036)
94(450.36)"1915/1917"(036)
796.51/.52(497.472/.473)(036)
796.51/.52(450.36)(036)

KOREN, Tadej
Der Weg des Friedens von den Alpen bis zur Adria : Wander-Reise-Lesebuch an der Isonzofront / [Autor Tadej Koren ; Übersetzung Elke Arcet, Katja Sivec ; Erstellung der Kartenausschnitte Kartografija]. - Klagenfurt = Celovec : Drava ; Kobarid : Ustanova Fundacija Poti miru v Posočju, 2018

ISBN 978-3-85435-901-2 (Drava)
1. Gl. stv. nasl.
296036608

Weg des Friedens von den Alpen bis zur Adria

Wander-Reise-Lesebuch an der Isonzofront

WALK OF PEACE

Noch tobt der Krieg.
Aber endlich wird doch der Friede
alle Täler segnen, der alte Gottesfriede
gnadevoll über den Bergen ruhen.
Dann wollen wir unsere Gräber besuchen
und unseren Toten danken.

Dr. Julius Kugy, *Mein Krieg in den Julischen*

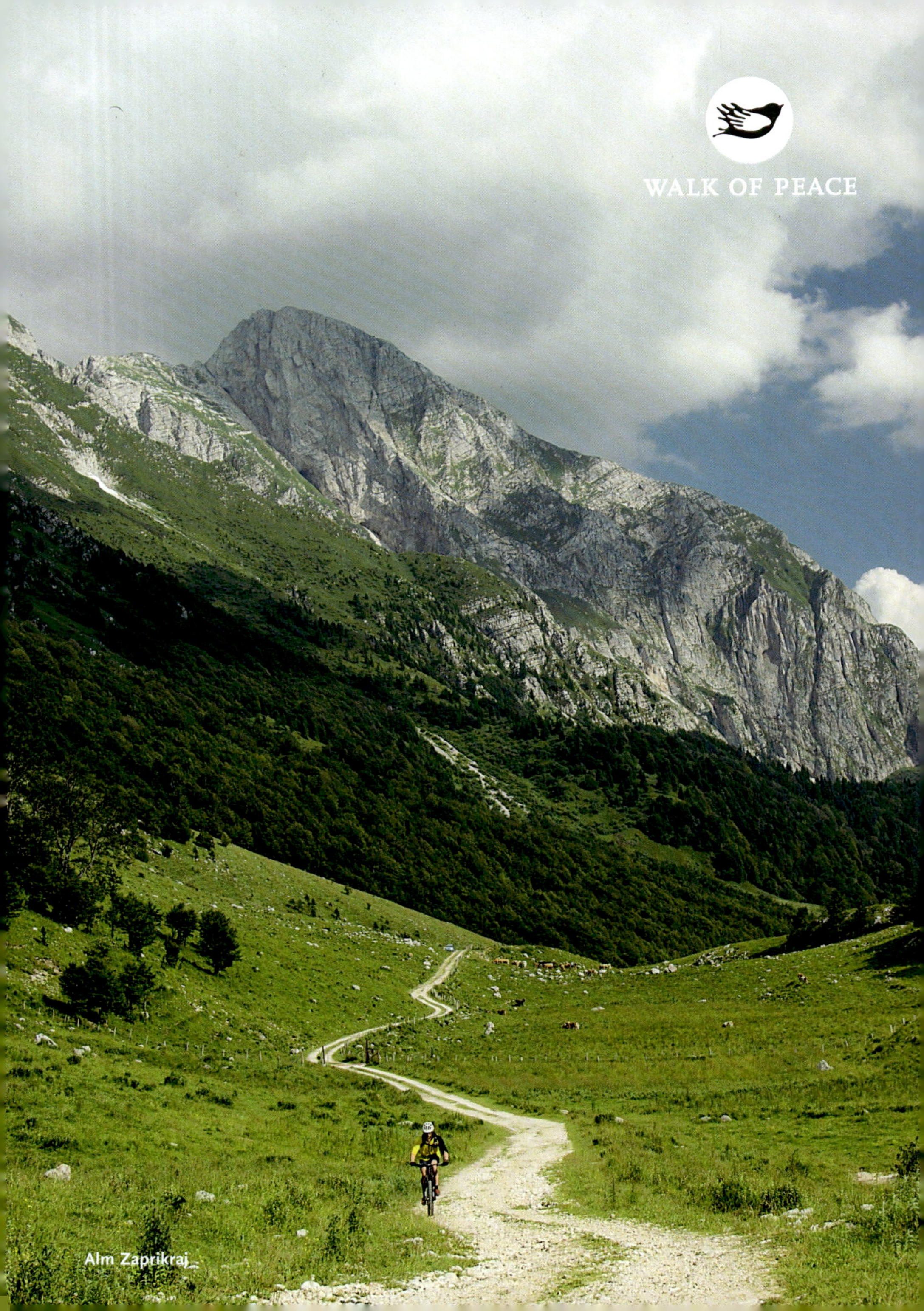
WALK OF PEACE
Alm Zaprikraj

Liebe Besucher des *Weges des Friedens*,

vor Ihnen liegt das Wander-Reise-Lesebuch der Isonzofront, welches versuchen wird, Ihnen das kulturhistorische Erbe der Ersten Weltkrieges näher zu bringen. Neben reichem Foto- und Kartenmaterial finden Sie hier Beschreibungen zu einzelnen historischen Punkten, die es sich lohnt zu besuchen. Das Wander-Reise-Lesebuch begleitet Sie auf den Spuren der Isonzofront, vorbei an den Gipfeln der Julischen Alpen im oberen Sočatal, durch die Goriška Region und den Karst bis hin nach Triest und der Küste des adriatischen Meeres. Im Text werden besonders die Freilichtmuseen erwähnt, die sich auf dem ehemaligen Gebiet der italienischen, bzw. österreichisch-ungarischen Frontlinie befanden und erneuert wurden. An diesen Stellen sind die Hinterlassenschaften des großen Krieges am Besten erhalten, erneuert und auch leicht zugänglich.

Die Hinterlassenschaften der Isonzofront stellen ein wichtiges lokales, regionales, nationales und internationales Erbe dar. Das Gebiet am Sočafluss aber wird zu einem transnationalen Ort für alle Völker, die hier am Fluss gekämpft haben.

Im Jahre 2016 wurde der *Weg des Friedens von den Alpen bis zur Adria – das Erbe des Ersten Weltkrieges* in die Vorschlagsliste des UNESCO Weltkulturerbes eingetragen. Die Nominierung wurde von der Republik Slowenien mit dem Wunsch unterstützt, dass dieser Eintrag ein Teil der transnationalen Vision wird.

Alles Gute auf dem Weg!

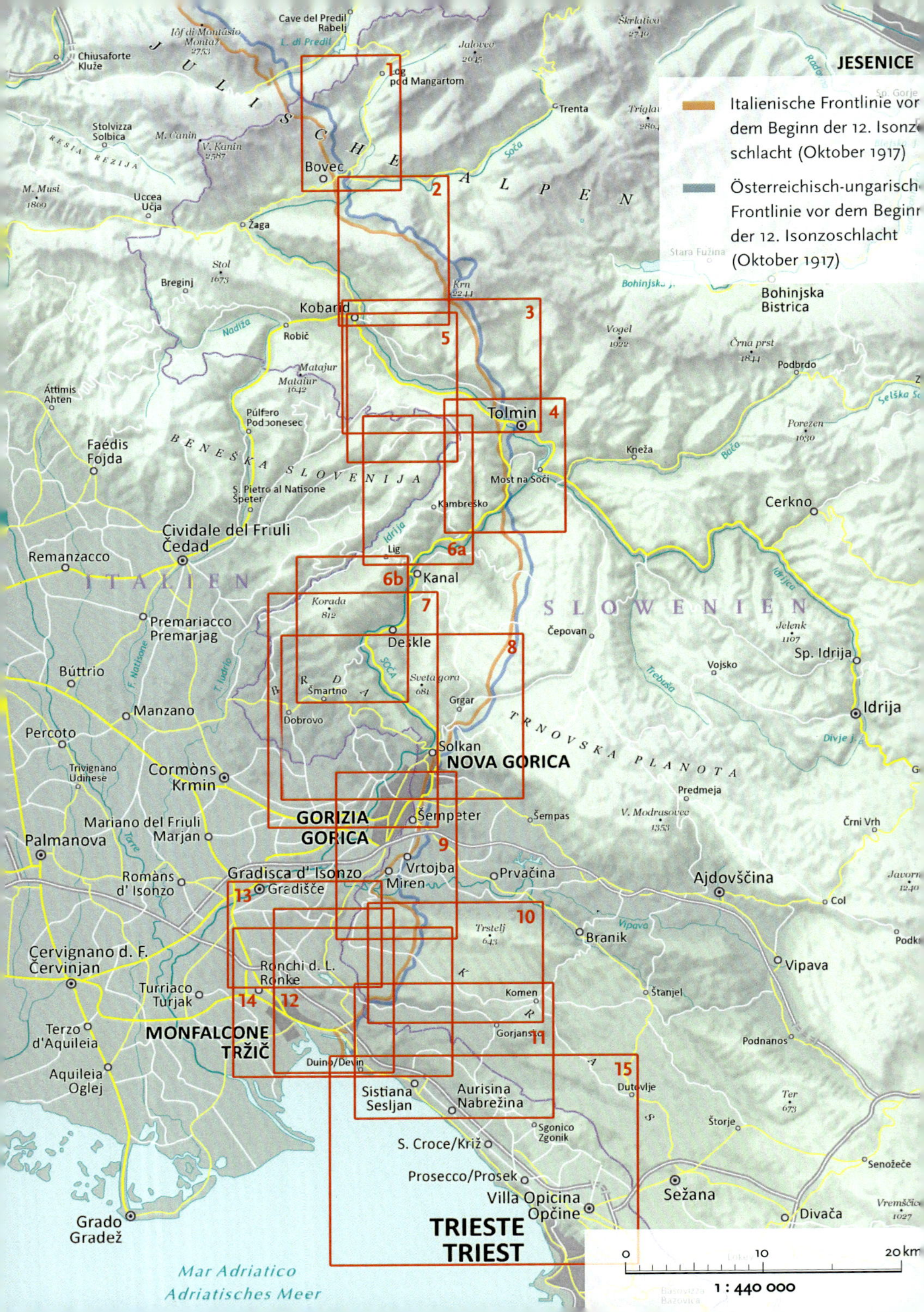
Italienische Frontlinie vor dem Beginn der 12. Isonzoschlacht (Oktober 1917)
Österreichisch-ungarische Frontlinie vor dem Beginn der 12. Isonzoschlacht (Oktober 1917)
JESENICE
JULISCHE ALPEN
BENEŠKA SLOVENIJA
ITALIEN
SLOWENIEN
TRNOVSKA PLANOTA
KRAS
Cave del Predil
Rabelj
L. di Predil
Jôf di Montásio
Montaž
2753
Chiusaforte
Kluže
Jalovec
2645
Škrlatica
2740
Log pod Mangartom
Trenta
Triglav
Soča
Stolvizza
Solbica
M. Canin
V. Kanin
2587
RESIA REZIJA
Bovec
M. Musi
1869
Uccea
Učja
Žaga
Stol
1673
Breginj
Krn
2244
Stara Fužina
Bohinjska Bistrica
Kobarid
Nadiža
Robič
Vogel
1922
Črna prst
1844
Podbrdo
Matajur
1642
Áttimis
Ahten
Púlfero
Podbonesec
Tolmin
Selška Sora
Faédis
Fojda
Porezen
1630
Kneža
Bača
Most na Soči
S. Pietro al Natisone
Špeter
Kambreško
Cerkno
Cividale del Friuli
Čedad
Idrija
Lig
Remanzacco
Kanal
Korada
812
Idrijca
Premariacco
Premarjag
Deskle
Čepovan
Jelenk
1107
Sp. Idrija
Búttrio
F. Natisone
T. Iudrio
Soča
Sveta gora
681
Vojsko
Trebuša
BRDA
Šmartno
Grgar
Idrija
Manzano
Dobrovo
Percoto
Solkan
NOVA GORICA
Divje j.
Trivignano Udinese
Cormòns
Krmin
Predmeja
GORIZIA
GORICA
Šempeter
Šempas
V. Modrasovec
1353
Črni Vrh
Mariano del Friuli
Marjan
Palmanova
Torre
Vrtojba
Miren
Prvačina
Ajdovščina
Javornik
1240
Romàns d' Isonzo
Gradisca d' Isonzo
Gradišče
Col
Trstelj
643
Vipava
Branik
Podkraj
Vipava
Cervignano d. F.
Červinjan
Ronchi d. L.
Ronke
Turriaco
Turjak
Štanjel
Komen
Terzo d'Aquileia
MONFALCONE
TRŽIČ
Gorjansko
Podnanos
Aquileia
Oglej
Duino/Devin
Dutovlje
Ter
673
Sistiana
Sesljan
Aurisina
Nabrežina
Štorje
Sgonico
Zgonik
S. Croce/Križ
Senožeče
Prosecco/Prosek
Sežana
Villa Opicina
Opčine
Vremščica
1027
Divača
Grado
Gradež
TRIESTE
TRIEST
Mar Adriatico
Adriatisches Meer
1
2
3
4
5
6a
6b
7
8
9
10
11
12
13
14
15
0
10
20 km
1 : 440 000

Verzeichnis

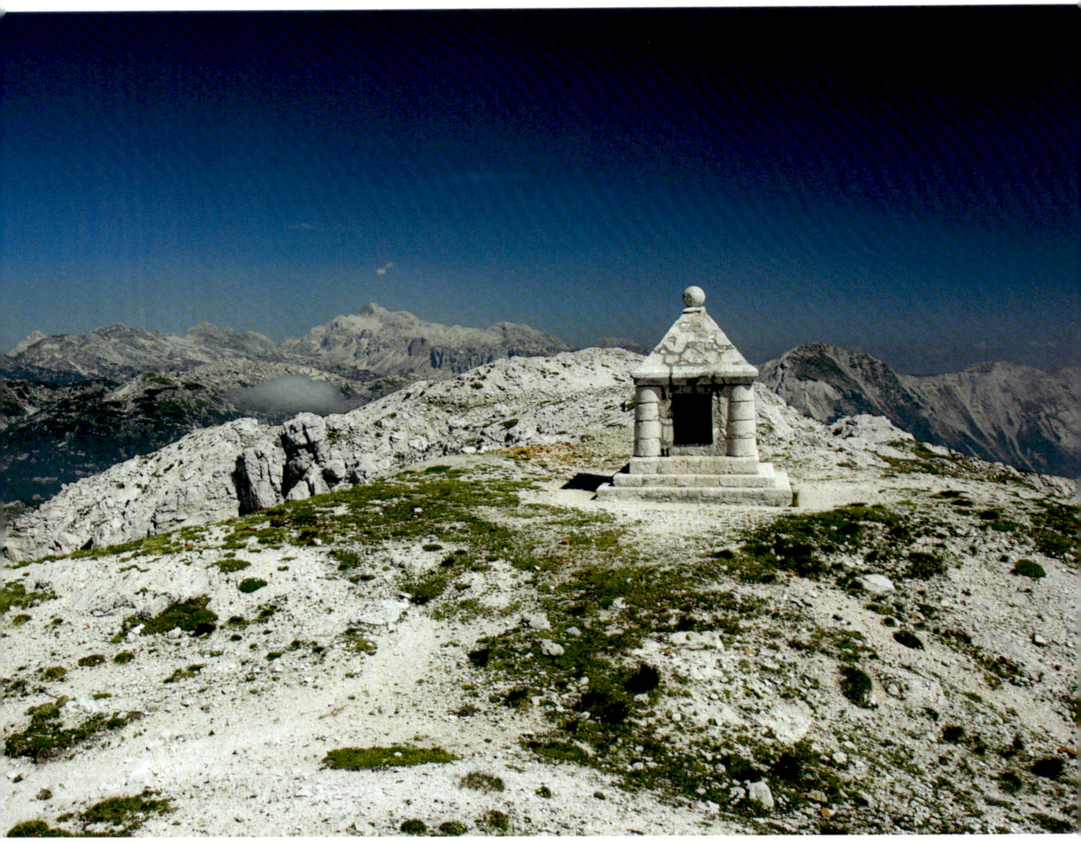

Denkmal der österreichisch-ungarischen 15. Gebirgsbrigade auf dem Berg Peski

Peter Fritz & Julia Walleczek-Fritz

Eine Spurensuche

Die Gipfel der Julischen Alpen strahlen im Sonnenlicht, im Tal fließt die Soča (Isonzo), die Karst-Landschaft zeigt sich in ihrer Kargheit und die Adria lockt mit dem kühlen Nass: Diese facettenreiche Landschaft des Alpen-Adria-Raumes, die sich von den Alpen bis ans Meer erstreckt, bietet große Abwechslung, lädt zum Verweilen ein und präsentiert sich uns heute friedlich und einladend. Sieht man genauer hin, dann entdeckt man vielerorts Erinnerungsmarken, die dieses Bild durchbrechen. Denn die Landschaft ist gezeichnet von den Spuren eines Krieges, der mittlerweile mehr als hundert Jahre zurückliegt. In dieser Region, entlang der sogenannten Isonzofront, hat zu Beginn des 20. Jahrhunderts der Erste Weltkrieg (1914–1918) Leid unter hunderttausenden Soldaten und Zivilisten gleichermaßen verursacht. Diese Front war Teil der sogenannten *Südwestfront* und ab Mai 1915 Schauplatz blutiger Kämpfe zwischen Österreich-Ungarn und Italien. Der Krieg hinterließ tiefe Spuren bei den Menschen, viele Traumata. Er brannte sich in ihre persönlichen Erinnerungen ein, die von einer Generation zur nächsten weitergegeben oder neu erzählt wurden. Die Kriegsereignisse haben das Landschaftsbild bis heute geprägt, sich darin eingeschrieben. Überreste von weitläufigen Stellungen, Kriegerfriedhöfe und mitunter monumentale Gedenkstätten für die Toten verschiedener Nationen sind das sichtbare baukulturelle Erbe dieses ersten totalen und globalen Krieges.

Begibt man sich im Sočatal und dem slowenisch-italienischen Karst-Gebiet auf eine Spurensuche, so folgt man dem *Weg des Friedens* von den Alpen bis zur Adria. Die Idee der Friedenswege, die auf eine Initiative des Vereins Dolomitenfreunde in den 1970er Jahren zurückgeht, wurde in den vergangenen Jahrzehnten von verschiedenen internationalen Initiativen aufgegriffen. In Slowenien hat die Stiftung Ustanova „Fundacija Poti miru v Posočju" in Kobarid einen *Weg des Friedens* entwickelt und in kulturtouristischer Hinsicht äußerst erfolgreich umgesetzt. Der *Weg des Friedens* gelingt es in vorbildlicher Weise, das kulturtouristische Potenzial zu heben: Die Stiftung lädt den Kulturraum unter Einbeziehung seiner Vergangenheit inhaltlich auf und verbindet ihn mit der Gegenwart. *Weg des Friedens* erfüllt damit zugleich einen Bildungsauftrag und setzt wissenschaftliche Forschungsergebnisse in konkreten Wissens- und Kulturvermittlungsprojekte um. Adressaten ihrer Arbeit sind sowohl Gäste als auch die einheimische Bevölkerung. Der *Weg des Friedens* ist damit Drehscheibe und Informationspool für die Auseinandersetzung mit der schwierigen Thematik der Erinnerung an den Ersten Weltkrieg. Über die regionalgeschichtliche Darstellung der Geschehnisse im Sočatal hinaus, wird Bewusstsein für die europäische und globale Dimension der Kriegsereignisse geschaffen. Der *Weg des Friedens* ist ein Projekt mit einer europäischen Dimension, Botschafter und Bewahrer dieser Erinnerungslandschaft. Es ist Mahnung, Friedens- und Zukunftsprojekt in einem.

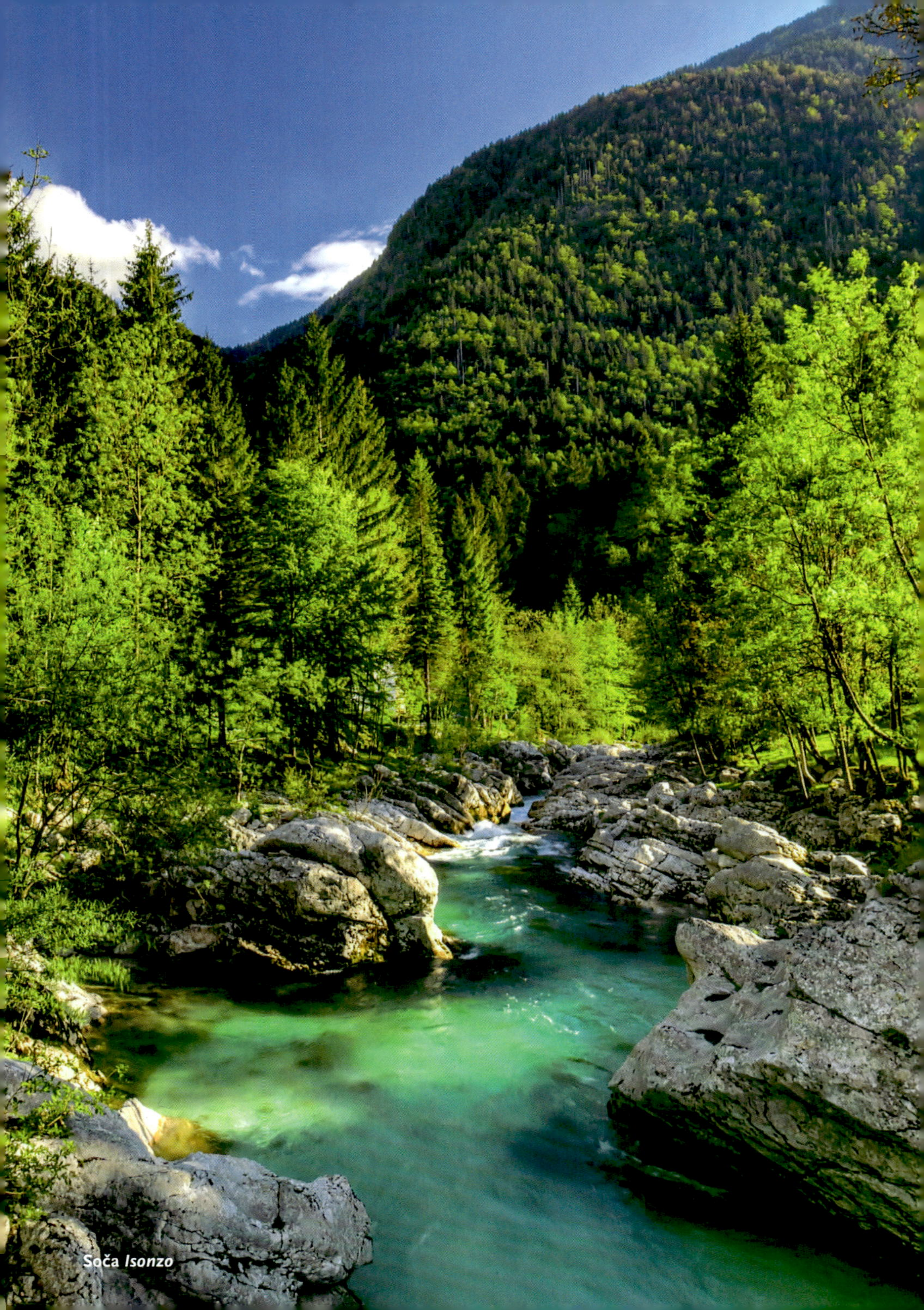

Soča Isonzo

Werner Wintersteiner

Machen wir unseren Weg zu einem Friedensweg!

Der Erste Weltkrieg hat tiefe Spuren in der Landschaft des Alpen-Adria Raumes gelassen wie auch in den Seelenlandschaften der Menschen. Heute, 100 Jahre danach, verblassen die Erinnerungen aus erster Hand, aber die zu Narrativen geronnenen kollektiven Erinnerungen sind lebendig geblieben. Sie sind fixiert worden in Berichten und Erzählungen, in der offiziellen und offiziösen Geschichtsschreibung. Österreich-Ungarn und Italien (bzw. die drei Nachfolgestaaten Italien, Österreich, Slowenien) haben diametral unterschiedliche Erinnerungskulturen entwickelt: hier die Doppelmonarchie als Opfer der italienischen Aggression, dort die Erzählung von der Befreiung und Erlösung, von der Vollendung des Risorgimento durch den vierten Unabhängigkeitskrieg. Der Krieg hat sich fortgesetzt als Krieg der Erinnerungen, *überschrieben* durch die Erfahrungen des Zweiten Weltkriegs und des Kalten Krieges.

Die Orte des Krieges, Stützpunkte, Schlachtfelder, Kriegsgräber werden als Zeugen für die Wahrheit der jeweiligen Narrative aufgerufen. Die Orte beginnen zu sprechen. Doch was sie zu sagen haben, hängt ab von denen, die in ihrem Namen reden, wie auch von denen, die diese Botschaften hören. So wird ein Besuch der Frontlinien zu einem Aushandeln und Neuaushandeln ihrer Bedeutung. Die Tatsache, dass entlang dieser Schauplätze des Kampfes heute *Friedenswege* angelegt wurden, ist ein wichtiger Schritt zur Überwindung der alten Feindbilder.

Die Friedenswege laden ein zu einer körperlichen Bewegung, die eine größere geistige Beweglichkeit bewirkt; zu einer mentalen Veränderung, ausgelöst durch eine Ortsveränderung. Diese Veränderung ist auch bitter nötig in einem Europa, in dem immer lauter die nationale Abschottung als Heilmittel gegen alle Übel gefordert wird. Um dem entgegentreten zu können, ist es so wichtig, in allen Ländern unsere gemeinsame Geschichte und unsere doppelte Rolle als Opfer und Täter aufzuarbeiten – in unserer Region eben auch die Geschichte der Alpen- und der Isonzofront.

Dazu ist der Wander-Reise-Lesebuch *Weg des Friedens von den Alpen zur Adria* von der Stiftung exzellent geeignet, der nun erstmals auf Deutsch vorliegt. Er verbindet alle notwendigen Wanderinformationen mit einer kurzen und sachlichen Beschreibung wichtiger Orte, Fakten und Umstände entlang der Isonzofront. Die Darstellung bezieht auch die Monumente ein, die zum Gedenken während des Krieges und danach errichtet wurden. Somit hat man eine kleine Historiographie der Erinnerungskulturen zur Hand, was uns davor bewahren kann, die Botschaften dieser Denkmäler als *wahr* aufzufassen, statt ihren perspektivischen Blick auf die Ereignisse zu erkennen. So können wir verhindern, dass aus der Trauer um die Opfer ein Kult der Helden wird, und dass die Liebe zur eigenen Heimat zur Rechtfertigung des Krieges gegen die Nachbarn wird.

Der Weg entsteht beim Gehen, sagt das Sprichwort. Letztlich liegt es an uns, die wir uns von diesem Wander-Reise-Lesebuch leiten lassen, ob wir tatsächlich auf dem *Weg des Friedens* wandeln.

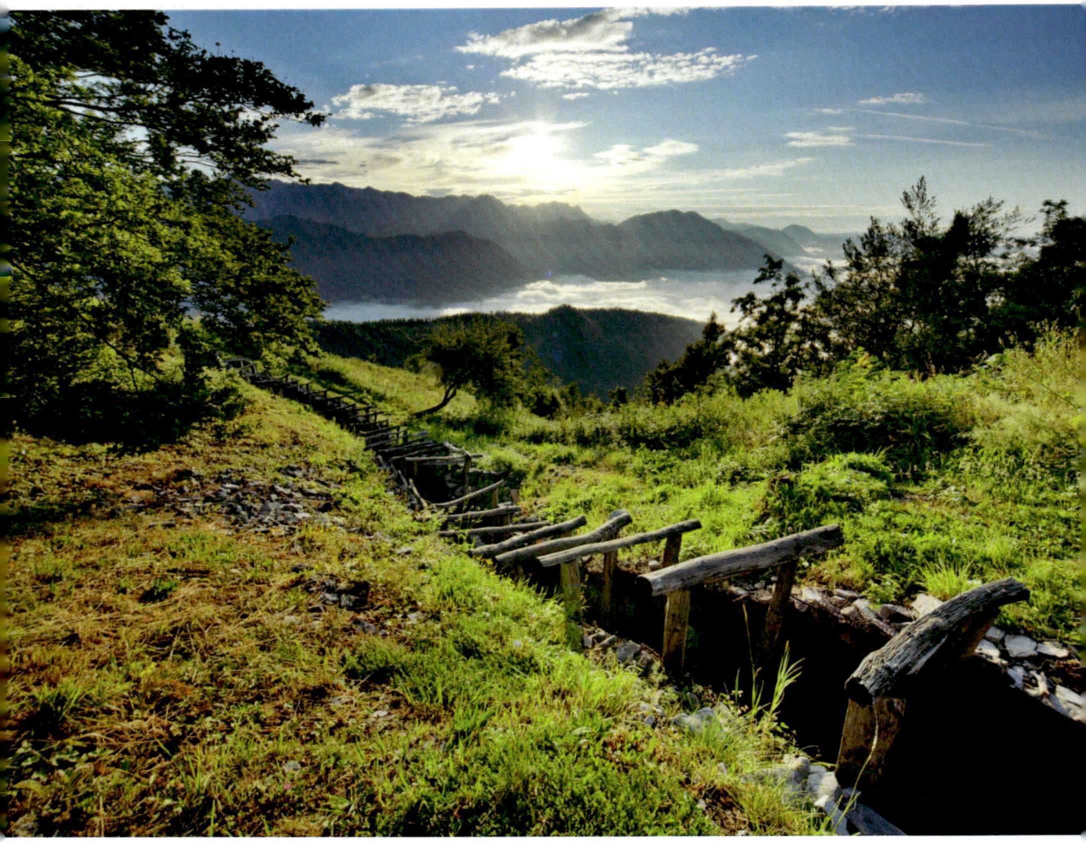

Freilichtmuseum Kolovrat

Der Weg des Friedens von den Alpen bis zur Adria

Auf dem Weg von den Alpen bis zur Adria werden Sie zuerst von einem Frieden eingenommen, der für diese Gegend nicht immer gewöhnlich war. Die Strömungen der Geschichte und des Sočaflusses, einer der schönsten Alpenflüsse auf der Welt, sind stürmisch und unvorhersehbar. Ein Jahrhundert nach dem totalen Krieg, der die ganze Welt erfasste, vereinen wir das geschichtliche Erbe in den *Weg des Friedens* von den Alpen bis zur Adria. Vom Nationalpark Triglav bis zur Adria beruhigen wir den Rhythmus der Zeit und laden zu Erholung oder zum Nachdenken ein – 100 Jahre nach der Isonzofront, an der einer der größten Kämpfe der Menschheit im Hochgebirge stattfand.

Hier gibt es ein ideales Terrain für aktive Ferien, die mit dem Entdecken der Geschichte des Ersten Weltkrieges noch interessanter werden können. Hier, zwischen hohen Bergen, engen Schluchten, Karsthöhlen und der Weite der Weinberge, spielen das Licht und die Dunkelheit mit der Natur und mit Ihren Gedanken. Das Erbe des Krieges kann man nicht übersehen. Nun wurde dieses Erbe zum *Weg des Friedens* von den Alpen bis zur Adria vereint und verbreitet die Nachricht der Freundschaft zwischen den Völkern. Die vor hundert Jahren durch den Krieg gezeichneten Orte sind heute Verkünder des Friedens mit bewahrten Denkmälern, Schützengräben, Kavernen und anderen Schatten des Krieges.

Der Weg ist einheitlich gekennzeichnet, zu größeren Sehenswürdigkeiten ist der Zugang auch mit dem Auto und dem Autobus möglich. Jeder Abschnitt kann an einem Tag zu Fuß oder mit dem Rad bewältigt werden. Während des Ausfluges kann man in den Ortschaften, in denen die Abschnitte beginnen oder enden, aber auch in Berghütten übernachten. Für diejenigen, die ihren Ausflug noch zusätzlich ausweiten wollen, kann er der Ausgangspunkt für anspruchsvollere Touren sein. Bei Ausblicken auf die höchsten Berge Sloweniens bis hin zum Meer können Sie ihrer Vorfahren und deren Kämpfe gedenken. Ob als Geschichtsforscher oder aktiver Reisender und Radfahrer werden Sie von den Schönheiten der Natur und einem Vermächtnis von weltweiter Bedeutung inspiriert.

- Den *Weg des Friedens* begehen sie auf eigene Gefahr.

- Planen Sie Ihre Touren sehr genau und benutzen Sie nur angemessene Berg- und Radausrüstung.

- Nehmen sie eine Taschenlampe mit, denn in allen Freilichtmuseen befinden sich Kavernen.

- Der *Weg des Friedens* verläuft im oberen Sočatal auch auf dem Gebiet des Nationalparks Triglav.

- Die Gebiete des Rombons, des Krngebirges, Mengore und Sveta Gora sind zu historischen Gebieten erklärt worden und deswegen gilt dort ein strengeres Sicherheitsregime.

- Respektieren sie das Natur- und Kulturerbe.

- Unterlassen sie bitte das Mitnehmen der Überreste des Ersten Weltkrieges!

- Das Gehen auf nicht markierten Wegen, auf weglosem Gelände und in winterlichen Verhältnissen raten wir all denen ab, die das Gebiet nicht gut kennen, bzw. keine erfahrenen und gut ausgerüsteten Berggänger sind.

- Im Notfall wählen sie die Nummer 112.

- Wir empfehlen Ihnen geführte Wanderungen für den Besuch des *Weges des Friedens*.

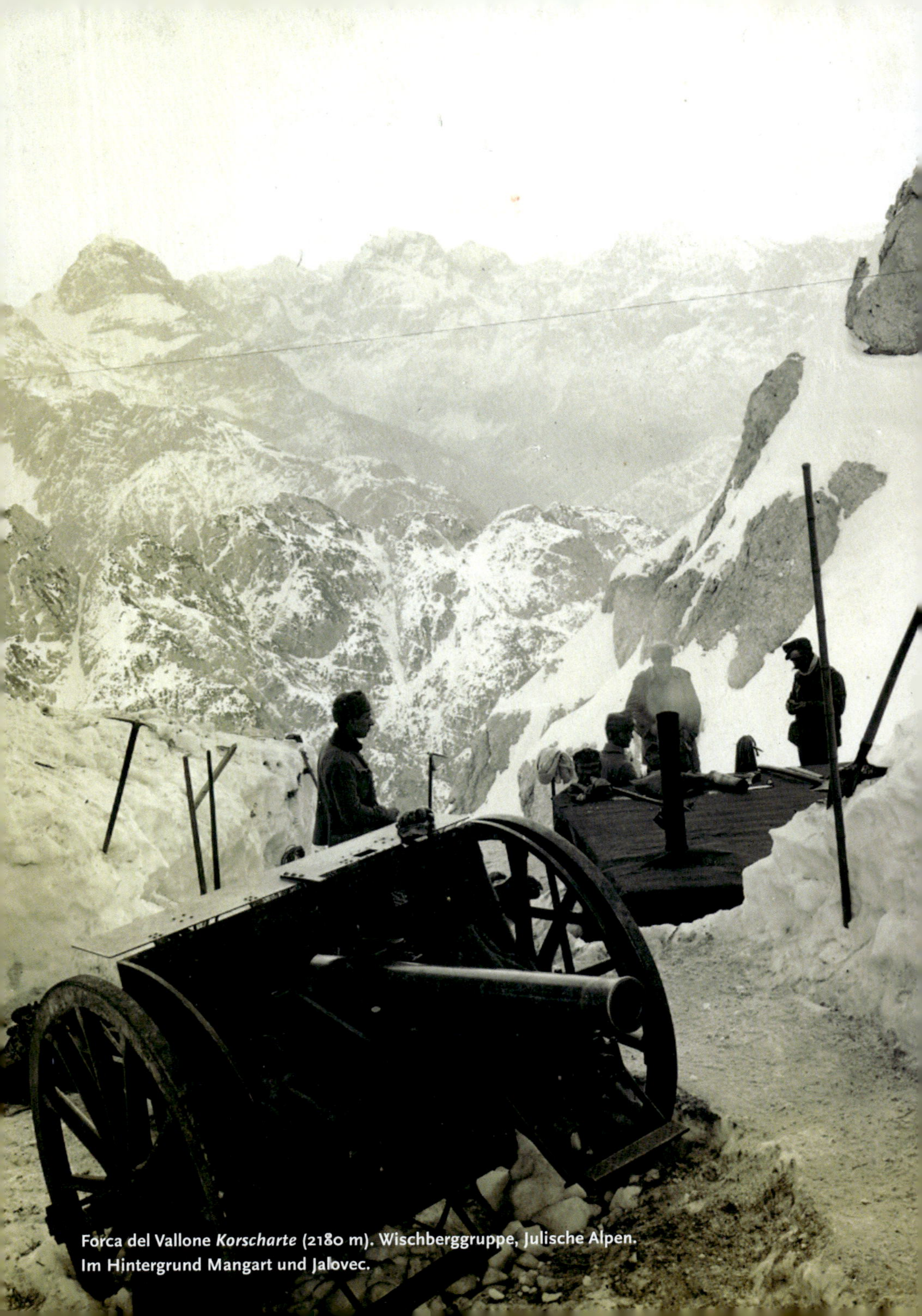

Forca del Vallone *Korscharte* (2180 m). Wischberggruppe, Julische Alpen.
Im Hintergrund Mangart und Jalovec.

Die Isonzofront

Österreich-Ungarn erklärte am 28. Juli 1914 Serbien den Krieg. Es begann der Erste Weltkrieg. Europa wurde zu einem ausgedehnten Schlachtfeld, dass in mehrere Fronten aufgeteilt war, denn es traten zwei gegnerische Blöcke in den Krieg: auf der einen Seite die Mittelmächte (Deutschland, Österreich-Ungarn, Bulgarien und die Türkei) und auf der anderen Seite die Entente (Frankreich, Großbritannien und Russland). Italien blieb im ersten Kriegsjahr neutral, trotz der Partnerschaft im Dreierbund mit Österreich-Ungarn und Deutschland. Mit der Unterschrift unter den Londoner Pakt zwischen Italien und der Entente trat Italien aus diesem Bund aus und erklärte am 23. Mai 1915 den Krieg gegen Österreich-Ungarn. So wurde die Südwestfront eröffnet, die 600 km lang war. Sie verlief vom Pass des Stilfser Jochs im schweizerisch-italienisch-österreichischen Grenzdreieck über Tirol, die Karnischen Alpen und dem Isonzotal bis zum Adriatischen Meer. Der 90 km lange Frontabschnitt der am Isonzofluss entlang lief, vom Rombon bis zur Adria, war die Isonzofront. In 29 Monaten Krieg, von Mai 1915 bis Oktober 1917 fanden auf diesem Gebiet 12 Offensiven statt. Elf Offensiven wurden von den Italienern, die letzte, zwölfte Offensive aber wurde von den österreichisch-ungarischen und deutschen Soldaten gemacht.

Erste Isonzoschlacht	23. Juni – 7. Juli 1915
Zweite Isonzoschlacht	18. Juli – 3. August 1915
Dritte Isonzoschlacht	18. Oktober – 4. November 1915
Vierte Isonzoschlacht	10. November – 2. Dezember 1915
Fünfte Isonzoschlacht	11. – 16. März 1916
Sechste Isonzoschlacht	4. – 16. August 1916
Siebte Isonzoschlacht	13. – 17. September 1916
Achte Isonzoschlacht	9. – 12. Oktober 1916
Neunte Isonzoschlacht	31. Oktober – 4. November 1916
Zehnte Isonzoschlacht	12. Mai – 5. Juni 1917
Elfte Isonzoschlacht	17. August – 12. September 1917
Zwölfte Isonzoschlacht	24. Oktober – 9. November 1917

Die Frontlinie setzte sich bald im oberen Isonzotal fest und ging in einen Stellungskrieg über. Die Ortschaften in unmittelbarer Nähe der Front wurden geräumt. Sie wurden von Soldaten besetzt und die Einwohner mussten sich auf die Flucht begeben. Die Frontlinie zwischen der italienischen und der österreichisch-ungarischen Armee verlief vom Gipfel des Rombons in das Bovec-Becken, weiter durch das Slateniktal in das Krngebirge, über Mrzli vrh hinunter nach Tolmin. Mengore, Bučenica und Cvetje bildeten eine Sperre auf der rechten Seite des Isonzoufers. Auf diese Art schützte Österreich-Ungarn die wichtige Bahn- und Straßenverbindung mit dem Inneren der Monarchie. Dieser 2,5 km lange Landstrich ging in die Geschichte als der Tolminer Brückenkopf ein. Die Frontlinie ging weiter über

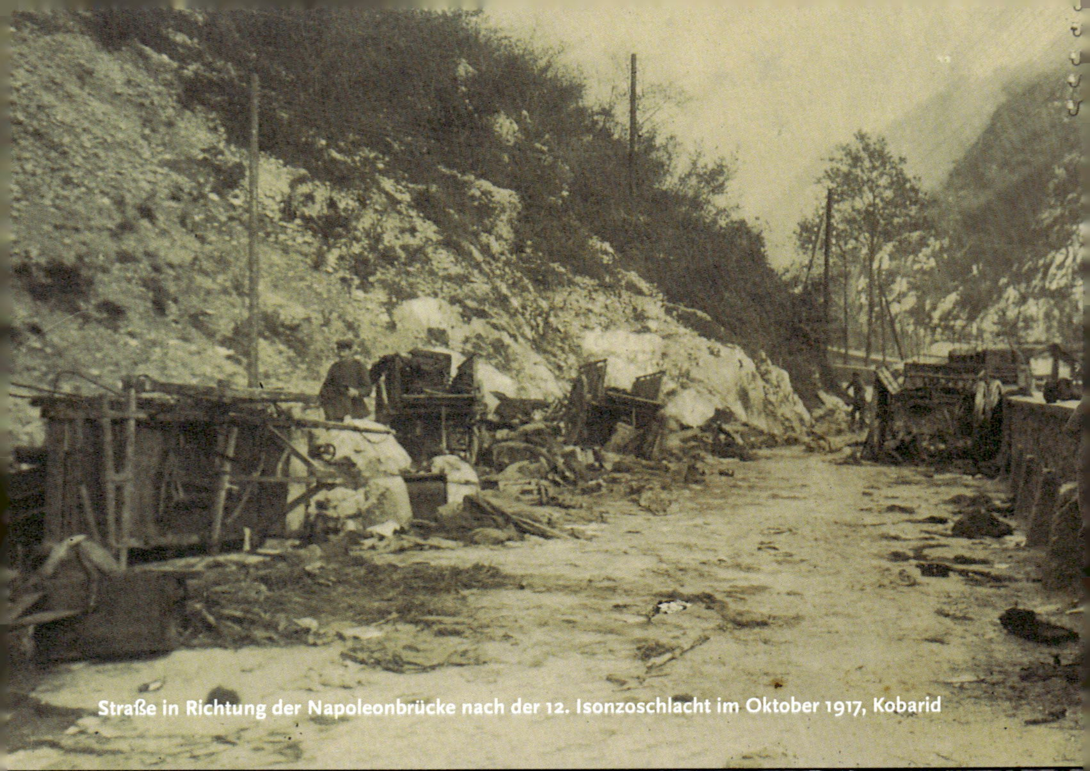

Straße in Richtung der Napoleonbrücke nach der 12. Isonzoschlacht im Oktober 1917, Kobarid

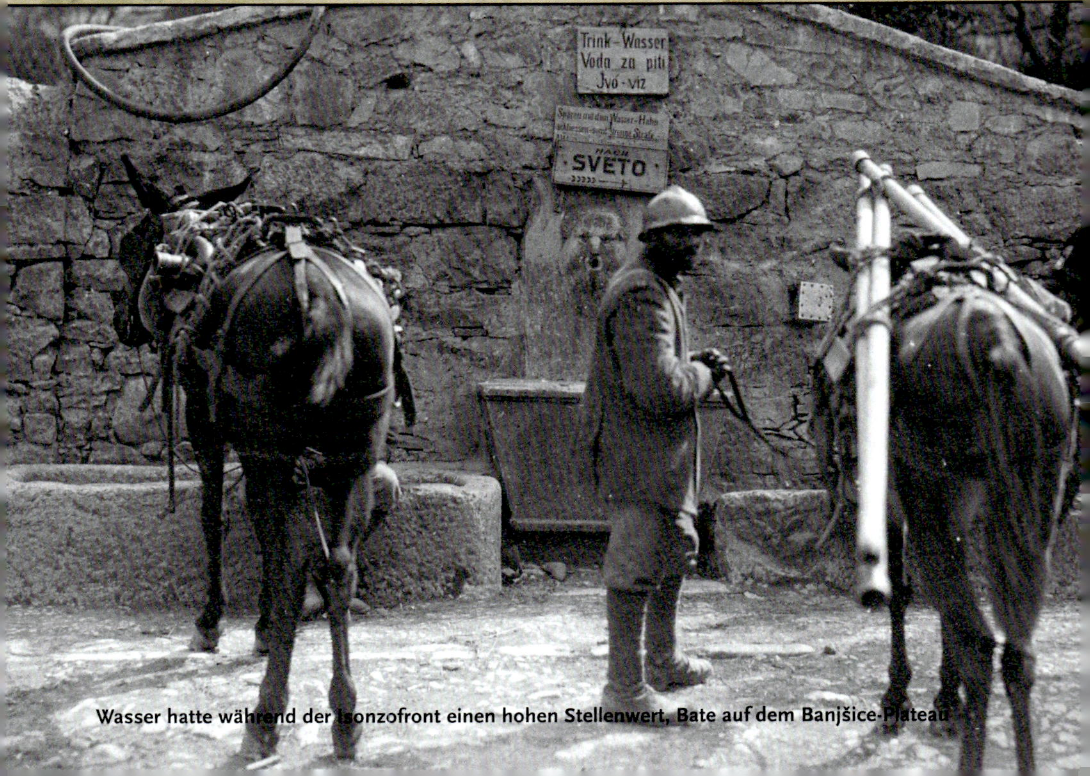

Wasser hatte während der Isonzofront einen hohen Stellenwert, Bate auf dem Banjšice-Plateau

das Banjšice-Plateau, dem Görzer Brückenkopf über den Karst bis in die Triester Bucht. Im unteren Teil des Isonzolaufs, wo das Gebiet weniger gebirgig ist, fanden die meisten Kämpfe statt. Die italienische Armee schätzte ein, dass hier die gegnerische Verteidigung eher als im gebirgigen Gelände zu durchbrechen sei.

Die letzten Kampfhandlungen am Isonzofluss geschahen in der 12. Isonzoschlacht an deren oberen Lauf und begannen am 24. Oktober 1917. In der Literatur ist die Schlacht auch unter dem Namen *Das Wunder von Karfreit* bekannt. Sie begann im Bovec-Becken mit einem gemeinsamen Angriff der österreichisch-ungarischen und deutschen Armee. Sie überraschten die italienische Verteidigung mit einem Gasgranatenangriff. Gleichzeitig begann der Durchbruch auch aus Richtung Tolmin. Dem Durchbruch der Isonzofront folgte ein Vorstoß in die Friauler Ebene und weiter bis an den Piave, wo sich die Front am 9. November 1917 stabilisierte. Nach einjährigen Kämpfen mit der italienischen Armee und dem Zerfall der österreichisch-ungarischen Monarchie endet der Erste Weltkrieg am 11. November 1918 durch die Kapitulation Deutschlands.

Das Kriegsgeschehen, das im Oktober 1917 am Isonzofluss endete, hinterließ viele Spuren. In den Kämpfen am Isonzo verstarben rund 300.000 Soldaten. Gedenktafeln, Kavernen, Schützengräben, Befestigungen und Friedhöfe stellen heute das kulturelle und historische Erbe dar. Es erinnert uns und weist uns auf das Leid, das Opfer und das Sterben Tausender junger Männer verschiedener Nationalitäten. Auch die Zivilbevölkerung wurde schwer von den Kriegsgräueln betroffen und musste sich aus der unmittelbaren Nähe der Frontlinie auf die Flucht begeben. Später wurden all jene, die von der Flucht zurückkehrten, mit einer verwüsteten Landschaft, zerstörten Gehöften und einer veränderten politischen Einstellung konfrontiert. Die Ortschaften am Isonzofluss gehörten nun zu Italien.

Srpenica

Die Gräfin Lucy Christalnigg (1872–1914) ist bekannt als das erste Opfer des Ersten Weltkrieges auf slowenischem Boden. Sie war die Ehefrau des Grafen Oskar Christalnigg, einem Adligen aus Kärnten, mit dem sie gerne das damalige weltbürgerliche Gorizia (Görz), bekannt als österreichisches Nizza, besuchte. Sie war auch ein Ausschussmitglied des Roten Kreuzes: als erfahrene Fahrerin und gleichzeitig wohlhabende Dame, kaufte sie sich in Klagenfurt ein neues Automobil, das als Rettungswagen dienen sollte. Als sie über den Predelpass in Richtung Gorizia fuhr, wurde sie bei dem Dorf Srpenica, in der Nähe von Bovec, von einer Patrouille erschossen, denn diese erhielt aus Versehen die Nachricht über ihren Wegplan zu spät. In den angespannten Umständen im August 1914 erhielten nämlich alle Soldaten in diesem Gebiet den Befehl umgehend jeden zu erschießen, der nicht auf Befehl anhalten würde. Die Gräfin hielt nicht an. An der Stelle des Unglücks steht heute ein Denkmal – ein steinernes Kreuz.

Weg des Friedens

Besucherzentrum Weg des Friedens

Freilichtmuseum

Denkmal, Gedenktafel

Beinhaus

Soldatenfriedhof

Soldatenkapelle

Militärflugplatz während der Isonzofront

Festung

Überreste der Isonzofront

Gedenkkirche

Höhle, Kaverne

Aussichtspunkt

Private Museumssammlung

Museum

Natursehenswürdigkeit

Kultursehenswürdigkeit

Touristikinformationszentrum

Kote

0 500 1000 2000 m

1 : 45 000

KARTOGRAFIJA

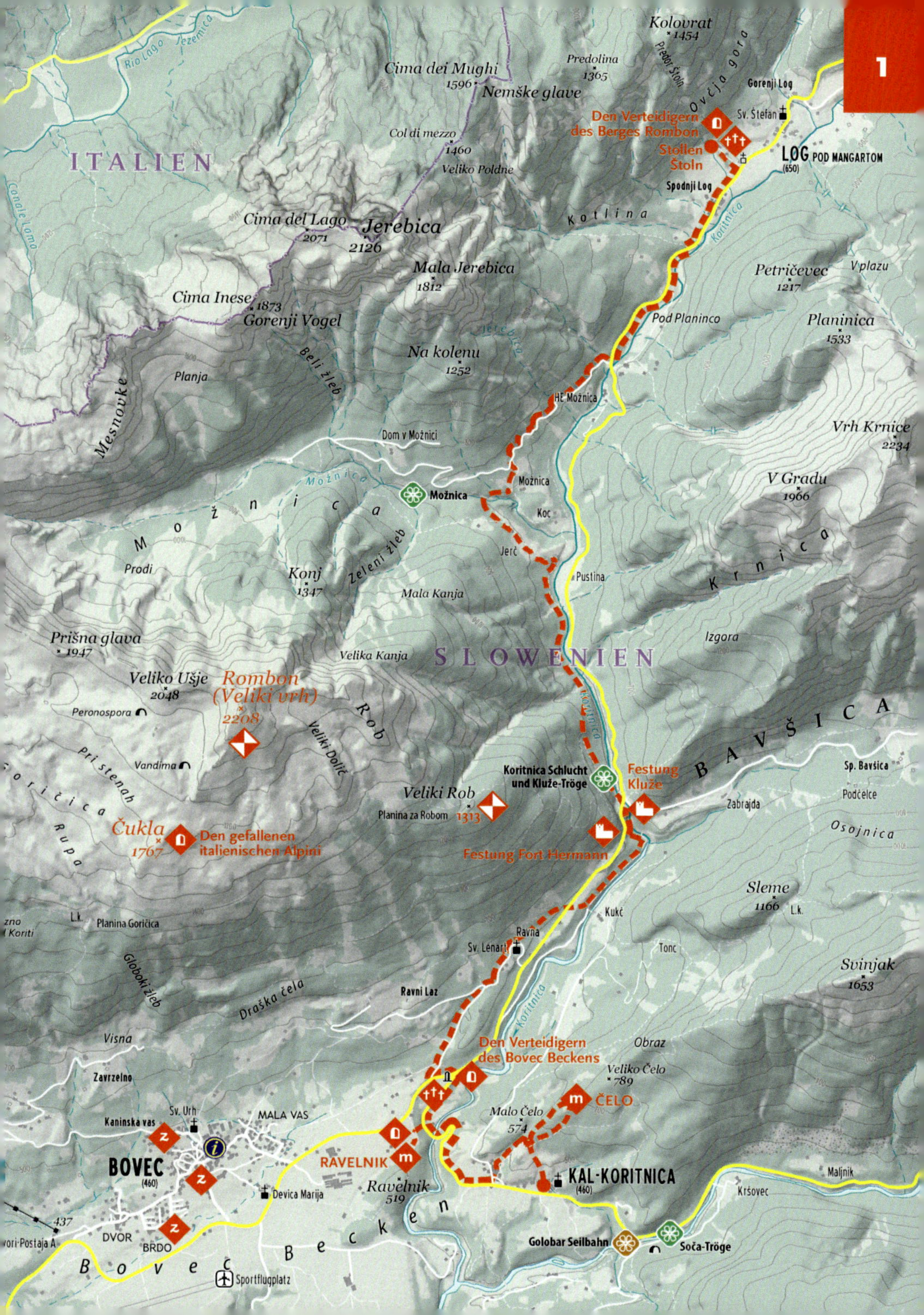

1
ITALIEN
SLOWENIEN
Rio Lago
Jezernica
Canale Lamo
Kolovrat
1454
Predolina
1365
Cima dei Mughi
1596
Nemške glave
Col di mezzo
1460
Veliko Poldne
Ovčja gora
Predor Štoln
Gorenji Log
Sv. Štefan
Den Verteidigern des Berges Rombon
Stollen Štoln
LOG POD MANGARTOM
(650)
Spodnji Log
Kotlina
Koritnica
Cima del Lago
2071
Jerebica
2126
Mala Jerebica
1812
Cima Inese
1873
Gorenji Vogel
Petričevec
1217
V plazu
Pod Planinco
Planinica
1533
Na kolenu
1252
Beli žleb
Planja
Mesnovke
HE Možnica
Dom v Možnici
Vrh Krnice
2234
V Gradu
1966
Možnica
Koc
Jerč
Pustina
Krnica
Možnica
Prodi
Konj
1347
Zeleni žleb
Mala Kanja
Prišna glava
1947
Velika Kanja
Izgora
Veliko Užje
2048
Rombon (Veliki vrh)
2208
Peronospora
Rob
Veliki Dolič
BAVŠICA
Pri stenah
Vandima
Koritnica Schlucht und Kluže-Tröge
Festung Kluže
Sp. Bavšica
Podčelce
Zabrajda
Veliki Rob
Planina za Robom
1313
Osojnica
Goričica
Rupa
Čukla
1767
Den gefallenen italienischen Alpini
Festung Fort Hermann
Sleme
1166
L.k.
Kukč
Planina Goričica
Ravna
Sv. Lenart
Tonc
Svinjak
1653
Globoki žleb
Ravni Laz
Draška čela
Visna
Obraz
Den Verteidigern des Bovec Beckens
Veliko Čelo
789
Zavrzelno
Malo Čelo
574
ČELO
Sv. Urh
MALA VAS
Kaninska vas
BOVEC
(460)
RAVELNIK
Ravelnik
519
KAL-KORITNICA
(460)
Maljnik
Devica Marija
Kršovec
437
DVOR
BRDO
Golobar Seilbahn
Soča-Tröge
Bovec Becken
Sportflugplatz

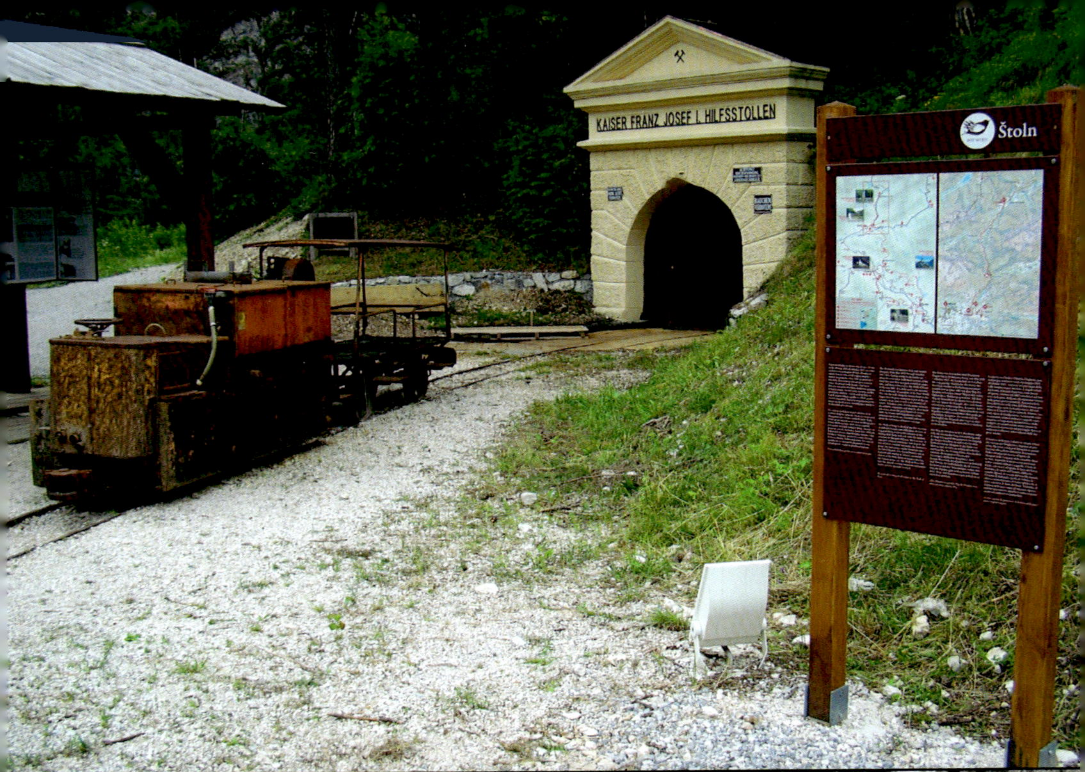

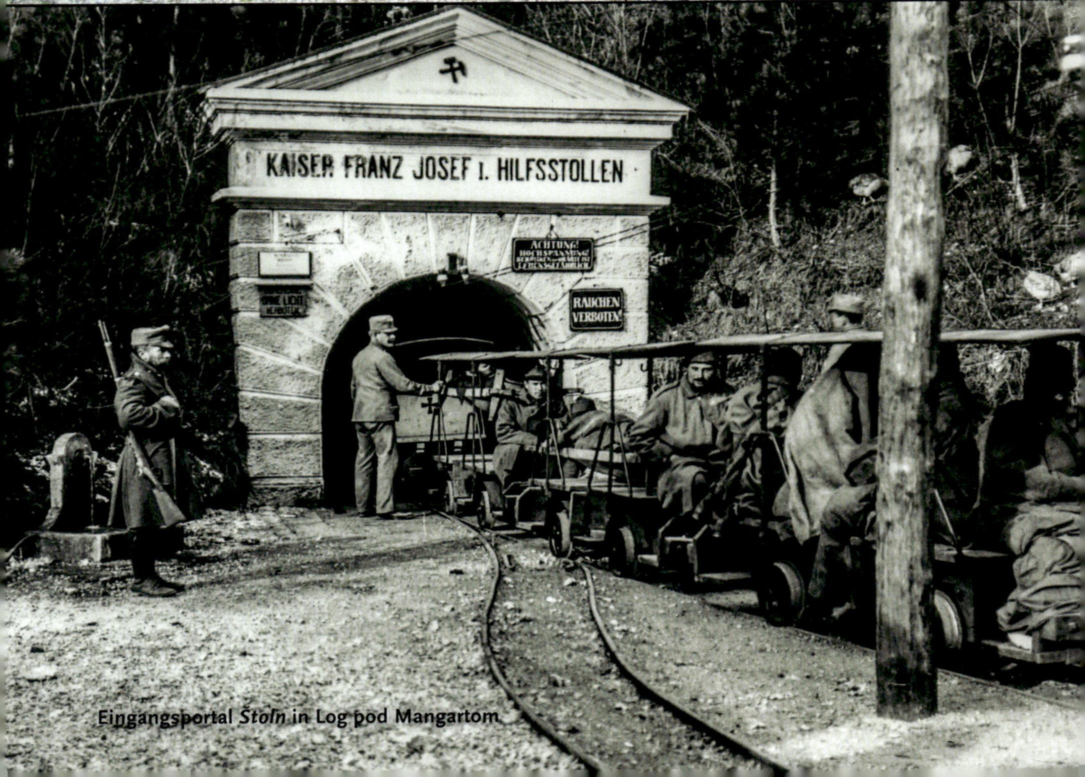

Eingangsportal *Štoln* in Log pod Mangartom

Log pod Mangartom • Festung Kluže • Freilichtmuseum Ravelnik • Freilichtmuseum Čelo • Kal-Koritnica

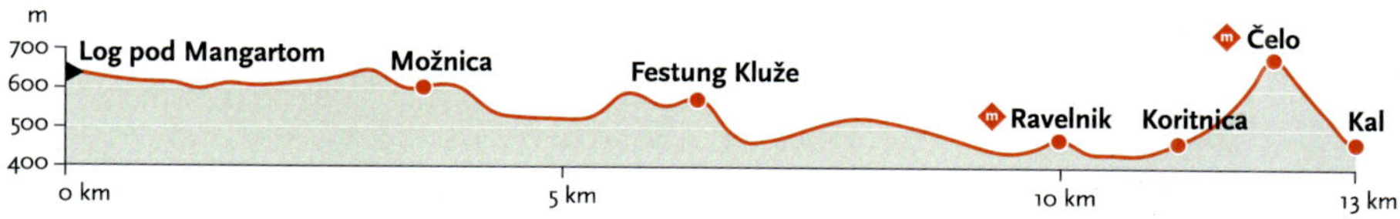

Gemeinsamer Höhenunterschied: 470 m

Štoln, Log pod Mangartom (630 m)

Das Wort *Štoln* stammt von dem deutschen Wort Stollen ab. Gebaut wurde dieser im Jahre 1905, um das Grubenwasser des Bleibergwerks in Cave del Predil (Raibl) abzuleiten. Schon bald nach der Eröffnung nutzten ihn die Arbeiter aus Log als kurzen Weg zur Arbeit. Während des Ersten Weltkriegs haben österreichische Soldaten über dem abfließenden Wasser Bretter verlegt und darauf eine Schmalspurbahn errichtet. Der 4,8 km lange Stollen war strategisch ein sehr wichtiger Transportweg, da er der sicherste Weg zur Verlegung der Soldaten und Ausrüstung an die Front bedeutete.

Österreichisch-ungarischer Soldatenfriedhof, Log pod Mangartom

Der österreichisch-ungarische Soldatenfriedhof aus dem Ersten Weltkrieg ist einer der am besten erhaltenen Soldatenfriedhöfe aus dieser Zeit in Slowenien. Das Koritnicatal lag weit genug von den unmittelbaren Kämpfen entfernt, deswegen wurde dieser Friedhof bereits im ersten Kriegsjahr angelegt. Die meisten Gräber stammen vom 4. Bosnisch-Herzegowinischen Infanterieregiment (BHIR 4). Heute sind alle Gräber mit einem Kreuz oder einem *Nischan*, typisch muslimischer Grabstein, gekennzeichnet, auf denen Schilder mit den Namen der Gefallenen befestigt sind. In der Mitte des Friedhofs ist das mächtige Denkmal nicht zu übersehen. Es wurde bereits während des Krieges erbaut und wurde den Verteidigern des Berges Rombon gewidmet. Es ist eine Arbeit des Bildhauers Ladislav Kofranek aus Prag. Das Bildnis stellt zwei Soldaten der österreichisch-ungarischen Armee dar, die ihren Blick auf den Gipfel des Rombons gerichtet haben. Dort kamen die meisten der hier begrabenen ums Leben. In das Denkmal wurden die Abkürzungen der österreichisch-ungarischen Einheiten eingemeißelt, die auf diesem Gebiet gekämpft haben. Es wurde auch eine Widmung für die mutigen Verteidiger des Rombons in deutscher, serbo-kroatischer und slowenischer Sprache eingemeißelt. Heute ruhen auf dem Friedhof etwas mehr als 800 Soldaten.

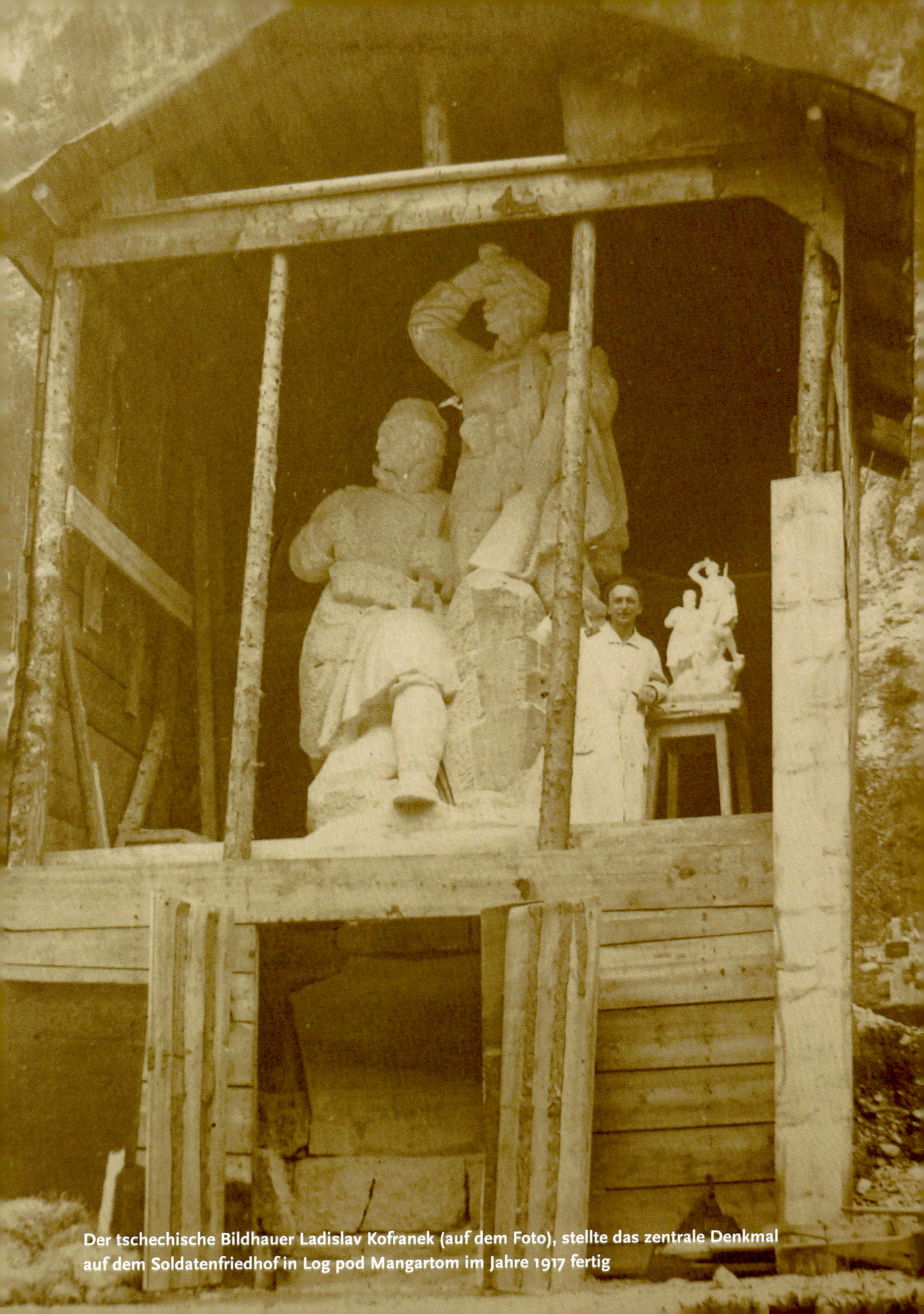

Der tschechische Bildhauer Ladislav Kofranek (auf dem Foto), stellte das zentrale Denkmal auf dem Soldatenfriedhof in Log pod Mangartom im Jahre 1917 fertig

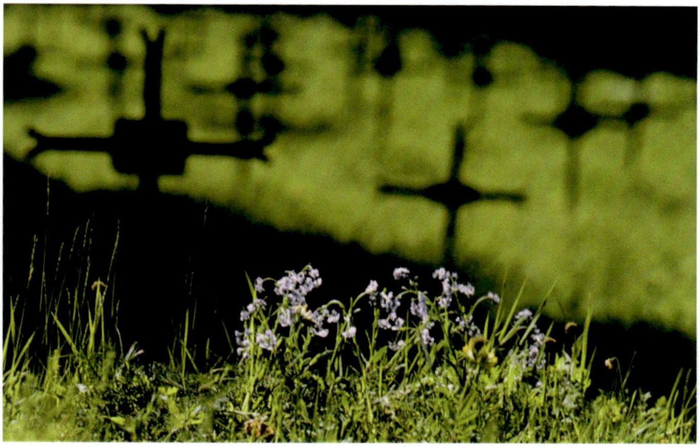

Österreichisch-ungarischer Soldatenfriedhof, Log pod Mangartom

Moschee, Log pod Mangartom

Log pod Mangartom ist auch bekannt dafür, dass hier einst während des Ersten Weltkrieges eine Moschee stand, die aber nicht erhalten blieb. Ihr Aussehen können wir auf alten Fotos sehen.

Die Moschee wurde im Jahre 1917 von den Angehörigen des 4. Bosnisch-Herzegowinischen Infanterieregiments (BHIR 4) erbaut. Das hölzerne Heiligtum mit Kuppeldach und viereckigem Minarett war von einer steinernen Wand und einem Geländer mit einem kunstvoll gestalteten Eingang umgeben. Die Bosnier galten als verbissene und mutige Kämpfer, weswegen sie oftmals in die härtesten Schlachten geschickt wurden. Das Heiligtum spendete so manchem Soldaten in schweren Augenblicken Trost.

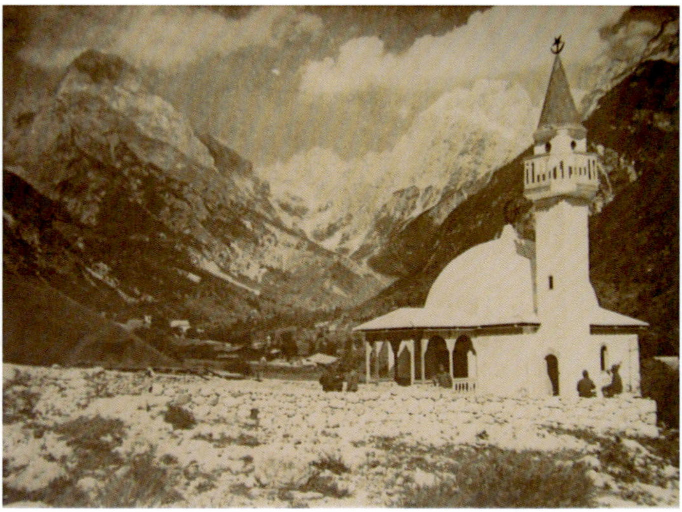

Ehemalige Moschee in Log pod Mangartom

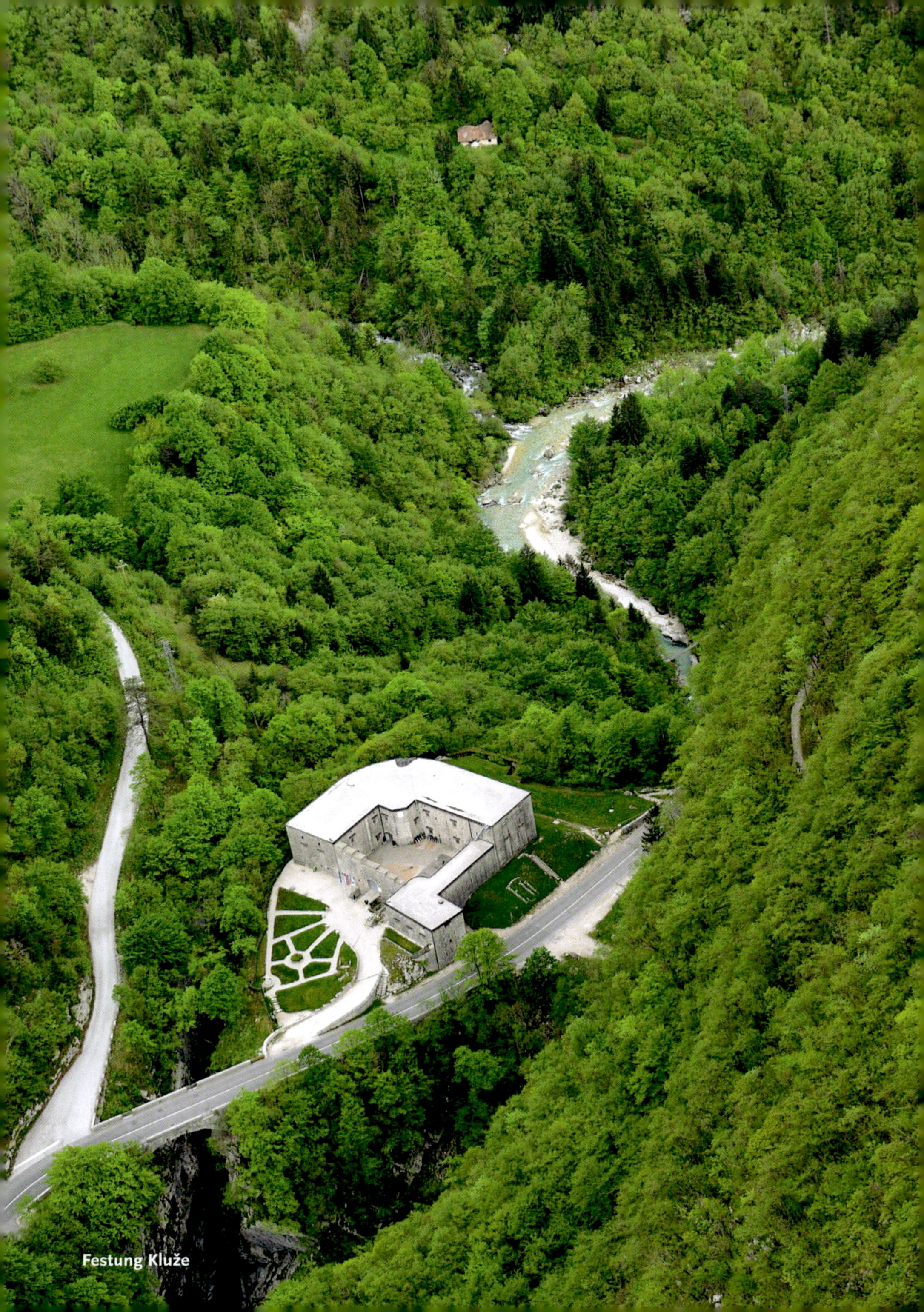

Festung Kluže

Festung Kluže (532 m)

Das Aussehen und der Zweck der Festung Kluže hat sich im Laufe der Zeitgeschichte verändert. An der engsten Stelle des Koritnicaflusses verschloss sie einen wichtigen strategischen Durchgang. Die erste hölzerne Festung wurde in der zweiten Hälfte des 15. Jahrhunderts von den Venezianern erbaut. Sie diente als Verteidigung vor den Angriffen der Türken. Die erste aus Stein gebaute Festung entstand hier im 16. Jahrhundert, als Venetien unter die Herrschaft von Habsburg kam. Danach wurde sie noch mehrmals erneuert. Zur Zeit Napoleon Bonapartes, genauer gesagt im Jahre 1797, begannen die französischen Kriege, dabei wurde die Festung abgebrannt und zerstört. Die neue Festung, die ihr eigentliches Aussehen bis heute erhalten hat, wurde unter Österreich-Ungarn in den Jahren 1881–1882 erbaut. Sie wurde die *Flitscher Klause* genannt. Sie wurde so gestaltet, dass sie den Übergang vom Bovec-Becken über den Predelpass (Predil) und weiter in das Innere der österreichisch-ungarischen Monarchie bewachte. In der Zeit als die Isonzofront begann, stabilisierte sich die Frontlinie in unmittelbarer Nähe der Festung. Unterhalb der steilen Wände des Rombons war die Festung vor den unmittelbaren Angriffen der Italiener geschützt. In ihr wurden die Befehlshaber und die Etappeneinheiten einquartiert, sie diente aber auch als Verbandsplatz. Sie wurde durch zahlreiche Sicherheits- und Versorgungsobjekte, wie ein kleines E-Werk, eine Wasserpumpe, Beobachtungsposten mit Reflektoren und ähnlichem erweitert.

In der Zeit vor dem Zweiten Weltkrieg wurde die Festung verwüstet. Die meisten Gegenstände, die aus Metall bestanden wurden entfernt, denn es fehlte Italien an Rohstoffen. In den Jahren 1945–1947, in der Zeit der Verwaltung der Mittelmächte, wurde die Straße erweitert und die zerstörte Brücke erneuert. Dabei wurde die Verteidigungsmauer mit dem Eingangsportal entfernt. Heute ist in der Festung Kluže ein Museum mit einer permanenten und einer temporalen Ausstellung eingerichtet.

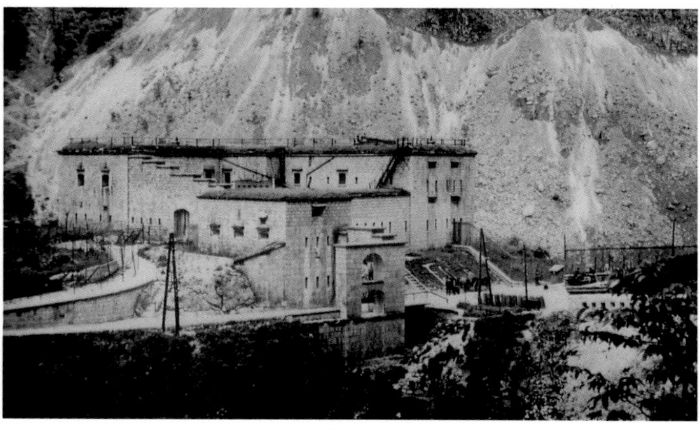

Die Festung Kluže wurde in den Jahren 1881–1882 erbaut

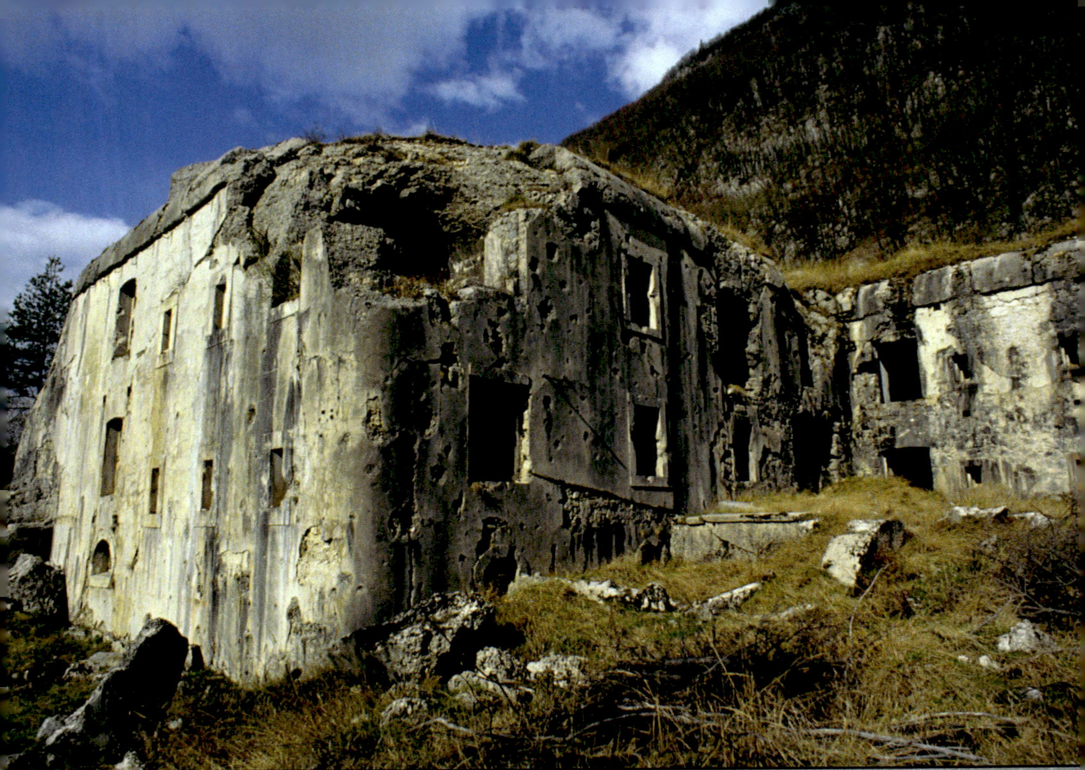

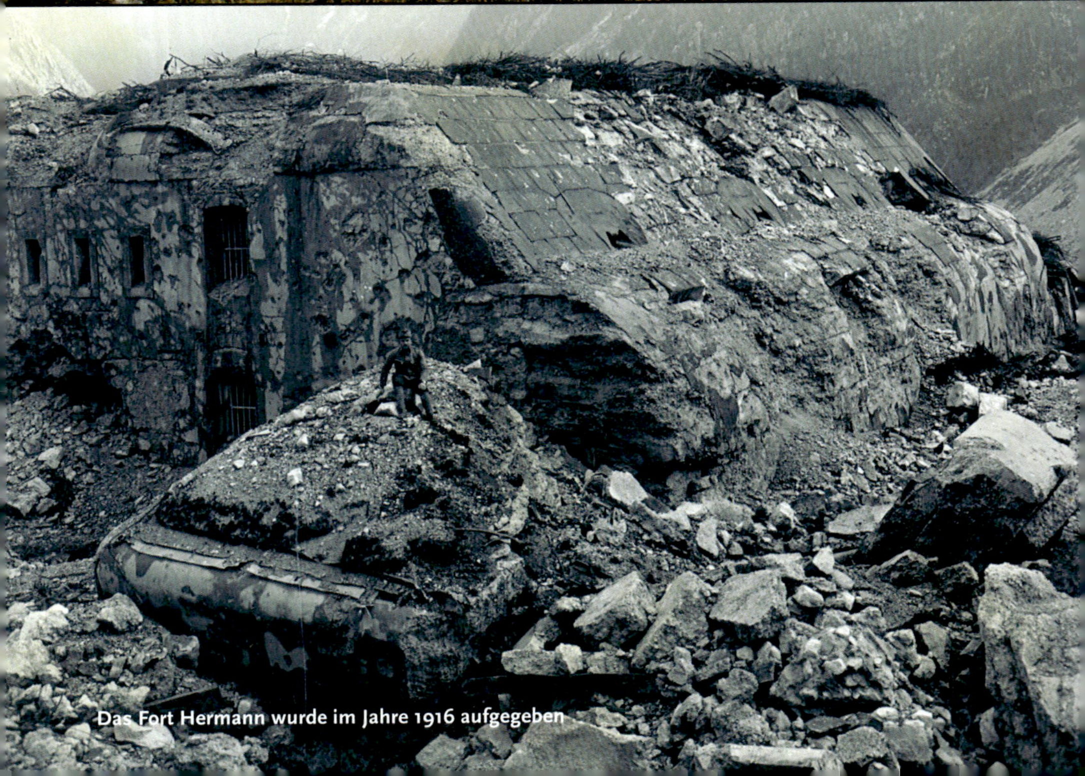

Das Fort Hermann wurde im Jahre 1916 aufgegeben

Fort Hermann (650 m)

Zu dem Gebäudekomplex der *Sperre Flitsch* gehört auch die sogenannte obere Festung Fort Hermann, die sich auf einem Felshang des Rombongebirges befindet. Sie wurde von den Österreichern in den Jahren 1897–1900 erbaut. Im Vergleich mit der unteren Festung Kluže, war diese für die damalige Zeit moderner. Es war ihre Aufgabe das Bovec-Becken zu beherrschen und Artillerieüberwachung zu gewährleisten. Zuerst wurde sie *Werk Rombon* und später erst Fort Hermann, nach Johann Hermann von Hermannsdorf, benannt. Er war der österreichische Befehlshaber der Festung am Predel, der im Jahre 1809 mit fast seiner gesamten Besatzung in den Kämpfen mit den Franzosen fiel. Den damaligen Schätzungen der Erbauer nach sollte das Gebäude stark genug sein, um auch den Einschlägen der stärksten Granaten stand zu halten. Bis zum Ersten Weltkrieg wurde die Festung mehrmals modernisiert. Beide Festungen sind durch einen kühn geführten Weg miteinander verbunden, doch wurde auch eine kurze Verbindung gemacht, die über eine Eisenstiege ging. Diese ist heute in einem schlechten Zustand. Gleich zu Beginn der Kämpfe an der Isonzofront im Mai 1915 hat die italienische Artillerie die Festung beschossen und später vollständig zerstört. Deshalb verließen die österreichisch-ungarischen Soldaten im Mai 1916 das Fort Hermann, die Kanonen wurden abgezogen und an anderen Stellungen im Bovec-Becken aufgestellt.

Prevala

Auf dem Kaningebirge, auf dem Sattel von Prevala (2067 m), steht seit 2017 ein Denkmal, das den gefallenen Soldaten des k.u.k. 59. Infanterieregiments Erzherzog Rainer aus Salzburg gewidmet wurde. Sie verstarben in den letzten Tagen der Isonzofront während der 12. Offensive.

Österreichisch-ungarischer Soldatenfriedhof, Bovec

Der Friedhof wurde nach dem Ersten Weltkrieg erneuert und erweitert. Die sterblichen Überreste österreichisch-ungarischer Soldaten wurden aus mehreren umliegenden Friedhöfen entnommen und hierhin umgebettet. Die Gräber sind mit typischen Betongrabsteinen markiert, die ein gleichschenkliges Kreuz in einem Kreis vorweisen. Hier ruhen nach bekannten Angaben ca. 700 Soldaten. In unmittelbarer Nähe des Friedhofs an der Straßenkreuzung steht ein Denkmal mit der Aufschrift *Den Gefallenen Helden des Flitscher Beckens 1915–1917*.

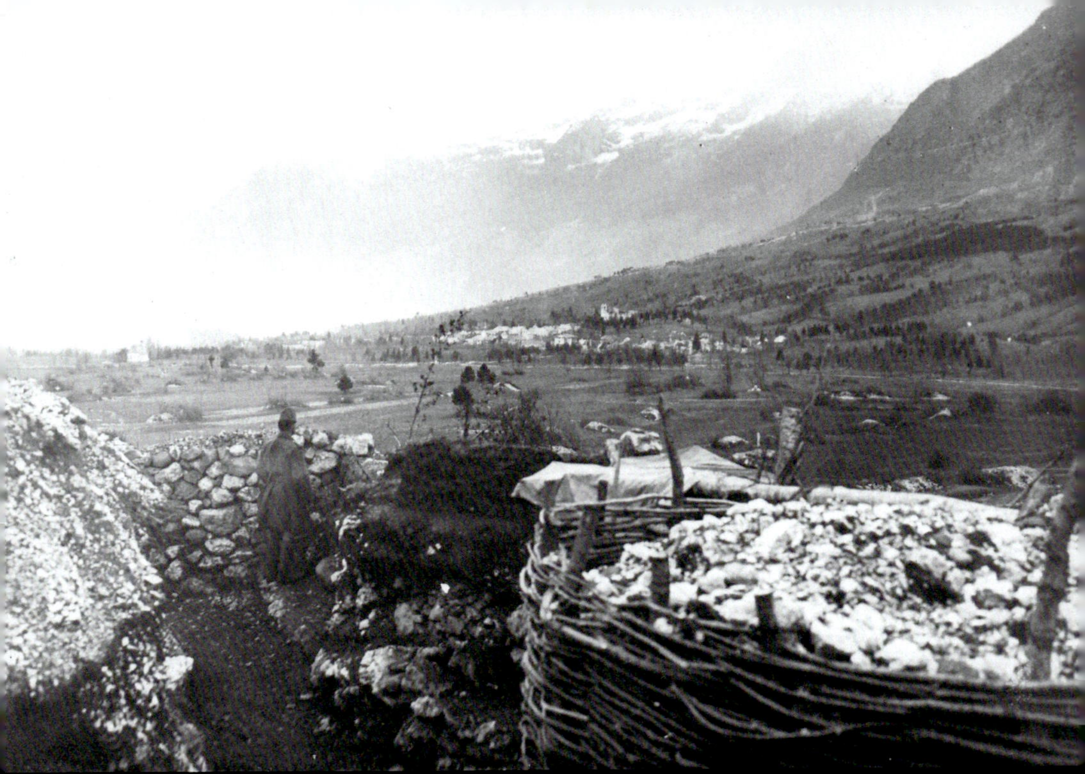

Blick aus den österreichisch-ungarischen Stellungen bei Ravelnik in Richtung Bovec

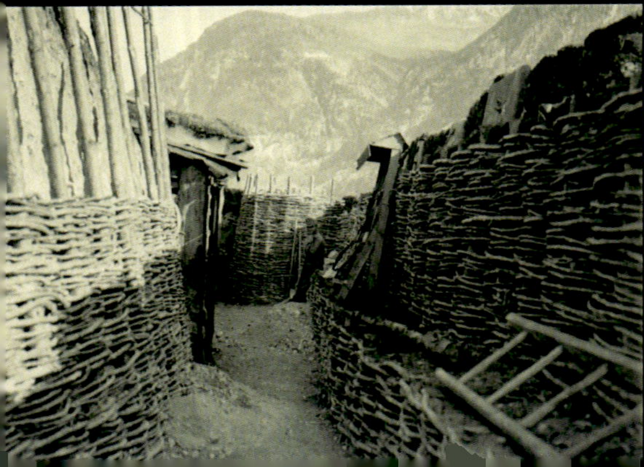

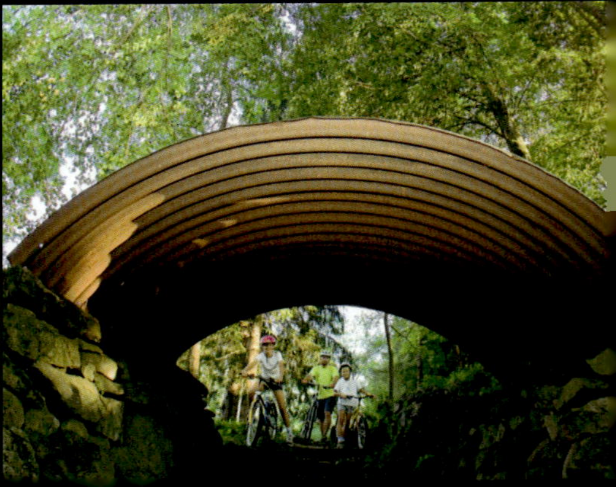

Freilichtmuseum Ravelnik

519 m ü.d.M.

GPS:
46.339725
13.571506

Ein erschlossener Rundweg führt uns entlang der ehemaligen ersten österreichisch-ungarischen Verteidigungslinie. Neben Schützen- und Verbindungsgräben befinden sich hier auch Kavernen, Bunker, Maschinengewehrnester und Baracken. Auf relativ kleinem Raum gibt es viele Überreste.

In Bovec verlief die österreichisch-ungarische Verteidigungslinie vom Rombon hinunter in das Bovec-Becken, durchquerte es, ging am linken Isonzoufer über den Humčič und stieg auf den Javorščak auf. Die österreichisch-ungarische Armee hat nach dem Vormarsch der Italiener und nach der Besetzung von Bovec im August 1916 ihre erste Verteidigungslinie am westlichen Rand des Bovec-Beckens noch stärker befestigt und zwar über zwei Anhöhen: Ravelnik (519 m) und Stržišče (486 m). Beide Anhöhen bildeten ein natürliches Hindernis, das von österreichisch-ungarischen Soldaten mit befestigten Stellungen, Kavernen und Schützengräben zu einer Säule der Verteidigung ausgebaut wurde. Gleichzeitig aber versteckten und schützten beide Anhöhen die Straßenkreuzung und den Anfang der Straßen in das Koritnica- und Isonzotal.

Die italienische Armee aber hatte eine anspruchsvollere Aufgabe. Sie mussten ihre Stellungen auf offener Ebene befestigen. Sie besetzten das verlassene Bovec und das Bovec-Feld in Richtung Čezsoča. Doch trotz der heftigen Kämpfe, die zahlreiche Opfer forderten, waren die italienischen Einheiten im Bovec-Becken nicht erfolgreich. Die Stellungen der beiden sich bekämpfenden Armeen haben sich auf diesem Teil des Schlachtfeldes festgesetzt. In den folgenden beiden Jahren haben sich diese Stellungen nicht stark verändert, bis zum österreichisch-ungarisch-deutschen Durchbruch im Jahre 1917. Am Tag des Durchbruchs, dem 24. Oktober 1917, ermöglichte ein deutsches Ingenieurbataillon der österreichisch-ungarischen Infanterie durch die Benutzung von Gas den Durchstoß durch die erste italienische Verteidigungslinie.

Heute steht hier ein Denkmal, das dem 3. k.u.k. Schützenregiment aus Graz und dem 26. k.u.k. Schützenregiment aus Maribor (Marburg) gewidmet wurde.

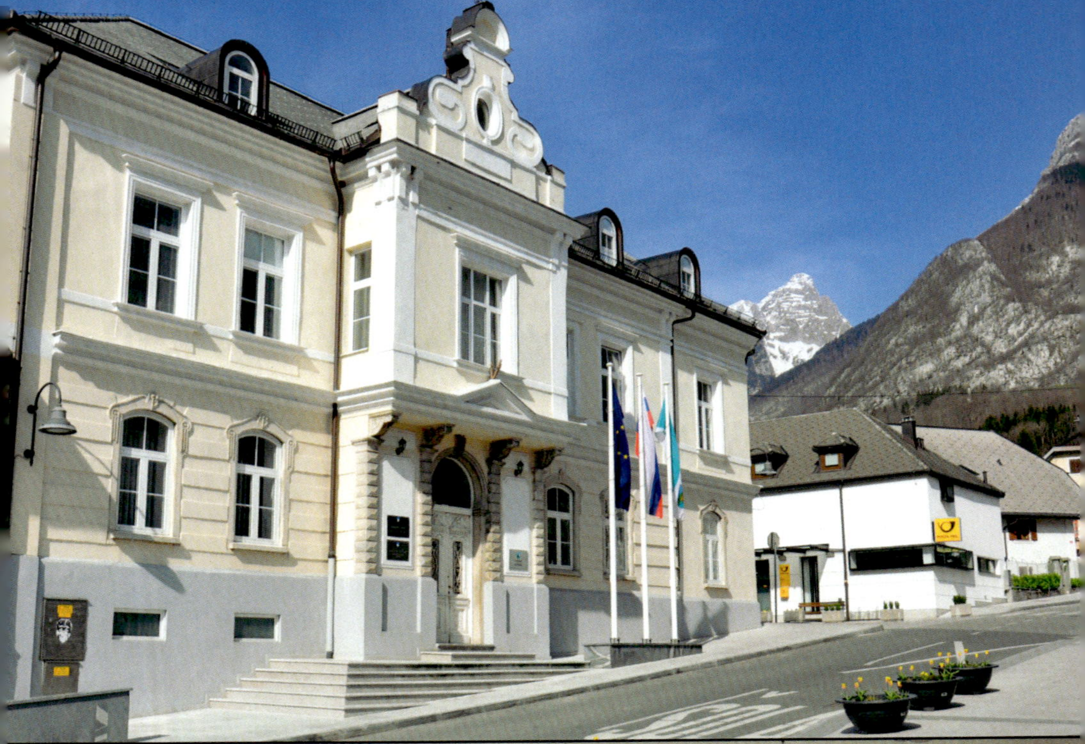

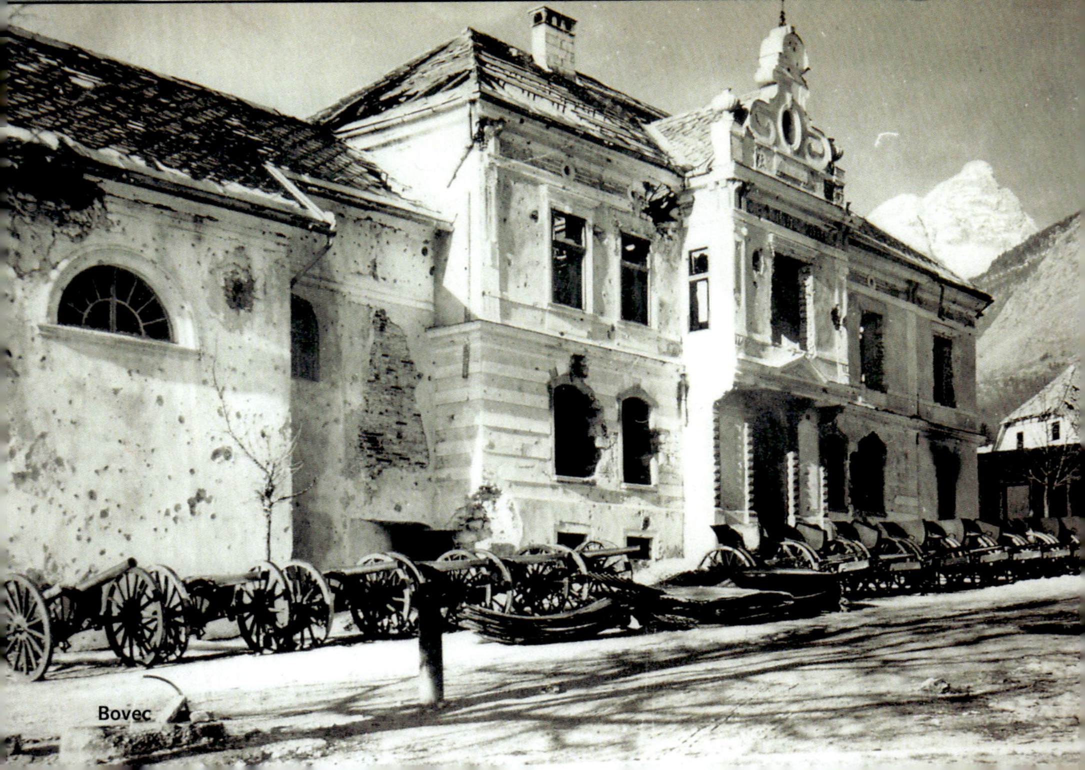

Bovec

Karte des Freilichtmuseums Ravelnik

- 1 Verbindungsgraben
- 2 Kaverne
- 3 Baracke
- 4 Schutzschild
- 5 Beobachtungsposten
- 6 Granateneinschlag
- 7 Befestigung mit Schießscharte
- i Informationstafel
- Weg des Friedens

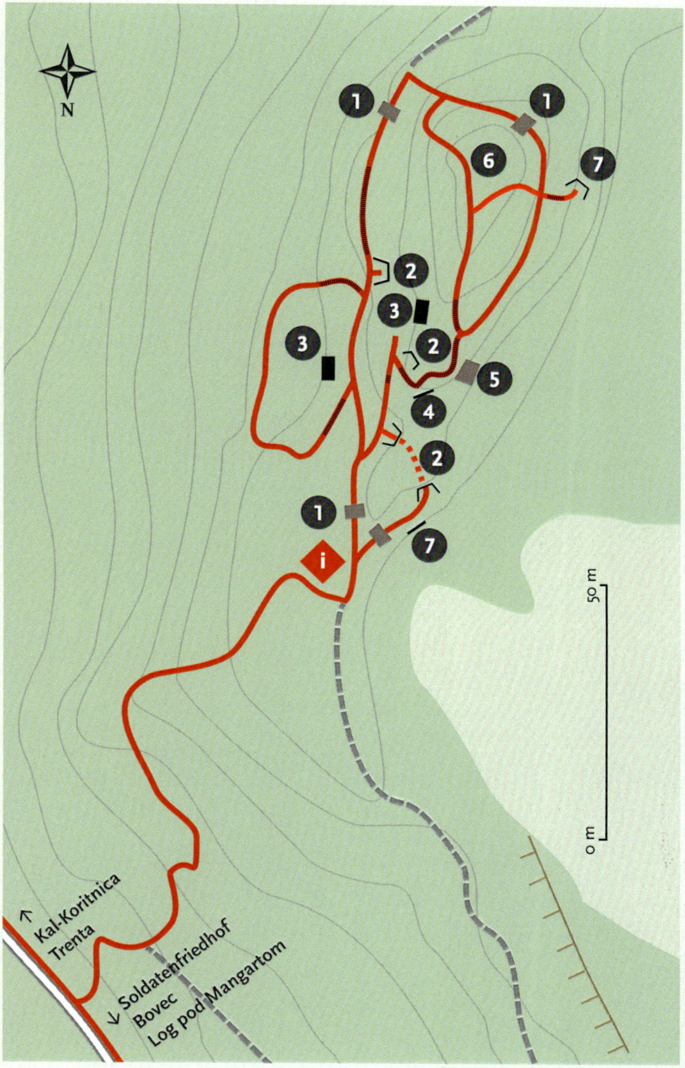

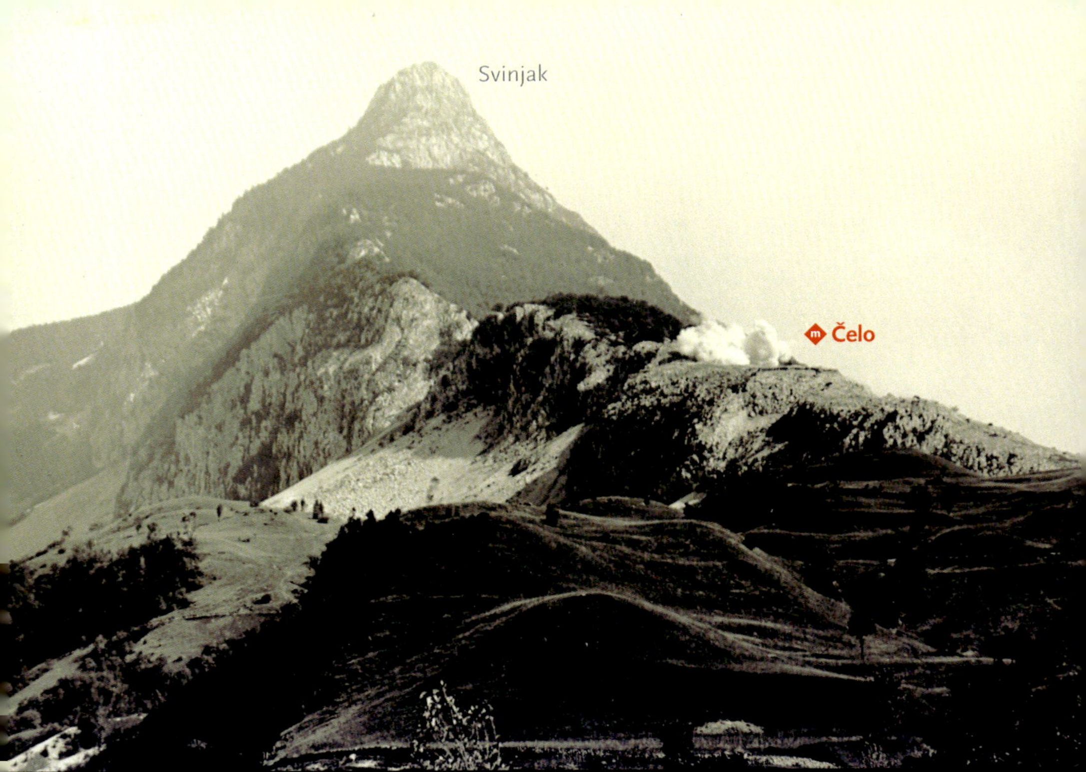

Überreste der österreichisch-ungarischen Befestigung, die sich am Hang des Svinjak befindet

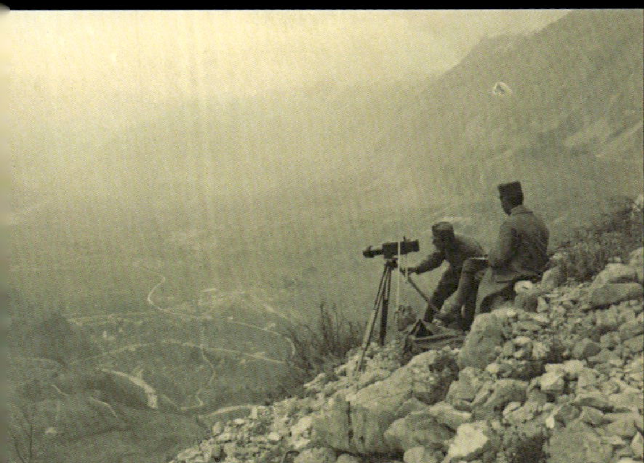

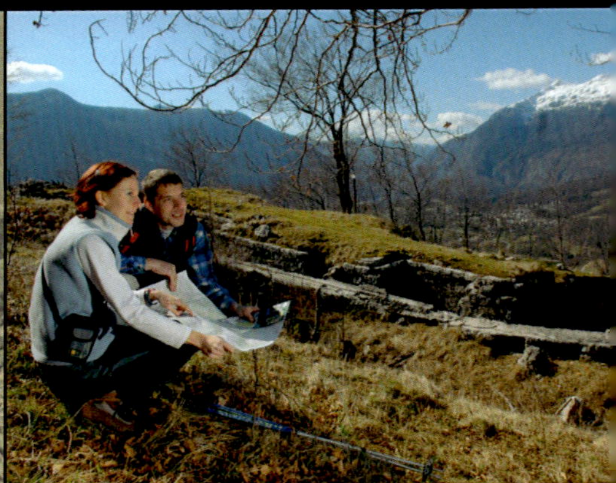

Von Čelo öffnet sich ein sehr schöner Ausblick auf das Bovec-Becken,

Freilichtmuseum Čelo

Der Hauptteil der österreichisch-ungarischen Befestigung besteht aus einem 200 m langen Schützengraben. Er verbindet zwei Kanonenstellungen mit der Küche, dem Beobachtungsposten, zwei Wohnräumen für 40 Männer und einem Unterstand für 20 Soldaten. Der Schützengraben hatte 150 Schießscharten für Schützen mit Gewehren.

Der Ort, an dem sich die Befestigung befindet, wird von den Einheimischen *Na Čelu* genannt. Während des Ersten Weltkrieges war dies für die österreichisch-ungarischen Soldaten der *Stützpunkt Kal*. Die Befestigung war ein Teil der *Sperre Flitsch*, die zur Verteidigung vor einem möglichen Durchbruch der Italiener diente. Da dies nicht geschah, war die Befestigung kein Schauplatz unmittelbarer Kämpfe.

Die Österreicher begannen mit dem Bau der Befestigung im November 1914. Sie wurde kurz vor Beginn des Krieges im Frühjahr 1915 fertiggestellt, als noch zwei 12-cm-Kanonen M. 1880 eingebaut wurden, die aus der Festung Kluže herangeschafft wurden. Die Befestigung spielte eine wichtige Rolle bei der Verteidigung des im Tal gelegenen Teils des Schlachtfeldes im Bovec-Becken. Von ihr aus war es möglich die Straße in Richtung Kluže und ebenso auch die Straße in Richtung Trenta zu beschießen. Aufgrund des anhaltenden Beschusses der italienischen Artillerie war die Befestigung an mehreren Stellen beschädigt, sodass die Besatzung sie deswegen verlassen musste. Sie erbauten ihre Stellungen etwas niedriger unter dem unteren rechten Teil der Befestigung, wo eine große Kaverne für die oben erwähnten Kanonen erbaut wurde. Die Kanonen gingen in die Geschichte der Schlachten im Bovec-Becken als die *Batterie Kal* ein.

Vor dem österreichisch-ungarisch-deutschen Durchbruch in der 12. Isonzoschlacht wurde in den nächtlichen Stunden des 24. Oktobers 1917 ein schrecklicher Artillerieangriff auf das Bovec-Becken verübt. Es wirkten alle Geschütze der Stellungen in Čelo mit. Neben der Artillerie nahm bei dem Angriff auch ein Bataillon deutscher Ingenieure mit Granatwerfern teil, die mit Giftgas gefüllte Minen abschossen. Die meisten der Gasgranaten und Minen wurden in Richtung der italienischen Stellungen auf ein kleines Tal, Naklo genannt, gerichtet, durch welches die Straße aus Bovec nach Čezsoča führt.

Genau an dieser Stelle starben laut deutschen Quellen 500–600 italienische Soldaten des III. Bataillons des 87. Infanterieregiments der Brigade Friuli durch Ersticken. Die österreichisch-ungarische Infanterie hatte nun den Weg frei für den Vorstoß in Richtung Žaga und Stol.

650 m ü.d.M.

GPS:
46.341275
13.584616

Lepena

Im Lepenatal steht ein Denkmal, das den Soldaten des 2. Landwehr-Infanterie-Regiments aus Linz gewidmet wurde. Sie verstarben im Dezember 1915 auf den Hängen der Berge über Lepena durch eine Schneelawine. Sie wurden auf der linken Seite des Baches Lepenjica begraben. Das Regiment stellte im Jahre 1916, neben den in Holz gebrannten Abschiedsworten, auch eine Kapelle auf, die ihren Namen nach dem nahe gelegenen Gehöft *Blaževa domačija* erhalten hat. Die Kapelle blieb nicht erhalten, doch wurde im Jahre 2015 an der gleichen Stelle ein Denkmal eröffnet.

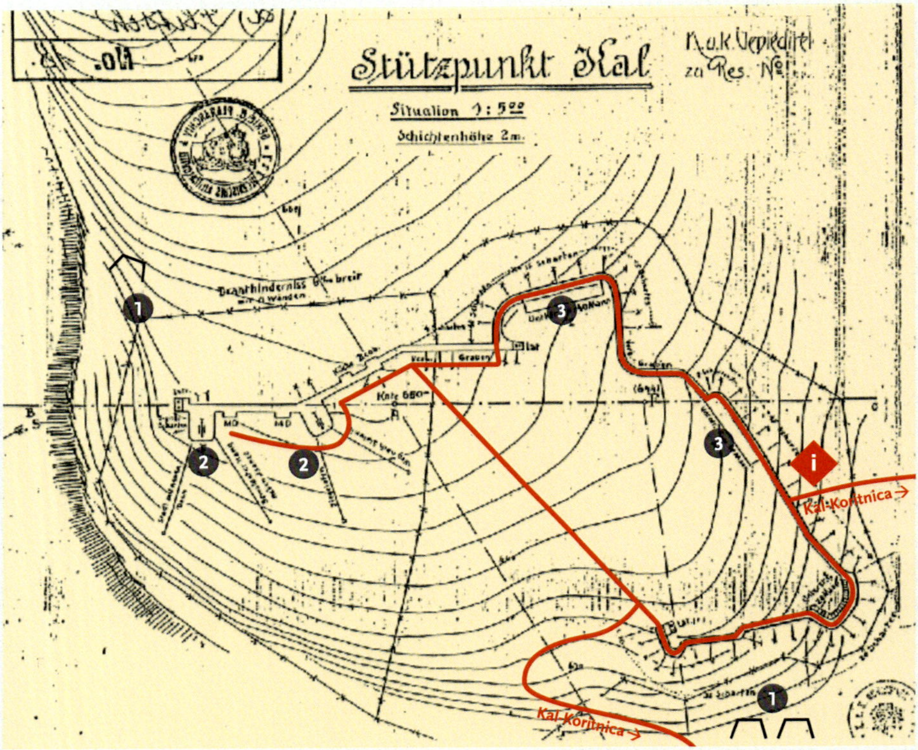

Karte des Freilichtmuseums Čelo

- ❶ Kaverne
- ❷ Kanonenstellung
- ❸ Wohnraum
- ◆ Informationstafel
- ⁄ Weg des Friedens

Andere Sehenswürdigkeiten in der Umgebung

Bovec

Vor dem Beginn der Kämpfe am Isonzofluss gehörte Bovec zur österreichisch-ungarischen Monarchie. Nach den ersten Kämpfen haben die Italiener die Ortschaft am 23. August 1915 besetzt und blieben dort bis zum Durchbruch am 24. Oktober 1917.

Charakteristisch für die Ortschaft sind die typischen Häuser im Bovec-Baustil, die nach dem Ersten Weltkrieg erbaut wurden. Die Ortschaft war damals fast zur Gänze zerstört. In der Ortschaft kann man folgende private Museumssammlungen besichtigen: *Mali muzej soške fronte Bovec* (Kleines Museum der Isonzofront Bovec), *Muzejska zbirka Iva Ivančiča* (Museumssammlung von Ivo Ivančič), *Vojaška zbirka ‚Zbogom orožje 1915–1917'* (Militärische Sammlung „In einem anderen Land 1915–1917").

Österreichisch-ungarischer Soldatenfriedhof, Soča

Der Soldatenfriedhof des Ersten Weltkrieges mit den gefallenen österreichisch-ungarischen Soldaten befindet sich hinter der Kirche des hl. Josef und dem Ortsfriedhof im Dorf Soča. In den Hang über dem Friedhof ist zum Gedenken an die gefallenen Soldaten ein großes Steinkreuz erbaut worden. Über dem Kreuz steht auf einem Fels eine Granate. Nach dem Krieg wurde der ursprünglich österreichisch-ungarische Krankenhausfriedhof erweitert. Heute sind dort mehr als 1400 Soldaten und Kriegsgefangene begraben.

Österreichisch-ungarischer Soldatenfriedhof in Trenta, Straße auf den Vršič und die Russische Kapelle

In Trenta befindet sich neben dem Ortsfriedhof auch ein Soldatenfriedhof. Hier liegen etwa 200 österreichisch-ungarische Soldaten, die im Soldatenkrankenhaus in Trenta verstarben, sowie russische Kriegsgefangene, die beim Bau der Straße über den Vršičpass starben, begraben. Mit dem Bau der Straße aus Kranjska Gora über den Vršičpass (1611 m) nach Trenta begann man im Mai 1915, als bereits klar war, dass Italien Österreich-Ungarn den Krieg erklären würde. Man brachte 12.000 russische Gefangene, die alle an der Ostfront gefangen genommen waren, zur Arbeit auf die Baustelle. Sie mussten mit unmenschlicher Anstrengung diese Straße erbauen. Sie wurden in einfachen Baracken untergebracht, waren schlecht angezogen und genährt. Viele von ihnen starben aufgrund der Anstrengung und Krankheit. Die Straße wurde zur Versorgung der österreichisch-ungarischen Einheiten an der Isonzofront und dem Abtransport von Verwundeten benutzt. Sie war gegen Ende des Jahres 1915 bereits befahrbar. Durch den vielen Schnee löste sich im März 1916 vom Hang der Mojstrovka eine Lawine, die viele Hunderte der Erbauer unter sich begrub. Zum Gedenken an das Leiden und die zahlreichen verstorbenen Leidensgenossen haben die russischen Gefangenen eine hölzerne Kapelle erbaut. Heute ist dieses russisch-orthodoxe Heiligtum erneuert worden und bekannt unter dem Namen Russische Kapelle. Neben der Kapelle steht eine Gruft. Über ihr steht eine Pyramide mit der russischen Aufschrift: *Den Söhnen Russlands.*

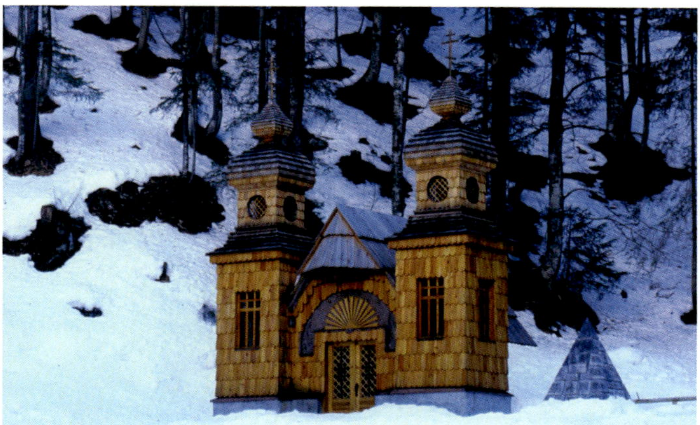

Russische Kapelle unterhalb des Vršičpasses

Weg des Friedens

Besucherzentrum Weg des Friedens

Freilichtmuseum

Denkmal, Gedenktafel

Beinhaus

Soldatenfriedhof

Soldatenkapelle

Militärflugplatz während der Isonzofront

Festung

Überreste der Isonzofront

Gedenkkirche

Höhle, Kaverne

Aussichtspunkt

Private Museumssammlung

Museum

Natursehenswürdigkeit

Kultursehenswürdigkeit

Touristikinformationszentrum

Kote

0 500 1000 2000 3000 m

1 : 50 000

KARTOGRAFIJA

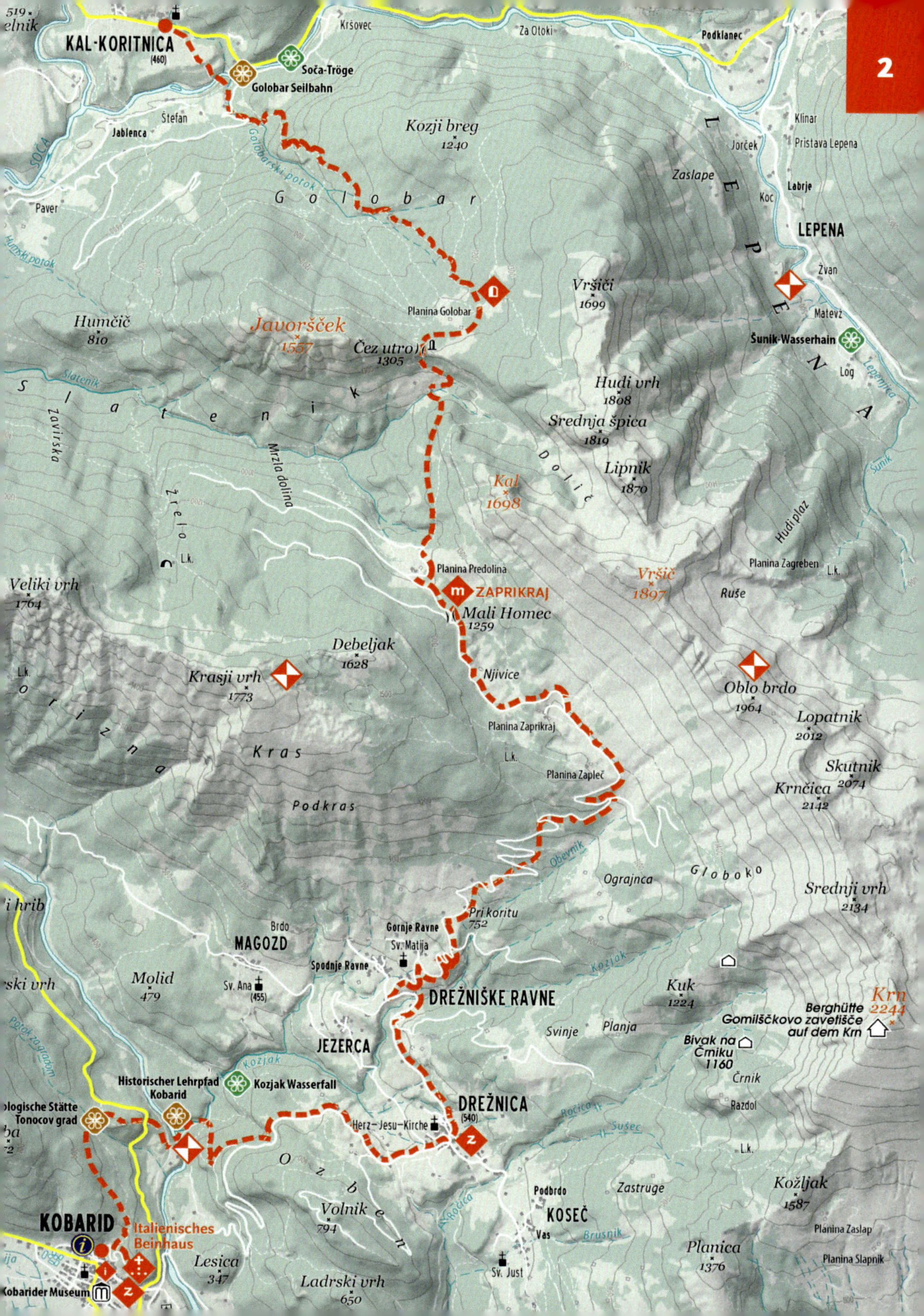
2
KAL-KORITNICA
(460)
Kršovec
Za Otoki
Podklanec
Soča-Tröge
Golobar Seilbahn
Štefan
Jablenca
Soča
Kozji breg
1240
Golobarski potok
G o l o b a r
Paver
Humški potok
Planina Golobar
Humčič
810
Javoršček
1557
Čez utro
1305
Slatenik
S l a t e n i k
Završka
Mrzla dolina
Žrelo
L.k.
Klinar
Pristava Lepena
Jorček
Zaslape
Labrje
Koc
LEPENA
Žvan
Matevž
Šunik-Wasserhain
Log
Lepenjica
L E P E N A
Vršiči
1699
Hudi vrh
1808
Srednja špica
1819
Lipnik
1870
D o l i č
Kal
1698
Šunik
Hudi plaz
Planina Zagreben
L.k.
Planina Predolina
ZAPRIKRAJ
Mali Homec
1259
Vršič
1897
Ruše
Veliki vrh
1764
Debeljak
1628
Krasji vrh
1773
Njivice
Oblo brdo
1964
Lopatnik
2012
Skutnik
2074
Krnčica
2142
P o r i z n a
K r a s
Podkras
Planina Zaprikraj
L.k.
Planina Zapleč
Obevnik
Ograjnca
G l o b o k o
Srednji vrh
2134
Pri koritu
752
Gornje Ravne
Sv. Matija
Brdo
MAGOZD
Spodnje Ravne
Molid
479
Sv. Ana
(455)
DREŽNIŠKE RAVNE
Kozjak
Kuk
1224
Krn
2244
Berghütte
Gomilščkovo zavetišče
auf dem Krn
Bivak na
Črniku
1160
Svinje
Planja
Črnik
Razdol
JEZERCA
Kozjak
Historischer Lehrpfad
Kobarid
Kozjak Wasserfall
Tonocov grad
DREŽNICA
(540)
Herz-Jesu-Kirche
Ročica
Sušec
L.k.
O z b e n
Volnik
794
Podbrdo
Zastruge
KOSEČ
Vas
Brusnik
Kožljak
1587
Planina Zaslap
Planina Slapnik
Planica
1376
KOBARID
Italienisches
Beinhaus
Lesica
347
Ladrski vrh
650
Sv. Just
Kobarider Museum

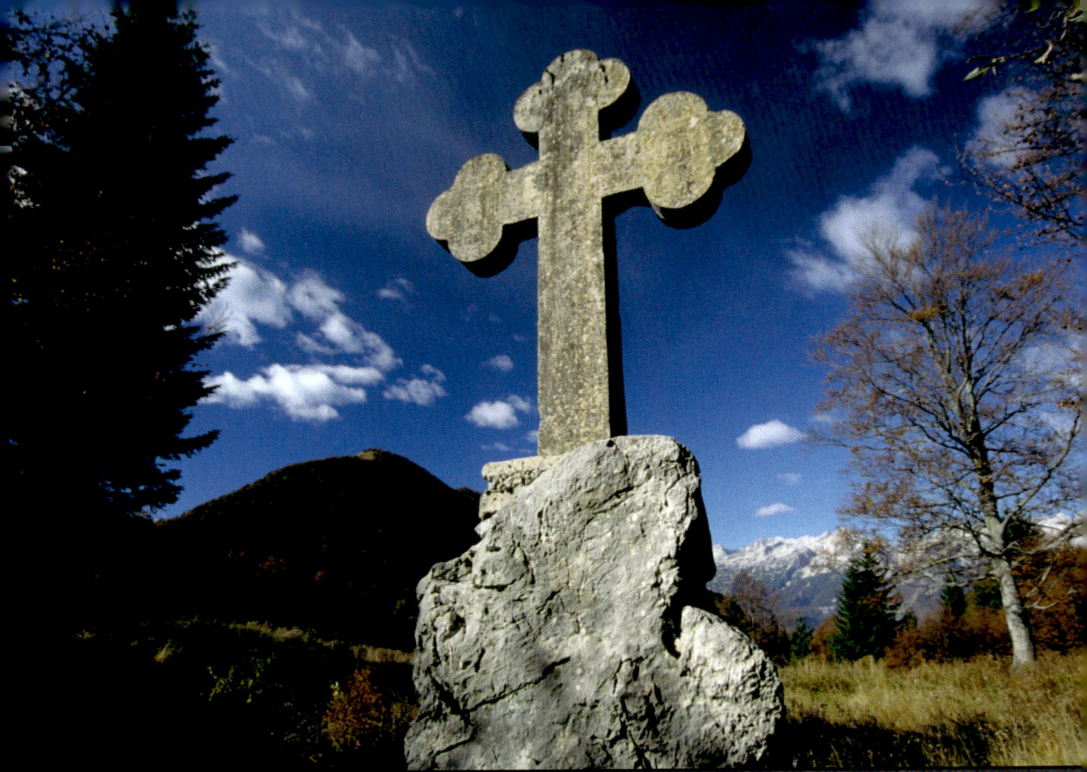

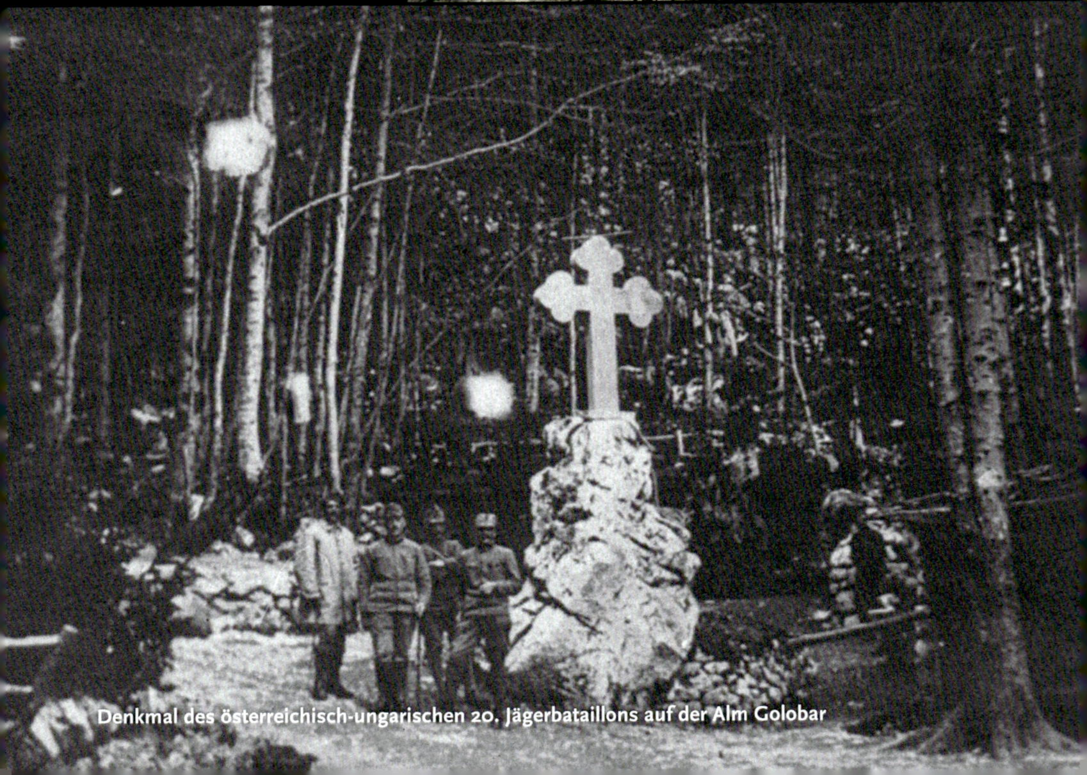

Denkmal des österreichisch-ungarischen 20. Jägerbataillons auf der Alm Golobar

Kal-Koritnica ◆ Alm Golobar ◆ Freilichtmuseum Zaprikraj ◆ Drežnica ◆ Italienisches Beinhaus ◆ Kobarid

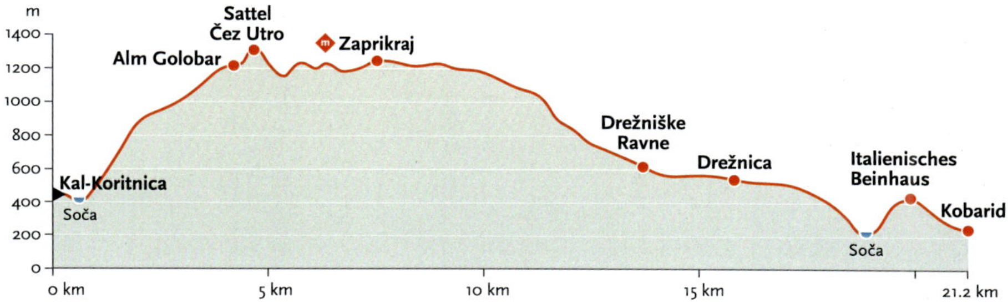

Gemeinsamer Höhenunterschied: 1240 m
Der Abschnitt hat alle Merkmale einer Bergtour!

Alm Golobar (1257 m)

Golobar ist ein ausgedehntes Hochgebirgstal mit einem Durchmesser von fast 2 km. Am Weg werden wir mehrere Spuren sehen, die von einem anderen Aussehen Golobars im vorigen Jahrhundert zeugen. Noch mehr als die Forst- und Almwirtschaft wurde es durch das Geschehen des Ersten Weltkrieges gekennzeichnet. Wegen der geschützten Lage und der Nähe der ersten österreichisch-ungarischen Verteidigungslinie, die sich am südlichen Rand von Javoršček über Čez Utro nach Kal ausdehnte, wurde sie zu einem wichtigen Punkt, über den die Soldatenversorgung dieses Teils der Front verlief. Sie bestand aus einem Netz von Gräben, Wegen und Straßen, übersät mit Unterständen und Baracken. Eine Lastseilbahn führte bis hierhin. Am oberen Rand der einstigen Weide, über der verlassenen Alm, ist auf einem Fels ein erhaltenes Betonkreuz, das im Mai 1916 von den Soldaten des 20. Jägerbataillons der österreichisch-ungarischen Armee aufgestellt wurde.

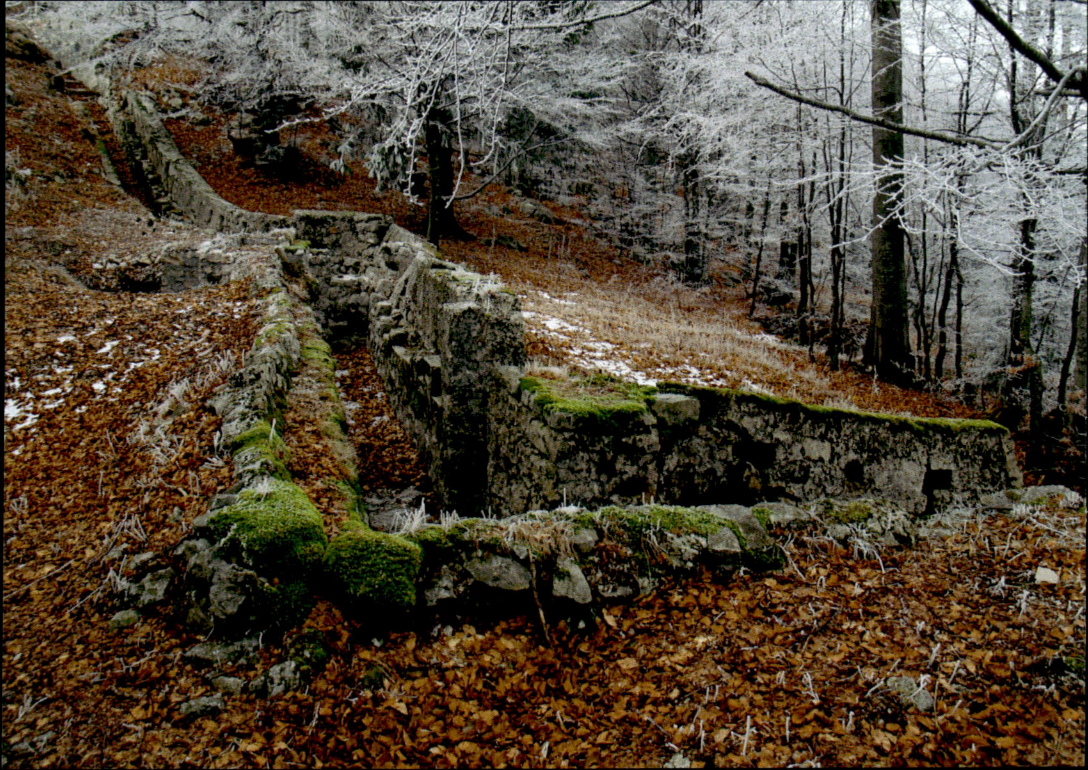

Überreste befestigter italienischer Stellungen

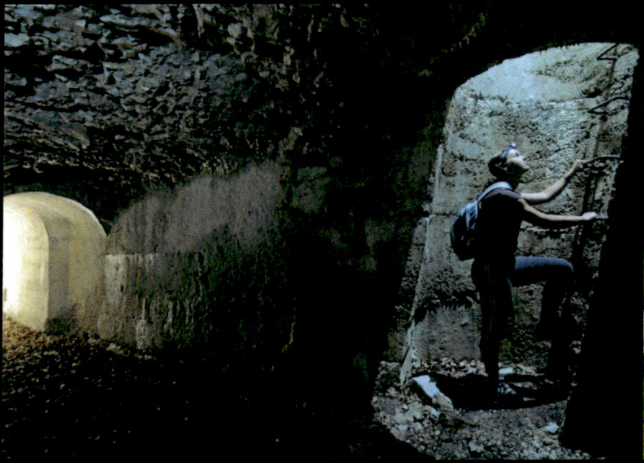

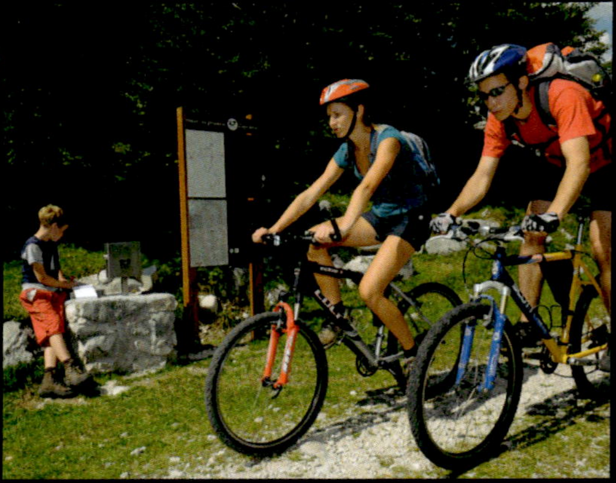

Die Besichtigung des Freilichtmuseums Zaprikraj ist ein ganztägiger Ausflug. Auf dem Gebiet der noch bewirtschafteten Almen bietet er neben der Geschichte des Ersten Weltkrieges auch viele genussvolle Eindrücke der unberührten Natur an

Freilichtmuseum Zaprikraj

Das Freilichtmuseum liegt zwischen den Almen Predolina und Zaprikraj. Es befindet sich auf dem Gebiet der ersten italienischen Verteidigungslinie. Der Rundweg führt durch gut erhaltene und teilweise erneuerte Stellungen der italienischen Armee. Er führt uns durch Schützengräben, Kavernen, Kanonen- und Minenstellungen und vorbei an Überresten von Baracken.

1259 m ü.d.M.

GPS:
46.293371
13.613884

Das Museum befindet sich auf dem Gebiet des Nationalparks Triglav

Als Italien den Krieg erklärte, entschied sich Österreich-Ungarn seine Verteidigung von der damaligen Staatsgrenze auf die Gebirgskämme am linken Ufer des Isonzo zu verlegen. Die Italiener waren am Anfang des Krieges in den Bergen über Drežnica ziemlich erfolgreich gewesen, da sie einen großen Teil der westlichen Kämme im Krngebirge einnahmen und am 16. Juni 1915 auch den Krngipfel. Die österreichisch-ungarischen Einheiten mussten sich in nördlicher Richtung, auf schwierigere Stellungen zurückziehen. Auf den Stellungen am äußersten Ende des nordwestlichen Kamms, über den Almen von Drežnica, auf Kal, hielten sie bis zum Durchbruch im Jahre 1917 aus. Österreich-Ungarn erlebte die erwähnten Niederlagen deswegen, weil sie am Anfang der Angriffe auf diesem Gebiet keine Einheiten einteilte, die den italienischen Alpini im Gebirgskrieg gleichwertig gewesen wären. Die Italiener haben unter dem westlichen Teil des Krngebirges, auf dem Sattel zwischen Kal und Krasji vrh, ein System aus gemauerten und betonierten Gräben, Kavernen und Kanonenstellungen erbaut. So sicherten sie das Gebiet ab, auf dem ein österreichisch-ungarischer Angriff möglich gewesen wäre. Gleichzeitig konnten sie durch Beschuss die Angriffe ihrer Einheiten unterstützen, die in Richtung Javoršček und der Alm Golobar angriffen. An einigen Stellen, vor allem auf Kal, lagen sich die Stellungen der sich bekämpfenden Einheiten nur einige zehn Meter voneinander entfernt gegenüber. Zu diesen Stellungen wurden damals im Krieg viele Versorgungspfade gebaut, die noch heute sehr gut sichtbar sind. Ebenso wurde zur Versorgung der Front eine Straße aus Kobarid nach Drežnica und weiter bis zur Alm Zaprikraj gebaut.

Auf den umliegenden Bergen fanden die blutigsten Kämpfe im Herbst 1915 statt. In den nächsten beiden Jahren blieben beide Armeen in ihren Gräben stecken und haben nur selten größere Angriffe getätigt. Zur entscheidenden Verschiebung kam es erst in der 12. Isonzoschlacht am 24. Oktober 1917. Aufgrund des hartnäckigen Widerstands der italienischen Armee am ersten Tag des Angriffs, gelang es der österreichisch-ungarischen 55. Division nicht, die befestigten italienischen Stellungen zu durchbrechen. Die italienischen Soldaten verließen nachts ihre Stellungen, nachdem der Befehl zum Abzug gegeben wurde, denn das Tal hinter ihrem Rücken war bereits eingenommen worden.

Karte des Freilichtmuseums Zaprikraj

1. Minenwerferstellung/ Beobachtungsposten
2. Kaverne
3. Bunker mit Maschinengewehrstellung
4. Granateneinschlag
5. Wohnraum

- i Informationstafel
- Denkmal
- Weg des Friedens
- Gräben
- Gebäudeüberreste

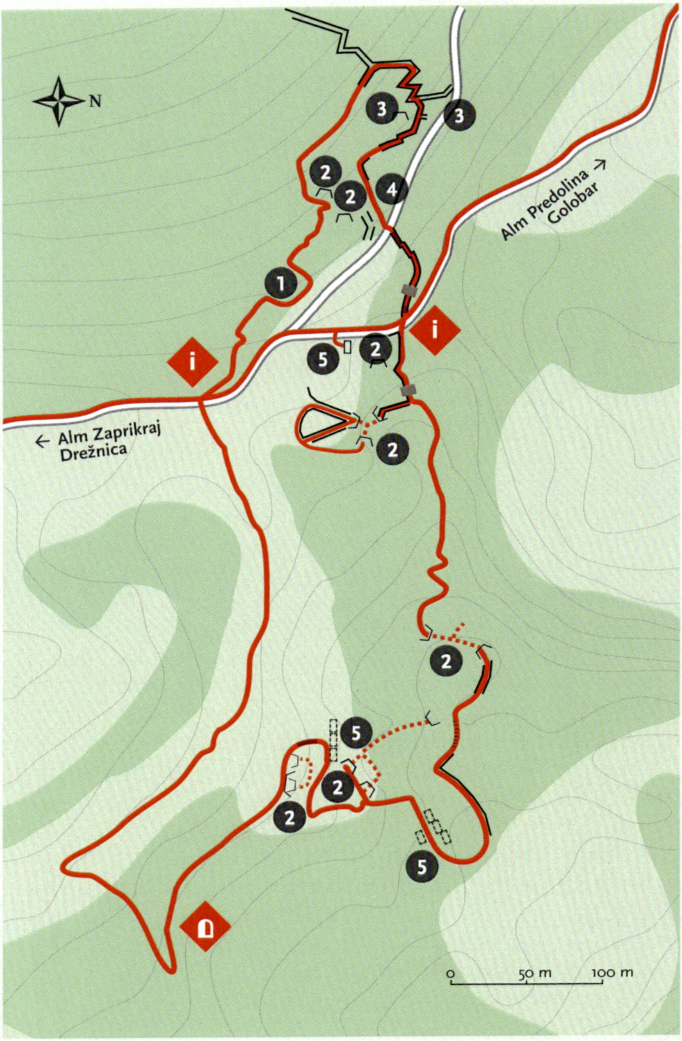

Drežnica (555 m)

In der Zeit der Kämpfe am Isonzofluss, befand sich das Dorf in unmittelbarer Nähe der ersten Frontlinie. In den Häusern richteten die italienischen Soldaten ihre Unterkünfte ein, denn die Zivilbevölkerung war gezwungen worden Haus und Hof zu verlassen. Noch heute ist das Dorf von der Pfarrkirche Herz Jesu geprägt, die im Jahre 1912 erbaut wurde. Sie wurde vom Krieg verschont und blieb unbeschädigt. In Drežnica kann man sich die private Museumssammlung *Botognice* anschauen.

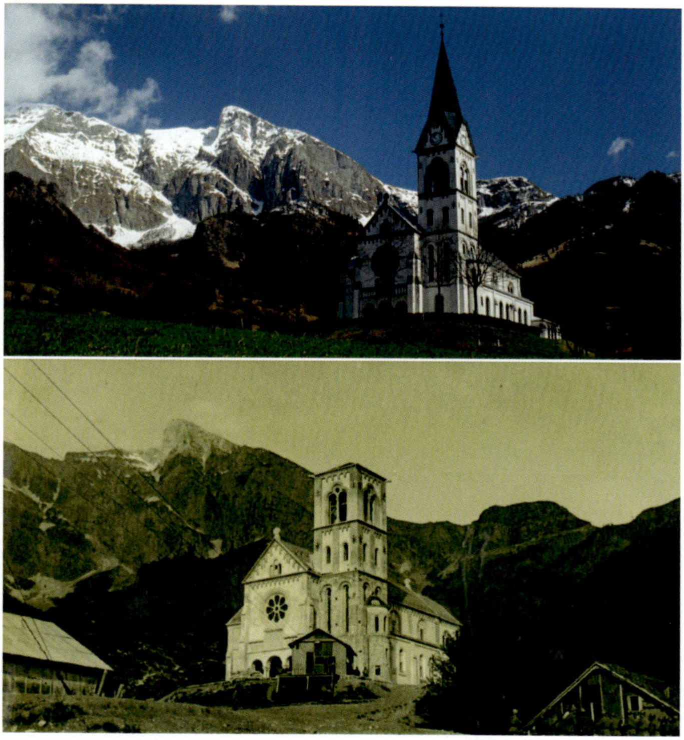

Drežnica

Italienisches Beinhaus, Kobarid

Es wurde auf dem Gradič, auf einer kleineren Anhöhe oberhalb von Kobarid erbaut, um die Kirche des hl. Anton herum. Es wurde fast drei Jahre lang daran gebaut und als es im September 1938 fertiggestellt wurde, kam Benito Mussolini um es feierlich zu eröffnen. Das Beinhaus ist eine Arbeit des Bildhauers Giannino Castiglioni und des Architekten Giovanni Greppi. Es ist in Form eines Achtecks mit drei konzentrischen Kreisen, die zur Anhöhe hin schmaler zulaufen, erbaut. Von den umliegenden Friedhöfen wurden die sterblichen Überreste von 7014 bekannten und unbekannten Soldaten, die im

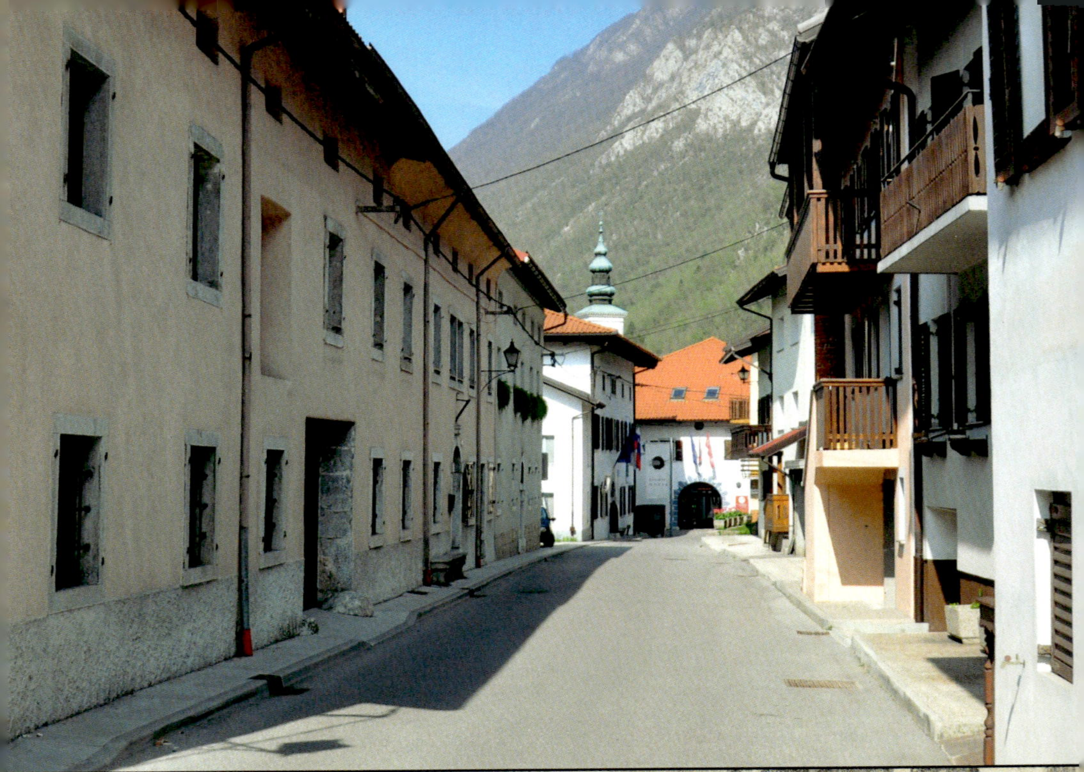

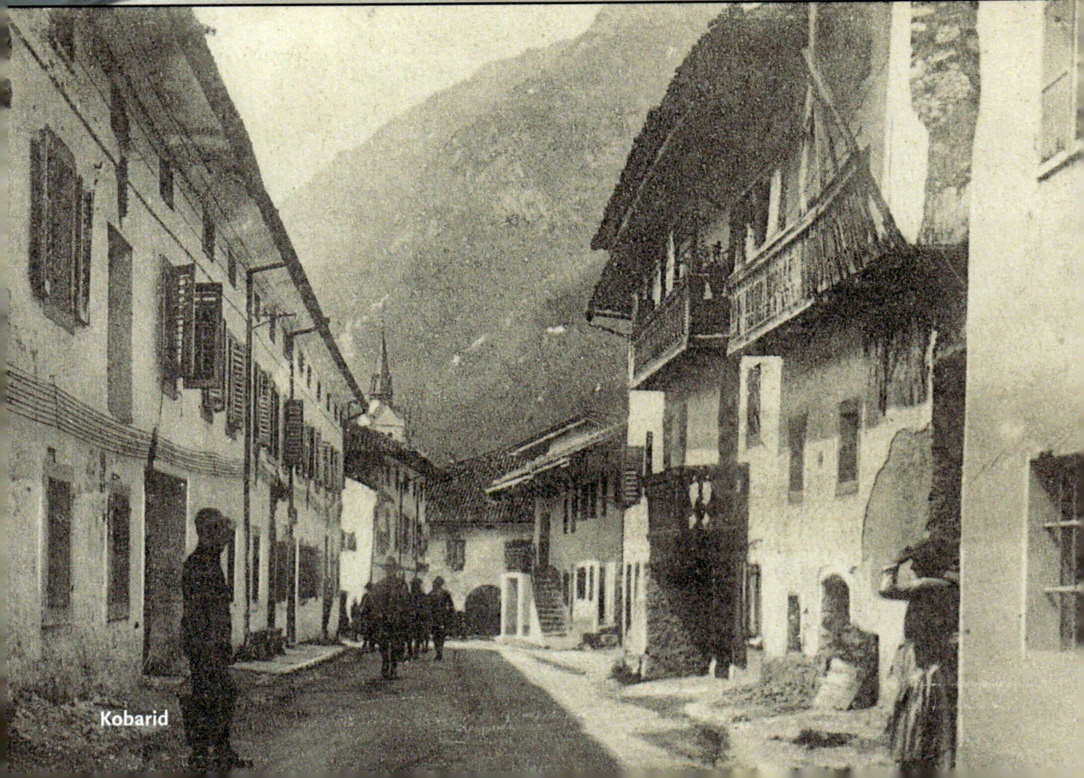

Kobarid

Ersten Weltkrieg verstorben waren, dahin überführt. Ihre Namen sind auf Tafeln aus grünfarbenem Serpentin eingemeißelt worden. Am Beinhaus befinden sich auch Ehrenmäler, die den italienischen Soldaten gewidmet wurden, die beim Gasangriff in der 12. Isonzoschlacht in Bovec ums Leben kamen. Die erwähnten Ehrenmäler befanden sich ursprünglich auf dem Soldatenfriedhof in Bovec und wurden im Jahre 1981 nach Kobarid überführt. Auf dem Weg von Kobarid bis zur Kirche des hl. Anton befinden sich die 14 Stationen des Kreuzwegs Jesu. Neben dem Beinhaus, im ehemaligen Haus des Verwalters, ist heute eine private Museumssammlung *Kobarid im Großen Krieg 1917* eingerichtet.

Listen der in italienischen Beinhäusern bestatteten Soldaten Redipuglia (Redipulja), Oslavia (Oslavje), Kobarid findet man unter: *www.cadutigrandeguerra.net*

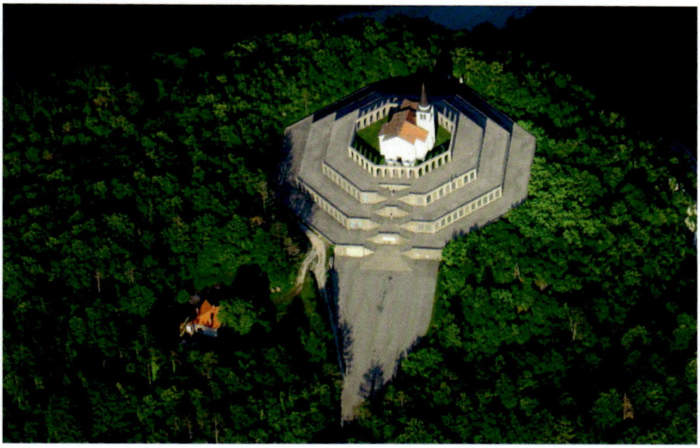

Italienisches Beinhaus, Kobarid

KOBARID (234 m)

Die Ortschaft befindet sich auf einer breiten Terrasse am rechten Ufer der Soča. Sie entwickelte sich an der Kreuzung wichtiger Straßenverbindungen in Richtung Predel (Predil) sowie Gorizia und in Richtung Cividale del Friuli. Aufgrund der Lage, befand sich Kobarid schon immer *im Durchzug der Geschichte.*

Kobarid gehörte vor dem Beginn der Isonzoschlachten zur österreichisch-ungarischen Monarchie. Bereits einen Tag nach der Kriegserklärung wurde die Ortschaft von italienischen Einheiten besetzt. Sie blieb in italienischer Herrschaft bis zum Durchbruch in der 12. Isonzoschlacht im Oktober 1917, als österreichisch-ungarische und deutsche Einheiten gleichzeitig aus Richtung Bovec und Tolmin in Richtung Kobarid durchbrachen. Genau diese Schlacht sorgte dafür, dass der Name Kobarid für immer auf der Weltkarte seinen Platz fand. In der Geschichtsschreibung aber ist es unter mehreren Namen bekannt. Die österreichisch-ungarische Seite benannte diese Geschehnisse als das *Wunder von Karfreit*, denn es galt die Überzeugung, dass eine erfolgreiche Offensive im gebirgigen oberen Isonzotal nicht auszuführen sei. Auf der anderen Seite aber, erinnern sich die

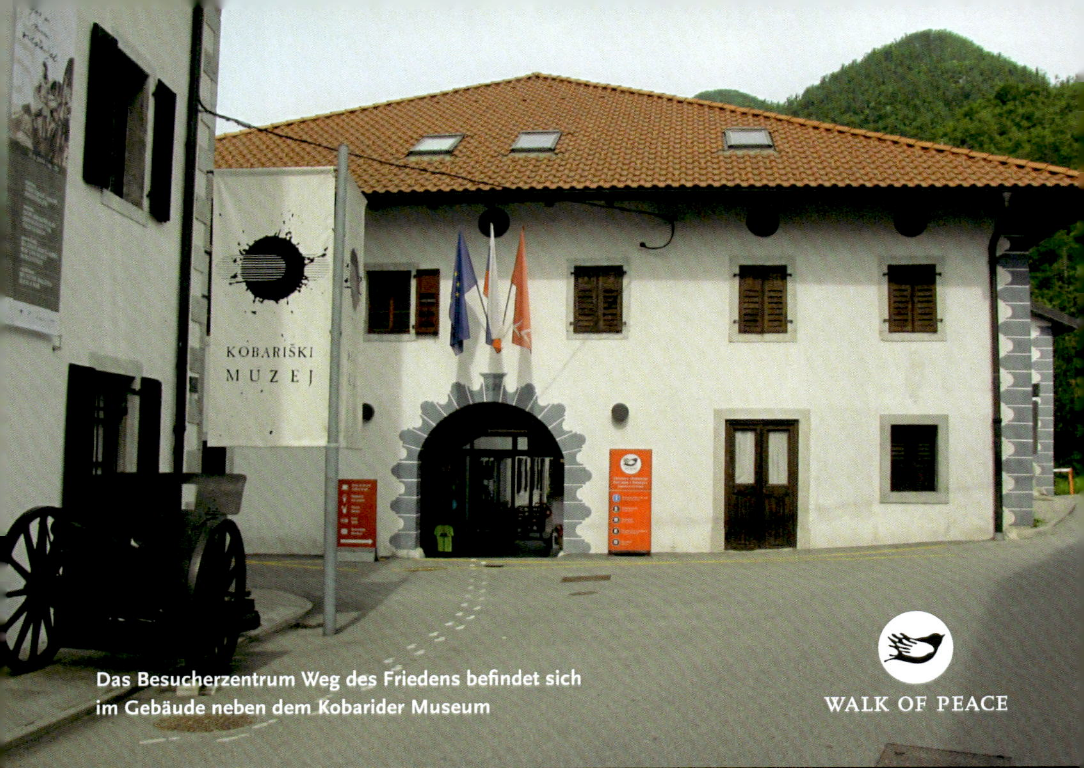

Das Besucherzentrum Weg des Friedens befindet sich im Gebäude neben dem Kobarider Museum

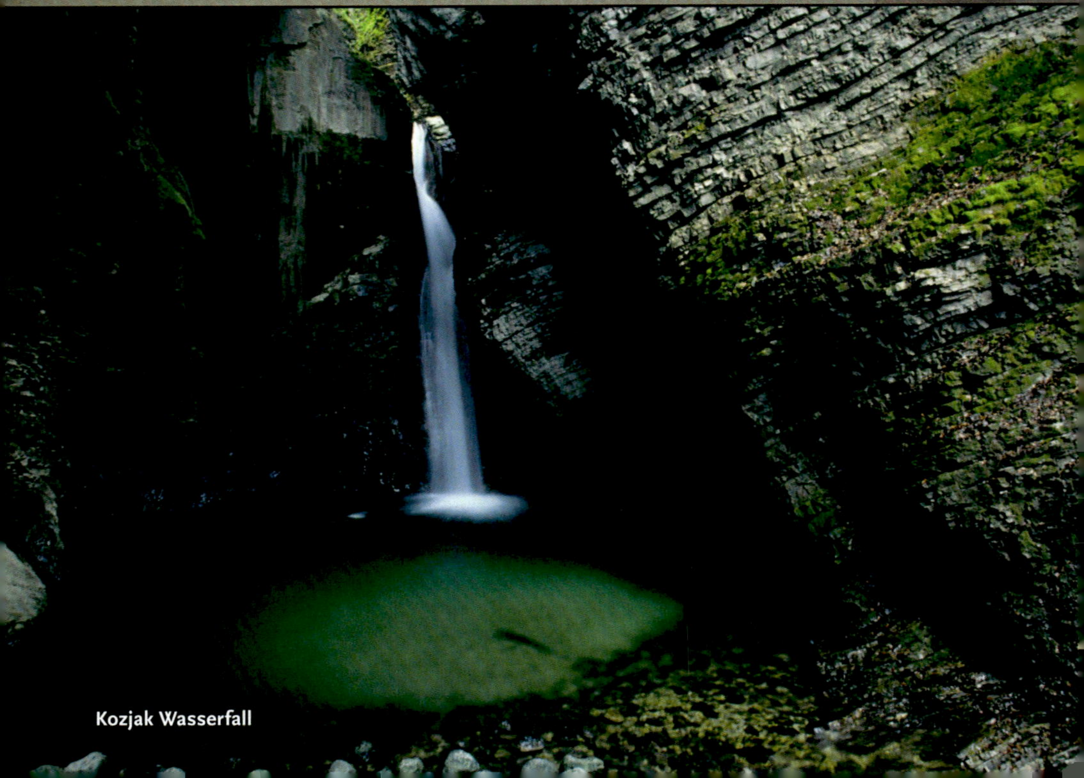

Kozjak Wasserfall

Italiener noch heute an die Schlacht als totales Fiasko, als Niederlage, als Vernichtung bei Kobarid *Disfatta di Caporetto*.

Heute ist die Ortschaft der Sitz der Gemeinde Kobarid. An den Einfallsstraßen von Kobarid stehen Kanonen aus dem Ersten Weltkrieg. Sie wurden von einer Gruppe Männer aus Kobarid aus dem Sočafluss unter der Napoleonbrücke herausgezogen.

Auf beiden Seiten der Straße, die in Richtung Robič führt, pflanzten die Italiener im Jahre 1936, vor dem Bau des italienischen Beinhauses, eine 5 km lange Lindenallee an.

Besucherzentrum Weg des Friedens

Im Besucherzentrum Weg des Friedens, das von Ustanova „Fundacija Poti miru v Posočju" geleitet wird, stehen alle Informationen im Zusammenhang mit dem *Weg des Friedens*, dem Ersten Weltkrieg und der Isonzofront zur Verfügung. Zur Verfügung stehen auch Informationen über Übernachtungen und Rastmöglichkeiten und wo man auf dem *Weg des Friedens* mit heimischer Kost verwöhnt wird. Es besteht die Möglichkeit verschiedene geführte Ausflüge zu organisieren, die neben der Isonzofront auch andere typische und besondere Inhalte (Natur- und Kultursehenswürdigkeiten, Gastronomie, sportliche Aktivitäten u.s.w.) auf dem *Weg des Friedens* anbieten. Das Besucherzentrum verfügt über eine reiche Auswahl an ausgewählten Andenken lokaler und heimischer Herkunft, sowie einem reichen Angebot touristischer und fachlicher Publikationen. Eine ständige interaktive Ausstellung über den *Weg des Friedens* ist auch zu sehen.

Kobarider Museum

In Kobarid dürfen wir den Besuch des Museums nicht auslassen, welches den Geschehnissen während des Ersten Weltkrieges an der Isonzofront gewidmet wurde. Es zeigt die zweieinhalb Jahre andauernden Kämpfe im Gebiet des oberen Isonzotals, vor allem aber die 12. Isonzoschlacht. In der Ortschaft befindet sich auch eine private Museumssammlung des Ersten Weltkrieges *Alberto Picco*.

Geschichtsbibliothek Kobarid Im Rahmen der Ustanova „Fundacija Poti miru v Posočju" ist auch die Geschichtsbibliothek Kobarid tätig. Sie sammelt und bewahrt vor allem das Material, das sich mit der Thematik des Ersten Weltkrieges befasst: *www.potmiru.si/deu/zgodovinska-knjiznica*

Evidenz der gefallenen Soldaten Die Angaben der österreichisch-ungarischen und deutschen Soldaten, die auf dem Gebiet der Isonzofront vom Rombon bis zum Kal- und Lomplateau und der gefallenen italienischen Soldaten, die im Beinhaus in Kobarid begraben wurden, stehen hier zur Verfügung: *www.potmiru.si/deu/evidenca-padlih*

Andere Sehenswürdigkeiten in der Umgebung

Historischer Lehrpfad Kobarid

Der fünf Kilometer lange Weg verbindet historische, kulturelle und Natursehenswürdigkeiten in der Umgebung von Kobarid. Der Spaziergang führt uns an den Überresten und der Geschichte der Spätantike (Tonocov grad), den Geschehnissen beider Weltkriege und an vielen natürlichen Sehenswürdigkeiten vorbei, die uns die Sočaschlucht und ihre Nebenflüsse anbieten. Dabei dürfen wir die Besichtigung der Napoleonbrücke und des Wasserfalls Kozjak nicht vergessen.

Breginj

Im Ort können wir uns zwei private Museumssammlungen anschauen: Museumssammlung *Stol 1915–1917* und *Etno-vojna zbirka* (Ethno-Kriegssammlung).

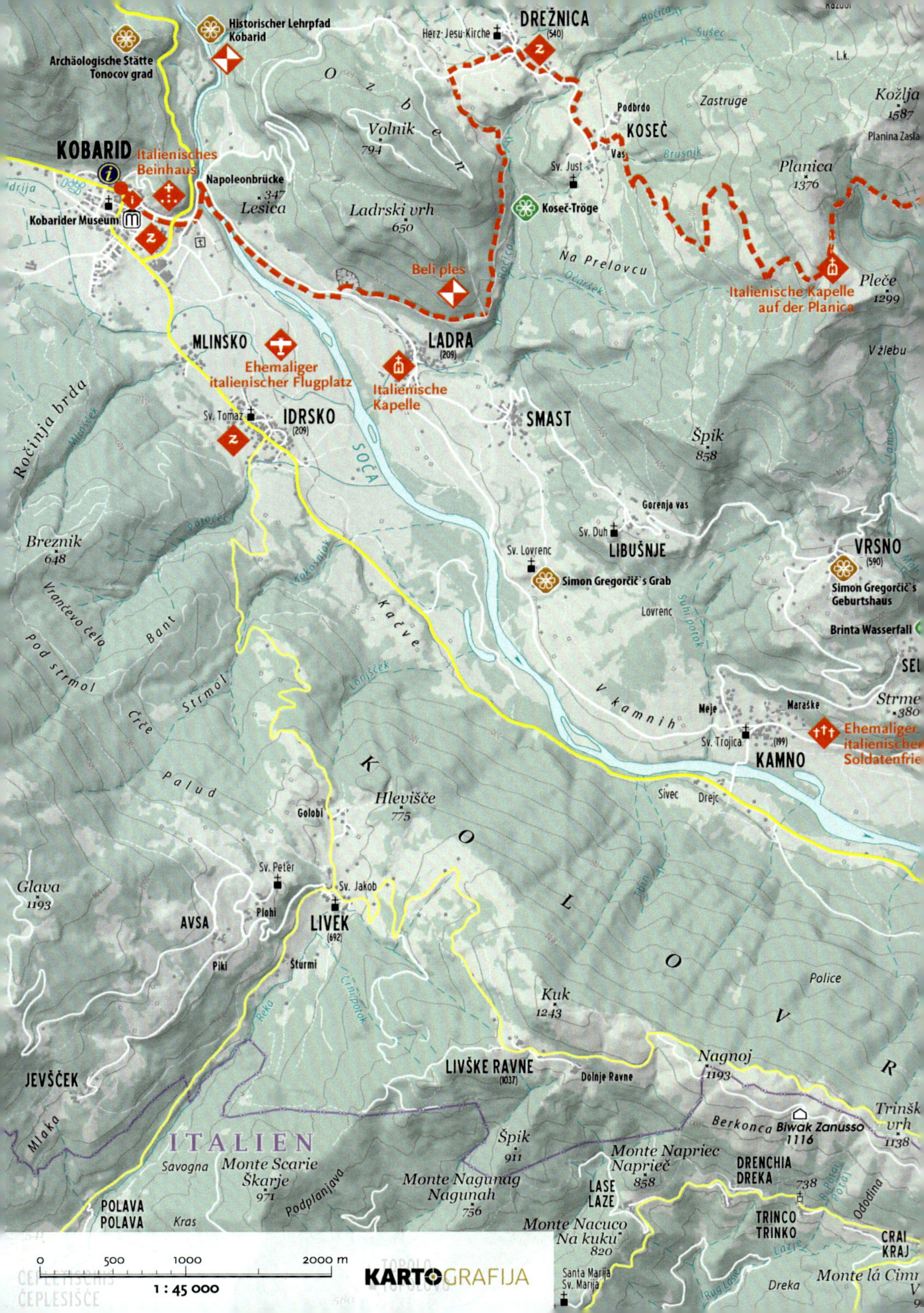
Historischer Lehrpfad Kobarid
Archäologische Stätte Tonocov grad
DREŽNICA (540)
Herz-Jesu-Kirche
KOBARID
Italienisches Beinhaus
Napoleonbrücke
Kobarider Museum
Lesica 347
Volnik 794
Ladrski vrh 650
Ozben
Beli ples
Podbrdo
KOSEČ
Vas
Zastruge
Sv. Just
Koseč-Tröge
Planica 1376
Kožlja 1587
Planina Zaslap
Na Prelovcu
Italienische Kapelle auf der Planica
Pleče 1299
MLINSKO
Ehemaliger italienischer Flugplatz
LADRA (209)
Italienische Kapelle
SMAST
V žlebu
Sv. Tomaž
IDRSKO (209)
SOČA
Špik 858
Ročinja brda
Gorenja vas
Sv. Duh
LIBUŠNJE
Sv. Lovrenc
Simon Gregorčič's Grab
VRSNO (590)
Simon Gregorčič's Geburtshaus
Brinta Wasserfall
Breznik 648
Vrančevo čelo
Pod strmol
Bant
Strmol
Črče
Kačve
Lovrenc
V kamnih
Meje
Marajške
Sv. Trojica
KAMNO (199)
Ehemaliger italienischer Soldatenfriedhof
Strme 380
Palud
KOLOVRAT
Hlevišče 775
Golobi
Sivec
Drejc
Glava 1193
Sv. Peter
Sv. Jakob
AVSA
Plohi
LIVEK (692)
Piki
Šturmi
Kuk 1243
Police
JEVŠČEK
LIVŠKE RAVNE (1037)
Dolnje Ravne
Nagnoj 1193
Mlaka
ITALIEN
Berkonca
Biwak Zanusso 1116
Trinški vrh 1138
Špik 911
Savogna
Monte Scarie Škarje 971
Monte Napriec Naprieč 858
DRENCHIA DREKA
LASE LAZE
Monte Nagunag Nagunah 756
Podplanjava
POLAVA POLAVA
Kras
TRINCO TRINKO
Monte Nacuco Na kuku 820
CRAI KRAJ
Santa Marija Sv. Marija
Dreka
Monte lá Cima
0 500 1000 2000 m
1 : 45 000
KARTOGRAFIJA

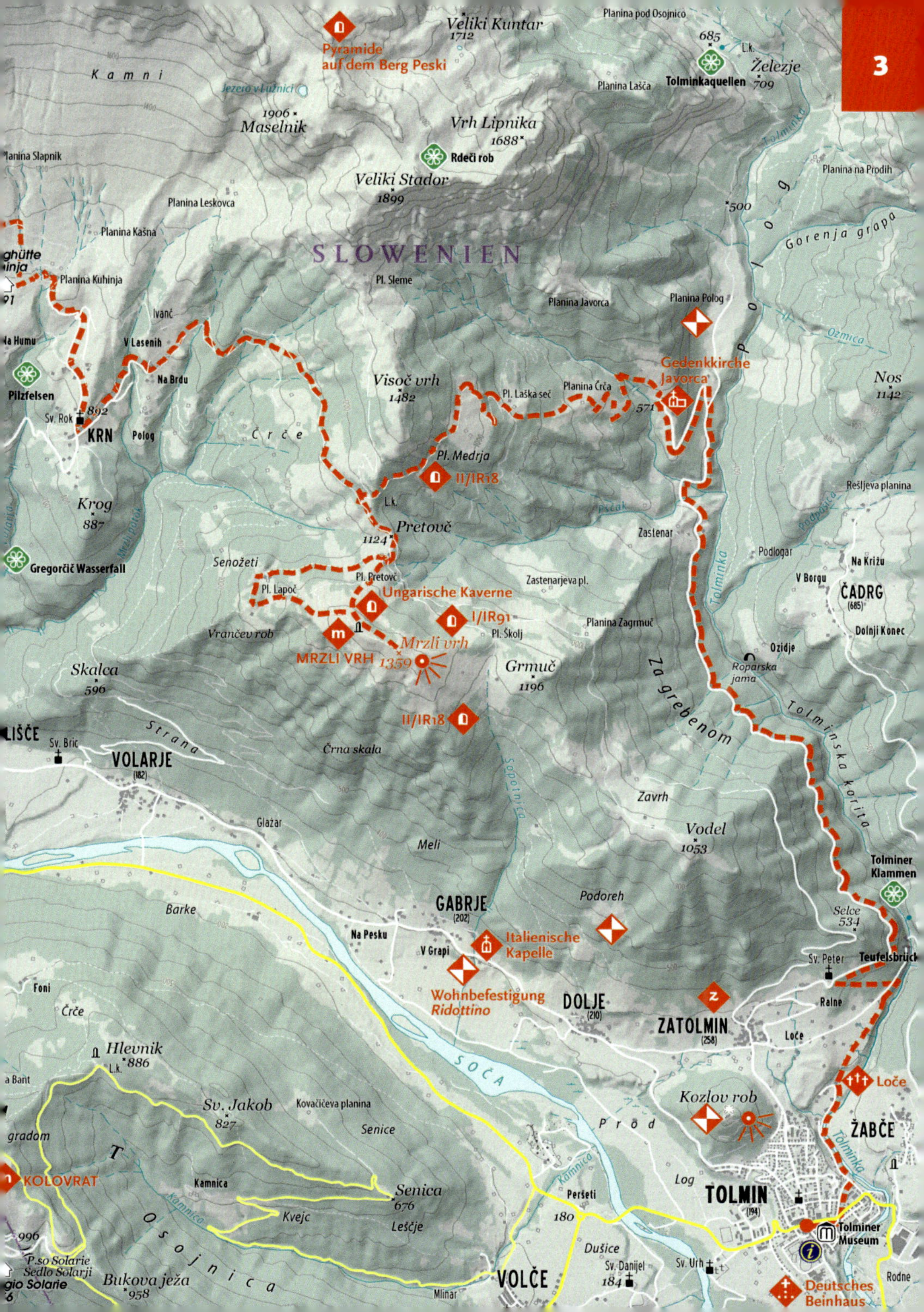
Pyramide auf dem Berg Peski
Veliki Kuntar
1712
Planina pod Osojnico
685
L.k.
Železje
709
Tolminkaquellen
Planina Lašča
Kamni
Jezero v Lužnici
1906
Maselnik
Vrh Lipnika
1688
Rdeči rob
Planina Slapnik
Veliki Stador
1899
Planina Leskovca
Planina na Prodih
500
Planina Kašna
Gorenja grapa
SLOWENIEN
Planina Kuhinja
Pl. Sleme
Planina Javorca
Planina Polog
Ivanč
Na Humu
V Lasenih
Polog
Ozmica
Gedenkkirche Javorca
Na Brdu
Visoč vrh
1482
Pl. Laška seč
Planina Črča
571
Nos
1142
Pilzfelsen
Sv. Rok
892
KRN
Polog
Črče
Pl. Medrja
II/IR18
Rešljeva planina
Krog
887
L.k.
Pretovč
Pšcak
Zastenar
1124
Podlogar
Gregorčič Wasserfall
Senožeti
Pl. Pretovč
Zastenarjeva pl.
Tolminka
Na Križu
V Borgu
ČADRG
(685)
Pl. Lapoč
Ungarische Kaverne
I/IR91
Vrančev rob
Pl. Školj
Planina Zagrmuč
Dolnji Konec
MRZLI VRH
Mrzli vrh
1359
Ozidje
Skalca
596
Grmuč
1196
Roparska jama
Za grebenom
II/IR18
Tolminska korita
LIŠČE
Sv. Bric
Strana
VOLARJE
(182)
Črna skala
Sopotnica
Zavrh
Glažar
Vodel
1053
Meli
Tolminer Klammen
Barke
GABRJE
(202)
Podoreh
Selce
534
Na Pesku
Italienische Kapelle
V Grapi
Teufelsbrück
Sv. Peter
Foni
Wohnbefestigung Ridottino
DOLJE
(210)
Ralne
Črče
ZATOLMIN
(258)
Loče
Hlevnik
L.k.
886
SOČA
Loče
a Bant
Sv. Jakob
827
Kovačičeva planina
Kozlov rob
Prod
ŽABČE
gradom
Senice
Tolminka
KOLOVRAT
Kamnica
Senica
676
Kamnica
Log
Peršeti
TOLMIN
(194)
Kvejc
180
996
Osojnica
Leščje
Tolminer Museum
P.so Solarie
Sedlo Solarji
Dušice
Sv. Urh
Sv. Danijel
184
Bukova ježa
958
VOLČE
Mlinar
Rodne
Deutsches Beinhaus

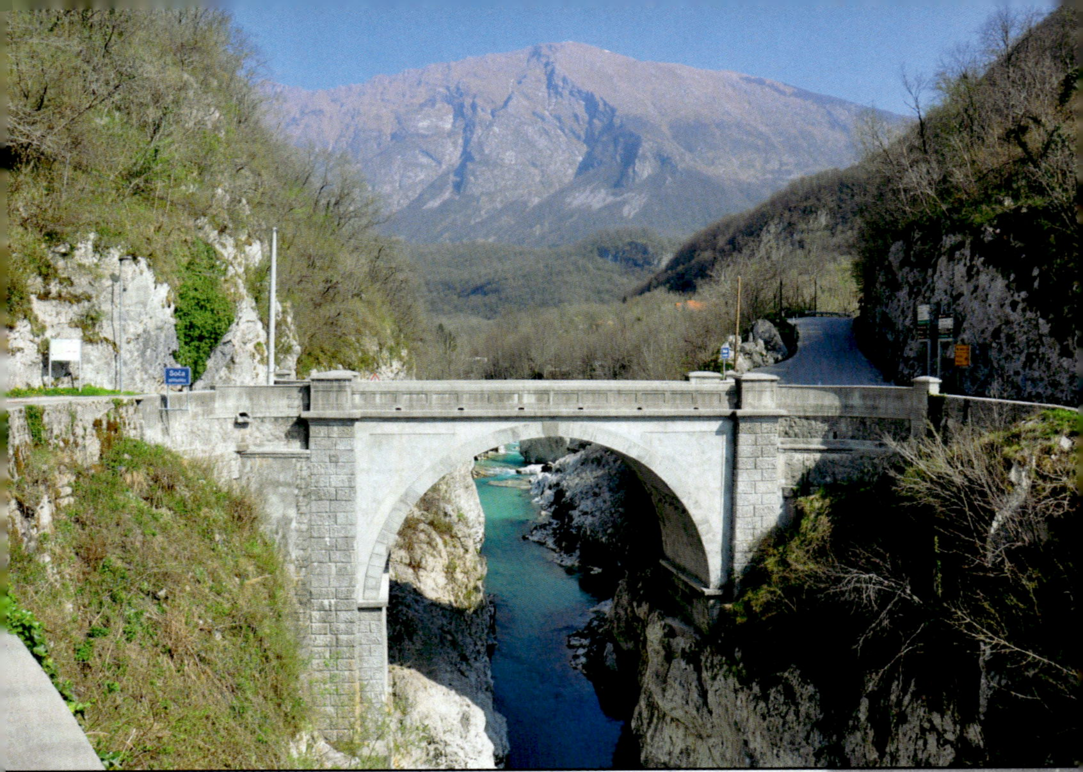

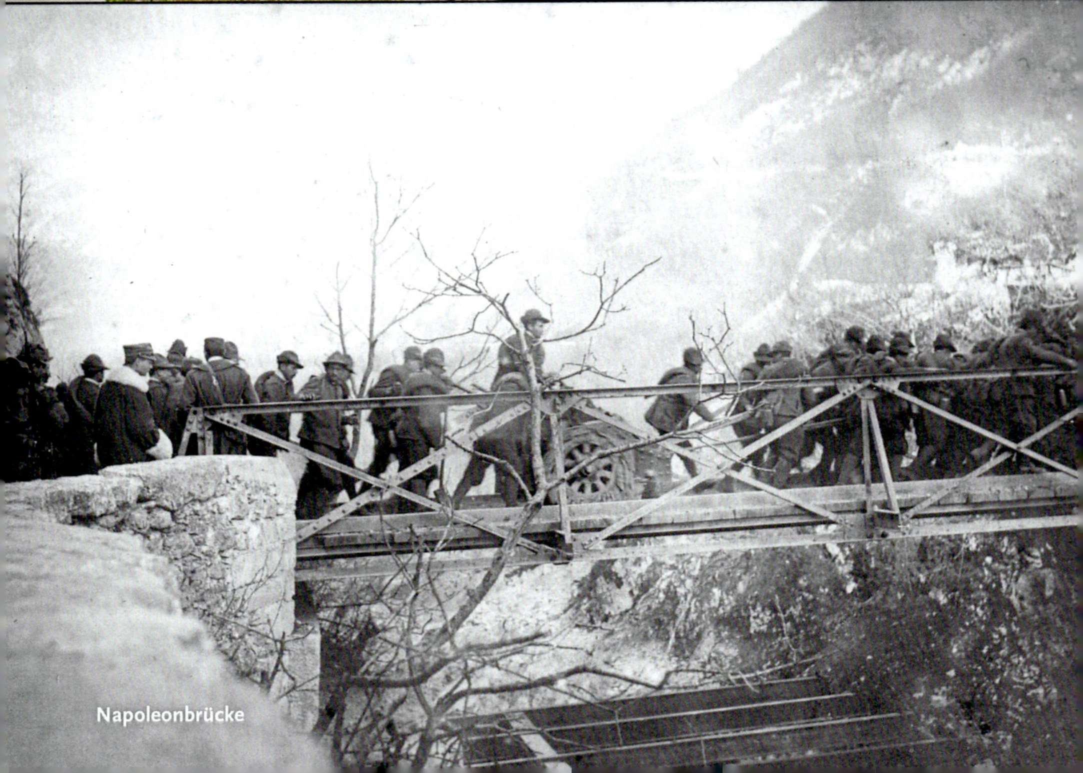

Napoleonbrücke

Kobarid • Ladra • Drežnica • Kapelle auf Planica • Kuhinja • Dorf Krn • Freilichtmuseum Mrzli vrh • Javorca • Tolmin

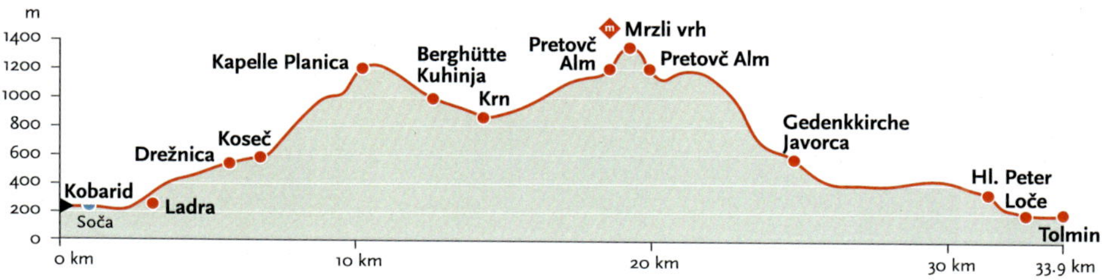

Gemeinsamer Höhenunterschied: 1590 m
Der Abschnitt hat alle Eigenschaften einer Bergtour!
Aufgrund der Länge des Ausflugs und des Höhenunterschieds, den wir auf dem Weg bewältigen müssen, ist dieser Abschnitt sehr schwierig. Wir raten Ihnen deswegen, sich für diesen Ausflug zwei Tage Zeit zu nehmen und zwischendurch in der Berghütte Kuhinja zu übernachten.

Napoleonbrücke, Kobarid

Die Brücke verbindet am engsten Teil der Kobarider Schlucht beide Uferseiten der Soča miteinander. Unter der Brücke endet mit ca. 200 m langen und mit bis zu 15 m tiefen Trögen der schönste obere Teil des Laufs der Soča. An dieser Stelle stand bereits vor langer Zeit eine Holzbrücke. Ein Bericht über den Bau einer gemauerten Brücke erwähnt die Jahreszahl 1760 als Jahr, in dem die Brücke fertiggestellt wurde. Es ist schwer zu erklären, warum die Brücke nach Napoleon benannt wurde. Wahrscheinlich, weil die französische Armee in den Jahren 1797, 1805 und 1809 hier vorbeimarschierte.

Einen Tag nach der Kriegserklärung Italiens an Österreich-Ungarn, am 24. Mai 1915, haben die flüchtenden österreichisch-ungarischen Soldaten die Brücke gesprengt. Sie wollten so die Verfolgung der italienischen Armee verhindern. Die Italiener haben daraufhin zuerst eine hölzerne und später eine Eisenbrücke gebaut. In der 12. Isonzoschlacht, vor der österreichisch-ungarisch-deutschen Einnahme Kobarids, haben italienische Ingenieure, um den Durchbruch der Angreifer zu verhindern, die Brücke wieder gesprengt. So haben sie zahlreichen ihrer Kameraden den rechtzeitigen Rückzug aus dem Krngebirge unmöglich gemacht und sie so der Kriegsgefangenschaft ausgeliefert. Auch im Zweiten Weltkrieg war die Brücke Zeuge von Kämpfen zwischen Deutschen und Partisaneneinheiten. Nach dem Zweiten Weltkrieg war auf der Brücke die Grenze zwischen der Zone A, die von der Alliierten Militärverwaltung und der Zone B, die von der jugoslawischen Militärverwaltung verwaltet wurde. Das heutige Aussehen der Brücke stammt aus der Nachkriegszeit.

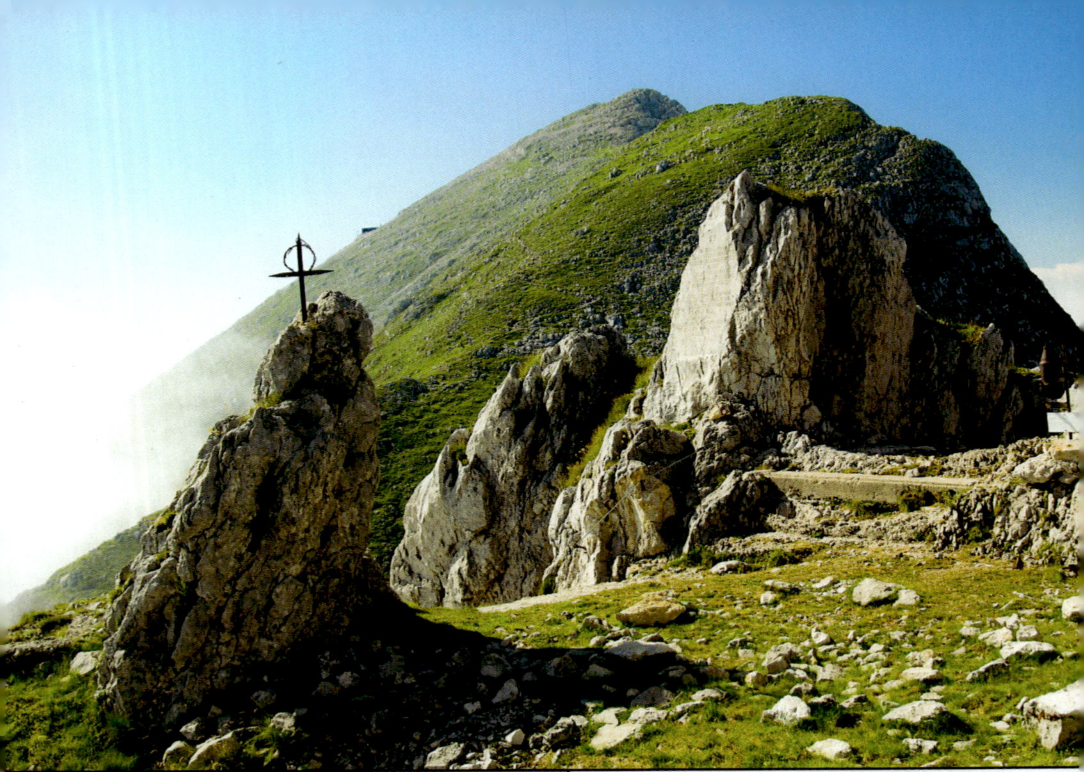

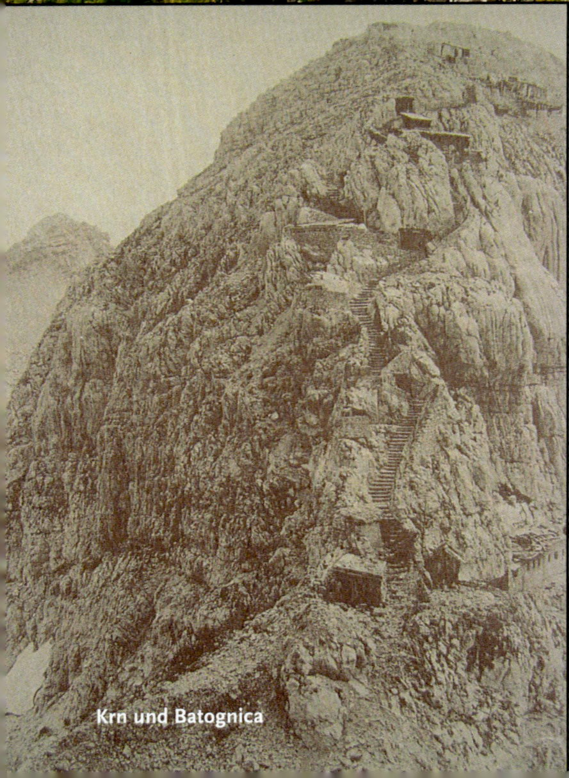

Krn und Batognica

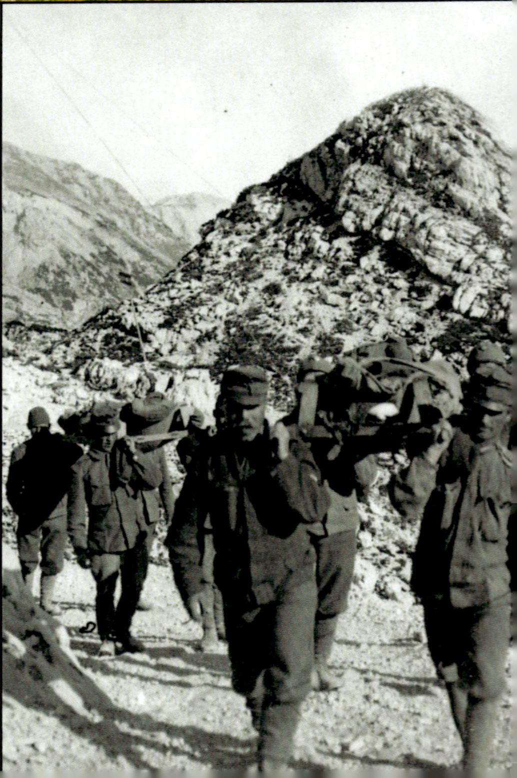

Italienische Soldatenkapelle, Ladra (216 m)

Am Rande eines Feldes am westlichen Teil des Dorfes steht eine italienische Soldatenkapelle, eine Arbeit des Architekten Giovanni Michelucci. Sie wurde am 30. Mai 1917 eingeweiht und diente der Religionsausübung im Freien. Die Kapelle ist aus bearbeitetem Stein gemauert worden. In der südlichen und nördlichen Wand befinden sich Abschlussfenster im gotischen Stil. Die Kanzel wurde an die südöstliche Wand gestellt.

Kapelle auf der Planica (1200 m)

Die Kapelle auf der Planica wird heute mehrfach auch die Kapelle Bes genannt, denn sie soll angeblich zum Gedenken der gefallenen italienischen Soldaten im Ersten Weltkrieg von Hauptmann Celestino Bes in Auftrag gegeben worden sein. Die Kapelle hat einen rechteckigen Grundriss mit einer runden Abschlusswand und einem Kuppeldach. Die Eingangsfassade ist reich mit stilisierten Granaten und Gewehren verziert. Über dem Eingang steht auf einem Querbalken die Aufschrift: *Consolatrix Afflictorum*. Die Aufschrift ist ein Psalm, der aus der Lauretanischen Litanei der Mutter Gottes entnommen wurde und *Trösterin der Betrübten* bedeutet.

In der Nähe der Kapelle befand sich während des Ersten Weltkrieges ein Versorgungslager der italienischen Armee.

Krn (2245 m), Batognica (2164 m)

Im Mai 1915, als die Kriegsaktivitäten im Isonzotal begannen, zog sich die österreichisch-ungarische Armee auf die linke Seite des Isonzoflusses zurück und befestigte ihre Stellungen auf den Bergen des Krnmassivs. Das Krngebirge wurde in den Bergkämpfen von unerfahrenen Honveds (ungarische Landwehr in Österreich-Ungarn, die in der Zeit des Friedens nicht unter das gemeinsame Kriegsministerium fiel) verteidigt. Mit einem plötzlichen Angriff am 16. Juni 1915, eroberten zwei Alpinitruppen aus dem Bataillon Exilles diesen Gipfel. Die Italiener haben zum Gedenken an dieses Ereignis dort ein Denkmal für den Unterleutnant Alberto Picco aufgestellt, der bei der Einnahme Krns ums Leben kam. Heute steht an dieser Stelle eine Berghütte.

Während des Krieges war das Krngebirge einer der wichtigsten befestigten Gipfel im Isonzotal. Als höchster Berg in diesem Massiv, war er ein sehr guter strategischer Aussichtspunkt. Als einer der blutigsten Gipfel galt auch der benachbarte Batognica. Die ersten Frontlinien der beiden Armeen waren hier nur wenige zehn Meter voneinander entfernt. Im Jahre 1917 fand hier der Minenkrieg statt. Er endete mit der österreichisch-ungarischen Sprengung der italienischen Stellungen am 24. Oktober, sowie der Einnahme des Berges und dem Vorstoß nach Kobarid. Noch heute sind die Krater auf dem Gipfel der Batognica sichtbar, die von den mächtigen Explosionen herstammen. Auf dem westlichen Teil des Berges sind noch gut erhaltene Steintreppen und eine italienische Gedenktafel in Latein zu sehen.

Bohinj, das Hinterland zur Versorgung des Kampfgebiets auf dem Krn Die Alm Kuhinja ist der leichteste Ausgangspunkt für einen Besuch des Krns und der Batognica. Über den Krn führt die Verbindung nach Bohinj, denn genau aus der Richtung aus Bohinj verlief der Hauptversorgungsweg für das Kampfgebiet auf dem Krn. Wir können Soldatenfriedhöfe besuchen und können Überreste von Drahtverhauen, Soldatenobjekte, eine Schmalspurbahn usw. sehen. Die heutige Berghütte unter dem Bogatin, auf der Alm Na kraju, entstand auf den Überresten des ehemaligen Krankenhauses. Im Museum Tomaž Godec in Bohinjska Bistrica, ist die ganze Geschichte von Bohinj dargestellt, ein Teil der Ausstellung ist auch dem Ersten und Zweiten Weltkrieg gewidmet.

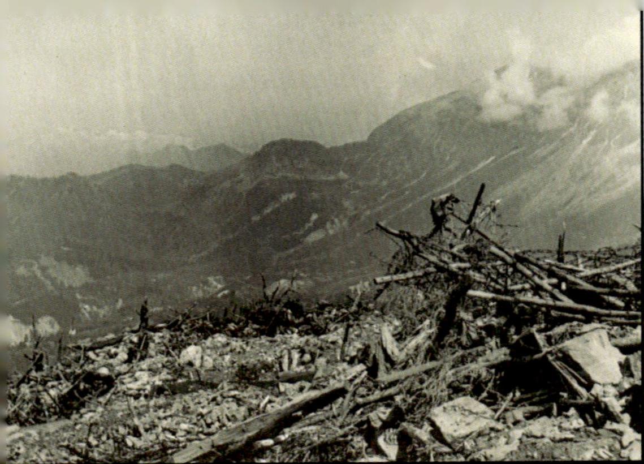
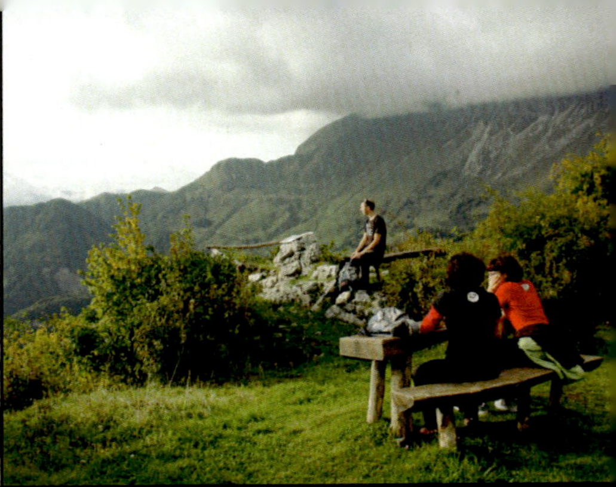

Blick auf den Krn

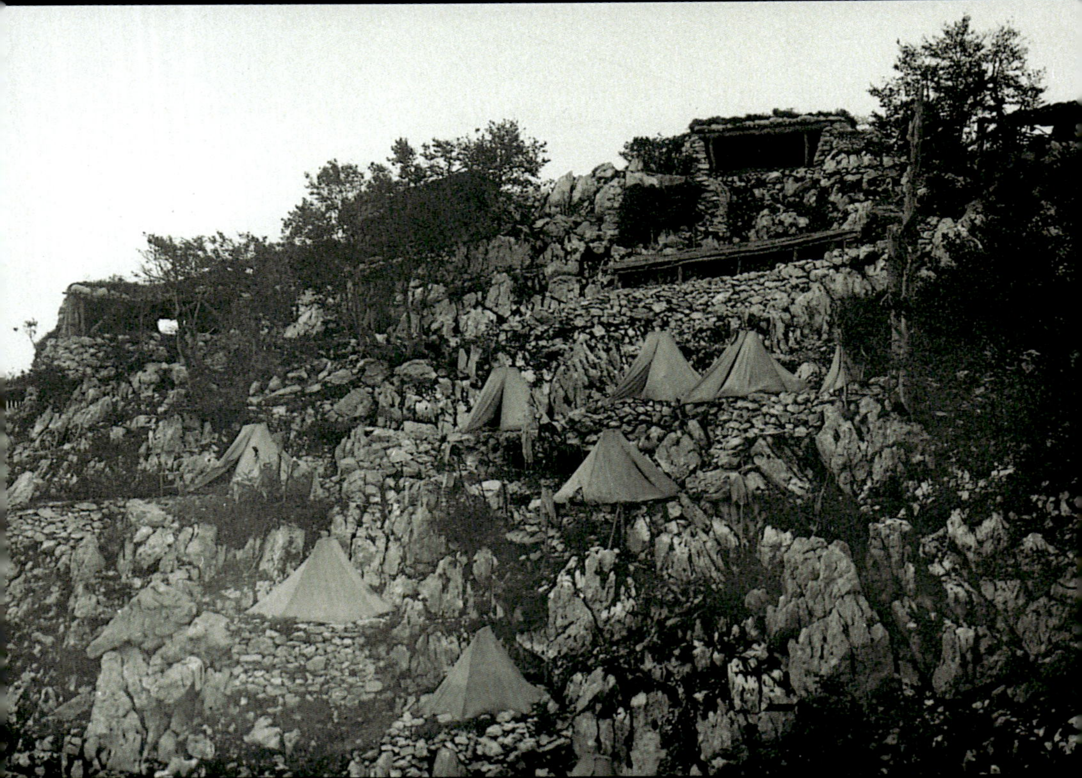

Italienische Stellungen über der Alm Lapoč

Freilichtmuseum Mrzli vrh

Der Rundweg, der uns an den Überresten der österreichisch-ungarischen und italienischen ersten Verteidigungslinie auf dem Mrzli vrh vorbeiführt, beginnt auf der Alm Petrovč. Vom Mrzli vrh aus bietet sich uns ein schöner Ausblick auf die ehemalige Isonzofrontlinie. Der Kamm ist mit zahlreichen Gräben und Kavernen beider sich bekämpfender Parteien versehen. Unter dem Berggipfel auf der nordöstlichen Seite des Hangs hat die österreichisch-ungarische Armee großräumige Kavernen ausgegraben. In einer von ihnen kann man noch heute einen Betonaltar, welcher der Jungfrau Maria gewidmet wurde, sehen. Er wurde im Jahre 1917 von ungarischen Soldaten des III. Bataillons des 46. Infanterieregiments aufgestellt. Die Aufschrift in ungarischer und deutscher Sprache lautet: *Jungfrau Maria, unsere Mutter, sei die Beschützerin deines Volkes.*

1359 m ü.d.M.

GPS:
46.217555
13.696775

Das Museum befindet sich auf dem Gebiet des Nationalparks Triglav

Im Ersten Weltkrieg war Mrzli vrh ein bedeutender Schlüsselpunkt in der österreichisch-ungarischen Verteidigung des Tolminer Brückenkopfes. Er gilt als einer der blutigsten Kampfgebiete im oberen Isonzotal. Obwohl die italienischen Einheiten bereits am 25. Mai 1915 in Kobarid einmarschierten, einen Tag nach Beginn des Krieges und nach Überschreiten der Staatsgrenze, entschlossen sich die italienischen Befehlshaber erst einige Tage später zu einem Angriff auf den Mrzli vrh. Der Angriff war nicht erfolgreich. Das Zögern der Italiener ermöglichte den österreichisch-ungarischen Soldaten ihre Verteidigung zu verstärken. Die österreichisch-ungarische Verstärkung erreichte die höher gelegenen Stellungen auf dem Mrzli vrh nur wenige Stunden vor den Italienern. In den ersten Junitagen folgten dann anhaltende italienische Angriffe den Berg hinauf und heftige Kämpfe, bei der beide Seiten schwere Verluste erlitten. Mrzli vrh wurde zu einem berüchtigten Namen.

Im Jahre 1915 waren die italienischen Befehlshaber entschlossen, diese Stellungen und den Tolminer Brückenkopf um jeden Preis einzunehmen. Deswegen waren die Verluste der beiden Armeen in diesem Jahr fast gleich den Verlusten in den beiden nächsten Kriegsjahren zusammen. Die Verluste wirkten sich auch niederschmetternd auf die Moral der italienischen Soldaten und die Ambitionen ihrer Befehlshaber aus. Sie sahen ein, dass es sich nicht lohnt auf diesen Hängen noch mehr Blut zu vergießen, denn die österreichisch-ungarische Armee hatte in dieser Zeit ihre Stellungen sehr stark befestigt. Die Front beruhigte sich und es begann der Stellungskrieg mit kleineren Angriffen, bis die Zeit der 12. Isonzoschlacht hereinbrach.

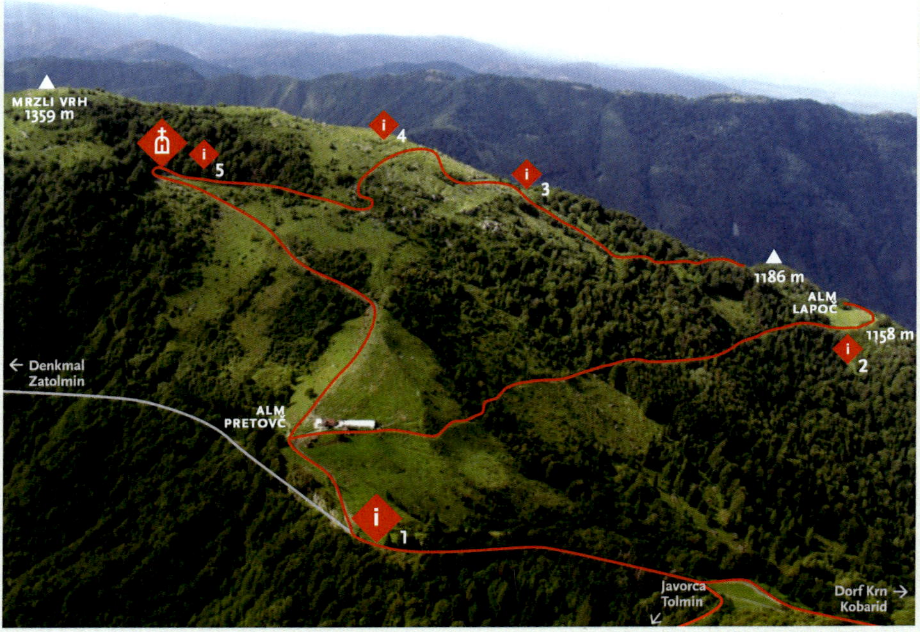

Rundweg des Freilicht-museums Mrzli vrh

Informationstafel

Soldatenkapelle

Weg des Friedens

Die Überreste der ersten österreichisch-ungarischen und italienischen Verteidigungslinie auf dem Mrzli vrh verbindet ein Rundweg, der noch an zwei bewirtschafteten Almen, Petrovč und Lapoč vorbeiführt.

Soldatenfriedhöfe auf dem Mrzli vrh

An der nordwestlichen Seite des Mrzli vrh befanden sich während der Zeit des Ersten Weltkrieges über 15 Friedhöfe. Nach dem Krieg wurden die gefallenen Soldaten verschiedener Nationalitäten der österreichisch-ungarischen Armee auf den Soldatenfriedhof Loče bei Tolmin umgebettet. Heute können wir die erneuerten Grabsteine der ehemaligen Friedhöfe der Angehörigen des I/IR91 und II/IR18, sehen.

Aus dem Tolminkatal führte ein wichtiger Versorgungsweg, *Stöger-Steiner Weg*, auf das Gebiet des Mrzli vrh. Er wurde nach dem Befehlshaber des XV. Korps, Generaloberst Rudolf Stöger-Steiner von Steinstätten, benannt.

Kirche des Heiligen Geistes auf Javorca (571 m)

Die Gedenkkirche des hl. Geistes steht in einer außergewöhnlichen, natürlichen Umgebung der Julischen Alpen, oberhalb von Polog. Der Bau der Kirche ist eng mit den Geschehnissen der Isonzofront verbunden. Mit ihren eigenen Händen und freiwilligen Spenden wurde sie vom 1. März 1916 bis zum 1. November des gleichen Jahres von den Soldaten der österreichisch-ungarischen 3. Gebirgsbrigade erbaut. Sie wollten die Erinnerung an ihre toten Kameraden aufrechterhalten. Sie erbauten die Kirche an einem Standort, der etwa genauso weit entfernt lag, wie die wichtigsten Kampfstellungen der Brigaden auf dem Vodil vrh, Mrzli vrh, Sleme und Rdeči rob. Die Kirche wurde im Jugendstil nach den Plänen des Wiener Architekten Remigius Geyling erbaut. Bauführer war der ungarische Oberleutnant Geza Jablonsky. Sie steht auf einem Hang, der geebnet wurde und eine künstliche Treppe hat. Zu ihr führen mächtige Stufen. Die Kirche ist aus Holz und steht auf einem Steinfundament. Über dem Eingang erhebt sich der Glockenturm mit einer Sonnenuhr. Sie steht als Symbol für die Vergänglichkeit der Menschheit und die Beständigkeit der Natur, mit der Aufschrift *Pax* (Frieden) und *Indivisibiliter ac inseparabiliter* (Unteilbar und unzertrennlich) und dem Doppelwappen der österreichisch-ungarischen Armee. Das Äußere ist mit allen 20 Wappen der österreichisch-ungarischen Länder geziert. Der Altar im Inneren der Kirche ist in Form eines Kreuzes mit einem Mosaik und der Darstellung des hl. Geistes in Gestalt einer Taube. Der hölzerne Teil des Altars ist eine Arbeit des Tirolers Anton Perathoner aus St. Ulrich.

Die Idee der Gedenkkirche ist auf Eichenplatten verwirklicht worden, die sich wie Buchblätter an den Wänden des Kirchenschiffs öffnen. In das sogenannte Totenbuch haben die Soldaten die Namen von 2565 gefallener Kameraden eingebrannt, die ihr Leben auf den umliegenden Bergen verloren haben, sowie die Widmung: *O unvergessene Helden von Sleme, Mrzli vrh und Vodil vrh, die diese Wände verstecken und am Leben erhalten! Ewige Ruhe und die dankbare Bewunderung der zukünftigen Generationen werden euren Mut und eure Treue lohnen, die ihr hier in schweren Kämpfen bewiesen und mit einem Heldentod besiegelt habt.* Die meisten dieser Soldaten ruhen auf dem Soldatenfriedhof Loče bei Tolmin. Während des Krieges wurden jeden Sonntag Messen für die Soldaten abgehalten. Die Kirche wurde von Katholiken, Protestanten, Orthodoxen, Juden, Muslimen und Atheisten besucht, die hier geistige Kraft und Trost suchten. Heute ist sie nicht nur eine einzigartige, künstlerische Perle, sie erhält auch den symbolischen Wert der Eintracht und des Friedens. Die Besucher werden an die Grausamkeit des Krieges erinnert und gleichzeitig zur Versöhnung mit dem Inneren und dem ewigen Frieden aufgerufen. Hierauf werden wir durch die Aufschrift, die noch aus der Zeit der italienischen Erneuerung aus dem Jahre 1934 stammt und lautet: *Jenseits der Asche vergeht die Wut des Erbfeinds*, aufmerksam gemacht. Im Jahr 2018 erhielt die Kirche des hl. Geistes auf Javorca das Europäische Kulturerbe-Siegel.

EUROPÄISCHES KULTURERBE-SIEGEL

Online-Ausstellung:
www.tol-muzej.si/javorca/de

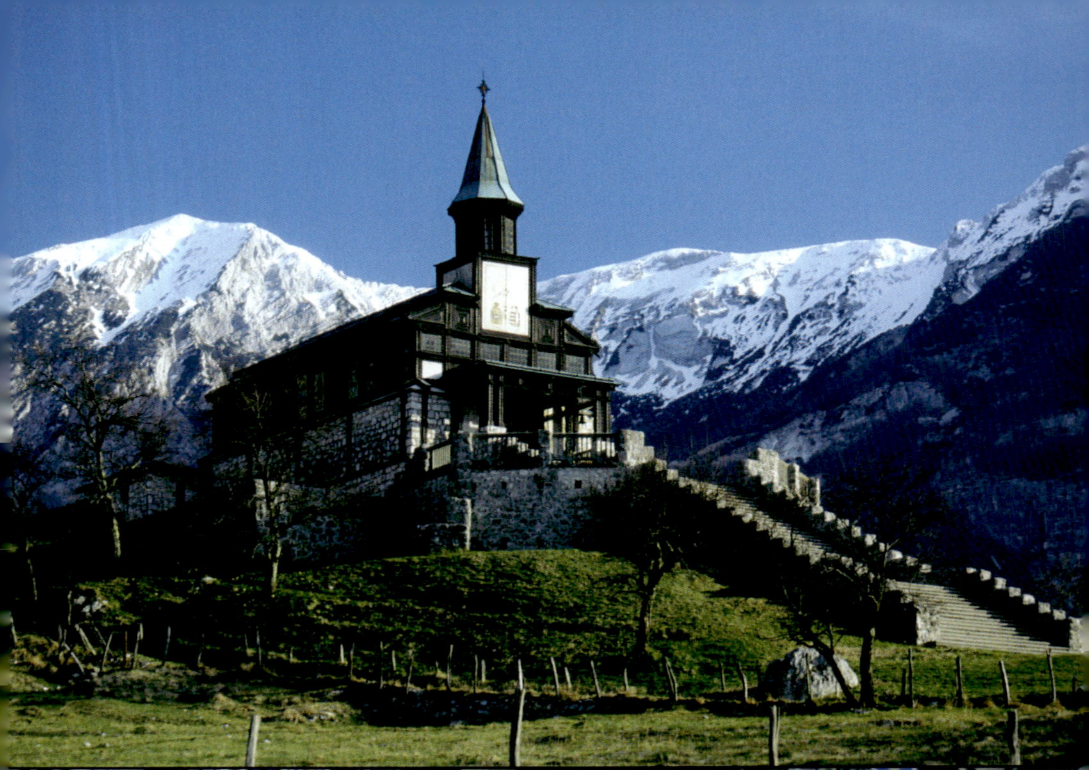

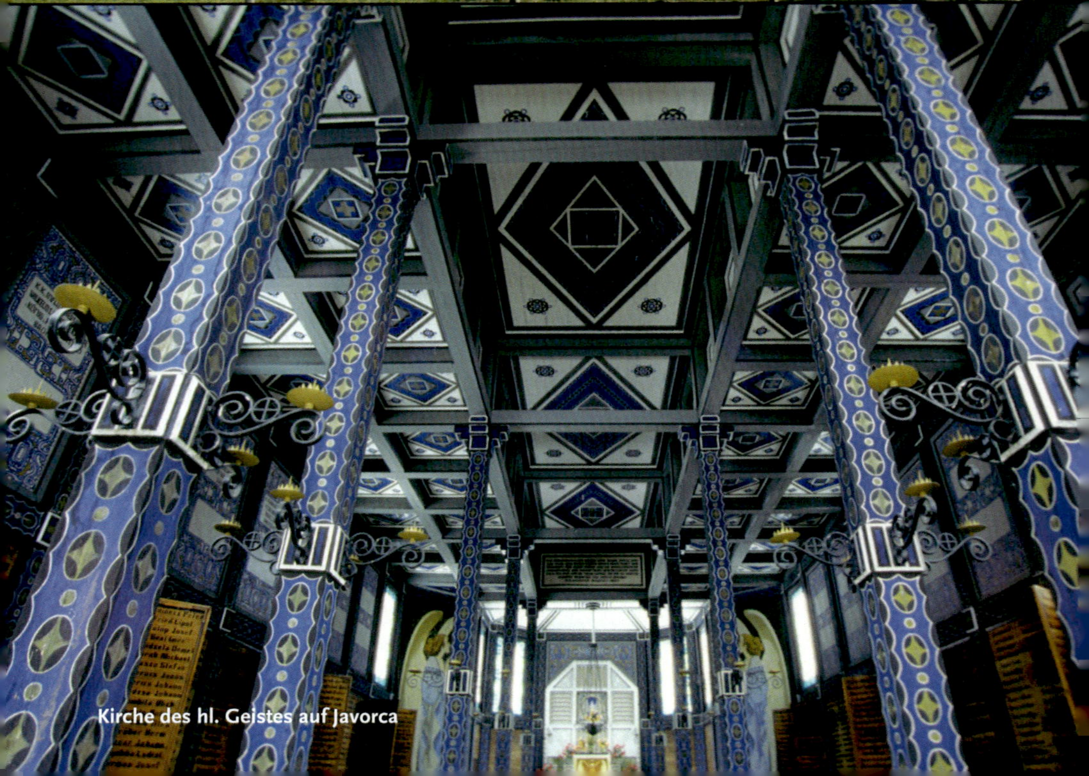

Kirche des hl. Geistes auf Javorca

Polog (460 m)

In der Gegend von Polog liegt die gleichnamige Alm. In der Nähe der Alm befand sich eine größere österreichisch-ungarische Etappenbasis zur Versorgung der Front. Auf der Ebene um das Pologar-Gehöft, wurden rund 150 größere und kleinere Baracken zum Wohnen, sowie Werkstätten, Schlächtereien, Bäckereien und Lager aufgestellt. Um all diese Objekte mit Strom zu versorgen, wurde im Flussbett des Tolminkaflusses ein Wasserkraftwerk erbaut. Von hier führten Drähte zu den nächsten Gebirgsschlachtfeldern. Hier befand sich der Soldatenfriedhof des II. Bataillons des österreichisch-ungarischen 66. Infanterieregiments. Die sterblichen Überreste wurden nach dem Ersten Weltkrieg auf den Friedhof von Loče verlegt. Von dem ehemaligen Friedhof sind heute nur noch die Überreste der Treppen zu sehen. Ein wenig weiter auf der linken Seite steht eine Gedenktafel, die der Reservebäckerei der 3. Gebirgsbrigade gewidmet wurde und die Form einer Bäckerschaufel hat. Sie wurde im Jahre 1916 aufgestellt.

In Polog wurden zwischen den beiden Weltkriegen große italienische Soldatenbunker erbaut, die man sich heute noch anschauen kann. Sie wurden von italienischen Grenzeinheiten genutzt, denn oberhalb von ihnen auf den Kämmen der Berge Bogatin und Vogel verlief die italienisch-jugoslawische Grenze.

Österreichisch-ungarischer Soldatenfriedhof, Loče

In Loče bei Tolmin wurde im Jahre 1916 ein Friedhof für österreichisch-ungarische Soldaten angelegt, die in den Kämpfen zwischen dem Vodel und dem Krn ums Leben gekommen sind. Zwischen ihnen befanden sich auch italienische und deutsche Soldaten, die aber von Italien und Deutschland in den Jahren 1938–1939 umgebettet wurden. Die Gräber auf dem Friedhof von Loče sind mit Betongrabsteinen, Grabsteinen und eisernen Kreuzen gekennzeichnet. In der Mitte des Friedhofs steht ein Denkmal in Form einer Pyramide. Es ist den gefallenen Soldaten des 30. Infanterieregiments der kaiserlichen und königlichen Armee (k.u.k. IR n. 30) gewidmet. Heute ruhen auf dem Friedhof über 3000 gefallene Soldaten.

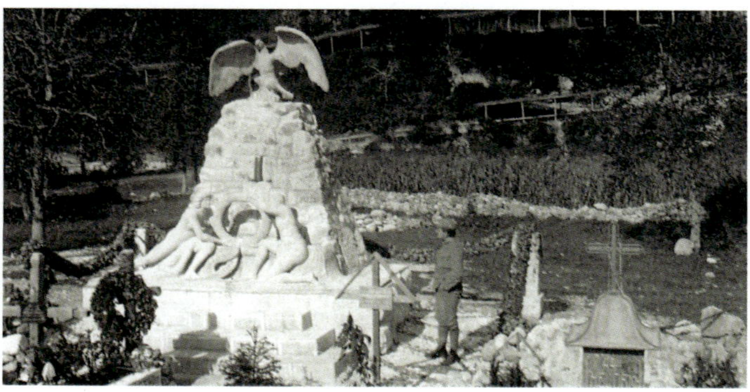

Zentrales Denkmal auf dem Soldatenfriedhof, Loče

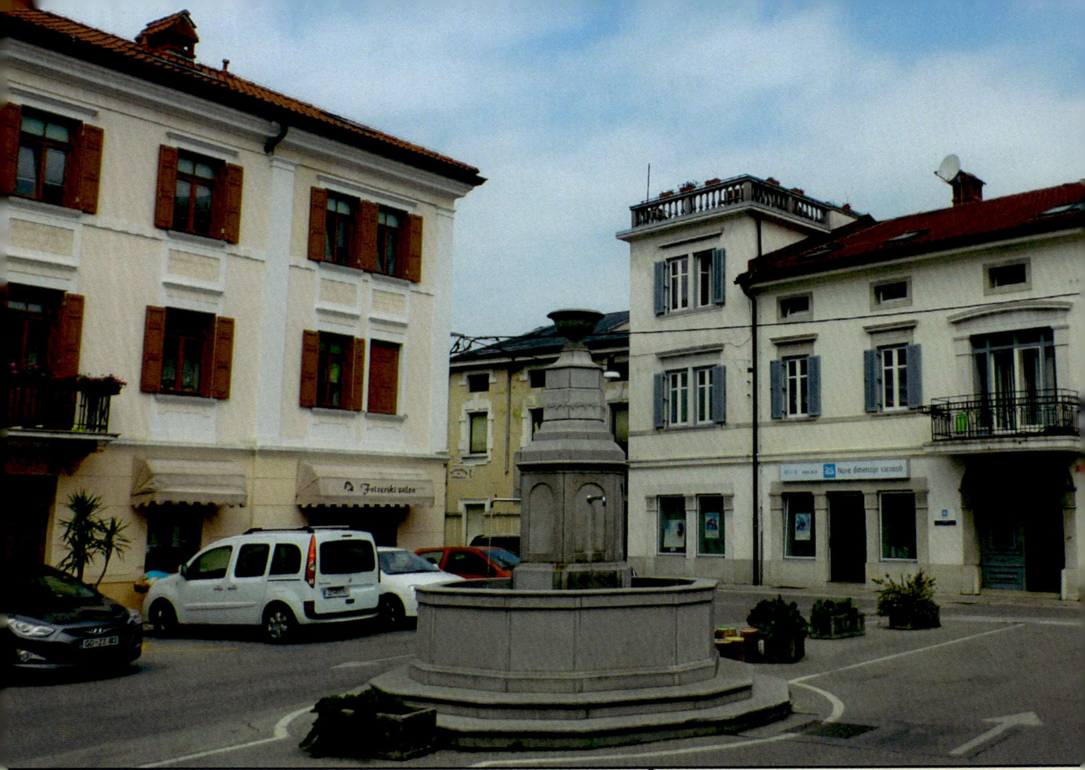

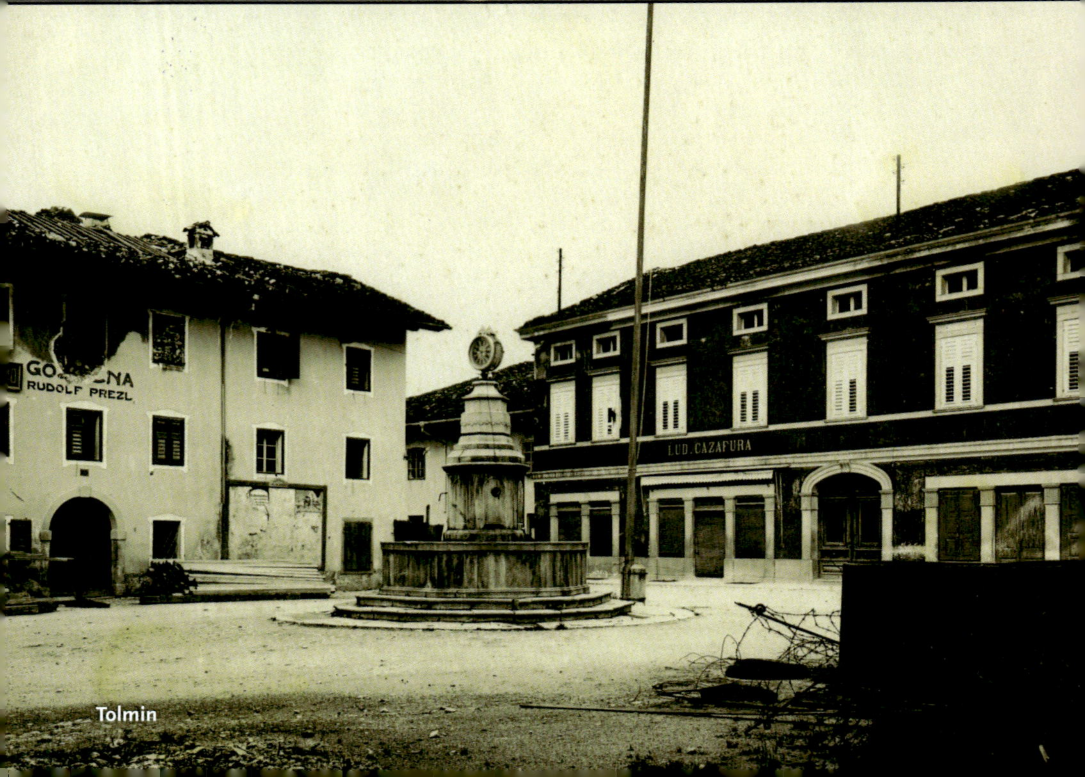

Tolmin

Tolmin (200 m)

In der Zeit der Kämpfe am Isonzofluss war diese Ortschaft die ganze Zeit in den Händen Österreich-Ungarns. Aufgrund der unmittelbaren Nähe der Front befand sich Tolmin unter ständigem Kanonenbeschuss und wurde deswegen auch sehr stark zerstört. Heutzutage dürfen wir nicht einen Besuch des Museums in Tolmin auslassen, das allgemeinen Charakter hat, aber auch bewegliche Gegenstände aus dem Erbe der Isonzofront aufbewahrt. Es befindet sich im ehemaligen Palast Coronini inmitten des Ortes.

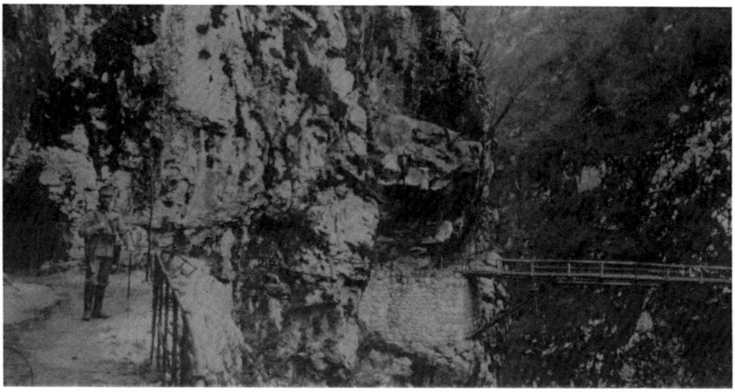

Teufelsbrücke, Tolminer Klammen

Andere Sehenswürdigkeiten in der Umgebung

Kozlov rob (426 m)

Über Tolmin erhebt sich eine Anhöhe, die Kozlov rob genannt wird. Sie ist schon seit jeher ein dominantes Element in der Tolminer Kulturlandschaft. Obwohl Tolmin für seine Burg aus dem 12. Jahrhundert wohl eher bekannt ist, spielte Kozlov rob in der Zeit der Isonzofront eine wichtige Rolle. Sie war ein befestigter Beobachtungsposten der österreichisch-ungarischen Armee, von dem die italienischen Stellungen am Tolminer Brückenkopf mit Kanonen beschossen wurden. Heute können wir auf den Kozlov rob über den historischen oder den Naturlehrpfad hinaufsteigen.

Italienische Soldatenkapelle, Gabrje

Die Kapelle wurde 1920 vom IV. Alpiniregiment, den Angehörigen einer italienischen Gebirgseinheit, auf dem ehemaligen italienischen Soldatenfriedhof erbaut. Auf dem Friedhof waren italienische Soldaten begraben, die ihr Leben zwischen Mai 1915 und März 1916 in den Kämpfen auf dem Mrzli vrh und Vodel verloren haben. Ihre sterblichen Überreste wurden zwischen den beiden Weltkriegen in das Beinhaus Oslavia über Gorizia umgebettet.

Das Säulenportal ziert die Aufschrift *Tornerranno*. Im Inneren befinden sich acht Marmorplatten, auf denen die Namen von 219 gefallenen Soldaten geschrieben stehen. In der Mitte der Kapelle steht ein großes Kreuz, eine Arbeit des Bildhauers Guiseppe Rifesser und die Kopie einer hölzernen Statue eines Alpini, der am Grab eines unbekannten Kameraden betet.

Die Kapelle wurde nach dem Zweiten Weltkrieg als Wirtschaftsgebäude genutzt und bis zum Ende der 90er Jahre vergessen, als sie erneuert wurde. Unterhalb der Straße können wir die Überreste einer Wohnbefestigung sehen, die von italienischen Soldaten *Ridottino* genannt wurde.

Weg des Friedens

Besucherzentrum Weg des Friedens

Freilichtmuseum

Denkmal, Gedenktafel

Beinhaus

Soldatenfriedhof

Soldatenkapelle

Militärflugplatz während der Isonzofront

Festung

Überreste der Isonzofront

Gedenkkirche

Höhle, Kaverne

Aussichtspunkt

Private Museumssammlung

Museum

Natursehenswürdigkeit

Kultursehenswürdigkeit

Touristikinformationszentrum

Kote

0 500 1000 2000 3000 m

1 : 55 000

KARTOGRAFIJA

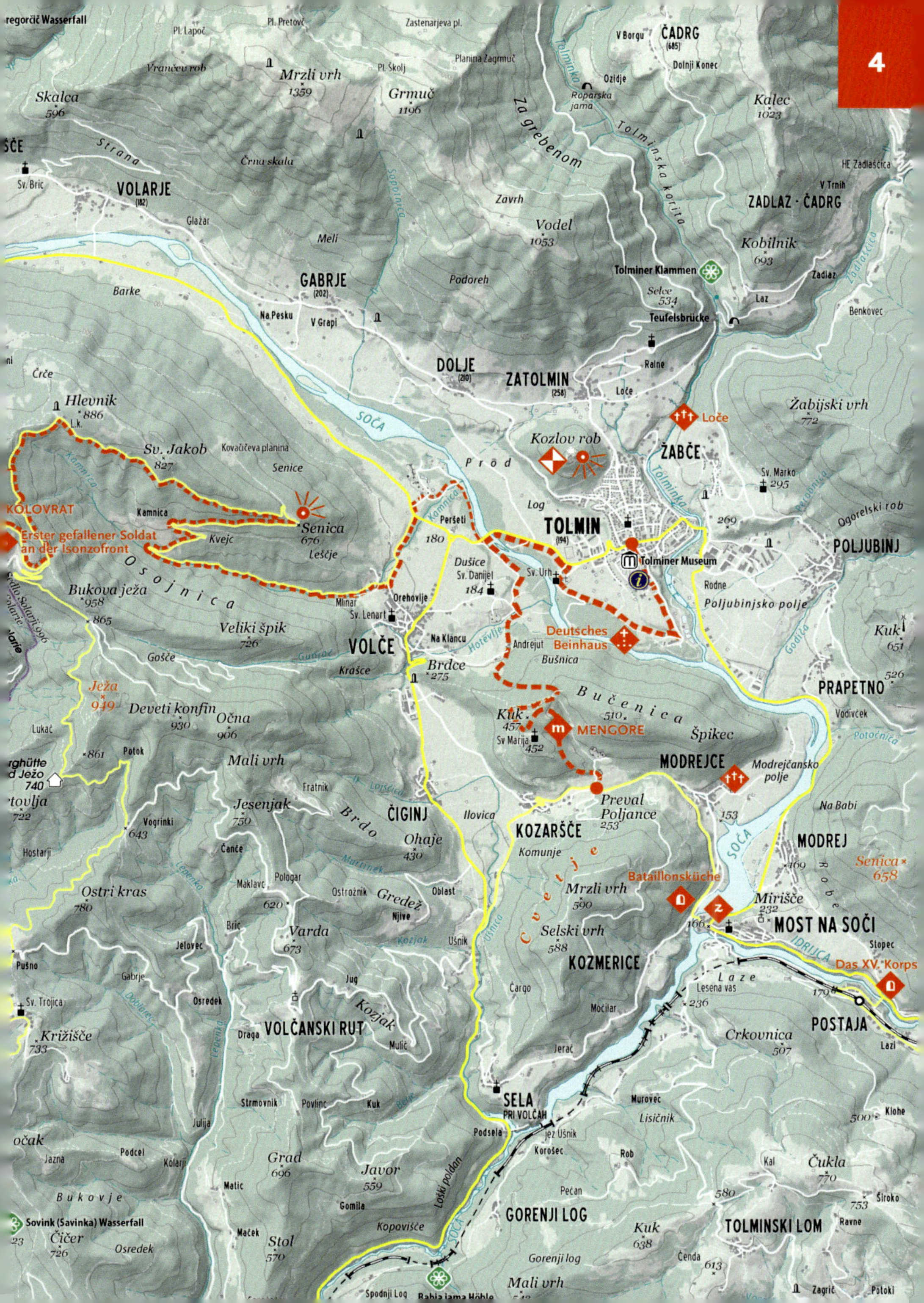

Pl. Lapoč
Pl. Pretovč
Zastenarjeva pl.
Planina Zagrmuč
V Borgu
ČADRG
(685)
Dolnji Konec
Vranščev rob
Mrzli vrh
1359
Pl. Školj
Grmuč
1196
Ozidje
Roparska jama
Kalec
1023
Skalca
596
Strana
Za grebenom
Tolminska korita
Tolminka
Črna skala
Sv. Bric
VOLARJE
(182)
HE Zadlaščica
V Trnih
ZADLAZ - ČADRG
Zavrh
Glažar
Vodel
1053
Kobilnik
693
Meli
Tolminer Klammen
Zadlaz
Barke
GABRJE
(202)
Podoreh
Selce
534
Laz
Benkovec
Na Pesku
V Grapi
Teufelsbrücke
Ralne
DOLJE
(210)
ZATOLMIN
(258)
Loče
Črče
Žabijski vrh
772
Hlevnik
886
SOČA
Lk.
Loče
Kozlov rob
ŽABČE
Sv. Jakob
827
Kovačičeva planina
Senice
Prod
Sv. Marko
295
Kamnica
Log
TOLMIN
(194)
269
Ogorelski rob
KOLOVRAT
Kamnica
Senica
676
Peršeti
POLJUBINJ
Erster gefallener Soldat an der Isonzofront
Kvejc
Leščje
180
Tolminer Museum
Osojnica
Dušice
Sv. Danijel
184
Sv. Urh
Rodne
Bukova ježa
958
Orehovlje
Poljubinjsko polje
865
Mlinar
Sv. Lenart
Veliki špik
726
Deutsches Beinhaus
Kuk
651
Gošče
VOLČE
Na Klancu
Hotevlje
Andrejut
Bušnica
526
Kršče
Brdce
275
PRAPETNO
Ježa
949
Bučenica
Vodivček
Deveti konfin
930
Očna
906
Kuk
457
510
Lukač
Sv Marija
452
MENGORE
Špikec
Potok
861
Mali vrh
MODREJCE
Modrejčansko polje
Ježo
740
Fratnik
Preval
Poljance
253
Na Babi
Jesenjak
750
Brdo
ČIGINJ
Ilovica
KOZARŠČE
153
Vogrinki
643
Ohaje
430
Komunje
SOČA
MODREJ
Hostarji
Čanče
Martinek
169
Senica
658
Maklavc
Pologar
Ostrožnik
Oblast
Cvetje
Mrzli vrh
590
Bataillonsküche
Ostri kras
780
620
Gredež
Njive
Mirišče
232
Robe
Varda
673
Uršnik
Selski vrh
588
166
MOST NA SOČI
Brič
Kozjak
Slopec
Pušno
Jelovec
Gabrje
KOZMERICE
IDRIJCA
Das XV. Korps
Jug
Čargo
Laze
Sv. Trojica
Osredek
Lesena vas
236
179
Kozjak
Močilar
POSTAJA
Križišče
733
Draga
VOLČANSKI RUT
Mulič
Crkovnica
507
Lazi
Jerač
Strmovnik
Povlinc
Kuk
SELA
PRI VOLČAH
Murovec
Lisičnik
Julija
500
Klohe
Podsela
Jez Ušnik
Jazna
Podcel
Kolarji
Grad
696
Korošec
Rob
Kal
Čukla
770
Javor
559
Loški poldan
Matic
Bukovje
Pečan
580
Široko
Gomila
753
GORENJI LOG
Ravne
Sovink (Savinka) Wasserfall
Čičer
726
Maček
Kopovišče
Kuk
638
TOLMINSKI LOM
Osredek
Stol
570
Gorenji log
Čenda
613
Mali vrh
Spodnji Log
Babja jama Höhle
Zagrič
Potoki

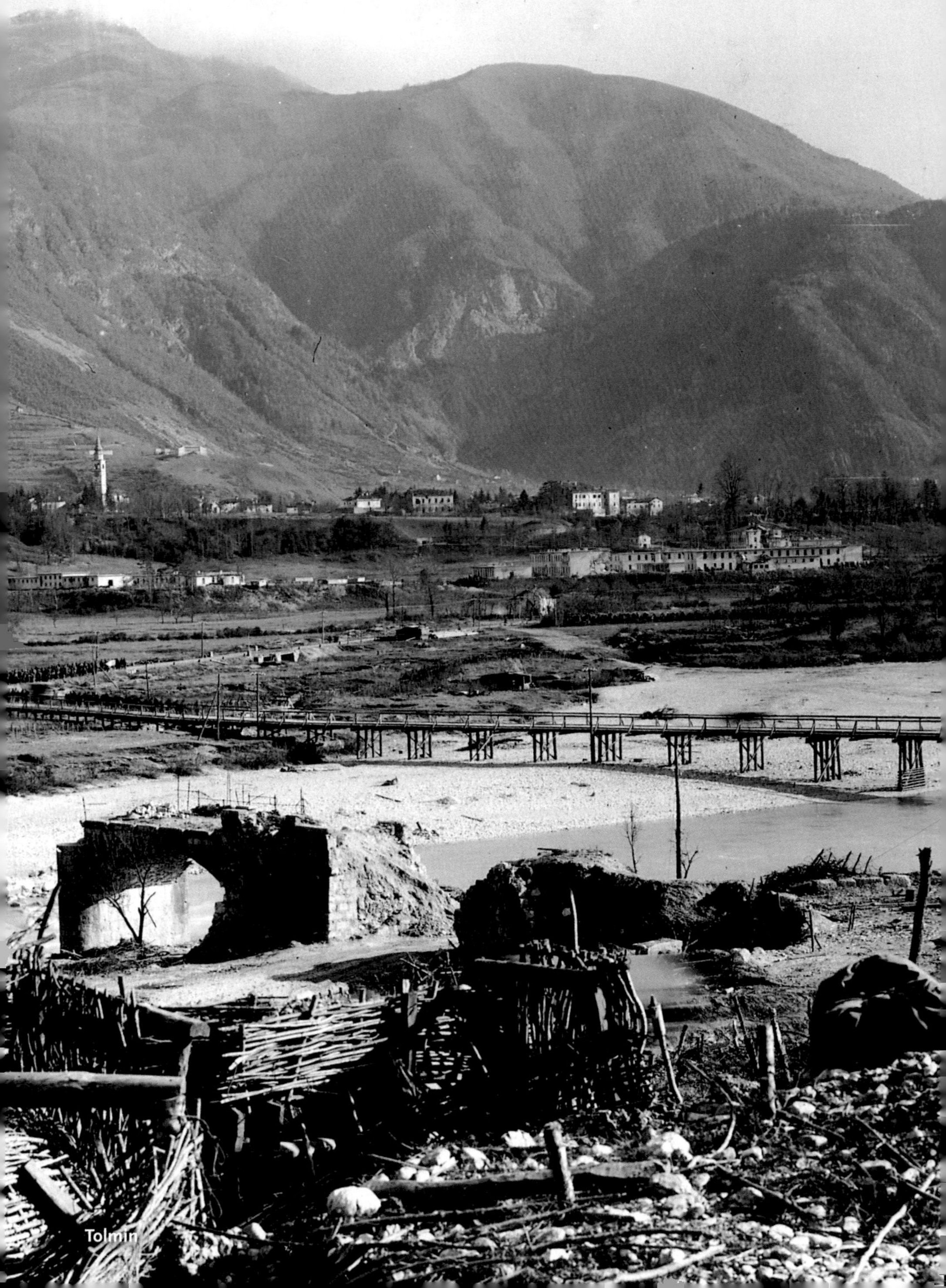

Tolmin

Tolmin ◆ Deutsches Beinhaus ◆ Freilichtmuseum Mengore

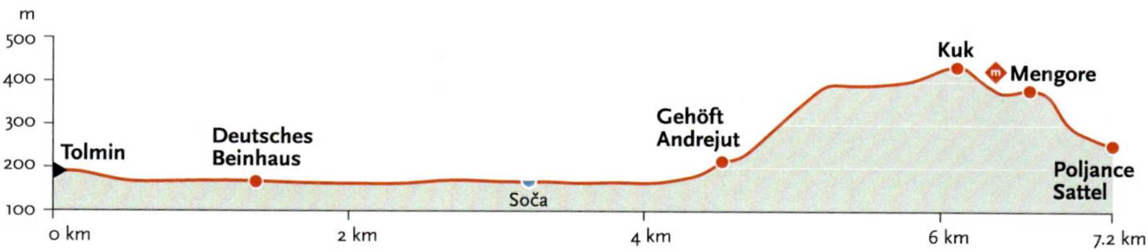

Gemeinsamer Höhenunterschied: 270 m

Deutsches Beinhaus, Tolmin (170 m)

An der Stelle, an der sich einst ein Soldatenfriedhof mit 931 Gräbern befand, hat Deutschland in den Jahren 1936–1938 ein Beinhaus erbaut. Dort wurden die sterblichen Überreste von rund 1000 deutschen Soldaten begraben, die auf den Schlachtfeldern am Isonzofluss in der 12. Isonzoschlacht ums Leben kamen. Das Baumaterial für die Erstellung dieses wichtigen kulturhistorischen und architektonischen Denkmals wurde aus Südtirol herangebracht. Die Arbeiten wurden von einer deutschen Baufirma aus München getätigt.

Das Beinhaus ist mit einer Steinwand umgeben und eine eiserne Tür, die aus österreichischen und italienischen Gewehrläufen geformt ist, führt in es hinein. Das Beinhaus ist aus Steinsäulen mit einem steilen Pultdach und einem Vorraum erbaut, von dem man in den Mittelteil des Denkmals und die Kapelle gelangt. Diese ist mit einem geschmiedeten Gitter in zwei Teile aufgeteilt. Im ersten Teil stehen die Namen der Gefallenen auf Eichenplatten geschrieben und im zweiten Teil auf einem vergoldeten Mosaik. In der Mitte des Raums steht die Gruft eines unbekannten Soldaten und unter diesem Raum ist ein Grabraum mit den Reliquien der Gefallenen. Das deutsche Beinhaus ist der einzige erhaltene Ort auf dem Gebiet der Isonzofront, an dem eine größere Anzahl deutscher Soldaten begraben liegt.

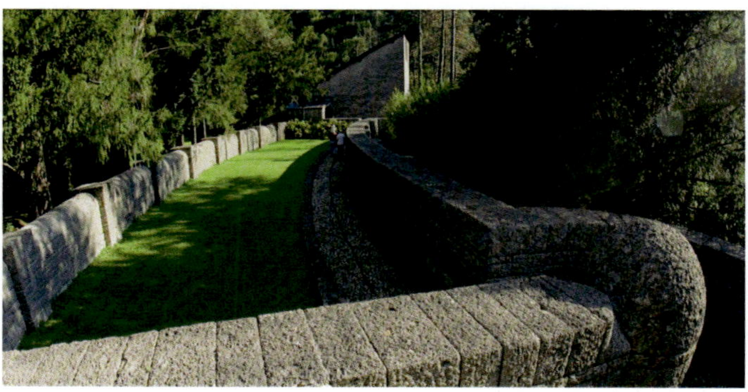

Deutsches Beinhaus

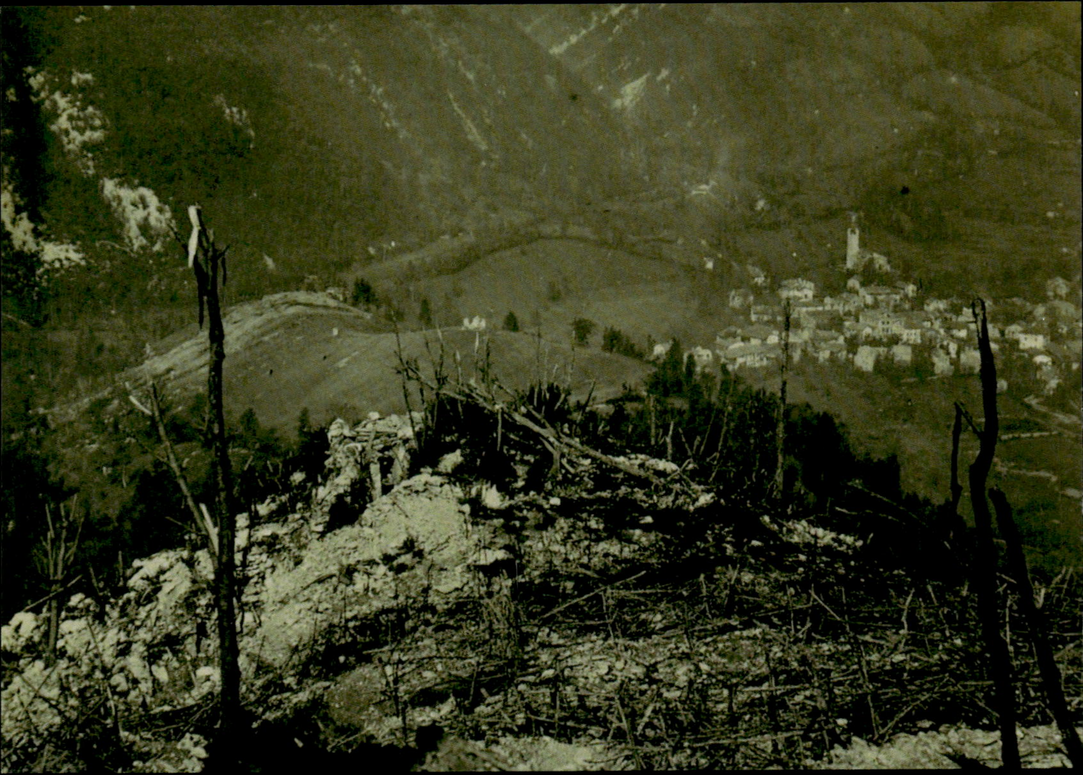

Blick auf Volče während des Krieges

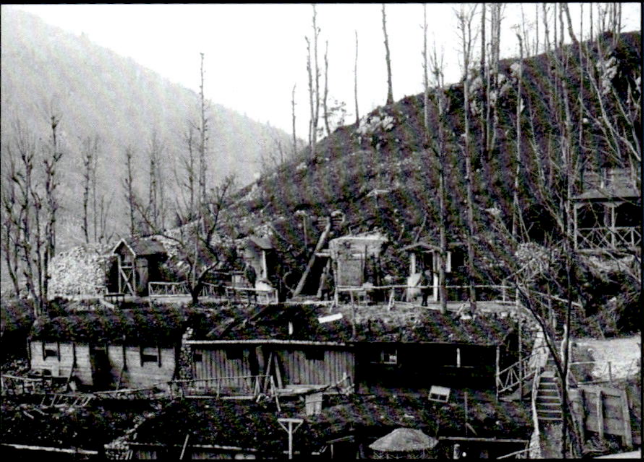

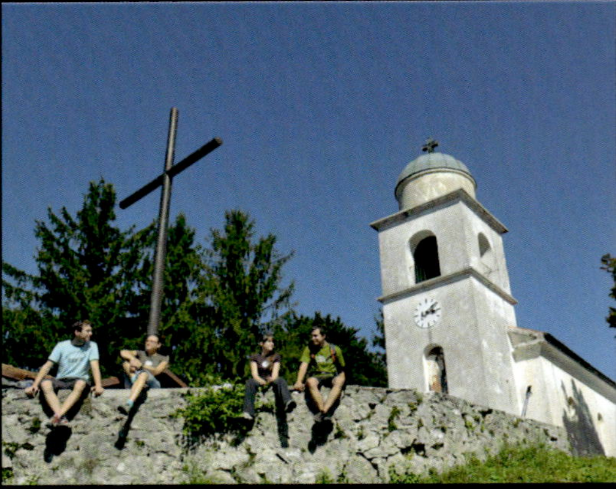

Soldatenbaracken auf dem Hang von Mengore. Auf Mengore steht

Freilichtmuseum Mengore

452 m ü.d.M.

GPS:
46.166621
13.721516

Der Rundweg des Museums verläuft an gut erhaltenen und teilweise gesäuberten und erneuerten Überresten der ersten österreichisch-ungarischen Verteidigungslinie entlang. Er führt an Gräben, Kavernen, Gedenktafeln, Überresten von Barackensteinwänden, einer Wasserstelle und einem Denkmal auf einem ehemaligen österreichisch-ungarischen Friedhof vorbei. Auf dem Mengore, von dem man einen wunderbaren Ausblick auf das Sočatal hat, steht ein Kirchlein, das dem Namen Maria gewidmet wurde. Es wurde in der Zeit der Kämpfe am Isonzofluss fast gänzlich zerstört. Die Anhöhe war laut mündlicher Überlieferung auch Treffpunkt der Anführer des Tolminer Bauernaufstandes im Jahre 1713.

Zu Beginn der Kämpfe an der Isonzofront haben die österreichisch-ungarischen Einheiten den größten Teil ihrer Verteidigungsstellungen auf der linken Seite des Isonzoufers befestigt. Nur vor Gorizia und in der Nähe von Tolmin und Most na Soči, dem sogenannten Tolminer Brückenkopf, haben sie sich auf der rechten Seite befestigt. Mengore mit seinen benachbarten Anhöhen Cvetje (⌖ 588) und Bučenica (510 m), bedeuteten den Kern der Verteidigung dieses Brückenkopfes. Nördlich, am linken Isonzoufer, spielten Mrzli vrh und Vodel bei seiner Verteidigung eine Schlüsselfunktion. Das gesamte Gebiet war mit zahlreichen Gräben und Kavernen stark befestigt. Die Österreicher begannen Mengore bereits vor dem Krieg zu befestigen. In den gesamten 29 Monaten Krieg waren die österreichisch-ungarischen Stellungen auf dem Mengore dem Beschuss der italienischen Artillerie von höheren Punkten aus ausgesetzt. Mit dem Durchbruch durch den Tolminer Brückenkopf hätte sich der italienischen Armee der Weg in die Monarchie geöffnet. Doch hielt die österreichisch-ungarische Verteidigung trotz großer Verluste bis zum Ende der Kämpfe am Isonzofluss durch. In der entscheidenden 12. Isonzoschlacht spielte das Gebiet des Tolminer Brückenkopfes eine der wichtigsten Rollen. Der Durchbruch der gemeinsamen österreichisch-ungarisch-deutschen Armee verlief konzentriert im Gebiet von Tolmin und Bovec ab. Die deutschen Einheiten der 12. schlesischen Division und des deutschen Alpenkorps rückten vom Tolminer Brückenkopf am Hang des Kolovrats und dem Isonzotal in Richtung Kobarid vor. Am rechten Flügel wurden sie von österreichisch-ungarischen Einheiten, die vom Mrzli vrh und dem Krngebirge ins Tal durchbrachen, unterstützt.

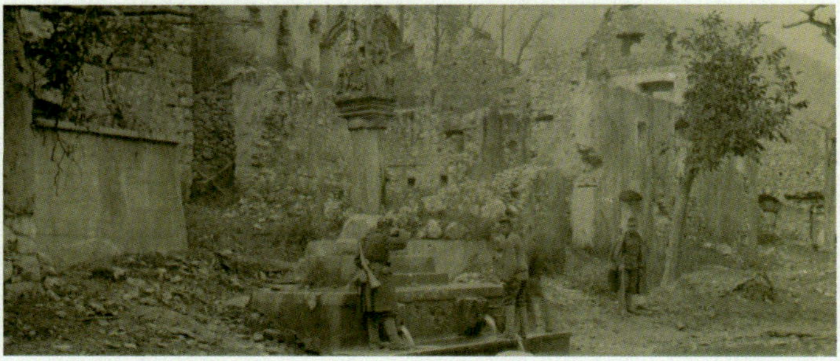

Österreichisch-ungarische Soldaten an der Wasserstelle in Volče

Karte des Freilichtmuseums Mengore

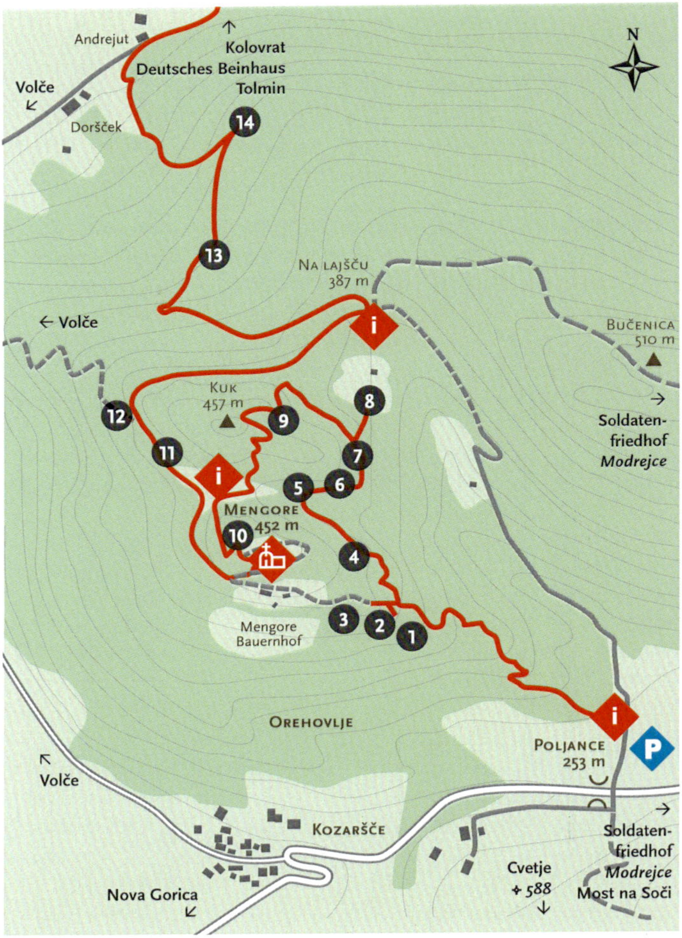

1. Scheinwerferstelle
2. 3. 10. Artillerie-stellung
4. Haubitzenstellung
5. Stelle des Durchgangs
6. Wasserstelle
7. Kommandantur IV/53
8. Denkmal auf dem ehemaligen Friedhof
9. Beobachtungsposten
11. Abgrund
12. Mannschaftskaverne
13. Ehrenmal Kanduč
14. Ehrenmal Pavelić

- Informationstafel
- Kirche Maria Namen
- Weg des Friedens

Andere Sehenswürdigkeiten in der Umgebung

Cvetje (✣ 588)

Vom Poljance-Sattel bis auf den Cvetje gibt es einen erschlossenen Fußweg. Cvetje besteht aus den Anhöhen Mrzli vrh (✣ 590) und Selski vrh (✣ 588). Gemeinsam mit den Anhöhen Mengore und Bučenica bildete es die österreichisch-ungarische Verteidigung auf dem rechten Isonzoufer. Dadurch wurde die wichtige Bahn- und Straßenverbindung mit dem Inland gesperrt. Dieser Teil ist als Tolminer Brückenkopf bekannt. Die Anhöhen wurden vor allem in den anfänglichen Offensiven stark von den italienischen Einheiten belagert. Heute sind auf diesem Gebiet viele Fußwege erschlossen, die uns an Gedenksteinen, befestigten Stellungen, Gräben und Kavernen vorbeiführen. Vom Selski vrh können wir hinunter zum Dorf Sela pri Volčah gehen.

Österreichisch-ungarischer Soldatenfriedhof, Modrejce

Die Gräber auf dem Friedhof sind von Betongrabsteinen geprägt. In der Mitte des Friedhofs steht ein Denkmal mit beschriebenen Platten. Über dem Eingang des Friedhofs steht die Aufschrift: *Ruhestätte der Helden von St. Luzia*. Heute liegen hier rund 1600 Soldaten beerdigt.

Most na Soči

An der Straße zwischen Most na Soči und Modrejce befindet sich ein erhaltenes Denkmal, das der Bataillonsküche gewidmet wurde. Im Jahre 1917 wurde es von den Soldaten des IV. Bataillons des 53. Infanterieregiments aufgestellt.

Durch Most na Soči und die Umgebung führt der kulturhistorische Weg: *Čez most po modrost*. Er führt uns an 22 Punkten vorbei, durch drei Jahrtausende Geschichte von Most na Soči. In der Ortschaft befindet sich die private Museumssammlung *Mali muzej soške fronte Tolminsko mostišče* (Kleines Museum der Isonzofront Tolminer Brückenkopf).

Der Bahnhof Most na Soči, Postaja

Im Jahre 1906 wurde hier die Wocheiner-Bahn eröffnet. Die Strecke verbindet Jesenice mit den Ortschaften Bled, Bohinjska Bistrica, Most na Soči, Nova Gorica und weiter mit dem Karst und Triest. In der Zeit der Kämpfe am Isonzofluss diente sie der österreichisch-ungarischen Armee als Hauptversorgungsweg dieses Frontabschnitts. Heute können wir auf dieser Strecke, die durch schöne Natur gekennzeichnet ist und eine große Leistung der Bautechnik vorstellt, auch mit einem Museumszug fahren.

In der Nähe steht auch das mächtige Denkmal, das dem XV. Korps der österreichisch-ungarischen Armee, das auf dem Isonzoschlachtfeld gekämpft hat, gewidmet ist. Über der Wand mit den Nischen, die sich auf dem oberen Plateau des Denkmals befindet, steht die Aufschrift *Mai 1915–Oktober 1917*. Auf dem Podest ist ein in Stein geformtes Schwert mit einer Maske und einem Ährenbündel. Über diesem Teil des Denkmals befindet sich die in Stein gearbeitete Aufschrift: *Hier kämpfte das XV. Korps.*

Österreichisch-ungarischer Soldatenfriedhof, Klavže

In Klavže waren drei österreichisch-ungarische Soldatenfriedhöfe. Dort wurden die Soldaten begraben, die im Soldatenkrankenhaus in unmittelbarer Nähe verstorben sind. Heute befinden sich an dieser Stelle zwei erhaltene Denkmäler.

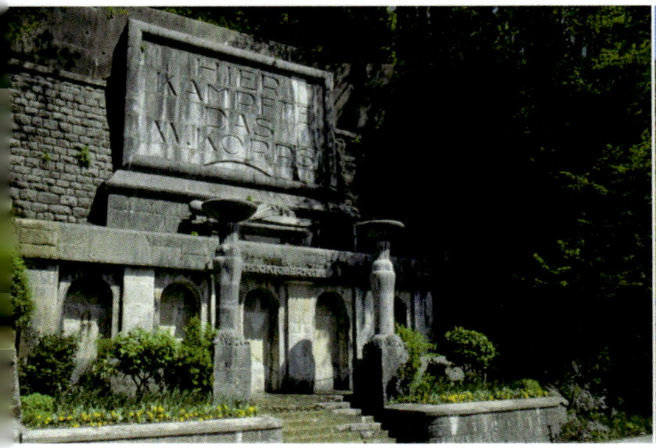

Denkmal des österreichisch-ungarischen XV. Korps, Postaja

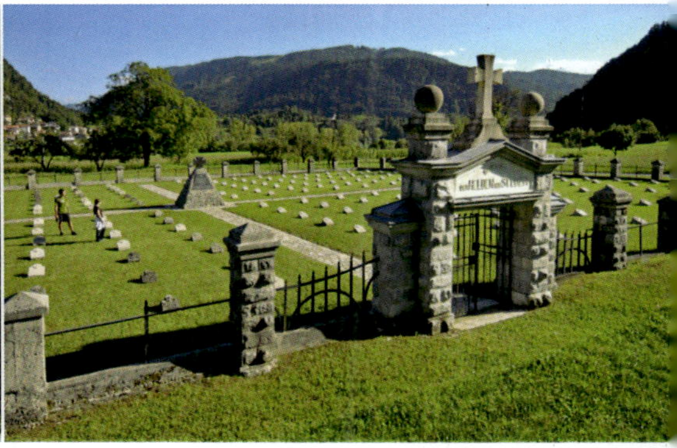

Österreichisch-ungarischer Soldatenfriedhof, Modrejce

- Weg des Friedens
- Besucherzentrum Weg des Friedens
- Freilichtmuseum
- Denkmal, Gedenktafel
- Beinhaus
- Soldatenfriedhof
- Soldatenkapelle
- Militärflugplatz während der Isonzofront
- Festung
- Überreste der Isonzofront
- Gedenkkirche
- Höhle, Kaverne
- Aussichtspunkt
- Private Museumssammlung
- Museum
- Natursehenswürdigkeit
- Kultursehenswürdigkeit
- Touristikinformationszentrum
- Kote

0 500 1000 2000 3000 m

1 : 50 000

KARTOGRAFIJA

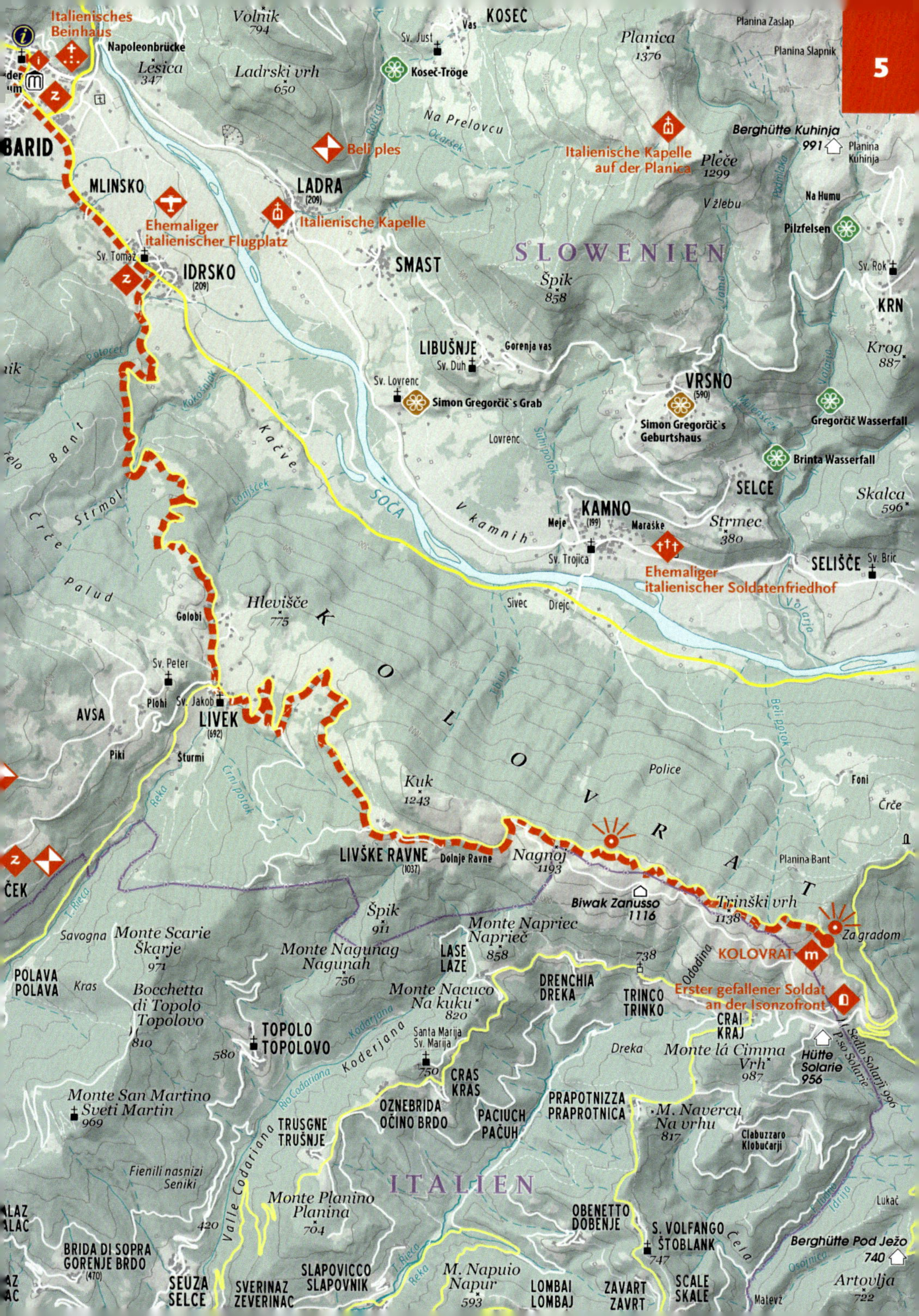

Italienisches Beinhaus
Napoleonbrücke
Volnik 794
Lesica 347
Ladrski vrh 650
Sv. Just
Vas
KOSEC
Koseč-Tröge
Planica 1376
Planina Zaslap
Planina Slapnik
BARID
Na Prelovcu
Beli ples
Italienische Kapelle auf der Planica
Berghütte Kuhinja 991
Planina Kuhinja
Pleče 1299
MLINSKO
LADRA
Italienische Kapelle
V žlebu
Na Humu
Pilzfelsen
Ehemaliger italienischer Flugplatz
Sv. Tomaž
IDRSKO
SMAST
SLOWENIEN
Špik 858
Sv. Rok
KRN
LIBUŠNJE
Sv. Duh
Gorenja vas
Krog 887
Sv. Lovrenc
Simon Gregorčič`s Grab
VRSNO
Simon Gregorčič`s Geburtshaus
Gregorčič Wasserfall
Lovrenc
Brinta Wasserfall
Bant
Strmol
Kačve
SOČA
SELCE
Skalca 596
KAMNO
Meje
Maraške
Strmec 380
V kamnih
Sv. Trojica
SELIŠČE
Sv. Bric
Ehemaliger italienischer Soldatenfriedhof
Palud
Hlevišče 775
Golobi
Sivec
Drejc
KOLOVRAT
Sv. Peter
AVSA
Plohi
Sv. Jakob
LIVEK
Piki
Šturmi
Kuk 1243
Police
Foni
Črče
LIVŠKE RAVNE
Dolnje Ravne
Nagnoj 1193
Planina Bant
ČEK
Špik 911
Biwak Zanusso 1116
Trinški vrh 1138
Za gradom
Savogna
Monte Scarie Škarje 971
Monte Napriec Naprieč 858
KOLOVRAT
POLAVA POLAVA
Monte Nagunag Nagunah 756
LASE LAZE
DRENCHIA DREKA
TRINCO TRINKO
Erster gefallener Soldat an der Isonzofront
Bocchetta di Topolo Topolovo 810
Monte Nacuco Na kuku 820
CRAI KRAJ
TOPOLO TOPOLOVO
Santa Marija Sv. Marija
Dreka
Monte lá Cimma Vrh 987
Hütte Solarie 956
CRAS KRAS
Monte San Martino Sveti Martin 969
OZNEBRIDA OČINO BRDO
PACIUCH PAČUH
PRAPOTNIZZA PRAPROTNICA
M. Navercu Na vrhu 817
TRUSGNE TRUŠNJE
Clabuzzaro Klobučarji
Fienili nasnizi Seniki
ITALIEN
Monte Planino Planina 704
Valle Codariana
OBENETTO DOBENJE
S. VOLFANGO ŠTOBLANK 747
Lukač
BRIDA DI SOPRA GORENJE BRDO
Berghütte Pod Ježo 740
SEUZA SELCE
SVERINAZ ZEVERINAC
SLAPOVICCO SLAPOVNIK
M. Napuio Napur 593
LOMBAI LOMBAJ
ZAVART ZAVRT
SCALE SKALE
Artovlja 722
Matevž

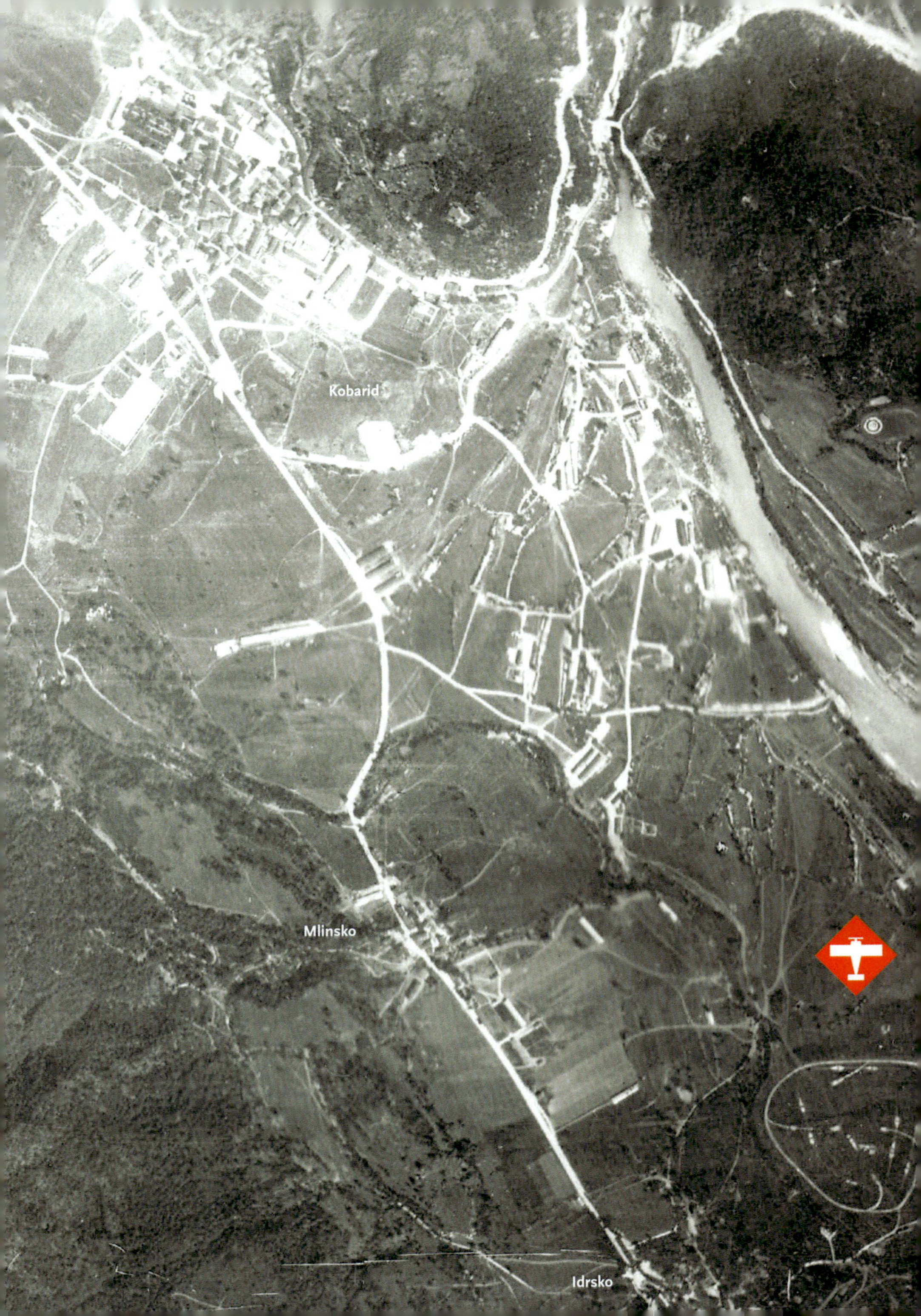
Kobarid
Mlinsko
Idrsko

Kobarid ◆ Idrsko ◆ Livek ◆ Freilichtmuseum Kolovrat

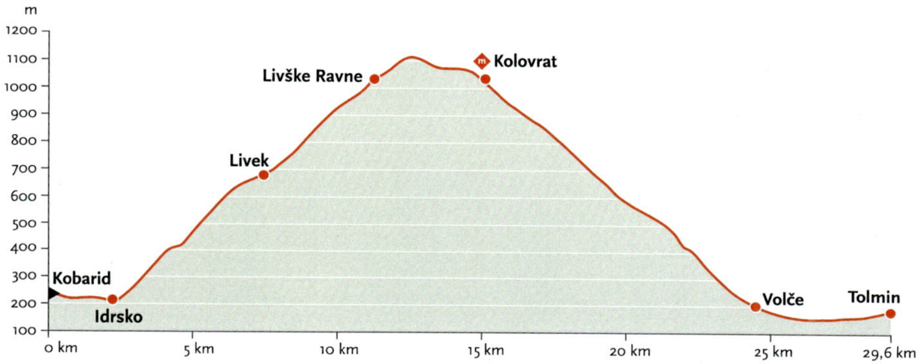

Gemeinsamer Höhenunterschied: 1950 m

Idrsko (209 m)

Zwischen den Ortschaften Idrsko und Mlinsko baute die italienische Armee in den Jahren 1916–1917 eine Fluglandebahn mit der dazugehörenden Infrastruktur. Damals war dies der einzigste Flugplatz im oberen Isonzotal. In Idrsko steht ein Denkmal, das den Zivilopfern der Isonzofront gewidmet wurde. Man kann sich auch eine private Museumssammlung *Posočje 1915–1917* anschauen.

Livek (692 m)

In der Zeit der Kämpfe am Isonzofluss war dieser Ort in italienischen Händen. Am dritten Tag des Durchbruchs, im Oktober 1917, entwickelte sich hier ein Kampf zwischen der Einheit Erwin Rommels und dem Regiment der Brigade Salerno. In Richtung Matajurs, befinden sich heute über dem Dorf Avsa noch gut erhaltene italienische Gräben, die sich bis hin zum Dorf Jevšček ausdehnen.

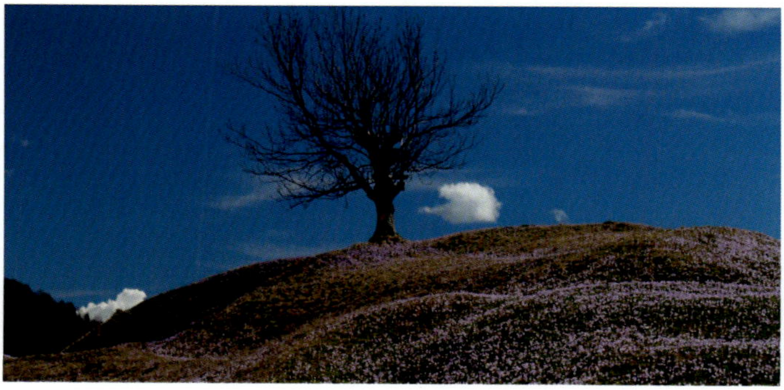

Frühlings-Krokus (Crocus vernus subsp. vernus) auf den umliegenden Hängen des Dorfes Livek

Na Gradu
Klabuk
✣ 1114

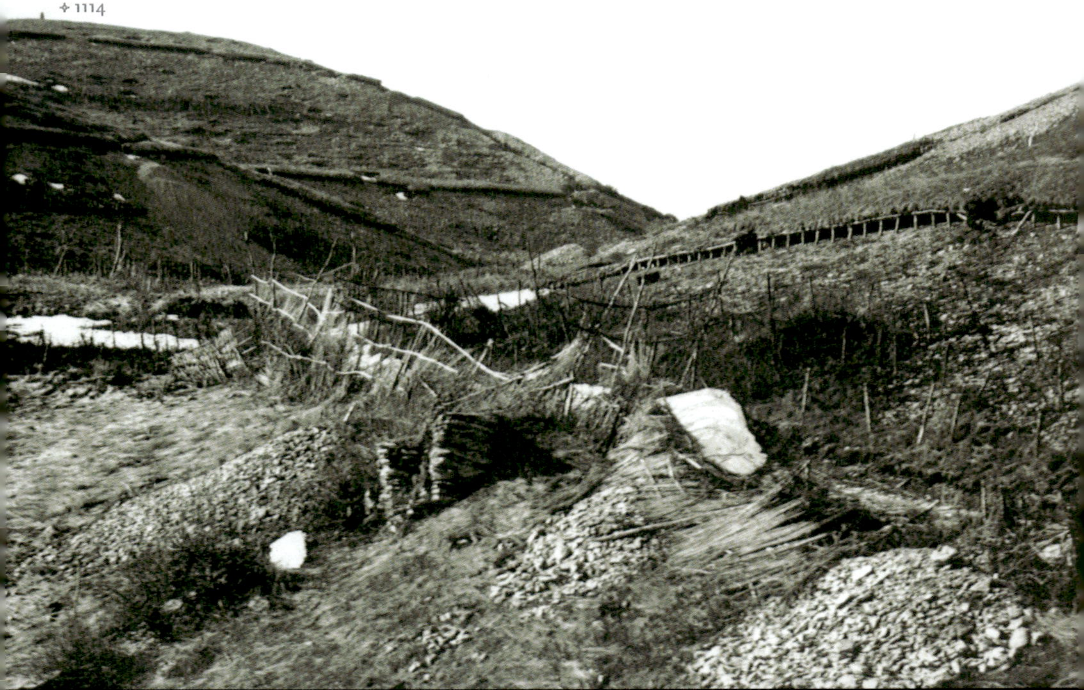

Italienische Verteidigungsstellungen unter der Anhöhe Na Gradu (✣ 1114)

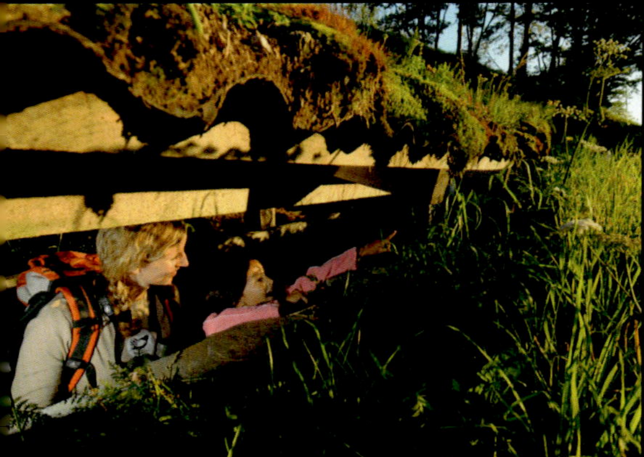

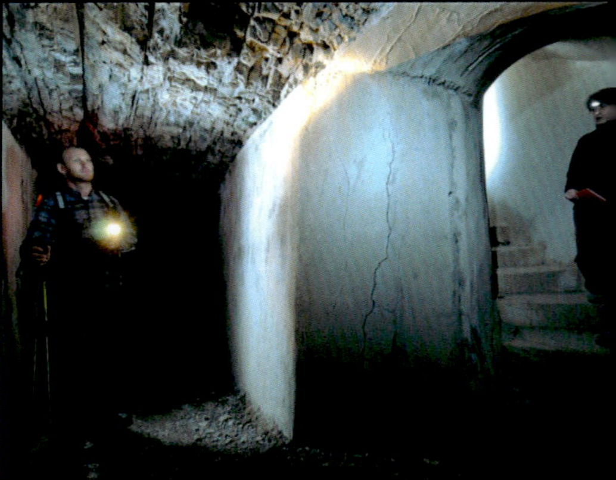

Freilichtmuseum Kolovrat

Freilichtmuseum Kolovrat

1114 m ü.d.M.

GPS:
46.185862
13.660276

Der Rundweg des Museums führt uns vorbei an Befehlshaber- und Beobachtungsposten, Maschinen- und Kanonenstellungen, Kavernen und einem Netz aus Schützen- und Verbindungsgräben in mehreren Etagen. Ein Besuch dieser Stellungen ist aufgrund der verschiedenen Details sehr interessant, man sieht z.B. eine Wendeltreppe in einer der Kavernen. Auch das teilweise erhaltene Material, das in der Kriegszeit benutzt wurde (Metallgitter zum Befestigen der Böschungen, Wellblech, Schieferstein, usw.) ist hier noch zu sehen. Vom Kamm des Kolovrats hat man einen wundervollen Ausblick auf das ehemalige Schlachtfeld der Isonzofront, das vom Kanin, dem Krngebirge, Sveta Gora bis hin zur Triester Bucht reicht.

Auf dem Kamm des Kolovrats, der sich steil entlang des rechten Sočaufers erhebt, verlief vor dem Ersten Weltkrieg die Grenze zwischen Österreich-Ungarn und Italien. Am ersten Kriegstag überschritten die italienischen Einheiten die Grenzkämme und begannen diese zu befestigen. Die italienische Armee baute schrittweise ein umfangreiches System von Verteidigungslinien, das sie *linea d'armata* nannten. Auf dem Kamm befanden sich zahlreiche Artilleriestellungen und Beobachtungsposten, von denen sie das Schlachtfeld überwachen konnten. Von diesen Stellungen beschoss die italienische Artillerie die österreichisch-ungarischen Stellungen, die Versorgungswege zwischen Tolmin und dem Tal von Baška grapa und andere wichtige Ziele im österreichisch-ungarischen Hinterland. Der gesamte Kamm war auch mit befestigten Gräben durchzogen. Über dem Sattel zwischen den Anhöhen Na Gradu (⌖ 1114) und Trinški vrh (1139 m) verlief ein wichtiger Versorgungsweg, der das Hinterland mit den Stellungen vor dem Tolminer Brückenkopf, bzw. mit der ersten und zweiten Linie der italienischen Stellungen verband.

Die Stellungen auf dem Kolovart waren für die Italiener ein Schlüsselpunkt der Verteidigung in der 12. Isonzoschlacht. Die Befehlshaber der deutschen Armee hatten dem Offizier, der diesen Punkt einnimmt, eine hohe Auszeichnung versprochen, den *Pour le Mérite*. Er wurde dann Oberleutnant Schörner verliehen, der mit seiner Einheit, die aus dem deutschen Alpenkorps zusammengestellt war, die Stellungen auf Na Gradu bereits am ersten Tag der Offensive, abends am 24. Oktober 1917, einnahm. Mit der Einnahme dieser Stellungen öffnete sich für die deutschen Einheiten der Weg für den weiteren Durchbruch über den Kamm des Kolovrats und Matajur bis in die Friauler Ebene. In den Kämpfen auf dem Kolovrat wirkte als Befehlshaber des Württembergischen Gebirgsbataillons auch Erwin Rommel mit. Am dritten Tag der 12. Isonzoschlacht besetzte er mit seiner Einheit den Matajur.

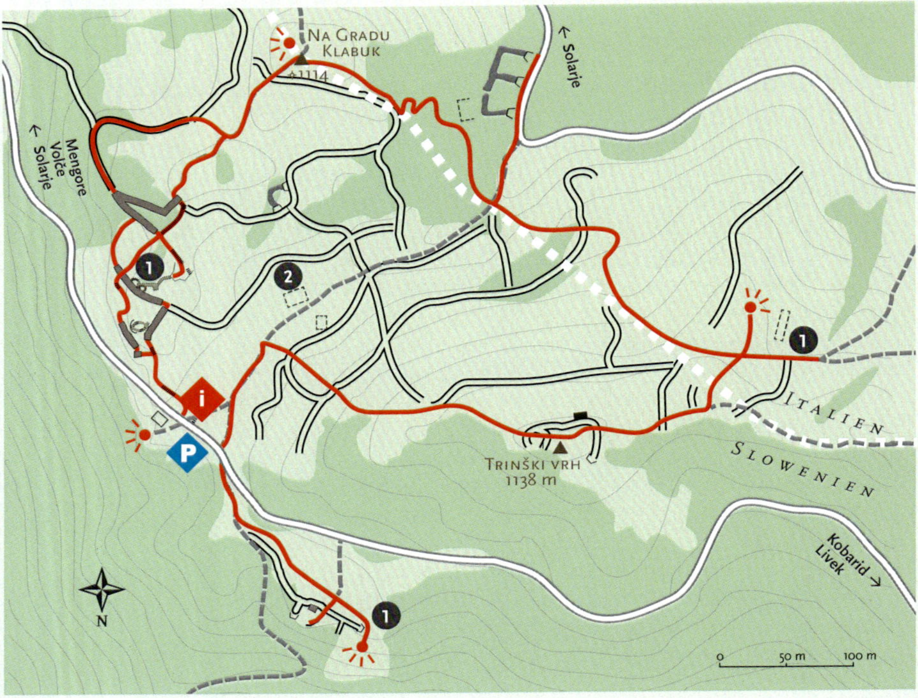

Karte des Freilichtmuseums Kolovrat

- ❶ Erneuerter Teil der Stellungen
- ❷ Ehemaliges Gebäude mit dem Grenzturm der jugoslawischen Armee
- Informationstafel
- Weg des Friedens
- Gräben
- Aussichtspunkt
- Überreste von Gebäuden

Andere Sehenswürdigkeiten in der Umgebung

Passo Solarie *Sedlo Solarje* (996 m)
Auf dem Sattel von Solarie wurde ein Denkmal für Riccardo Giusto aufgestellt. Er gilt als das erste Opfer auf diesem Teil der Isonzofront. In unmittelbarer Nähe des Denkmals steht eine Berghütte.

Tribil Superiore *Gorenji Tarbij* (642 m)
In der Ortschaft kann man sich die private Sammlung *Historisches Museum Balus* anschauen.

Jevšček
In der Ortschaft kann man sich die private Sammlung *Rommel's Nachtlager – Gehöft Brgoličeva domačija* anschauen.

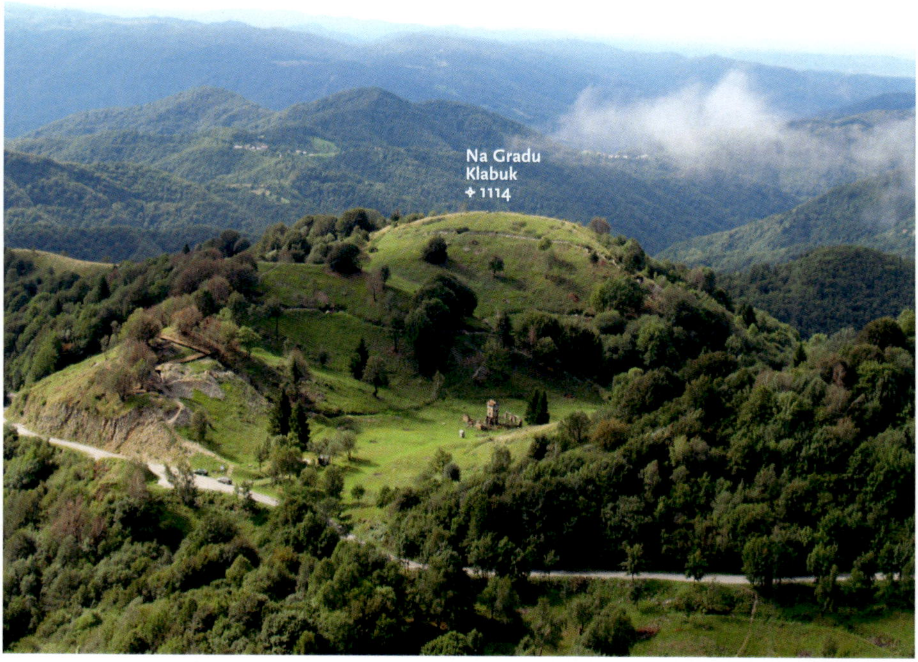

Das Freilichtmuseum Kolovrat wurde auf der ehemaligen dritten italienischen Verteidigungslinie errichtet

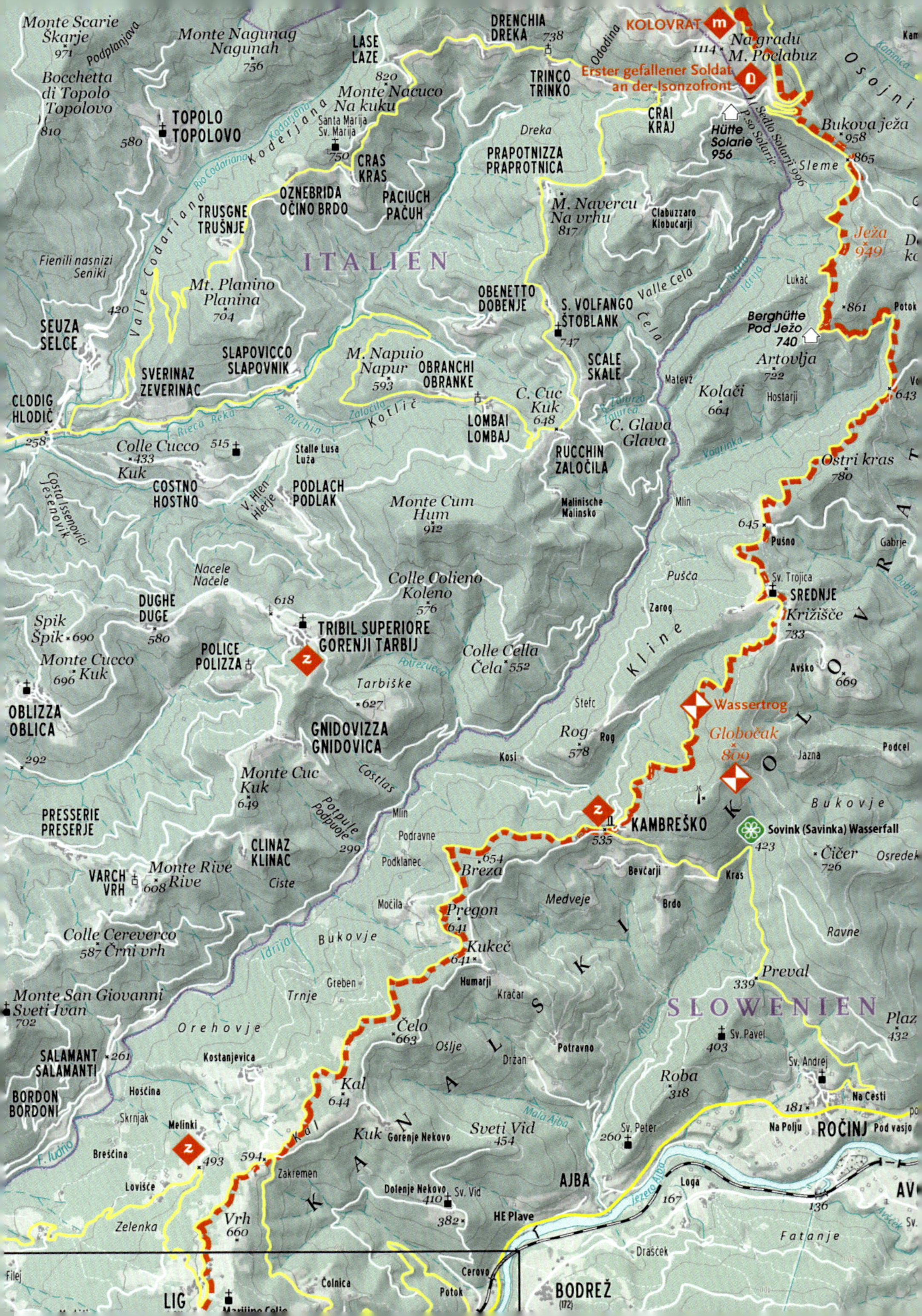

KOLOVRAT
Na gradu
M. Poclabuz
1114
Erster gefallener Soldat an der Isonzofront
Hütte Solarie 956
Bukova ježa 958
Sleme
865
Ježa 949
Lukač
861
Potok
Berghütte Pod Ježo 740
Artovlja 722
Hostarji
Kolači 664
643
Ostri kras 780
645
Pušno
Sv. Trojica
SREDNJE
Križišče 733
Avško
669
Wassertrog
Globočak 809
Jazna
Podcel
Bukovje
KAMBREŠKO
535
Sovink (Savinka) Wasserfall
423
Čičer 726
Osredek
Kras
Ravne
Preval 339
SLOWENIEN
Plaz 432
Sv. Pavel 403
Sv. Andrej
Na Česti
Roba 318
181
ROČINJ
Na Polju
Pod vasjo
Sv. Peter 260
Loga
167
136
Fatanje
Draščék
BODREŽ (172)
AJBA
HE Plave
Cerovo
Potok
Čolnica
LIG
Vrh 660
Zelenka
Lovišče
Melinki
493
594
Zakremen
Dolenje Nekovo 410
Sv. Vid 382
Gorenje Nekovo
Kuk
Sveti Vid 454
Kal 644
Čelo 663
Ošlje
Držan
Potravno
Kračar
Humarji
Kukeč 641
Pregon 641
Breza 654
Medveje
Bevčarji
Brdo
KANALSKI KOLOVRAT
Podravne
Podklanec
Močila
Bukovje
Greben
Trnje
Orehovje
Kostanjevica
Hoščina
Skrnjak
Breščina
Filej
DRENCHIA DREKA 738
Odadina
LASE LAZE
820
Monte Nacuco Na kuku
TRINCO TRINKO
CRAI KRAJ
Dreka
PRAPOTNIZZA PRAPROTNICA
M. Navercu Na vrhu 817
Clabuzzaro Klobučarji
Valle Cela
Čela
Idrija
OBENETTO DOBENJE
S. VOLFANGO ŠTOBLANK 747
SCALE SKALE
Matevž
C. Cuc Kuk 648
C. Glava Glava
RUCCHIN ZALOČILA
LOMBAI LOMBAJ
OBRANCHI OBRANKE
M. Napuio Napur 593
Kotlič
Zaločila
Vogrinka
Malinische Malinsko
Mlin
Monte Cum Hum 912
Colle Colieno Koleno 576
Colle Cella Čela 552
Pušča
Zarog
Kline
Štefc
Rog 578
Rog
Kosi
ITALIEN
Monte Scarie Škarje 971
Podplanjava
Monte Nagunag Nagunah 756
Bocchetta di Topolo Topolovo 810
580
TOPOLO TOPOLOVO
Santa Marija Sv. Marija 750
CRAS KRAS
PACIUCH PAČUH
OZNEBRIDA OČINO BRDO
TRUSGNE TRUŠNJE
Koderjana
Rio Codariana
Valle Codariana
Fienili nasnizi Seniki
Mt. Planino Planina 704
420
SEUZA SELCE
SVERINAZ ZEVERINAC
SLAPOVICCO SLAPOVNIK
CLODIG HLODIČ 258
R. Rieca Reka
R. Ruchin
Colle Cucco Kuk 433
515
Stalle Lusa Luža
COSTNO HOSTNO
V. Hlen Hlevje
Costa Issenovici Jesenovik
PODLACH PODLAK
Nacele Načele
618
DUGHE DUGE 580
TRIBIL SUPERIORE GORENJI TARBIJ
Spik Špik 690
Monte Cucco Kuk 696
POLICE POLIZZA
Potrezuca
Tarbiške
627
OBLIZZA OBLICA
292
GNIDOVIZZA GNIDOVICA
Costlas
Monte Cuc Kuk 649
Potpule Podpuoje
299
PRESSERIE PRESERJE
CLINAZ KLINAC
Ciste
VARCH VRH
Monte Rive Rive 608
Colle Cereverco Črni vrh 587
Monte San Giovanni Sveti Ivan 702
SALAMANT SALAMANTI 261
BORDON BORDONI
F. Iudrio
Idrija
Mala Ajba
Ajba

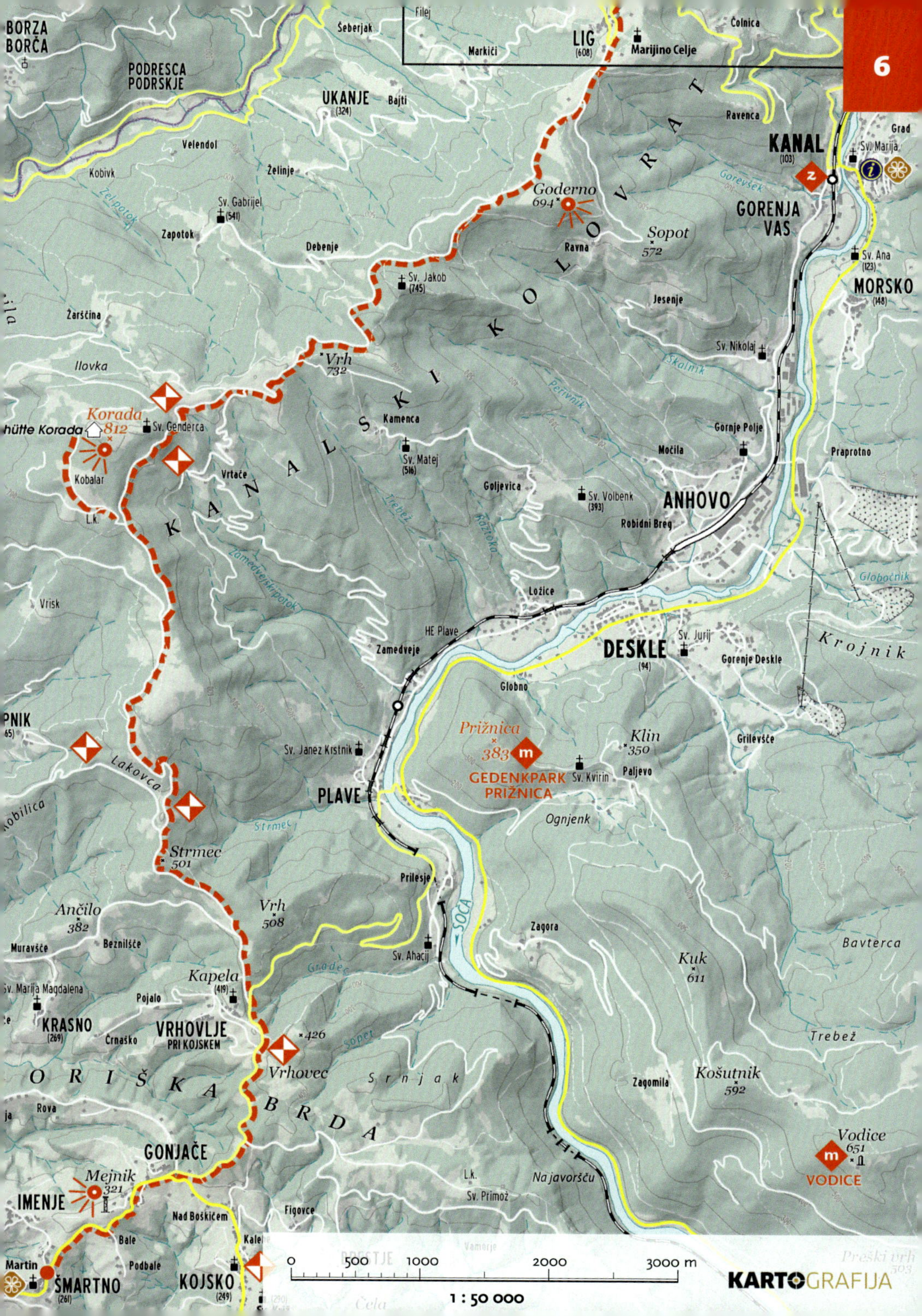
BORZA
BORČA
PODRESCA
PODRSKJE
Šeberjak
Filej
Markiči
LIG (608)
Marijino Celje
Čolnica
UKANJE (324)
Bajti
Ravenca
KANAL (103)
Grad
Sv. Marija
Velendol
Kobivk
Želinje
Želipotok
Sv. Gabrijel (541)
Zapotok
Goderno 694
Gorevšek
GORENJA VAS
Sopot 572
Ravna
Debenje
Sv. Jakob (745)
Sv. Ana (123)
MORSKO (148)
Jesenje
Žarščina
KANALSKI KOLOVRAT
Sv. Nikolaj
Skalnik
Vrh 732
Ilovka
Perivnik
Korada 812
hütte Korada
Sv. Genderca
Kamenca
Gornje Polje
Kobalar
Sv. Matej (516)
Močila
Praprotno
Vrtače
Goljevica
Sv. Volbenk (393)
ANHOVO
Trebež
Kozlinka
Robidni Breg
L.k.
Zamedveški potok
Globočnik
Vrisk
Ložice
HE Plave
Sv. Jurij
Zamedveje
DESKLE (94)
Gorenje Deskle
Krojnik
Globno
PNIK (65)
Prižnica 383
Klin 350
GEDENKPARK PRIŽNICA
Sv. Kvirin
Paljevo
Grilevšče
Sv. Janez Krstnik
Lakovca
PLAVE
Kobilica
Ognjenk
Strmec
Strmec 501
Prilesje
Ančilo 382
Vrh 508
Soča
Zagora
Muravšče
Beznilšče
Sv. Ahacij
Bavterca
Kapela (419)
Kuk 611
Sv. Marija Magdalena
Pojalo
Gradec
KRASNO (269)
Črnaško
VRHOVLJE PRI KOJSKEM
426
Soper
Trebež
Vrhovec
Srnjak
Košutnik 592
Zagomila
ORIŠKA BRDA
Rova
GONJAČE
Vodice 651
VODICE
Mejnik 321
IMENJE
L.k.
Na javoršču
Sv. Primož
Nad Boškičem
Figovce
Bale
Kalej
Martin
Podbale
ŠMARTNO (261)
KOJSKO (249)
BRESTJE
Vamorje
Preški vrh 503
Čela
0 500 1000 2000 3000 m
1 : 50 000
KARTOGRAFIJA

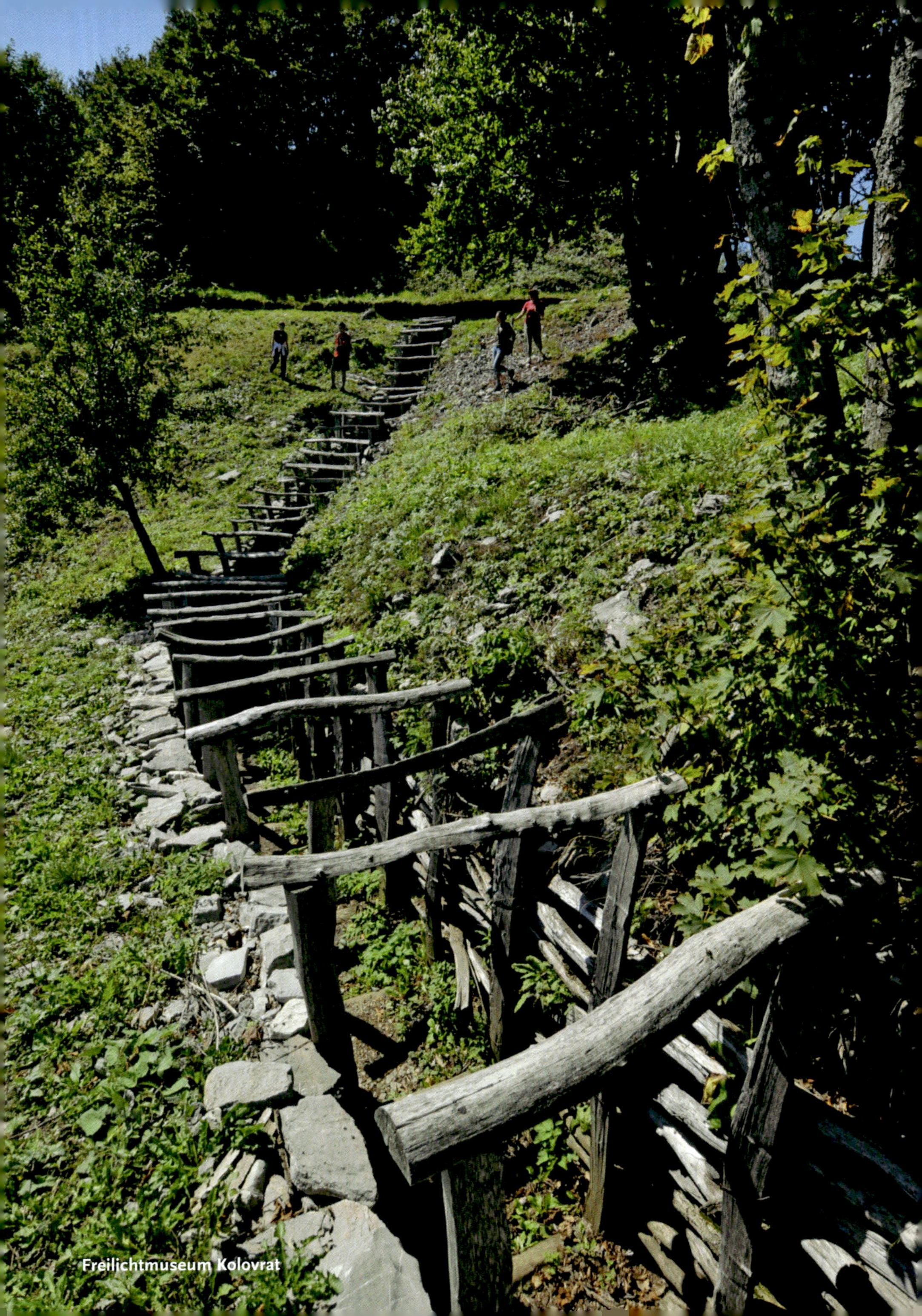

Freilichtmuseum Kolovrat

Freilichtmuseum Kolovrat • Globočak • Kambreško • Lig • Korada • Šmartno in Goriška Brda

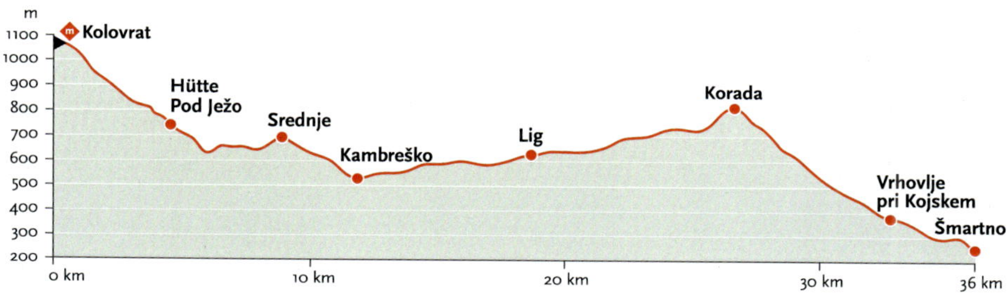

Gemeinsamer Höhenunterschied: 1350 m
Dieser Abschnitt eignet sich sehr als Fahrradtour!

Kolovrat

Der Kamm des Kolovrats, wo die Staatsgrenze zwischen Italien und Slowenien verläuft, dehnt sich von Kobarid bis in die Goriška Brda aus und bietet einen außergewöhnlichen Panoramablick. Auf der einen Seite bietet er einen Ausblick auf die Julischen Alpen und dem smaragdenen Sočafluss und auf der anderen Seite erstreckt sich der Blick über die Tiefebene von Friaul-Julisch Venetien bis hin zur Adria. Der Kamm stellt ein natürliches Hindernis zwischen der Friauler Tiefebene und dem Sočatal dar. Diese natürliche Gegebenheit haben die militärischen Einheiten auch zur Zeit der Isonzofront genutzt. Die italienische Armee erbaute hier die notwendige Infrastruktur, die für die Versorgung der Front benötigt wurde. Viele Überreste einschließlich der Straßeninfrastruktur und der Wasserstellen sind alle bis heute erhalten geblieben. Der Weg vom Freilichtmuseum Kolovrat bis in die Goriška Brda führt auch an einer Berghütte unterhalb der Ježa (740 m) vorbei.

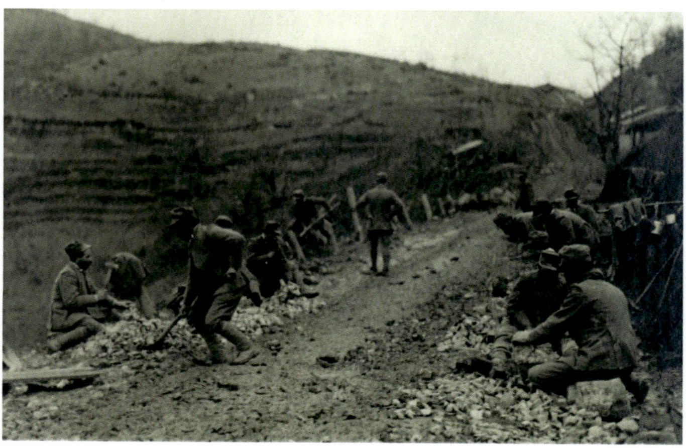

Erschließung der Straßeninfrastruktur auf dem Hang des Kolovrats

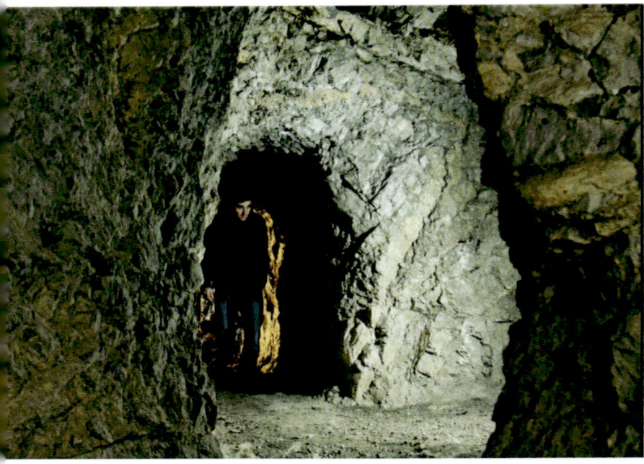

Kaverne auf dem Globočak

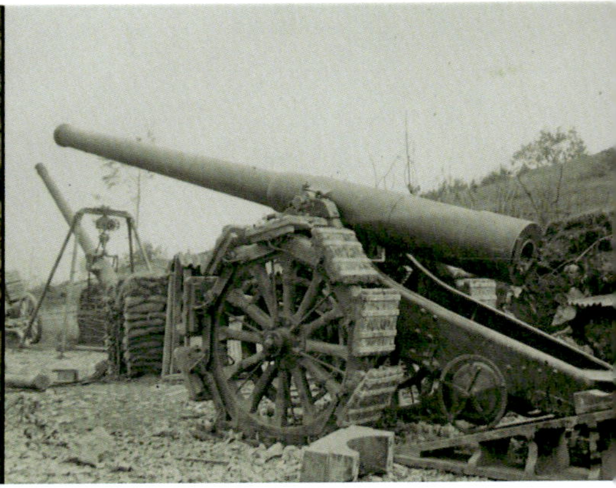

Italienische Kanonen auf der Korada

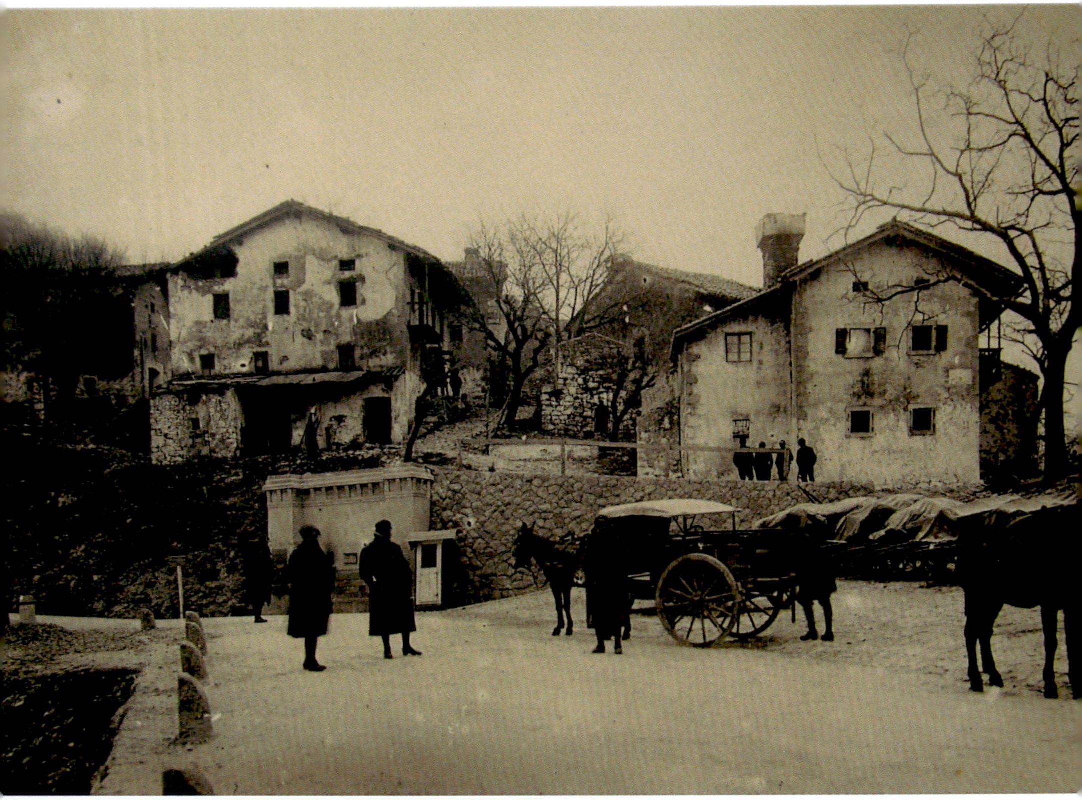

Kambreško

Globočak (809 m)

Globočak, die bei Kambreško liegt, war während der Isonzofront eine der wichtigeren befestigten italienischen Anhöhen auf dem Kamm des Kolovrats. Von hier bot sich ein guter Ausblick auf das Isonzotal und das Banjšice-Plateau. Erhalten blieben Kavernen, Gräben, Tröge, Wasserspeicher und Ehrenmäler. Es führen mehrere erhaltene Wege auf den Globočak.

Kambreško (538 m)

In Kambreško kann man sich die private Sammlung *Lukčeva hiša* anschauen. Die hauseigene Feuerstelle wurde zum ethnologischen Denkmal ernannt. Neben der ethnologischen Sammlung kann man sich auch eine Kriegssammlung und eine lokale Fotothek anschauen.

Korada (811 m)

Korada gehörte in der Zeit der Isonzofront zu den strategisch wichtigsten Anhöhen, die von der italienischen Armee besetzt worden sind. Von diesem höchsten Berg auf diesem Abschnitt des Schlachtfeldes konnten die Befehlshaber die Bemühungen ihrer Einheiten beobachten, die versuchten auf das Plateau auf der linken Seite des Isonzoufers zu gelangen. Dieser Abschnitt dehnte sich von Ježa über dem Tolminer Brükenkopf bis hin zum Sabotin und Gorizia aus. Oft hielten der italienische König Vittorio Emanuele III. gemeinsam mit seinen Generälen und hohen Gästen des Bündnisses hier Ausschau, denn das naheliegende Udine galt als *Kriegshauptstadt*.

Bereits in der ersten Isonzoschlacht stellte die italienische Armee einen Brückenkopf in der Kurve bei Plave her. Danach gingen die Bestrebungen für das Vorankommen der Einheiten bis zur 11. Isonzoschlacht weiter, als der südwestliche Teil des Banjšice-Plateaus eingenommen wurde.

Als Antwort auf dieses Fortschreiten folgte die Gegenoffensive der österreichisch-ungarischen und deutschen Armee in der 12. Isonzoschlacht. Das italienische Kommando bestimmte, das die Korada die Rolle eines Verteidigungspfeilers auf dem linken Flügel der Heereslinie *linea d'armata* übernehmen sollte. Nach dem Zusammenbruch dieser Linie im Norden, verlangte das Kommando auf der Korada, die *Linie der Verteidigung um jeden Preis zu halten.* Sie haben den Berg mit starken Einheiten versehen. Jedes Armeekorps sollte für die Verteidigung bis zu zehn Bataillons opfern. Als die deutschen Einheiten am vierten Tag der Schlacht in Richtung Cividale del Friuli durchbrachen, gab das italienische Kommando Befehl zum Rückzug in die Friauler Ebene. Unter der Anhöhe der Korada liegt das im Ersten Weltkrieg zerstörte und später erneuerte Kirchlein der hl. Gertrude.

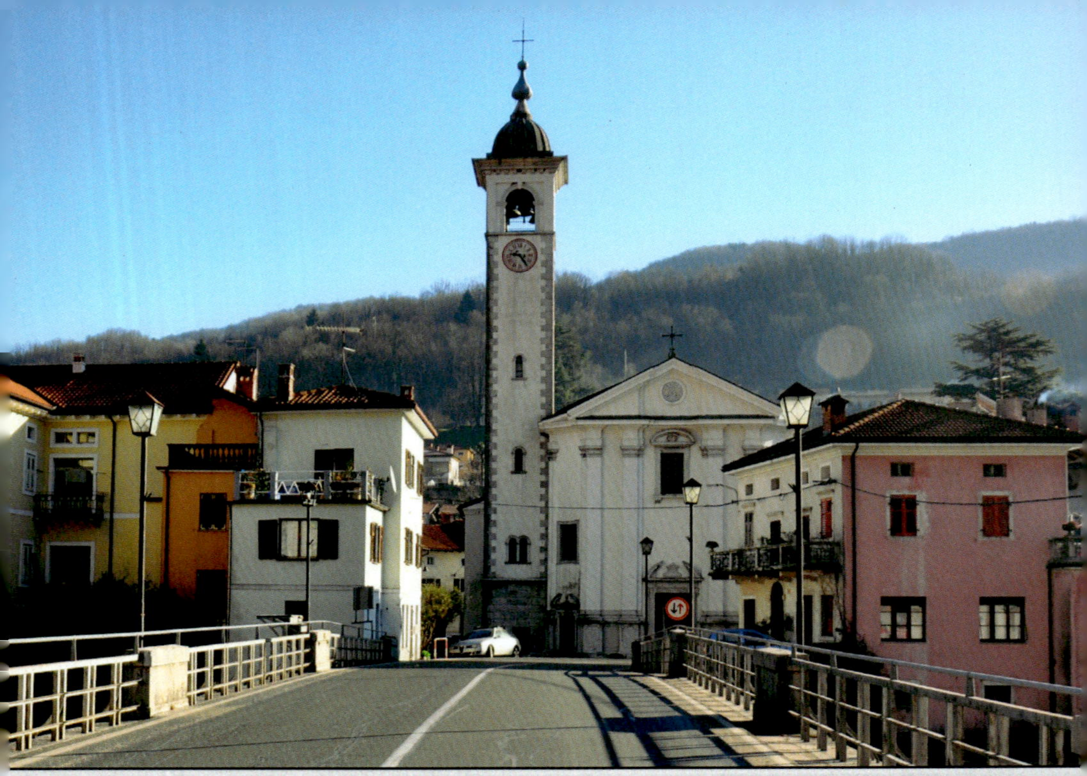

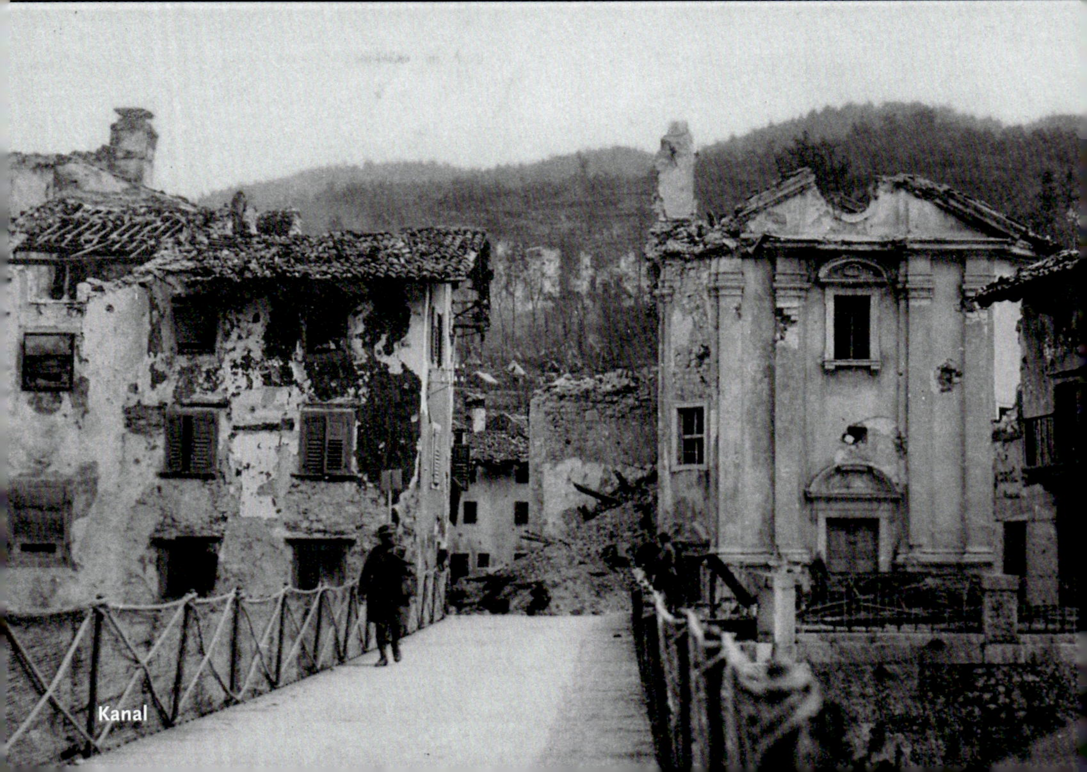

Kanal

Aussichtsturm Gonjače (321 m)

Der Aussichtsturm wurde auf dem Mejnik, einer Anhöhe über dem Dorf Gonjače, erbaut. Der Turm mit 144 Treppen ist 23 m hoch und wurde im Jahre 1961 erbaut. Bei schönem Wetter öffnet sich der Blick in alle Richtungen: Goriška Brda, die Julischen und Karnischen Alpen, die Dolomiten, die Friauler Tiefebene, die Triester Bucht, der Karst und das Vipavatal.

Šmartno in Goriška Brda (261 m)

Goriška Brda, auch die *slowenische Toskana* genannt, ist mit ihrer hügeligen Landschaft am meisten durch den Obstanbau, vor allem aber durch die Trauben und den guten Wein bekannt. Das Dorf Šmartno liegt geografisch gesehen in der Mitte von Goriška Brda. Auf diesem Hügel entstand in der ersten Hälfte des 16. Jahrhunderts auf den Überresten eines römischen Stützpunktes eine große antitürkische Wehranlage – mittelalterliche Festung. Das Dorf auf dem Hügel ist mit einer Mauer umgeben und mit Verteidigungstürmen befestigt und wurde erstmals 1317 erwähnt. Es wurde zu einem wichtigen, strategischen Punkt an der venezianisch-österreichischen Grenze und gehörte zu einem Verteidigungssystem (Števerjan, Kojsko, Šmartno, Vipolže). Die Venezianer, die versuchten Goriška Brda einzunehmen, wurden in beiden Kriegen abgewehrt. Die Rolle einer Grenzbefestigung führte sie noch im 17. Jahrhundert bis hin zur Mitte des 18. Jahrhunderts aus, als die Gefahr durch Venetien schon vorübergegangen war.

Die Häuser in der Dorfmitte befinden sich alle eng im Umkreis der Kirche des hl. Martins, der größten Pfarrkirche in Goriška Brda. Der Glockenturm ist ein ehemaliger Festungsturm. Beim Eintreten in das befestigte Dorf und beim spazieren durch die engen Gassen, zwischen alten und einigen erneuerten Häusern, kann man noch gut die mittelalterliche Architektur erkennen.

Andere Sehenswürdigkeiten in der Umgebung

Kanal, Melinki, Avšje

In der Gemeinde Kanal ob Soči, kann man nebst der bereits erwähnten Sammlung in Kambreško, noch weitere private Sammlungen besuchen. In Kanal am Bahnhof befindet sich die *Museumssammlung 1914–1917*, in Melinki die Sammlung *ethnologische Schnitzkunst* von Franz Jerončič und in der Ortschaft Avšje die Sammlung *Jugova zbirka*.

- Weg des Friedens
- Besucherzentrum Weg des Friedens
- Freilichtmuseum
- Denkmal, Gedenktafel
- Beinhaus
- Soldatenfriedhof
- Soldatenkapelle
- Militärflugplatz während der Isonzofront
- Festung
- Überreste der Isonzofront
- Gedenkkirche
- Höhle, Kaverne
- Aussichtspunkt
- Private Museumssammlung
- Museum
- Natursehenswürdigkeit
- Kultursehenswürdigkeit
- Touristikinformationszentrum
- Kote

0 1 2 3 4 5 km

1 : 110 000

KARTOGRAFIJA

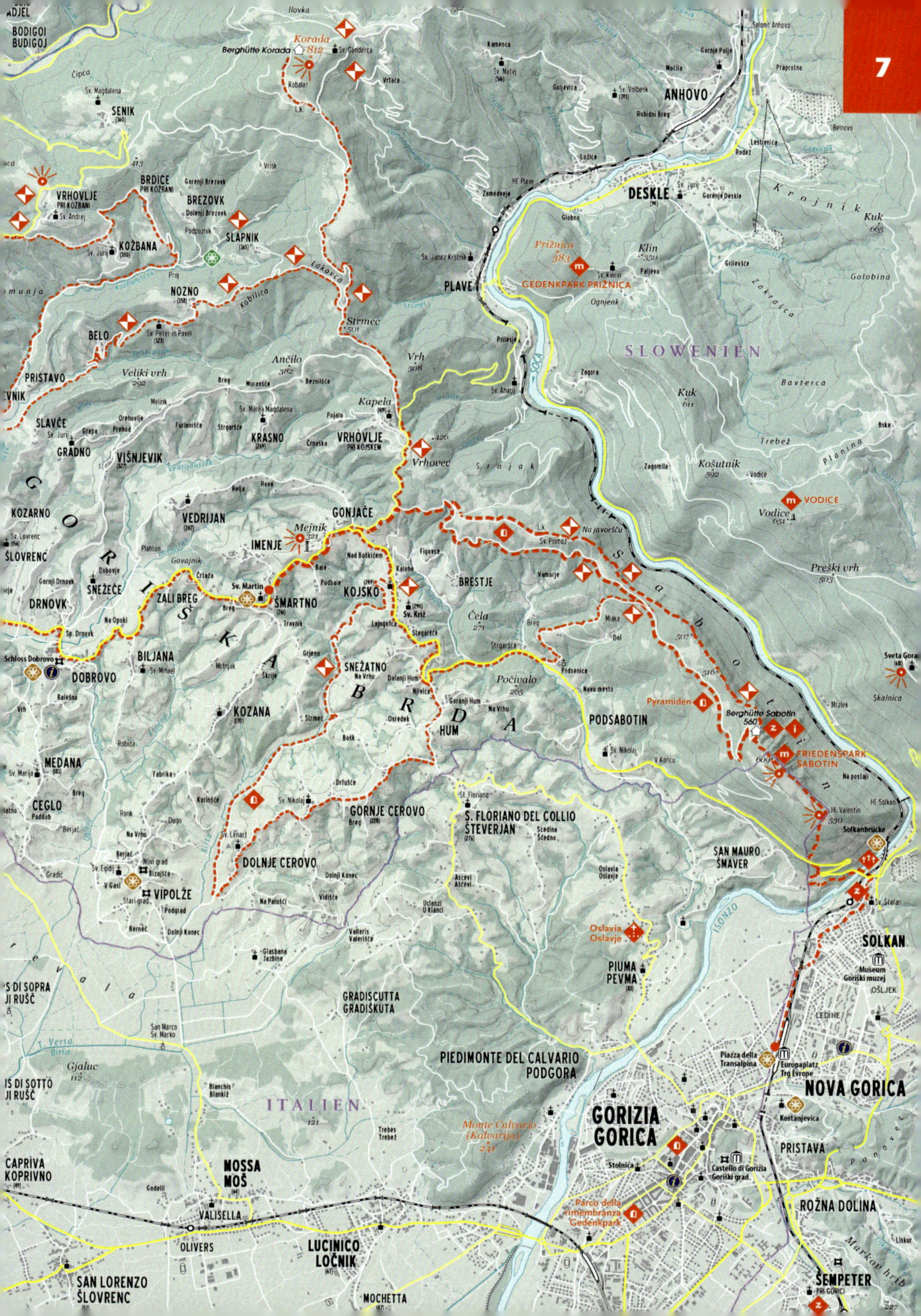
7
Korada 812
Berghütte Korada
ANHOVO
DESKLE
Kuk 665
Krojnik
Pržnica 383
GEDENKPARK PRŽNICA
PLAVE
Klin 350
SLOWENIEN
Strmec 501
Vrh 508
Ančilo 382
SENIK
VRHOVLJE
BRDICE
BREZOVK
ŠLAPNIK
KOŽBANA
NOZNO
BELO
PRISTAVO
SLAVČE
GRADNO
VIŠNJEVIK
KRASNO
VRHOVLJE PRI KOJSKEM
Kapela
Vrhovec
Kuk 611
Košutnik 592
VODICE
Vodice 651
GONJAČE
Mejnik 321
IMENJE
VEDRIJAN
KOZARNO
ŠLOVRENC
DRNOVK
SNEŽEČE
ZALI BREG
ŠMARTNO
KOJSKO
BRESTJE
Čela 271
Na javoršču
Preški vrh 505
GORIŠKA BRDA
Schloss Dobrovo
DOBROVO
BILJANA
SNEŽATNO
KOZANA
Počivalo 265
Pyramiden
Berghütte Sabotin 560
FRIEDENSPARK SABOTIN
Sabotin
Sveta Gora
PODSABOTIN
HUM
MEDANA
CEGLO
GORNJE CEROVO
S. FLORIANO DEL COLLIO ŠTEVERJAN
VIPOLŽE
DOLNJE CEROVO
SAN MAURO ŠMAVER
Solkanbrücke
SOLKAN
Museum Goriški muzej
Oslavia Oslavje
PIUMA PEVMA
GRADISCUTTA GRADIŠKUTA
PIEDIMONTE DEL CALVARIO PODGORA
Piazza della Transalpina
Europaplatz Trg Evrope
NOVA GORICA
ITALIEN
GORIZIA GORICA
Monte Calvario (Kalvarija) 241
Castello di Gorizia Goriški grad
PRISTAVA
ROŽNA DOLINA
Parco della rimembranza Gedenkpark
MOSSA MOŠ
VALISELLA
OLIVERS
LUCINICO LOČNIK
SAN LORENZO ŠLOVRENC
MOCHETTA
ŠEMPETER PRI GORICI
CAPRIVA KOPRIVNO
Isonzo

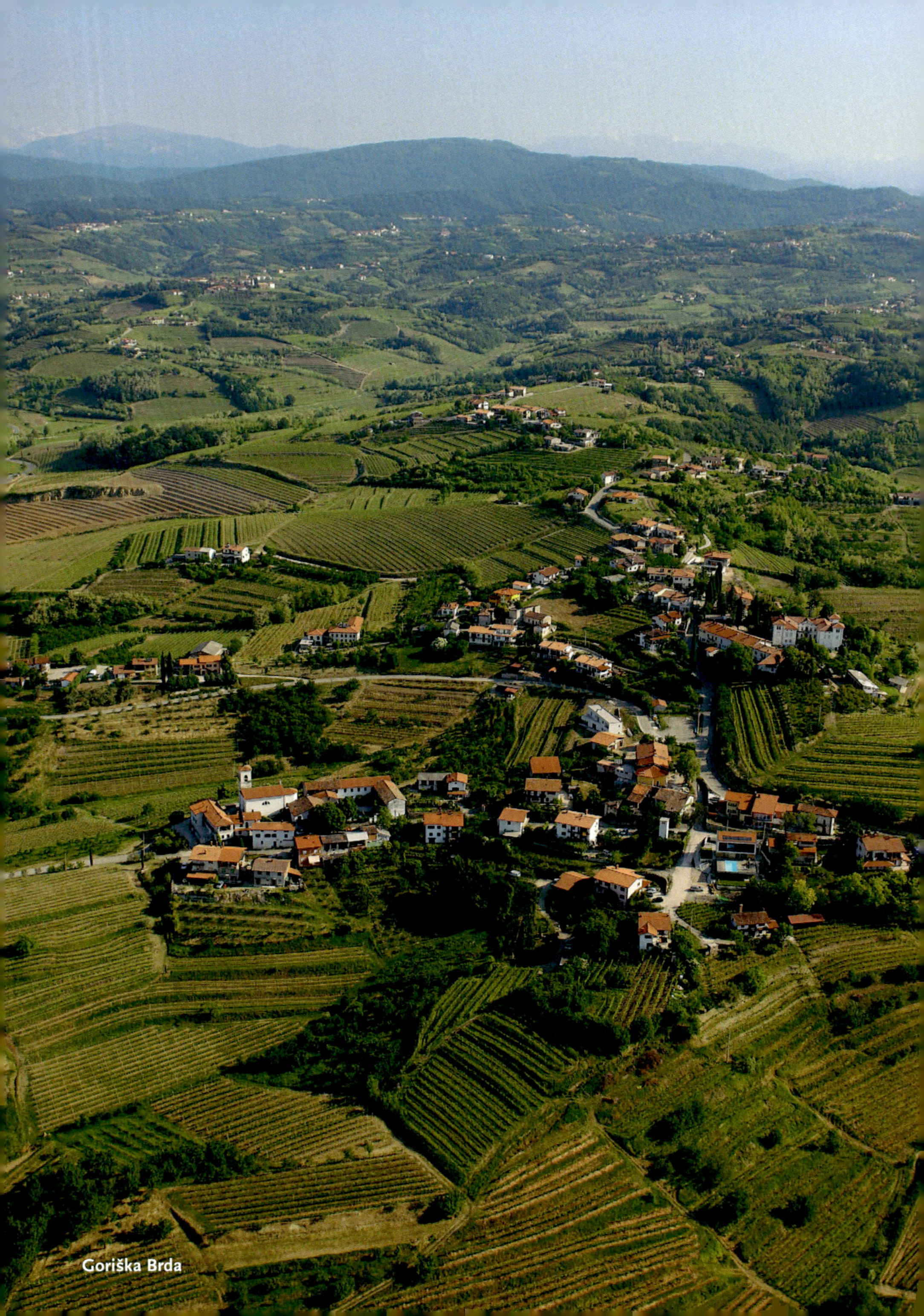
Goriška Brda

Šmartno in Goriška Brda ◆ Freilichtmuseum Sabotin ◆ Solkan ◆ Nova Gorica

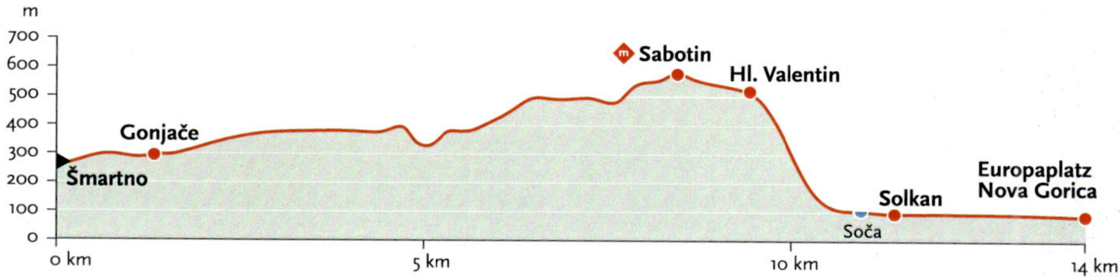

Gemeinsamer Höhenunterschied: 410 m

Goriška Brda

Die italienische Armee nahm bereits in den ersten Tagen nach Eröffnung der Isonzofront den größten Teil der Goriška Brda ein, außer dem Sabotin. Brda wurde zum Ausgangspunkt der Versorgung der italienischen Einheiten auf dem Schlachtfeld. Sie erbauten viele Kanonstellungen, bauten Straßen und Schmalspurbahnen, Lager- und Unterbringungsmöglichkeiten, sowie Wasserspeicher. Im Bereich von Goriška Brda bauten sie ca. 22 km neuer Straßen, vor allem die Verbindung zwischen Dobrovo, Vipolže und dem Tal Birša. Eine der neuen Straßen war auch die Verbindung Hlevnik–Vrhovlje bei Kožbana mit vielen Betonzäunen und einer großen Steinbrücke. Noch heute ist dort die Gedenktafel der Ingenieureinheiten erhalten. Durch die Täler der Bäche Kožbanjšček, Birša und Pevmica fuhren auch Schmalspurbahnen. Sie erbauten auch 30 Sanitäts- und Krankenhausstationen, eine der größten befand sich in Kojsko. In Goriška Brda entstanden etwa 20 italienische Soldatenfriedhöfe, die aber nach dem Ende des Ersten Weltkrieges umgebettet wurden. Die sterblichen Überreste der Soldaten wurden nun in das Beinhaus Oslavia (Oslavje) gebracht.

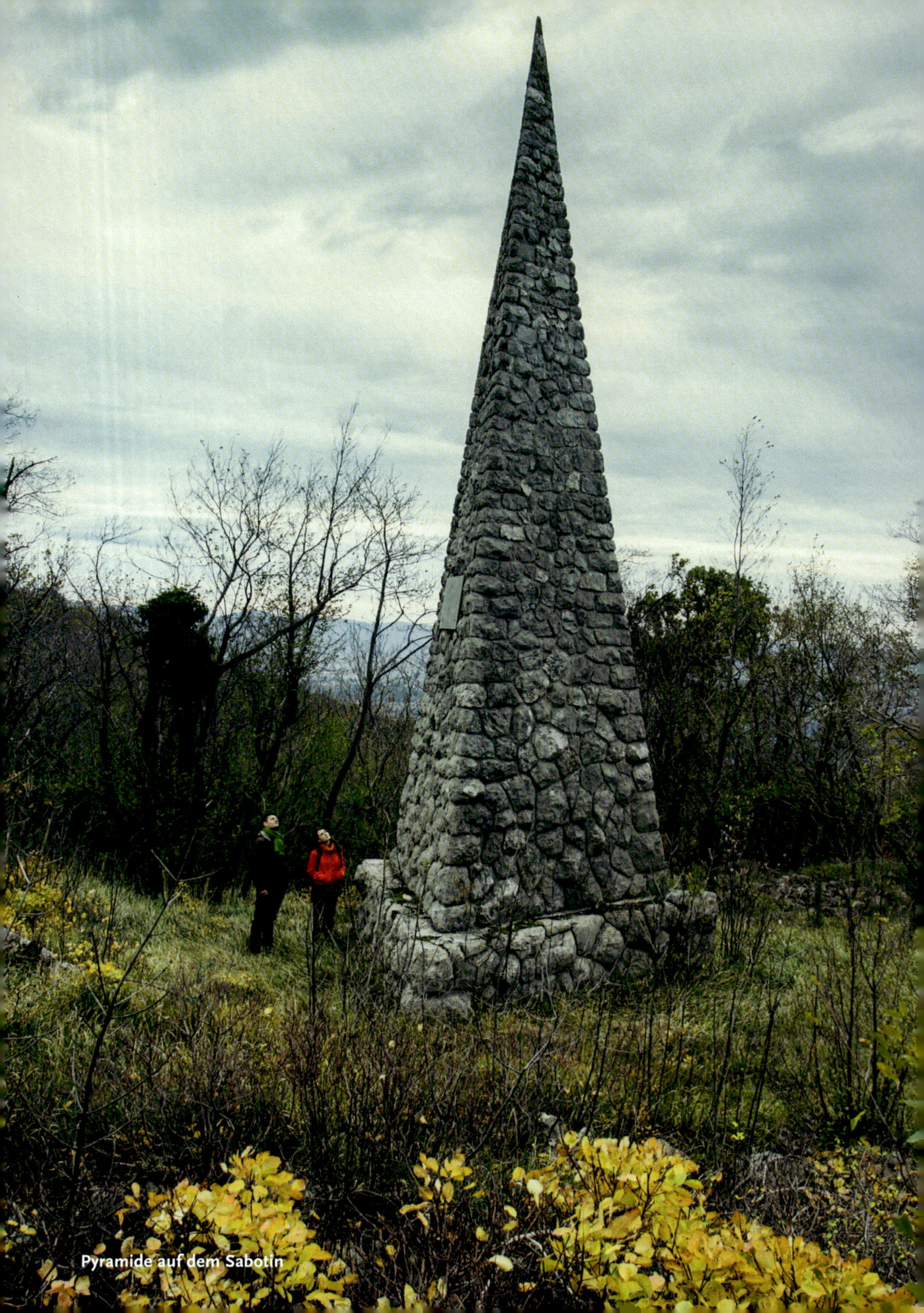

Pyramide auf dem Sabotin

m Freilichtmuseum Sabotin ◆ Friedenspark

Aufgrund der Lage, war der Sabotin ein wichtiger strategischer Punkt für die Verteidigung Gorizias (Görz). Die österreichisch-ungarischen Soldaten erbauten hier Kavernen, Unterstände, Beobachtungsposten, ein System von Kampfstellungen und trotzten den Angriffen der italienischen Infanterie bis zur 6. Isonzoschlacht, im August 1916. Mit der Besetzung des Sabotins, Calvario und Gorizia zerbrach auf dem rechten Isonzoufer der sogenannte Görzer Brückenkopf. Heute ist das Gebiet auf dem Sabotin zum Park des Friedens gestaltet worden. Am interessantesten ist die Besichtigung des Kavernensystems auf dem Kamm, das nach der 6. Isonzoschlacht zu italienischen Kanonenstellungen umgebaut wurde. Somit konnten die österreichisch-ungarischen Stellungen auf der Sveta Gora, Vodice und Škabrijel beschossen werden. Nach 1922, in der Zeit des Faschismus, ist das Gebiet des Sabotins zur Heiligen Zone *Zona sacra* ernannt worden. Es sind auch vier große und drei kleine Steinpyramiden aufgestellt worden, die den Verlauf der Frontlinie während der 6. Isonzoschlacht kennzeichnen. Am südöstlichen Kamm des Sabotins erhebt sich die 535 m hohe Spitze des hl. Valentins, wo die Ruinen eines Kirchenkomplexes zu sehen sind.

Sabotin ist aufgrund der stürmischen Geschichte und der natürlichen Gegebenheiten ein ausgezeichneter Ausflugspunkt, der neben dem Erwähnten auch einen wundervollen Ausblick auf das weitere Gebiet von Gorizia anbietet. Im ehemaligen jugoslawischen Wachtposten ist ein Informationspunkt und eine Museumssammlung eingerichtet worden.

609 m ü.d.M.

GPS:
45.99156
13.631566 (Berghütte)

45.982664
13.643273 (Spitze)

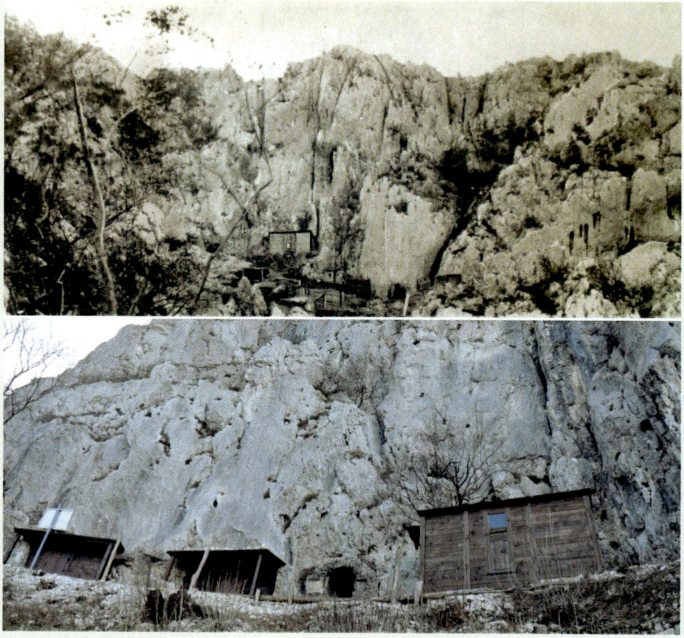

Baracken und Kavernen unterhalb des Sabotins

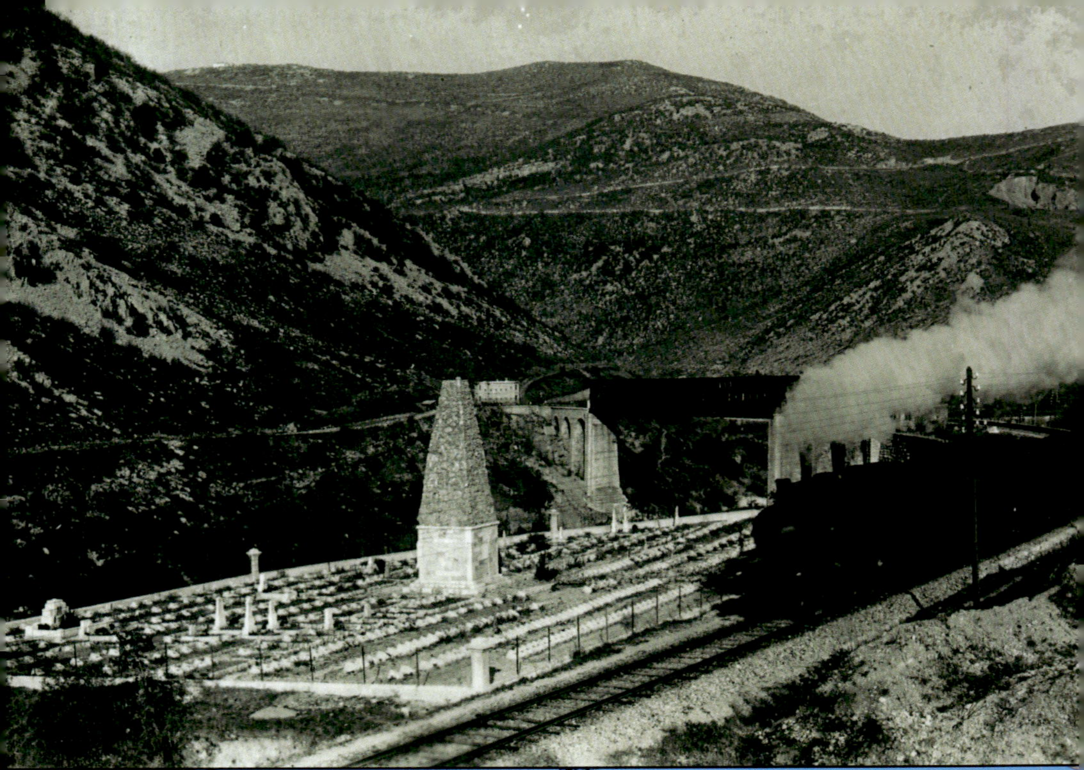

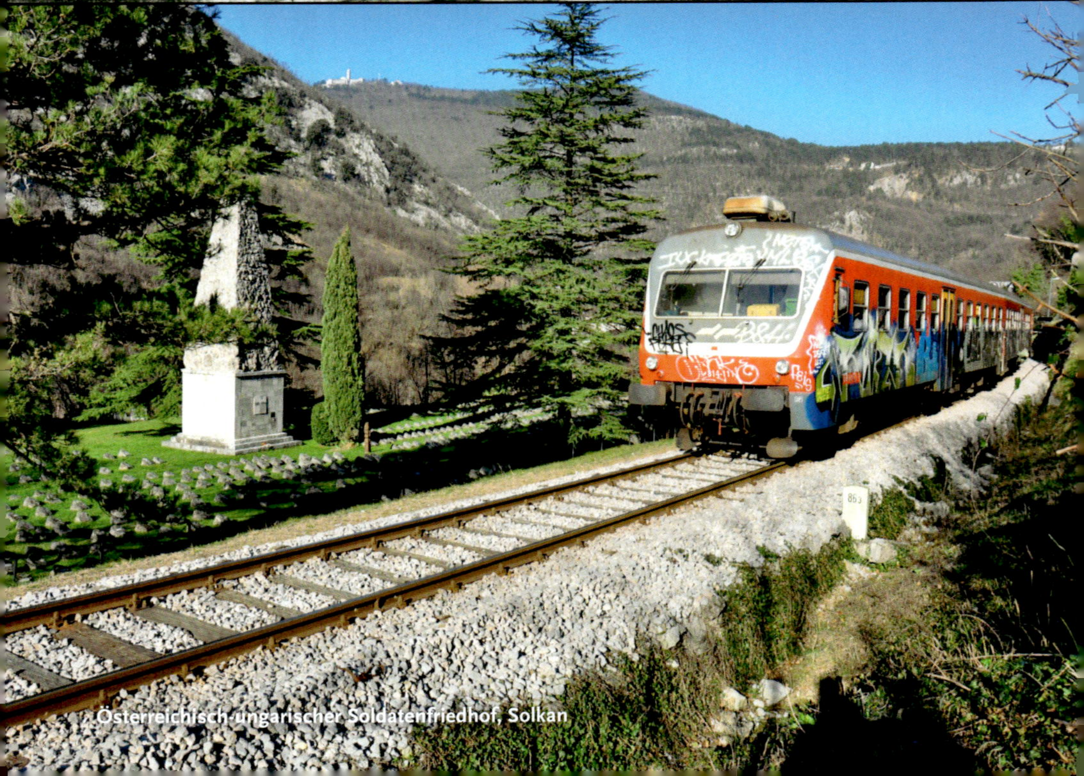

Österreichisch-ungarischer Soldatenfriedhof, Solkan

Österreichisch-ungarischer Soldatenfriedhof, Solkan

Der Soldatenfriedhof des Ersten Weltkrieges liegt am linken Sočaufer, gleich an der Bahnlinie zwischen Solkan und der Eisenbahnbrücke, die über den Sočafluss führt. Dort liegen österreichisch-ungarische Soldaten begraben, die auf dem Görzer Brückenkopf in den ersten sechs Isonzoschlachten ums Leben kamen (bis August 1916, als die italienische Armee Gorizia einnahm). Auf dem ursprünglichen Friedhof sollen 5103 Soldaten begraben gewesen sein. Danach wurde er in den dreißiger Jahren des 20. Jahrhunderts erweitert. Die sterblichen Überreste österreichisch-ungarischer Soldaten stammen von aufgelösten italienischen Friedhöfen und sind hierher umgebettet worden. Der Friedhof behielt seine eigentliche Form, die er bereits während des Krieges hatte, nur der äußerste Rand des Abhangs, der zum Fluss hinunter führt, wurde verändert. Dieser senkte sich während der Bombardierungen der Bahnlinie und der Solkanbrücke während des Zweiten Weltkrieges ab. Bestandteil des Friedhofs ist das zentrale Denkmal und die Gruft der unbekannten Soldaten.

Solkanbrücke

Die Eisenbahnbrücke, die bei Solkan über den Sočafluss führt, ist mit ihrem Mittelbogen, der eine Öffnung von 85 Metern hat, die größte Steinbrücke der Welt. Sie wurde im Rahmen der Bahnverbindung Wien–Triest erbaut und ist eine von 65 Brücken und Viadukten auf der Wocheiner Bahnlinie, die in den Jahren zwischen 1900 und 1906 erbaut wurden. Für die Solkanbrücke waren die Geschehnisse der Isonzofront verhängnisvoll. In den Kämpfen um Gorizia, im August 1916, wurde in den Kämpfen der Hauptbogen zerstört. Die temporäre Eisenkonstruktion, die im Jahre 1918 erbaut wurde, ermöglichte den Verkehr bis zum Jahre 1927. Die italienische Staatsbahn, die Verwalter der Brücke war, stellte die Arbeiten mit behauenen Steinen fertig. Die Erneuerung dauerte zwei Jahre und die entgültige Form der Brücke ist der ursprünglichen sehr ähnelnd.

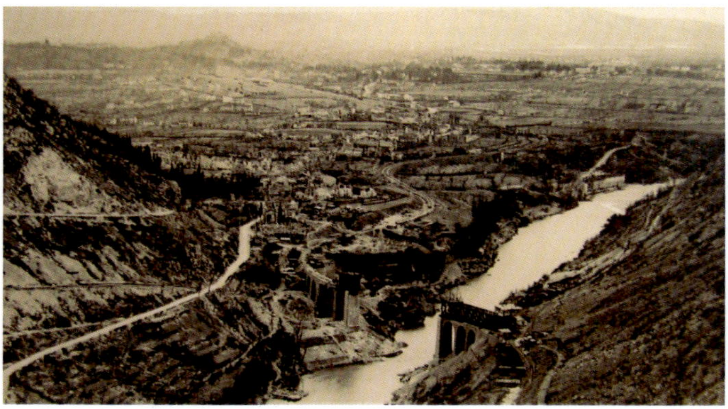

Blick von Prevala in Richtung von Solkan und Gorizia (Görz) im Winter 1917–1918, als Solkan vollständig zerstört war. Man sieht Teile der temporären Eisenkonstruktion, die den Verkehr über die Solkanbrücke in den Jahren 1918–1927 ermöglichte.

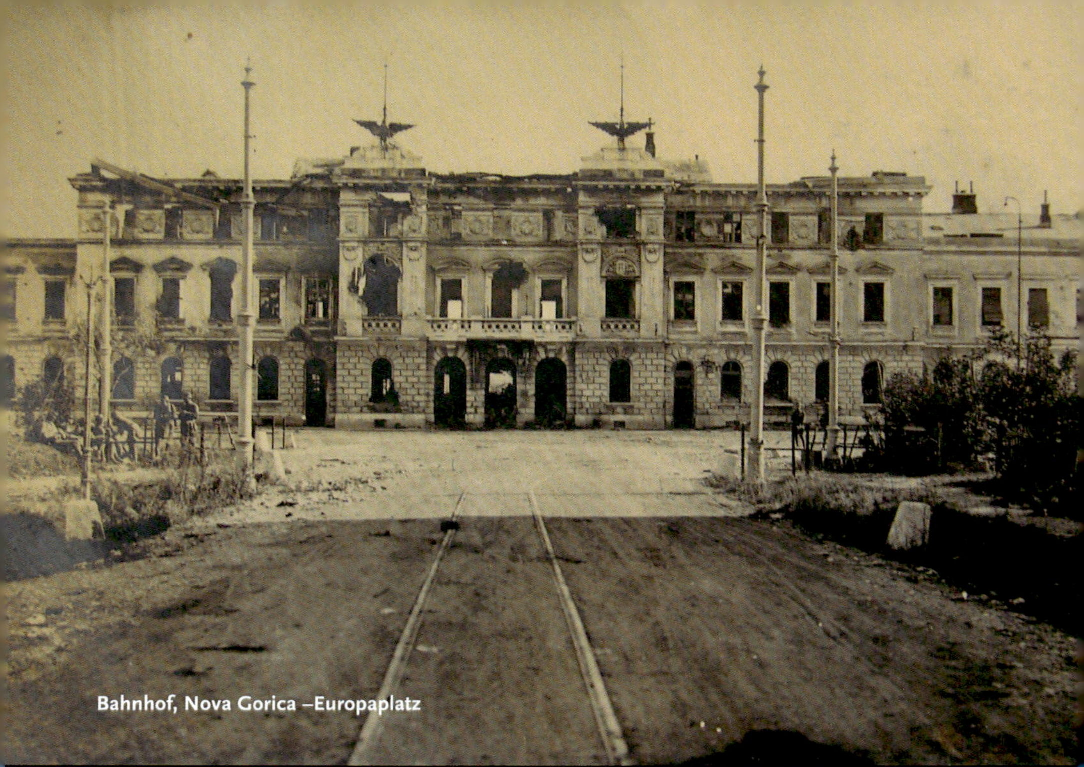

Bahnhof, Nova Gorica –Europaplatz

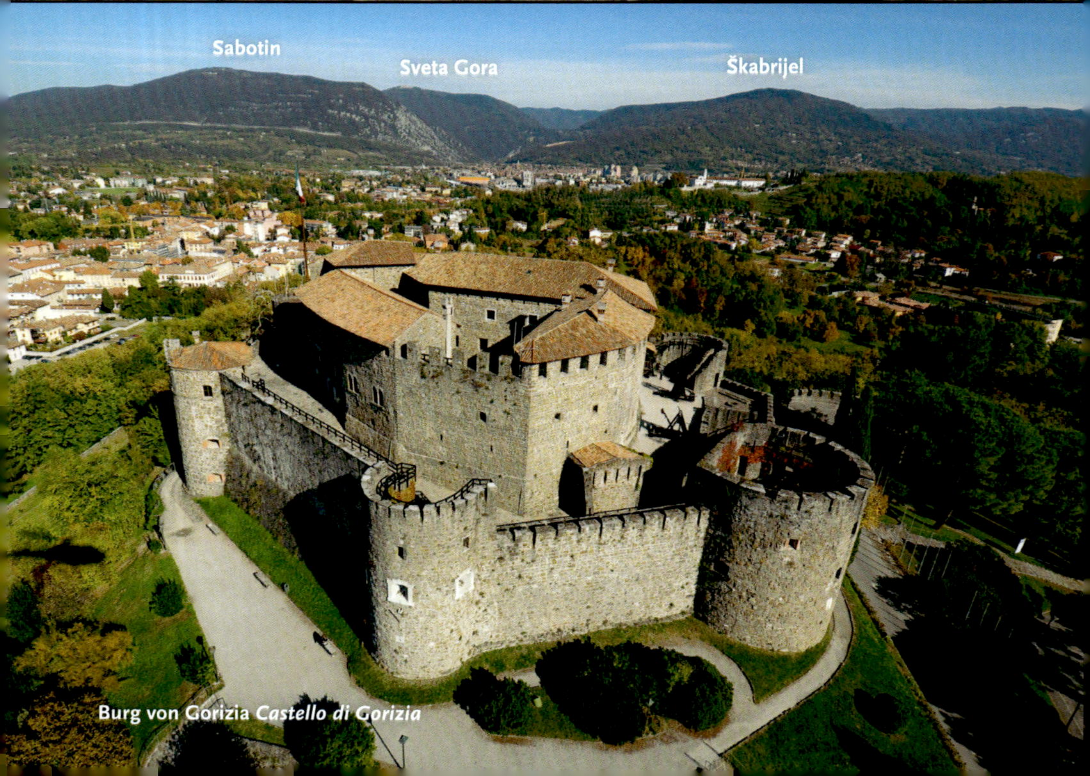

Burg von Gorizia *Castello di Gorizia*

Solkan (94 m)

In Solkan hat das *Goriški muzej* seinen Sitz, welches ein allgemeines Landschaftsmuseum ist. Das Museum verwaltet mehrere verschiedene Sammlungen, die größten Ausstellungsräume befinden sich auf Schloss Kromberk. In der Ortschaft befindet sich auch eine private Kriegssammlung *Vojni muzej Solkan.*

Nova Gorica (92 m)

Der Bahnhof in Nova Gorica ist das älteste öffentliche Gebäude in der Stadt. Er wurde im Rahmen der Wocheiner Bahnverbindung im Jahre 1906 erbaut und war der Hauptbahnhof für Gorizia (Görz). Der Bauplan wurde vom Wiener Architekten Robert Seelig erstellt. Während des Ersten Weltkrieges wurde das Gebäude sehr stark zerstört, doch nach dem Krieg, als das Gebiet zu Italien gehörte, wieder erneuert. Später, als die Grenze zwischen Italien und Jugoslawien festgelegt wurde, lag der Bahnhof noch weiter von der Altstadt entfernt, denn er gehörte zu Jugoslawien und die Stadt Gorizia zu Italien. Heute dient das Gebäude als Hauptbahnhof von Nova Gorica, einer Stadt, die nach dem Zweiten Weltkrieg entstand.

Vor dem Ersten Weltkrieg befand sich auf dem heutigen Gebiet von Nova Gorica ein ziviler, später aber auch ein Soldatenfriedhof.

Europaplatz

Der gemeinsame Platz der beiden Städte Gorizia und Nova Gorica ist auf dem *Weg des Friedens* ein symbolischer Ort, der die zwei Länder Slowenien und Italien miteinander verbinden soll. Die Slowenen haben ihn *Trg Evrope* und die Italiener *Piazza della Transalpina* genannt. Der Platz wurde beim Eintritt Sloweniens in die Europäische Union am 1. Mai 2004, hergerichtet. Er wird von einem Mosaik des neuen Europas geschmückt und wurde vom Künstler Franko Vecchiet entworfen. Der Bereich in der Umgebung des Bahnhofs wurde bereits von Max Fabiani erstellt, auf Grundlage seiner Hinterlassenschaft übernahm dann Romano Schnabl die architektonische Lösung des Platzes.

Gorizia *Gorica* (86 m)

Die Stadt Gorizia (Görz) war die größte Stadt zwischen den Alpen und Triest und deswegen auch ein wichtiger strategischer Punkt, den man nicht aus den Händen verlieren durfte.

Gegen Ende des 19. Jahrhunderts galt die Stadt als architektonische Perle Habsburgs und war deswegen ein beliebter Ferienort der Aristokratie und des Bürgertums (das sog. österreichische Nizza). Mit dem Beginn der Isonzofront im Jahre 1915 wurde die Stadt Teil der Frontlinie und deswegen Schauplatz blutiger Kämpfe. Den österreichisch-ungarischen Streitkräften gelang es aus den Stellungen der umliegenden Anhöhen die Stadt ein Jahr lang zu verteidigen.

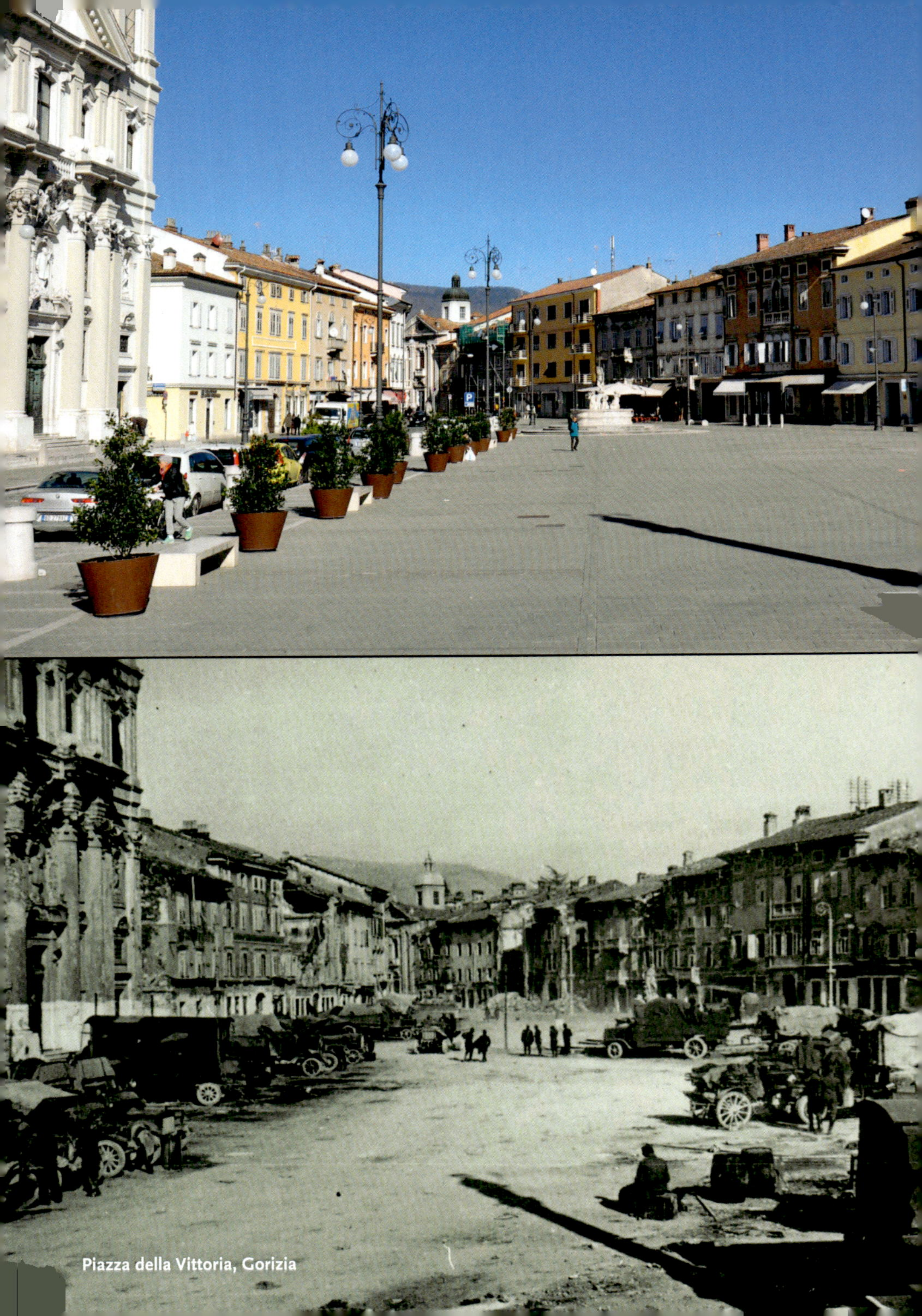

Piazza della Vittoria, Gorizia

Die italienischen Einheiten besetzten diese in der 6. Isonzoschlacht im August 1916.

In Gorizia gibt es mehrere Denkmäler, die dem Ersten Weltkrieg, bzw. ihren Hauptakteuren gewidmet wurden. Gleich nach dem Krieg wurde ein Denkmal zum Gedenken an die 6. Isonzoschlacht errichtet, in der die italienische Armee die Stadt besetzte. So wie in vielen anderen italienischen Städten wurde auch in Gorizia ein Gedenkpark für die Opfer des Ersten Weltkrieges *Parco della Rimembranza* errichtet. Der Park liegt direkt im Zentrum der Stadt und dort finden wir Büsten bekannter Irredentisten aus Gorizia und Statuen, die die Brigade *Julia* und die Infanteristenbrigade *Lupi di Toscana* ehren. Ebenso sind mehrere Denkmäler im städtischen Volksgarten *Giardini pubblici* aufgestellt, wo im Schatten der Bäume die Statue von Enrico Toti zu sehen ist, einer Statue, die den Einheiten der Infanteristen und anderen gewidmet wurde.

Wer mehr über die Geschichte von Gorizia und der Umgebung zur Zeit des Ersten Weltkrieges erfahren möchte, kann sich das Museum des Ersten Weltkrieges *Museo della Grande Guerra di Gorizia* auf dem Schlosshügel anschauen.

Der Kampf um Gorizia

Die starke österreichisch-ungarische Verteidigungslinie in der Nähe von Gorizia (Görz) resignierte schon bald nachdem die italienischen Truppen im Nordosten den Sabotin und im Südwesten den Monte San Michele einnahmen. Der Monte Calvario, der für die italienische Seite über ein Jahr lang wie eine uneinnehmbare Festung war, fiel in der Nacht vom 7. auf den 8. August 1916 in ihre Hände. Die österreichisch-ungarischen Gegenoffensiven konnten trotz des Eintreffens der Verstärkung nichts mehr an diesem Resultat des Kampfes ändern. Die Besetzung von Gorizia war nach fünfzehn Monaten Krieg der erste greifbare italienische Sieg.

Die österreichisch-ungarische Armee befand sich zum ersten Mal in Schwierigkeiten. Das italienische Oberkommando gab im Rausch der Begeisterung den Befehl, dass die Angriffe weiter durchgeführt werden sollen. Auf der anderen Seite gab der österreichisch-ungarische General Svetozar Boroević den Befehl des Rückzugs, womit seine Armee wichtige Stellungen im westlichen Teil des Karsts verließ. Am 17. August 1916 endeten auf diesem Gebiet alle Militäroperationen. Nicht nur bei der Bevölkerung, sondern auch bei den italienischen Soldaten folgte großer Siegesjubel. Doch die Verhältnisse waren aus Sicht der Armee weniger begeisternd: in zehn Kriegstagen kamen die Italiener auf diesem Frontabschnitt, der 25 km lang war, nur etwa 5 km voran und verloren dabei etwa 100.000 Mann.

Die Stadt blieb bis Oktober 1917, beim Durchbruch in der 12. Isonzoschlacht, in den Händen der Italiener.

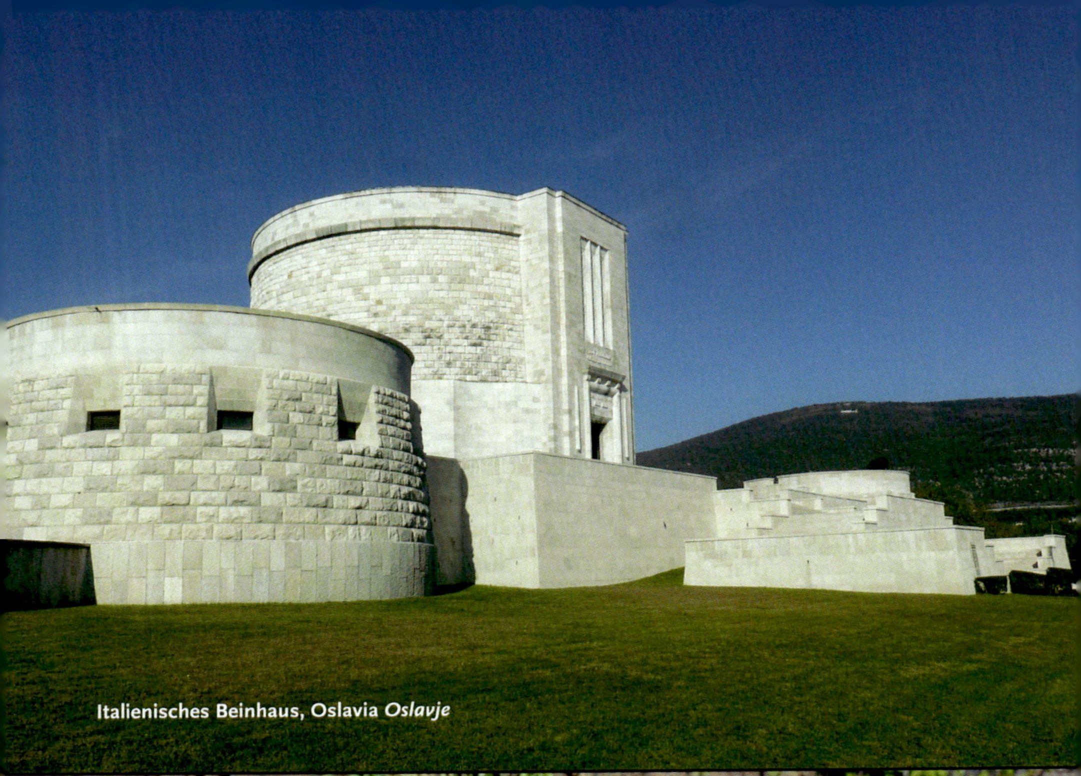

Italienisches Beinhaus, Oslavia *Oslavje*

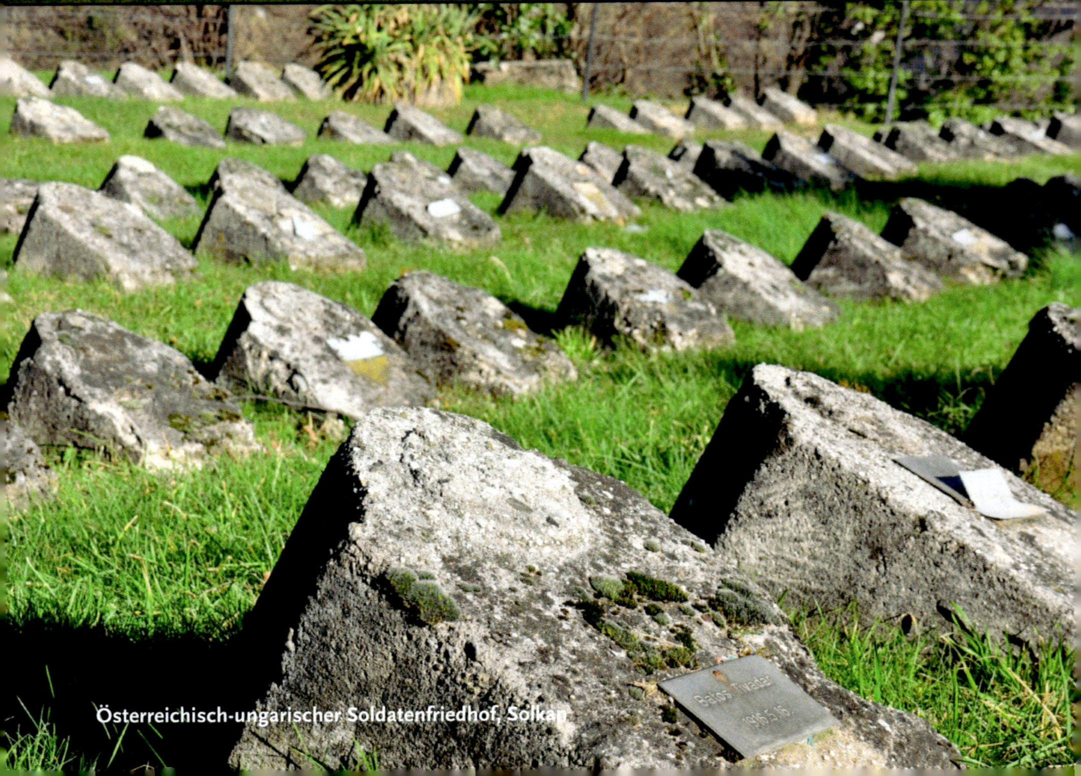

Österreichisch-ungarischer Soldatenfriedhof, Solkan

Monte Calvario *Kalvarija* (241 m)

Der Monte Calvario war während der Isonzofront ein Teil der ersten österreichisch-ungarischen Verteidigungslinie. Heute sind keine Überreste von Kriegsstellungen mehr zu sehen, die Besucher können sich aber drei Denkmäler anschauen, die italienischen Soldaten gewidmet worden sind: eine Ehrensäule, die den Soldateneinheiten, die hier gekämpft haben, gewidmet wurde und eine Plattform mit drei Kreuzen und einem Grabstein, welcher den Freiwilligen aus dem Gebiet von Friaul-Julisch Venetien gewidmet wurde. Vom Monte Calvario hat man einen wunderschönen Ausblick auf Gorizia und den Sočafluss.

Andere Sehenswürdigkeiten in der Umgebung

Italienisches Beinhaus, Oslavia *Oslavje*

Das Beinhaus befindet sich in der Nähe von Gorizia, im Weiler Oslavia. Es wurde im Jahre 1938 nach den Plänen des Architekten Ghino Venturi erbaut. Es ist auf einer dreieckigen Oberfläche erbaut und ist aus vier Türmen zusammengesetzt, einer befindet sich in der Mitte und drei an der Seite. In jedem Turm sind längs der Wände Grabzellen angeordnet, in denen die identifizierten sterblichen Überreste der Soldaten aufbewahrt sind. Die nicht identifizierten Leichen sind in gemeinschaftlichen Beinhäusern begraben, die sich in der Mitte der drei seitlichen Türme befinden. Die Türme sind miteinander durch unterirdische Gänge verbunden, in welchen sich Krypten befinden. Am wichtigsten ist der zentrale Turm, wo 13 Männer begraben liegen, die mit dem goldenen Militärverdienstkreuz ausgezeichnet worden sind. Im Beinhaus liegen die sterblichen Überreste von 57.739 Soldaten, die von den Soldatenfriedhöfen vom Dorf Kamno bis nach Gorizia stammen und hierher umgebettet wurden.

Die Liste der in italienischen Beinhäusern bestatteten Soldaten (Redipuglia, Oslavia, Kobarid) ist zugänglich unter: *www.cadutigrandeguerra.net*

Österreichisch-ungarische Soldatenfriedhöfe

Auf dem weiteren Umfeld des Gebietes von Gorizia befinden sich viele Soldatenfriedhöfe. Wir finden sie auf dem Gebiet von Banjšice und dem Plateau Trnovska planota (Čepovan, Bate, Grgar, Ravnica u.a.), aber auch in Richtung des Vipavatals (Volčja Draga, Branik, Ajševica, Osek, Črniče, Ajdovščina, Vipava u.a.). Heute befinden sich etwa achtzig osterreichisch-ungarische Friedhofe auf slowenischem Gebiet. Sie sind als Kulturdenkmaler registriert.

Banjšice-Plateau

Das Banjšice-Plateau schrieb vor allem aufgrund der 11. Isonzoschlacht, die im August und September 1917 stattfand, Geschichte. Heute kann man auf dem Plateau viele Soldatenfriedhöfe und andere Überreste der Isonzofront besuchen. Im Weiler Lohke kann man sich eine private Museumssammlung anschauen.

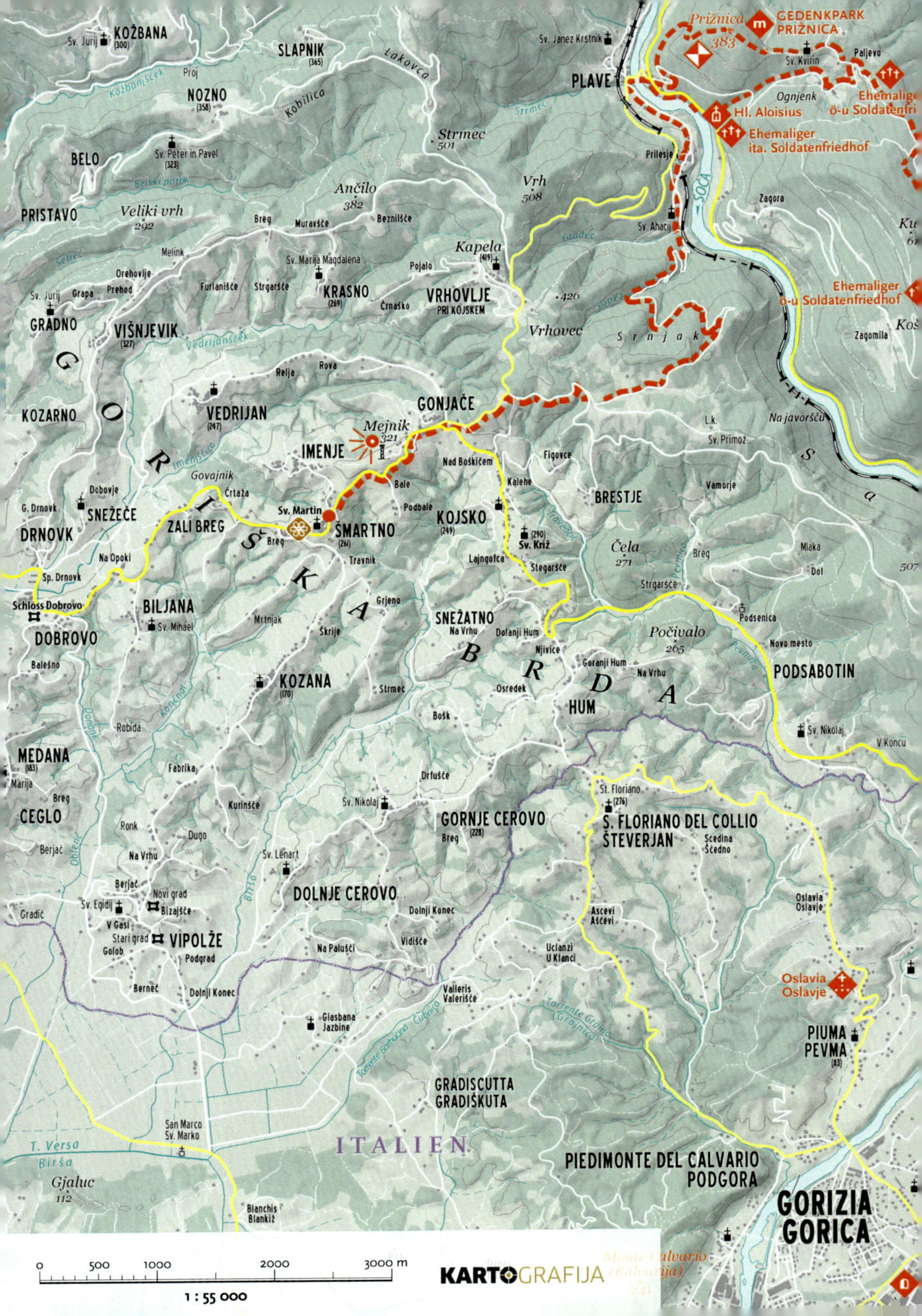

KOŽBANA
Sv. Jurij (300)
SLAPNIK (365)
Lakovca
Sv. Janez Krstnik
Prižnica 383
GEDENKPARK PRIŽNICA
Sv. Kvirin
Paljevo
PLAVE
Ognjenk
Hl. Aloisius
Ehemaliger ö-u Soldatenfriedhof
Ehemaliger ita. Soldatenfriedhof
Kožbanjšček
Proj
NOZNO (358)
Kobilica
Strmec 501
Strmec
Prilesje
BELO
Sv. Peter in Pavel (323)
Belski potok
Vrh 508
Soča
Zagora
Ančilo 382
PRISTAVO
Veliki vrh 292
Breg
Muravšče
Beznilšče
Sv. Ahacij
Gradec
Melink
Sv. Marija Magdalena
Kapela (419)
Orehovlje
Pojalo
Sv. Jurij
Grapa
Prehod
Furlanišče
Strgaršče
KRASNO (269)
Črnaško
VRHOVLJE PRI KOJSKEM
426
Ehemaliger ö-u Soldatenfriedhof
GRADNO
VIŠNJEVIK (327)
Vrhovec
Srnjak
Zagomila
Vedrijanšček
Relja
Rova
GORIŠKA BRDA
KOZARNO
VEDRIJAN (247)
GONJAČE
Mejnik 321
IMENJE
L.k.
Na javoršču
Sv. Primož
Govajnik
Imenjščica
Nad Boškičem
Figovce
Dobovje
Črtaža
Bale
Kalehe
BRESTJE
Vamorje
G. Drnovk
SNEŽEČE
Sv. Martin
ŠMARTNO (261)
Podbale
KOJSKO (249)
DRNOVK
ZALI BREG
Breg
Sv. Križ (290)
Čela 271
Mlaka
Na Opoki
Travnik
Lajngofca
Breg
Stegaršče
Dol
507
Sp. Drnovk
Strgaršče
Schloss Dobrovo
BILJANA
Sv. Mihael
Grjeno
Podsenica
DOBROVO
Mrtnjak
Škrije
SNEŽATNO
Na Vrhu
Dolanji Hum
Počivalo 265
Novo mesto
Balešno
Njivice
Goranji Hum
Na Vrhu
PODSABOTIN
KOZANA (170)
Strmec
Osredek
HUM
Robida
Bošk
Sv. Nikolaj
V Koncu
MEDANA (183)
Fabrika
Drfušče
Marija
Breg
CEGLO
Kurinšče
Sv. Nikolaj
St. Floriano (276)
GORNJE CEROVO (228)
S. FLORIANO DEL COLLIO
ŠTEVERJAN
Scedina
Šcedno
Ronk
Dugo
Breg
Berjač
Na Vrhu
Sv. Lenart
Berjač
Novi grad
Sv. Egidij
Bizajšče
DOLNJE CEROVO
Dolnji Konec
Oslavia
Oslavje
Gradič
V Gasi
Stari grad
VIPOLŽE
Ascevi
Aščevi
Golob
Podgrad
Vidišče
Na Palušči
Uclanzi
U Klanci
Oslavia
Oslavje
Bernec
Dolnji Konec
Valleris
Valerišče
Glasbana
Jazbine
Torrente Groina (Grojnica)
PIUMA
PEVMA (83)
Torrente Barbucina
Cubnica
GRADISCUTTA
GRADIŠKUTA
San Marco
Sv. Marko
T. Versa
Birša
ITALIEN
PIEDIMONTE DEL CALVARIO
PODGORA
Gjaluc 112
Blanchis
Blankiž
GORIZIA
GORICA
Monte Calvario (Kalvarija) 241
0 500 1000 2000 3000 m
1 : 55 000
KARTOGRAFIJA

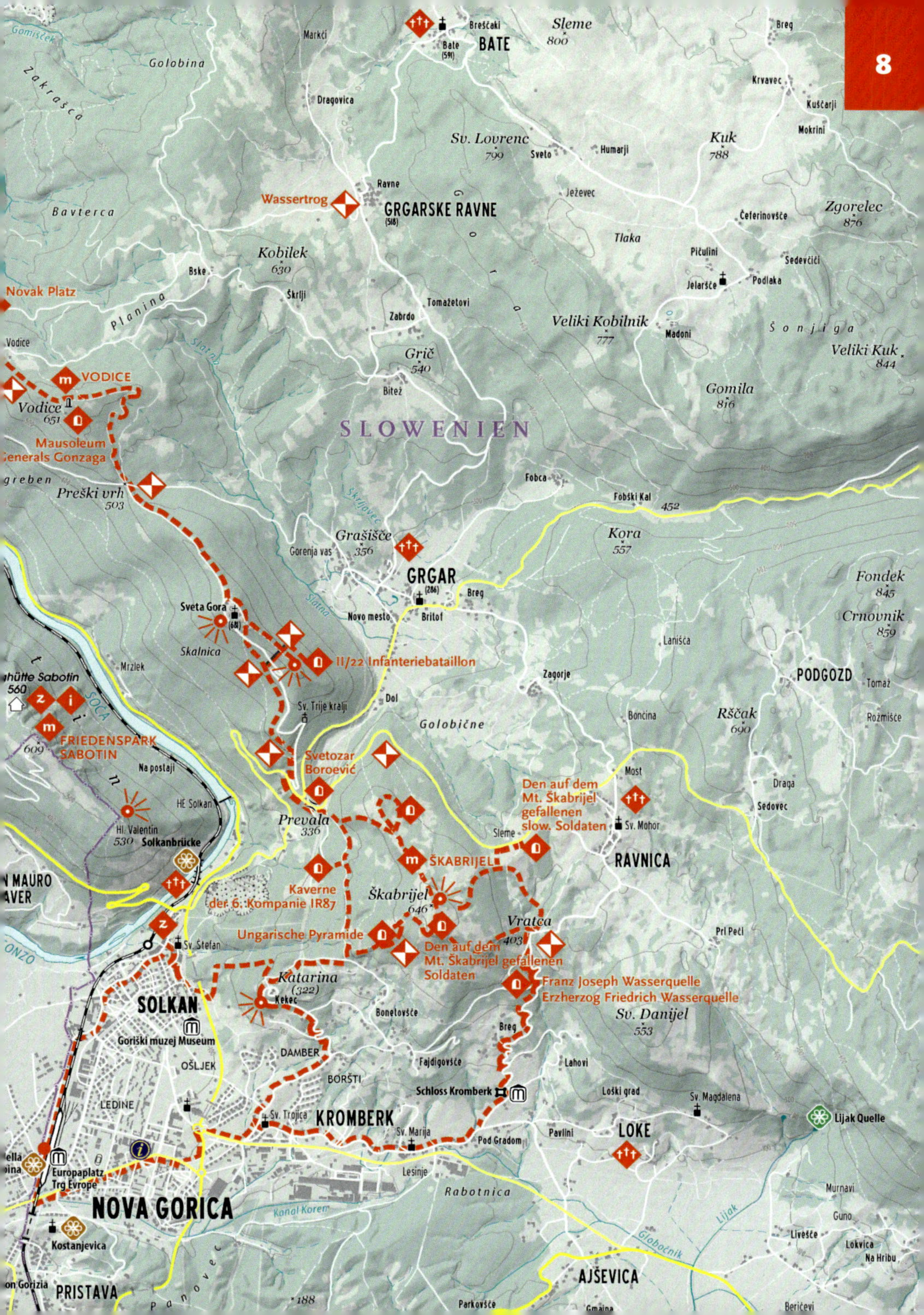

Golobina
Markči
Breščaki
Bate
(591)
BATE
Sleme
800
Breg
Krvavec
Kuščarji
Mokrini
Dragovica
Sv. Lovrenc
799
Sveto
Humarji
Kuk
788
Zakrašca
Ravne
Wassertrog
GRGARSKE RAVNE
(518)
Ježevec
Zgorelec
876
Čeferinovšče
Bavterca
Kobilek
630
Tlaka
Pičulini
Sedevčiči
Jelaršče
Podlaka
Bske
Škrlji
Tomažetovi
Novak Platz
Planina
Zabrdo
Veliki Kobilnik
777
Madoni
Šonjiga
Vodice
Grič
540
Veliki Kuk
844
VODICE
Bitež
Gomila
816
Vodice
651
SLOWENIEN
Mausoleum
Generals Gonzaga
Fobca
Fobški Kal
452
Preški vrh
503
Kora
557
Grašišče
356
Gorenja vas
GRGAR
(286)
Breg
Fondek
845
Sveta Gora
(681)
Novo mesto
Britof
Crnovnik
859
Skalnica
II/22 Infanteriebataillon
Lanišča
Sabotin
560
Mrzlek
Zagorje
PODGOZD
Tomaž
Sv. Trije kralji
Dol
SOČA
Golobične
Bončina
Rščak
690
Rožmišče
FRIEDENSPARK SABOTIN
609
Svetozar Boroević
Na postaji
Most
Den auf dem Mt. Škabrijel gefallenen slow. Soldaten
Draga
HE Solkan
Sedovec
Prevala
336
Sleme
Sv. Mohor
Hl. Valentin
530
Solkanbrücke
RAVNICA
ŠKABRIJEL
Kaverne der 6. Kompanie IR87
Škabrijel
646
Vratca
403
Ungarische Pyramide
Pri Peči
Sv. Štefan
Den auf dem Mt. Škabrijel gefallenen Soldaten
Katarina
(322)
Franz Joseph Wasserquelle
Erzherzog Friedrich Wasserquelle
Kekec
SOLKAN
Sv. Danijel
553
Bonetovšče
Goriški muzej Museum
Breg
DAMBER
OŠLJEK
Fajdigovšče
Lahovi
BORŠTI
Schloss Kromberk
Loški grad
Sv. Magdalena
LEDINE
Lijak Quelle
Sv. Trojica
KROMBERK
Sv. Marija
Pod Gradom
Pavlini
LOKE
Europaplatz
Trg Evrope
Lesinje
Rabotnica
Murnavi
NOVA GORICA
Kanal Korem
Guno
Lijak
Kostanjevica
Globočnik
Liveršče
Lokvica
Na Hribu
AJŠEVICA
PRISTAVA
Panovec
188
Parkovšče
Beričevi

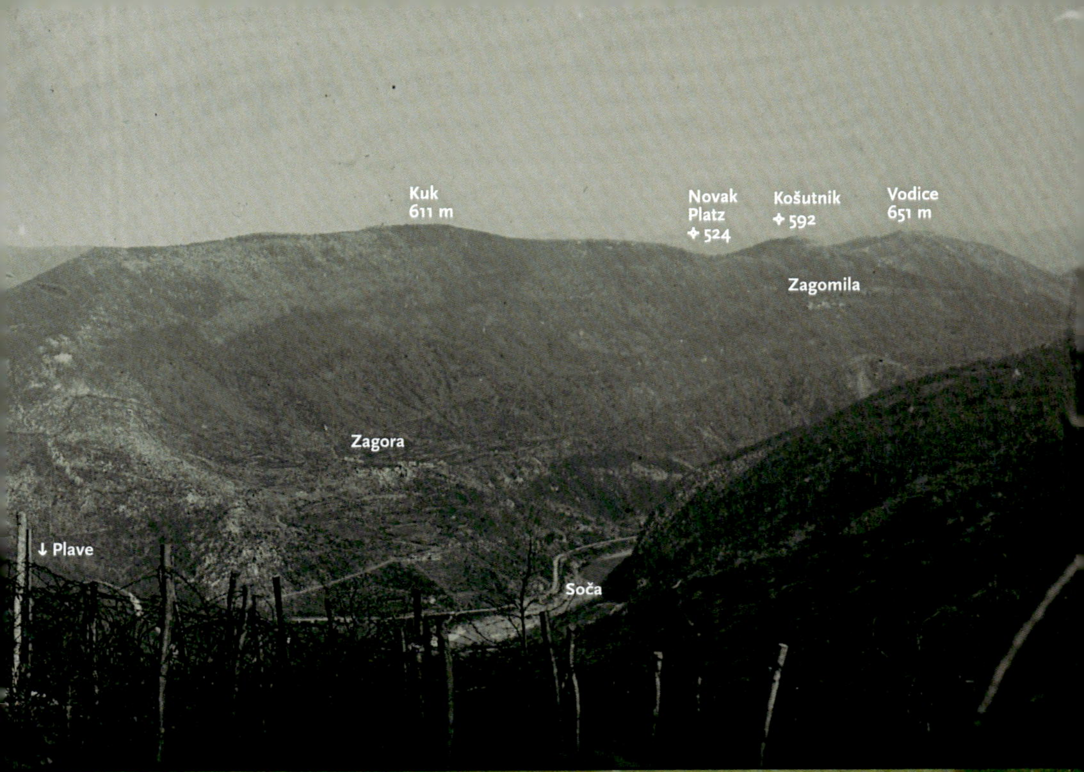

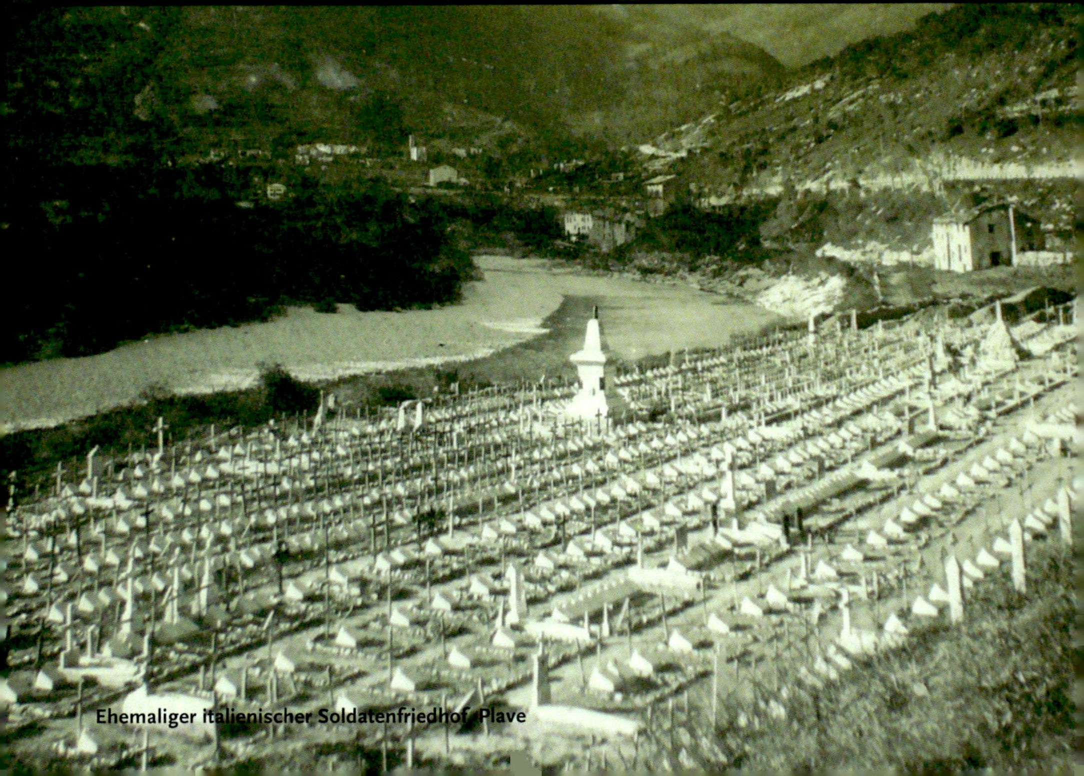

Ehemaliger italienischer Soldatenfriedhof Plave

Šmartno in Goriška Brda • Plave • Freilichtmuseum Prižnica • Freilichtmuseum Vodice • Sveta Gora • Freilichtmuseum Škabrijel • Nova Gorica

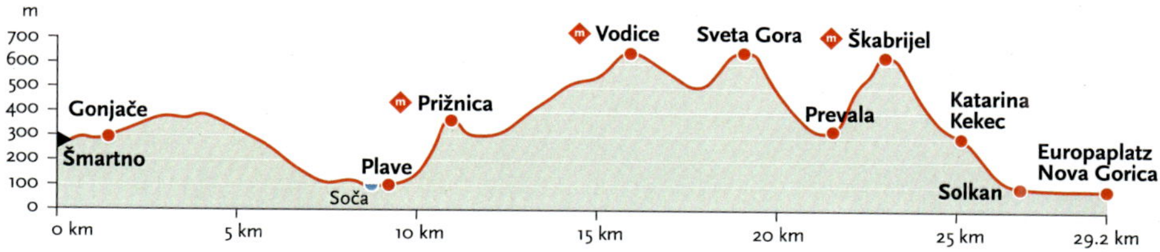

Gemeinsamer Höhenunterschied: 1190 m

Plave (127 m)

Nach der Kriegserklärung Italiens, am 23. Mai 1915, besetzte die österreichisch-ungarische Armee auf der linken Seite des Isonzoflusses für die Armee wichtige Stellungen. Ohne Kampf überließen sie somit der italienischen Armee den Kamm des Sabotins und der Korada. Den Italienern gelang bereits Mitte Juni 1915 am Fuße von Prižnica (⌖ 383) bei Plave, den Isonzofluss zu überqueren und sich am linken Flussufer zu befestigen.

Die Versorgung der Einheiten beim Brückenkopf von Plave war für die Italiener ein anspruchsvolles Unternehmen. Die Einheiten kamen auf der Straße aus Richtung Vrhovlje und waren vor allem auf dem unteren Teil der österreichischen Artillerie ausgesetzt. Deswegen haben sie bei den Vorbereitungen für die 10. Isonzoschlacht noch eine Straße von Planina durch Vrtače bis nach Plave gebaut. Die Artillerie war meistens in den Felskavernen auf dem Kamm des Sabotins und der Korada untergebracht, wo sie für die österreichisch-ungarische Armee fast nicht zu erreichen gewesen war. Viele Batterien wurden aber auch im Freien, auf der westlichen und nördlichen Seite des Kamms, aufgestellt. Während der Vorbereitungen auf die 10. Isonzoschlacht (Mai 1917) stellte die italienische Armee zwischen Plave und Zagora mehrere zusätzliche Pontonbrücken auf.

Fast 4000 italienische Soldaten, die ihr Leben auf den Hängen des Kuk bei Zagora und auf Vodice verloren haben, wurden auf dem Soldatenfriedhof, der sich auf der Wiese bei der Straße zwischen Dermota–Plave befindet, beerdigt. Im Jahre 1938 wurden ihre sterblichen Überreste in das Beinhaus Oslavia umgebettet. Heute befindet sich bei der Stelle an der Straße eine erhaltene Kapelle, die 2016 erneuert wurde und dem hl. Aloisius gewidmet wurde.

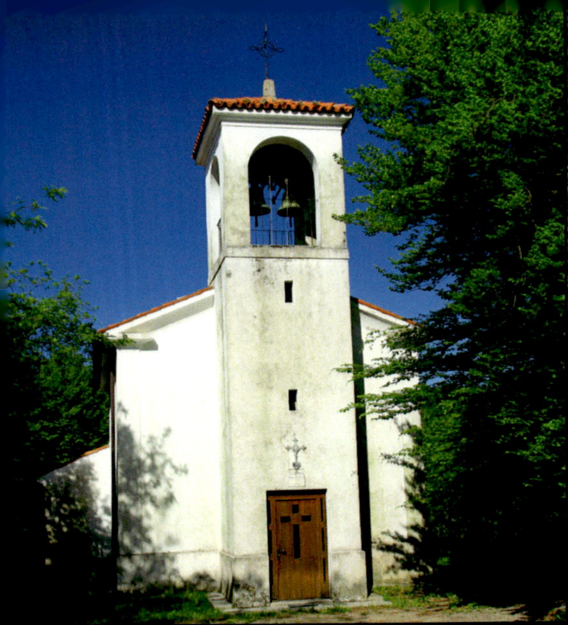

Hl. Quirinus

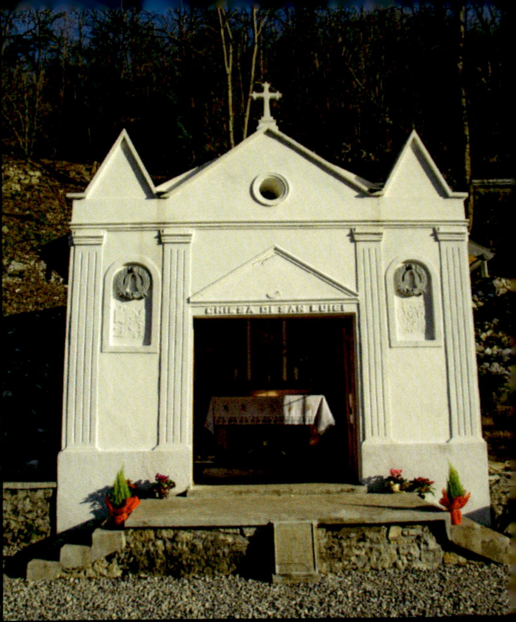

Kirchlein des hl. Aloisius

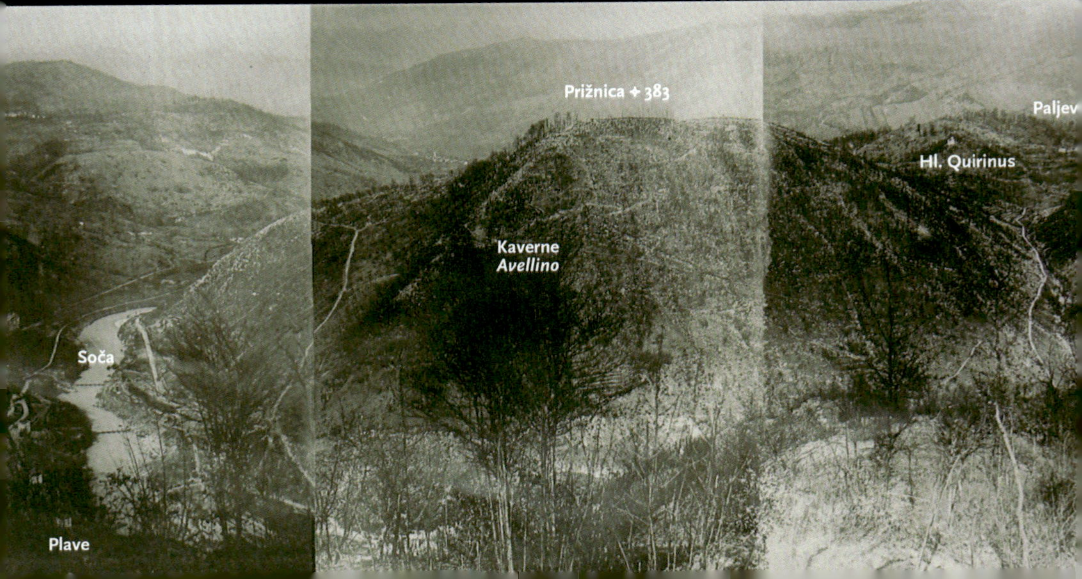

Freilichtmuseum Pržnica ◆ Gedenkpark

383 m ü.d.M.

GPS:
46.04375
13.59957

Die Anhöhe Pržnica bei Plave, die vor allem aufgrund ihrer militärischen Benennung als *Kote 383* bekannt ist, war ein strategisch wichtiger Punkt für den Zugang zum Banjšice-Plateau. Nach der Kriegserklärung Italiens zog sich die österreichisch-ungarische Armee auf die linke Seite des Isonzoufers zurück und zerstörte alle Brücken hinter sich. Die italienischen Einheiten überquerten bereits im Juni 1915 den Isonzofluss und befestigten ihre Stellungen am Fuße der Pržnica. Mit der Zeit kamen sie auf dem Gebiet zwischen Globno und Zagora weiter voran. Etwas weiter nördlich von der zerstörten Brücke in Plave entfernt bauten sie eine Pontonbrücke. Die vorderen italienischen Stellungen erhoben sich bei Globno steil hinauf bis zur Spitze der Pržnica und umrundeten ihn bogenförmig. Von dort gingen sie durch die Schlucht unter Paljevo vorbei und gingen am Fuße des Kuk weiter in Richtung Süden, wo sie südlich von Zagora in einer scharfen Biegung hinunter zum Isonzofluss verliefen. Mit gleich drei Brigaden griff die italienische Armee am 16. Juni 1915, erstmals mit einem stärkeren Angriff, die Spitze der Pržnica an, doch nicht erfolgreich. Mittels Maschinengewehrfeuer verteidigten die Angehörigen der österreichisch-ungarischen 1. Gebirgsbrigade, die aus einzelnen Bataillonen des 52., 69. und 22. Infanterieregiments zusammengestellt worden war, ihre Stellungen. Erst nach zwei Jahren schlimmer Kämpfe gelang es den italienischen Einheiten in der 10. Isonzoschlacht, im Mai 1917, Pržnica einzunehmen. Sie wurde auch die *blutige Kote* genannt.

Die italienische und österreichisch-ungarische Armee erbaute auf dem Gebiet von Pržnica einen umfangreichen Komplex militärischer Infrastruktur. Die Überreste dieses Erbes sind noch heute sichtbar (Wasserstelle, Überreste einer Baracke mit einer Kaverne der Brigade Avellino, Verbandsplatz für Verwundete, Gräben und Kavernen, Soldatenfriedhöfe usw.) und sind durch einen Rundweg mit dem Gedenkpark Pržnica verbunden.

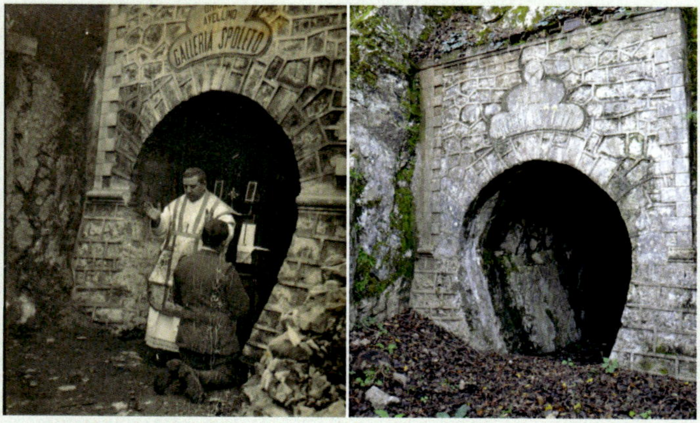

Kaverne *Avellino*

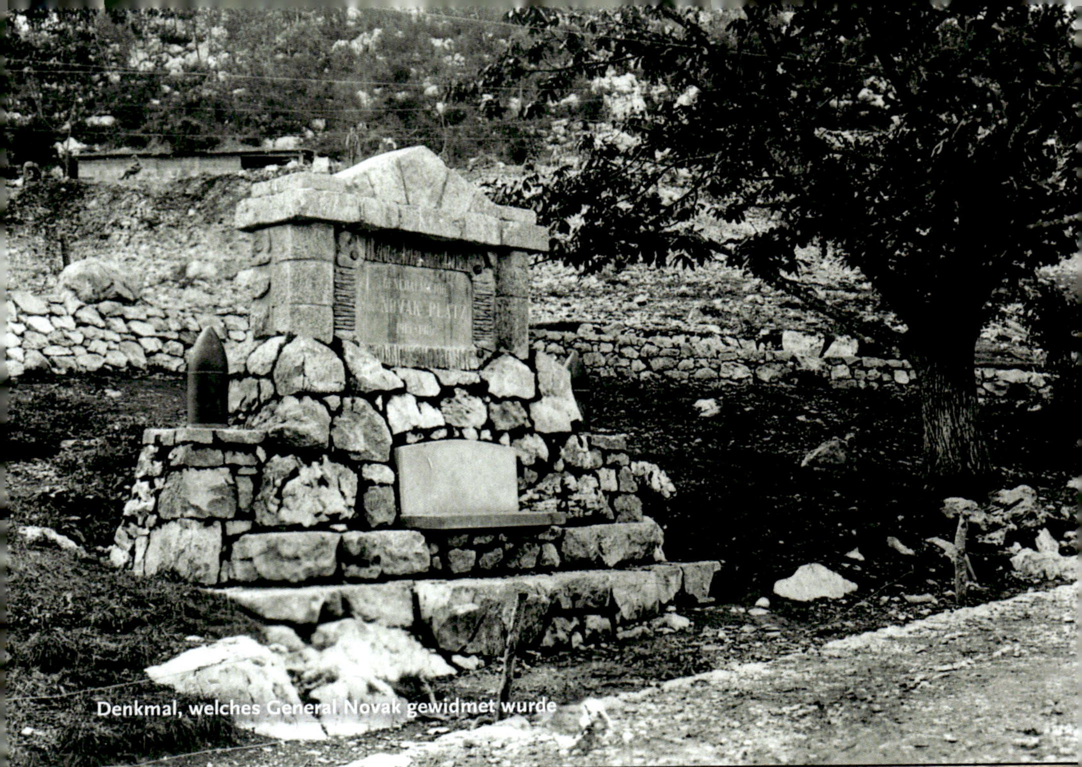

Denkmal, welches General Novak gewidmet wurde

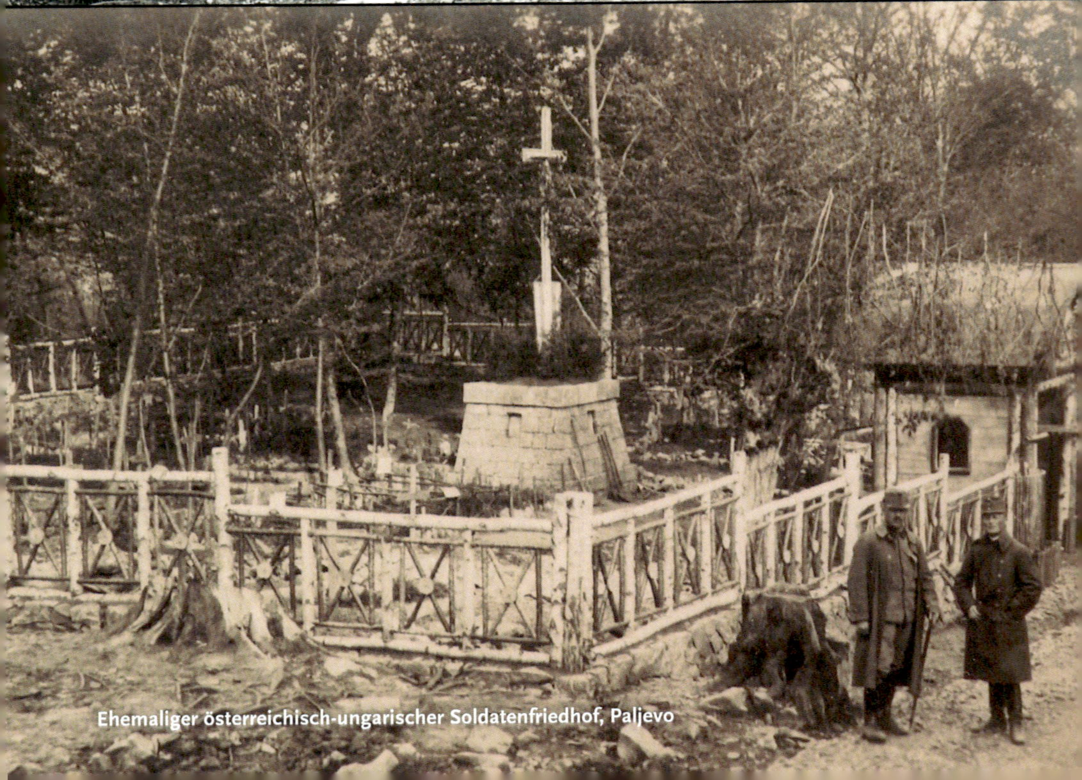

Ehemaliger österreichisch-ungarischer Soldatenfriedhof, Paljevo

Generalmajor Novak Platz (524 m)

Das Gebiet auf dem Sattel (⌖ 524) zwischen Košutnik (592 m) und Kuk (611 m) war in der Zeit zwischen der 1. und der 10. Isonzoschlacht (Mai 1915–Mai 1917) von der österreichisch-ungarischen Armee als wichtiger Etappenabschnitt des Schlachtfeldes zwischen Prižnica (⌖ 383) und Zagora genutzt worden. Geschützt vor den Blicken der Italiener vom Sabotin her entstand an dieser Stelle ein wichtiges Soldatenlager, das aus zwei größeren Kavernen bestand. Die erste war ein Unterstand für Reserveeinheiten und die zweite bot einer Sanitärstation Schutz. Auf dem Sattel selber befand sich auch ein Friedhof. Neben diesem wurde ein Denkmal zu Ehren des Befehlshabers der 1. Gebirgsbrigade Generalmajor Guido Novak von Arienti erbaut, dem die Verteidigung dieses Teils der Frontlinie anvertraut wurde. Das Denkmal wurde in der Nähe der Stelle, an der er verletzt wurde, aufgestellt. Der Platz wurde ihm zu Ehren *Generalmajor Novak Platz* benannt.

Während der 10. Isonzoschlacht gelang es den italienischen Einheiten die österreichisch-ungarische Verteidigung auf dem größten Teil der Schlachtlinie zwischen Plave und Zagomila zu durchbrechen. Teile der 53. Infanteriedivision unter dem Befehl von General Maurizio Gonzaga, besetzten den Sattel (⌖ 524). Das Kommando der italienischen 53. Infanteriedivision wurde an der Straße, die in Richtung Zagomila hinabführt, eingerichtet. Hierauf weist noch immer eine in Stein gemeißelte Inschrift hin. Durch den Kamm des Košutnik bohrten italienische Sprengeinheiten einen rund 800 m langen unterirdischen Stollen und benannten ihn nach dem italienischen König Vittorio Emanuele III. Gewidmet wurde er aber den Soldaten des 2. Korps, die unter dem Befehlshaber General Pietro Badoglio hier gekämpft haben.

Aufgrund der Kämpfe auf diesem Gebiet wurde das Denkmal des Generals Novak beschädigt, später wurde es aber erneuert.

Ehemaliger österreichisch-ungarischer Soldatenfriedhof, Paljevo

Der österreichisch-ungarische Soldatenfriedhof bei Paljevo entstand gleich nach den ersten Kämpfen an der Isonzofront. Zwischen Mai 1915 und Mai 1917 wurden hier die Angehörigen des IV. Bataillons des 4. Infanterieregiments, des II. und III. Bataillons des 22. Infanterieregiments, das II. Bataillon des 52. Infanterieregiments, das III. Bataillon des 69. Infanterieregiments, das 37. Landsturm Bataillon, aber auch Angehörige anderer österreichisch-ungarischer Einheiten, welche den Frontabschnitt zwischen Globno und Zagora verteidigt haben, begraben.

Der Friedhof war von einem stufenartig geformten Geländer aus Birkenstämmen umgeben. Auf den Eckpfeilern befanden sich nicht explodierte Granaten und in der Mitte des Friedhofs stand auf einem Steinpodest ein großes hölzernes Kreuz. Der Eingang des Friedhofs stellte ein Holzportal dar, das auch als Kapelle diente.

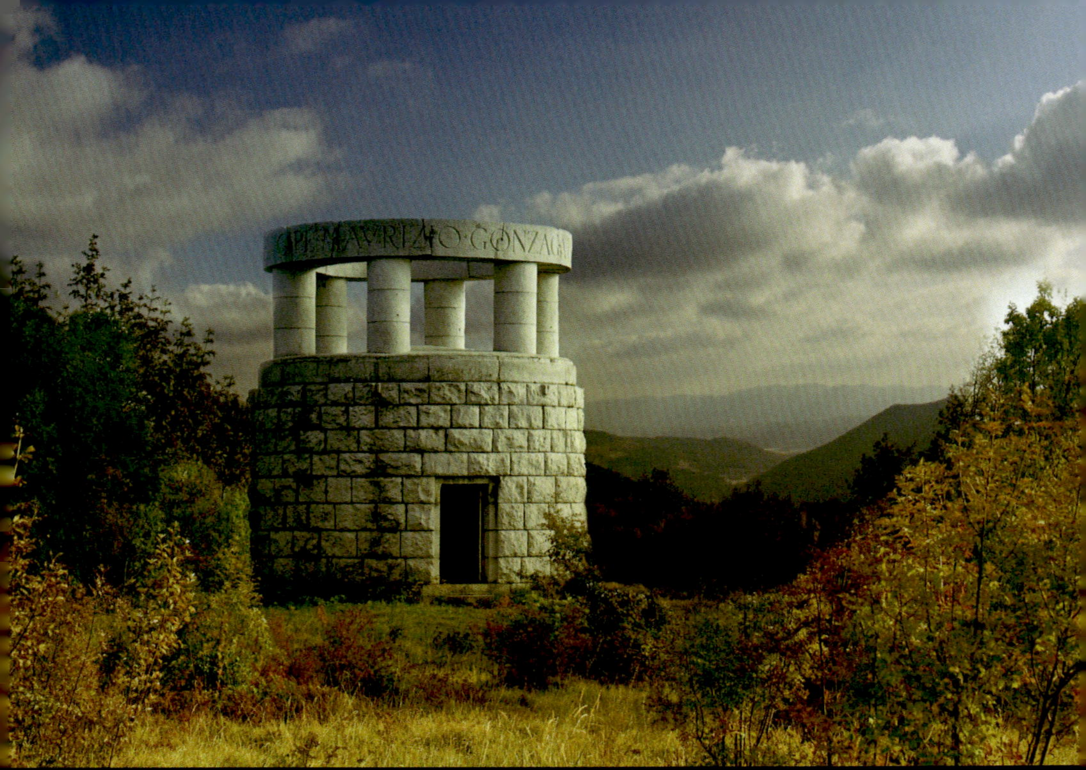

Mausoleum auf Vodice, das dem italienischen General Maurizio Gonzaga gewidmet wurde

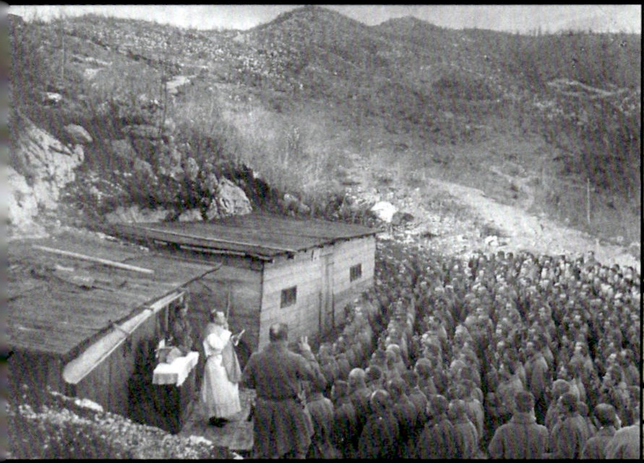

Angehörige des österreichisch-ungarischen 40. Landwehr-Bataillons während der Vereidigung auf den neuen Kaiser (Karl I.). Dies geschah auf der Plattform vor der Bataillonskommandantur in der Nähe des Sattels zwischen Sveta Gora und Vodice (+ 592) gegen Ende November 1916

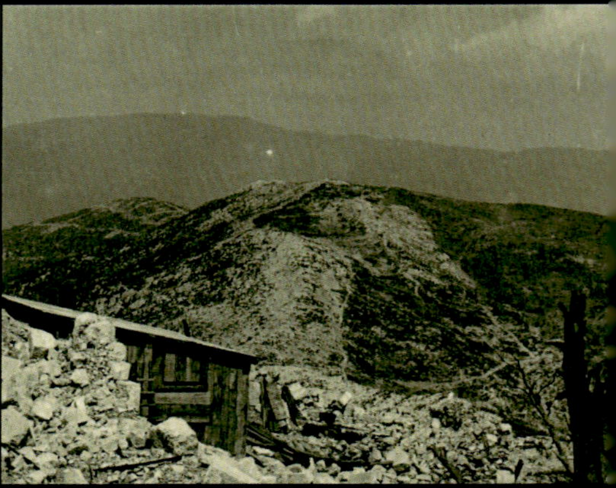

Blick unterhalb der Spitze von Sveta Gora in Richtung von Vodice nach Beendigung der Kämpfe im Jahre 1917

Am 18. Mai 1917 verließen die österreichisch-ungarischen Verteidiger die Stellungen auf der Prižnica (✧ 383) und zogen sich auf die Reservestellungen zwischen der Kote 363 und den Kamm des Kuk zurück. Die neue Frontlinie verlief knapp am Friedhof vorbei, weswegen dieser auch stark beschädigt wurde.

Freilichtmuseum Vodice

651 m ü.d.M.

GPS:
51.5879605
43.2598618

Vodice ist eine Anhöhe, die sich auf dem südwestlichen Teil des Banjšice-Plateaus befindet. Von dort bietet sich dem Besucher ein Ausblick auf die nahliegende Sveta Gora, den benachbarten Sabotin bis hin zum Meer. Auf der Anhöhe steht das Mausoleum von General Maurizio Ferrante Gonzaga sowie das Denkmal der Alpini Bataillone *Monte Levana, Aosta* und *Val Toce*, die am 18. Mai 1917 den nordwestlichen Teil von Vodice eingenommen haben. Auch die mehrstöckige Kaverne und die vielen Schützengräben sind sehr interessant.

Am 12. Mai 1917 eröffnete die italienische Armee die 10. Isonzoschlacht. Das Beschießen mit Gas- und Brandgranaten war auf die österreichisch-ungarischen Stellungen auf dem Gebiet von Zagora–Paljevo–Plave–Globno ausgerichtet, am stärksten aber auf Prižnica (✧ 383). Am 14. Mai 1917 nahmen die Einheiten des italienischen 2. Korps unter dem Kommando von General Badoglio schrittweise Zagora, Zagomila, Kuk (✧ 611) und Košutnik (✧ 592) ein. Am 18. Mai besetzten sie auch Prižnica (✧ 383) und die Spitze von Vodice (✧ 651), später auch noch den südöstlichen Teil des Kamms bis zum Sattel des Preški vrh (✧ 503). Von hier konnten die Italiener das Becken von Grgar beobachten, wo sich ein wichtiger Versorgungsmittelpunkt und eine Sammelstelle der österreichisch-ungarischen Reserven befanden. Der Kamm von Vodice wurde in den kommenden Monaten zu einem Schauplatz blutiger Kämpfe, doch ohne größeren Erfolg und mit vielen Opfern auf beiden Seiten. Die österreichisch-ungarischen Soldaten zogen sich aufgrund des nicht auszuhaltenden Druckes der Italiener in der Nacht auf den 24. August 1917 von diesen Stellungen zurück und besetzten neue Verteidigungsstellungen auf dem Banjšice-Plateau.

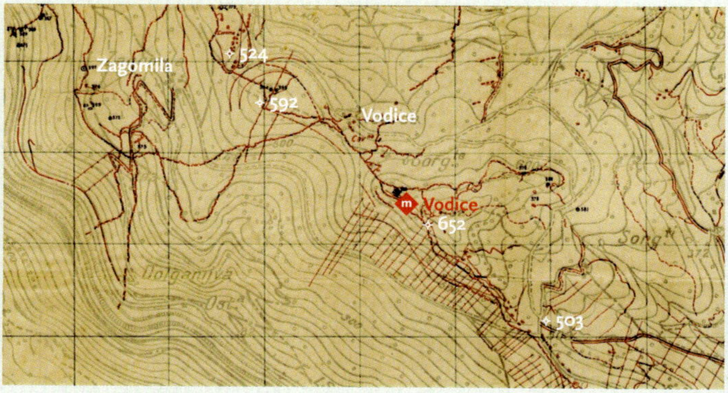

Italienische Militärlandkarte des weiteren Umfelds von Vodice, mit eingezeichneten österreichisch-ungarischen Verteidigungsstellungen aus der Zeit vor Beginn der 10. Isonzoschlacht.

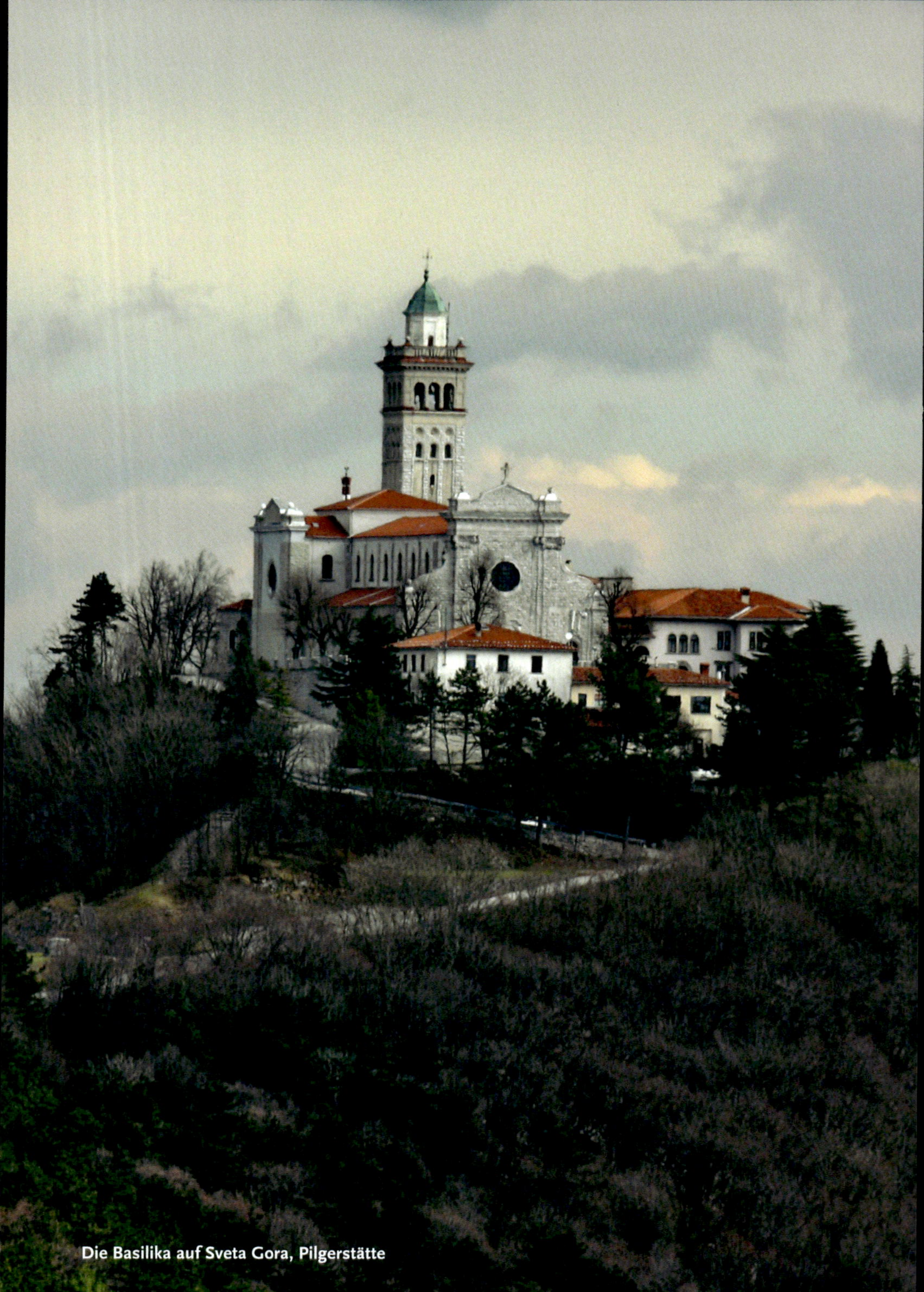

Die Basilika auf Sveta Gora, Pilgerstätte

Sveta Gora (681 m)

Als Italien den Krieg gegen Österreich-Ungarn erklärte, befand sich die Pilgerstätte der Basilika Sveta Gora in unmittelbarer Nähe der Frontlinie, die auf dem benachbarten Sabotin verlief. Während der Kämpfe an der Isonzofront wurde die Basilika vollkommen zerstört. Die Franziskaner haben bereits am 25. Mai 1915 das Gnadenbild der Mutter Gottes, der Königin von Sveta Gora, über Grgar und Most na Soči nach Ljubljana gebracht. Nur Pater Frančišek Ambrož harrte dort noch einige Zeit aus, doch musste er sich dann doch nach Gorizia zurückziehen. Von hier kehrte er regelmäßig auf die Sveta Gora und nach Grgar zurück. Am 13. April 1916 unterlag er in Gorizia seinen Verletzungen und wurde seinem Wunsche nach auf Sveta Gora begraben.

In den Jahren 1915–1917 hat die österreichisch-ungarische Armee auf dem Kamm der Sveta Gora zahlreiche Kavernen erbaut, in denen nicht nur die Mannschaften der Infanterie sondern auch einige Artilleriebatterien sicheren Schutz gefunden haben. Auf dem hinteren nördlichen Hang erbauten sie eine Barackensiedlung und viele kleinere Kavernen, in denen verschiedene Kommandanturen und Sanitätsstationen eingerichtet wurden. Im Frühjahr 1917 wurde dort auch eine Lastseilbahn gebaut, mit welcher die Versorgung der Front sehr erleichtert wurde. Wegen ihr wurde durch den Kamm des Hügels ein längerer unterirdischer Stollen gebaut, womit die vorderen Kriegsstellungen mit dem Hinterland verbunden wurden.

Als die italienischen Einheiten in den ersten Kriegstagen der 10. Isonzooffensive Zagora und den Kamm des Kuk einnahmen, haben sich die Kämpfe auf den Abschnitt Vodice–Sveta Gora verlegt, der bis dahin als österreichisch-ungarische Reservelinie galt. Nach dem ersten Erfolg wurden die italienischen Einheiten dort aufgehalten, trotzdem gelang es ihnen im Mai 1917 Vodice einzunehmen und die österreichisch-ungarische Armee auf den östlichen Hang zu vertreiben. Es folgten schwere Kämpfe, die erst im August in der 11. Isonzoschlacht endeten. Aufgrund des immer stärker werdenden Drucks der italienischen Armee zogen sich die österreichisch-ungarischen Soldaten in der Nacht auf den 24. August auch von Sveta Gora zurück und besetzten neue Stellungen auf dem Banjšice-Plateau.

Wasserleitungskomplex, Grgarske Ravne
Gewidmet der Prinzessin Maria-Anna Bourbon-Parma, Tochter von Großherzog Friedrich, Befehlshaber des österreichisch-ungarischen Generalstabs.

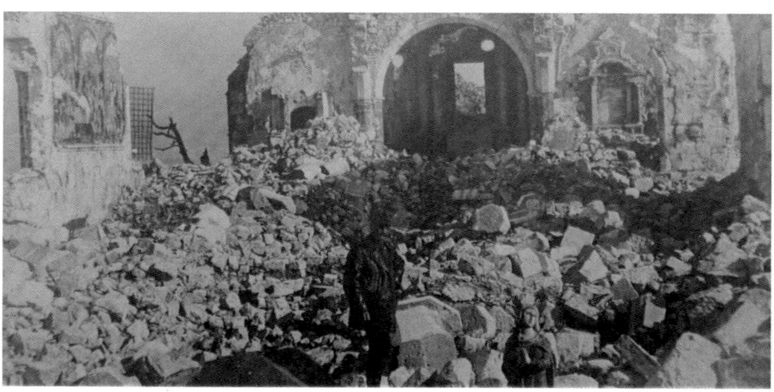

Ruinen der Basilika auf Sveta Gora während der Isonzofront

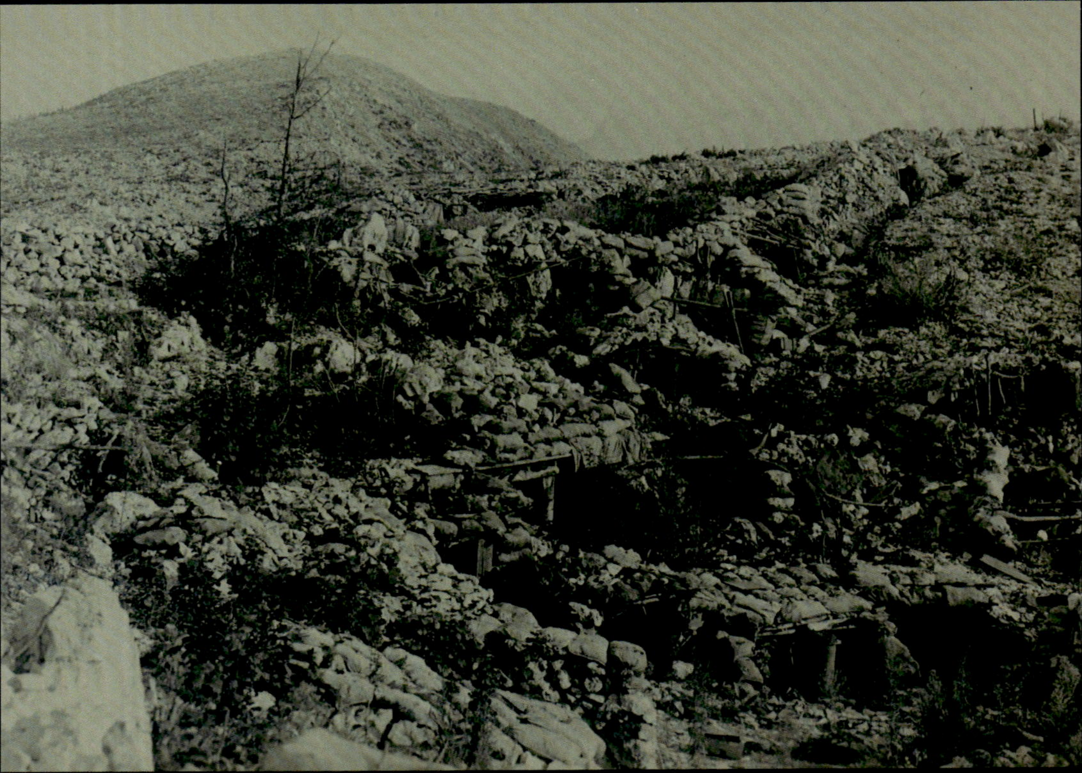

Unterstände italienischer Soldaten auf dem Veliki hrib, im Hintergrund die Spitze des Škabrijels

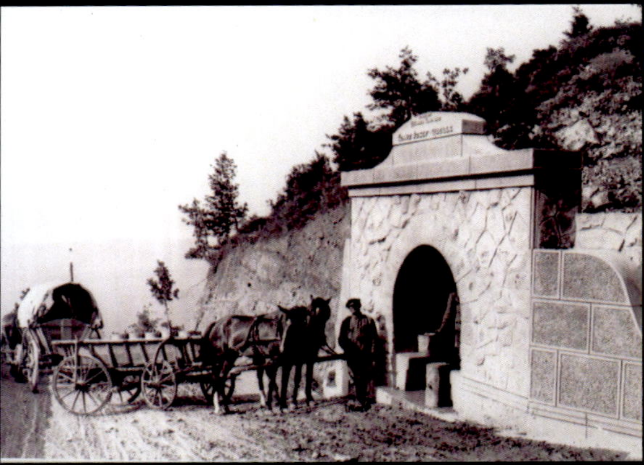

Die Franz-Joseph Quelle an der Straße Kromberk–Ravnica

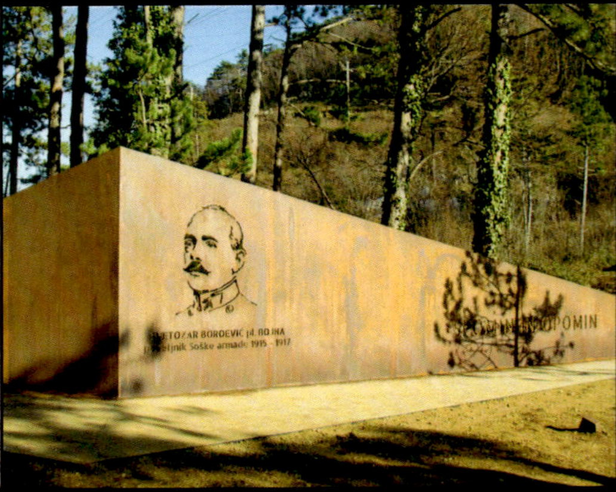

Im Jahre 2016 wurde auf der Prevala ein Denkmal enthüllt, das dem General Svetozar Boroević gewidmet wurde

Freilichtmuseum Škabrijel

646 m ü.d.M.

GPS:
45.97555
13.67845

Von vielen verschiedenen Ausgangspunkten kann man auf den Škabrijel gelangen. Die Wege führen an zahlreichen Überresten des Ersten Weltkrieges vorbei. Darunter finden wir auch Denkmäler, die verschiedenen Einheiten gewidmet wurden. Der Aufstieg wird mit einem wunderschönen Ausblick belohnt, den der Aussichtsturm bietet.

Škabrijel ging als einer der schlimmsten und blutigsten Frontabschnitte in die Geschichte der Isonzofront auf slowenischen Boden ein. Bis zur 6. Isonzoschlacht im August 1916 galt er als Reserveverteidigungslinie der österreichisch-ungarischen Armee (Sveta Gora–Prevala–Škabrijel–Sveta Katarina). Nach der Einnahme von Gorizia und des Sabotins in der 6. Isonzoschlacht befand er sich nun auf der ersten Frontlinie. In der 11. Isonzoschlacht im August 1917, zogen sich die österreichisch-ungarischen Einheiten von Sveta Gora auf die neue Verteidigungslinie auf dem Banjšice-Plateau zurück. Eine Folge davon war auch der Rückzug der Verteidiger des Škabrijels auf höher liegende Stellungen auf dem Kamm, der Veliki hrib genannt wurde. Die italienische Armee umzingelte den Hügel von drei Seiten und schickte viele Soldateneinheiten in Richtung der Spitze. In den Kämpfen auf dem Škabrijel nahmen vor allem folgende Brigaden der italienischen Armee teil: *Abruzzi, Arno, Campobasso, Elba, Ferrara, Foggia, Girgenti, Messina, Palermo, Pescara, Trapani* und *Treviso.* Unter ihnen befanden sich auch Abteilungen der Sturmtruppen, sog. *Arditi*, denen es am 4. September 1917 gelang, auf einem Großteil des Hügels in die österreichisch-ungarischen Stellungen einzudringen. Da die Verstärkung nicht stark genug war, war der weitere Durchbruch nicht möglich. Unter den österreichisch-ungarischen Einheiten, die unter schwersten Verlusten ihre Stellungen verteidigten, muss man das 14., 24., 50., 57. und 87. Infanterieregiment, das 23. Jägerbataillon, das 23. Schützen- und 2. Gebirgsschützenregiment, sowie das königlich-ungarische 1., 3., 4. und 17. Landwehr-Infanterieregiment (Honvéd) erwähnen. Auf dem gesamten Gebiet des Škabrijels dauerten die heftigen Kämpfe bis zu den letzten Tagen im Oktober 1917, als aufgrund des Durchbruchs im oberen Isonzotal auch auf diesem Teil der Isonzofront die Kämpfe beendet wurden.

Durch den starken Artilleriebeschuss und den allgemeinen Kampffolgen, sind auf dem weitläufigen Gebiet des Škabrijels nur sehr wenige Verteidigungsstellungen der österreichisch-ungarischen Armee erhalten geblieben. Einige davon hat man im September 1943 für den Bedarf der damaligen Front genutzt, als die Partisaneneinheiten das Vordringen der deutschen Armee aufzuhalten versuchten. Mehrere kleinere Objekte unter dem Škabrijel wurden von den Angehörigen der amerikanischen Armee erbaut. Auf dem Kamm des Hügels verlief nach dem Zweiten Weltkrieg (1945–1947) die Grenze zwischen der Zone A (Armeeverwaltung der Alliierten) und der Zone B (Verwaltung der jugoslawischen Armee).

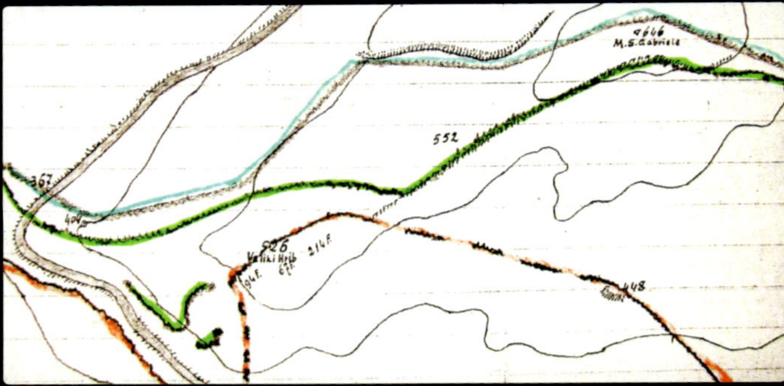

Skizze mit Verlauf der italienischen (rot) und österreichisch-ungarischen (blau und grün) Stellungen auf dem Veliki hrib und Škabrijel 31.8.1917

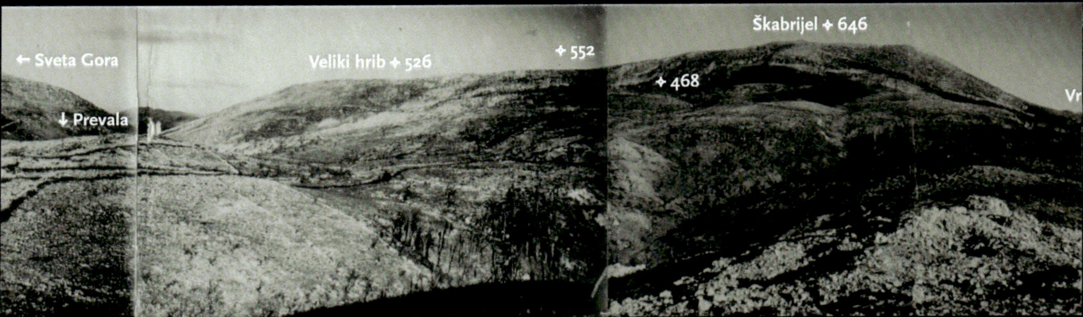

Panoramaaufnahme des Schlachtfeldes in der Umgebung des Škabrijels

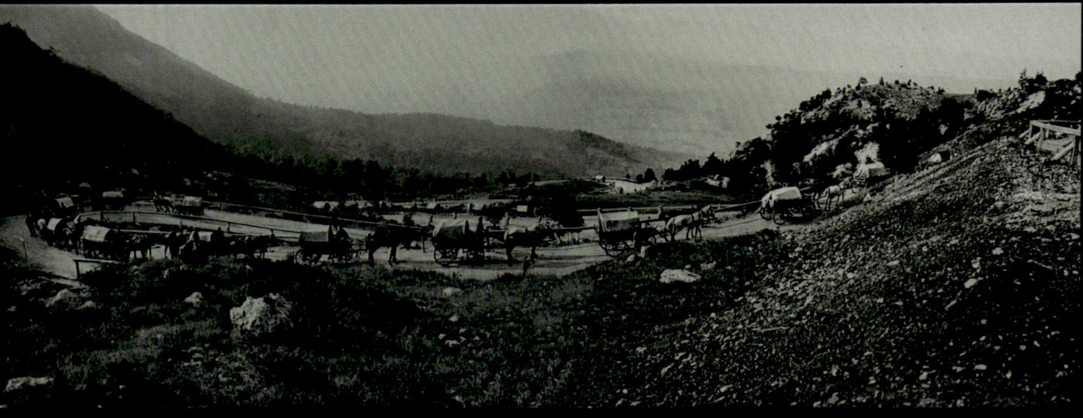

Für Nachschub sorgende österreichisch-ungarische Militärkolonne auf der Straße aus Kromberk in Richtung des Vratca Sattels

Die Luftfahrt an der Isonzofront

Die Flugplätze mit der dazugehörenden Infrastruktur waren für die Fliegereinheiten von wichtiger Lebensbedeutung. Ohne einen brauchbaren Flugplatz mit funktionierender Abflug- und Landepiste, Hangars als Basisobjekte und anderen dazugehörigen Objekten wäre es nicht möglich gewesen, die aufgetragenen Aufgaben auszuführen. Darüber waren sich Österreich-Ungarn und Italien bewusst und haben bereits vor dem Krieg den Bau und die Instandhaltung der Flugplätze reguliert. Die österreichisch-ungarischen Einheiten haben ihre Flugplätze zur Verteidigung des Görzer Brückenkopfes vorerst im Vipavatal (Ajševica, Ajdovščina, Log, Vipava, Podraga, Podnanos) und später auch im Karst (Divača, Sežana, Prosek, Triest) erbaut. Die Erstellung der österreichisch-ungarischen Flugplätze an der Isonzofront stand im Zusammenhang mit den italienischen Plänen, die ein Vordringen in das Herz der Monarchie, durch das Vipavatal vorsahen. Gleichzeitig waren sie aber auch an das typische Relief der Bodengegebenheiten gebunden. Eine ideale Aufstellung wäre es gewesen, wenn sich ein Flugplatz alle 10 km entlang der Frontlinie befunden hätte. Dies würde den Fliegereinheiten die Arbeit bei der Ausführung der Flugoperationen erleichtern. Auf der österreichisch-ungarischen Seite der Isonzofront war dies nicht möglich. Im Norden war die Aufstellung aufgrund der Bergkette der Alpen nicht möglich und im Süden aufgrund der Karstlandschaft und den ungünstigen Windverhältnissen. In dieser Hinsicht hatte die italienische Seite die leichtere Aufgabe, denn sie konnten ihre Flugplätze auf den ebneren Abschnitten der Friauler Ebene erstellen. Im Jahre 1917 ermöglichten der technologische Fortschritt (Möglichkeit des Überfliegens hoher Berge, Landung und Start in engen Tälern usw.) und der Kriegsplan für die 12. Isonzoschlacht der österreichisch-ungarischen Armee den Bau der Flugplätze auch im Zgornjesavska-Tal und den Ebenen von Innerkrain.

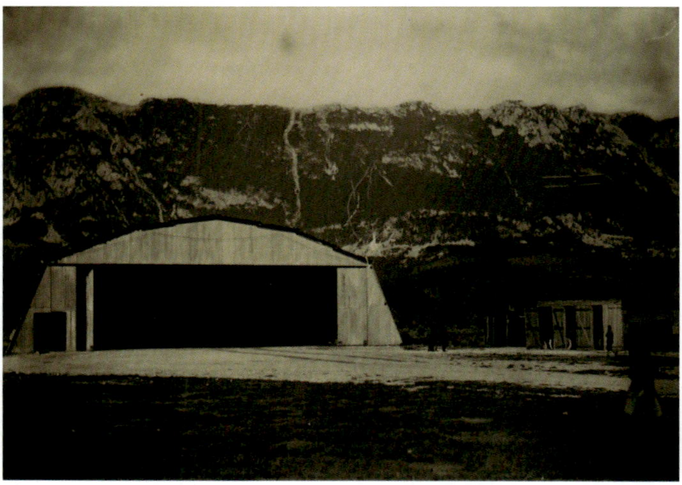

Österreichisch-ungarischer Militärflugplatz in Ajdovščina (Haidenschaft)

Weg des Friedens

Besucherzentrum Weg des Friedens

Freilichtmuseum

Denkmal, Gedenktafel

Beinhaus

Soldatenfriedhof

Soldatenkapelle

Militärflugplatz während der Isonzofront

Festung

Überreste der Isonzofront

Gedenkkirche

Höhle, Kaverne

Aussichtspunkt

Private Museumssammlung

Museum

Natursehenswürdigkeit

Kultursehenswürdigkeit

Touristikinformationszentrum

Kote

0 500 1000 2000 3000 m

1 : 55 000

KARTOGRAFIJA

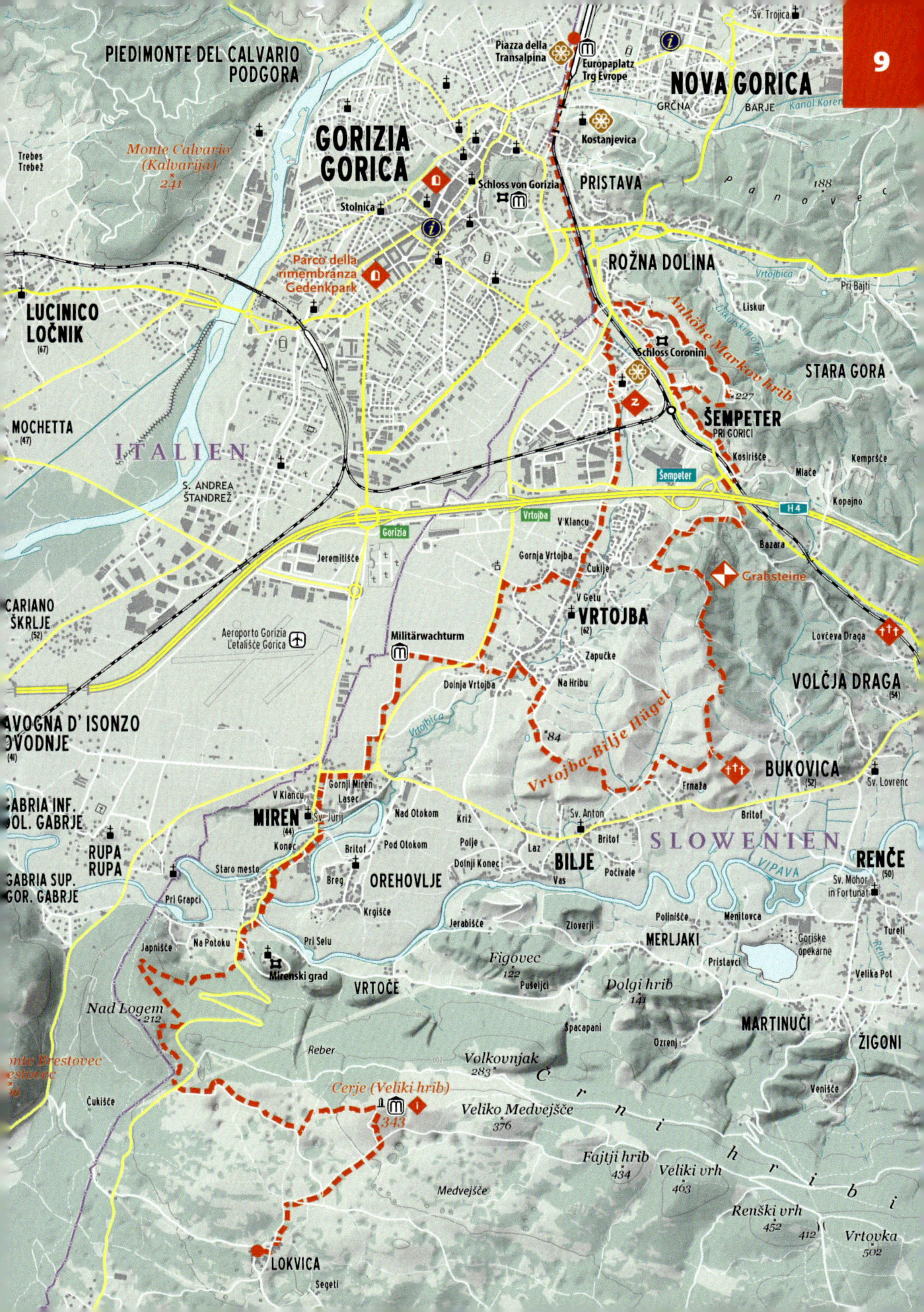

PIEDIMONTE DEL CALVARIO
PODGORA
GORIZIA
GORICA
NOVA GORICA
Piazza della Transalpina
Europaplatz Trg Evrope
GRČNA
BARJE
Kanal Koren
Sv. Trojica
Kostanjevica
Schloss von Gorizia
PRISTAVA
Stolnica
Monte Calvario (Kalvarija) 241
Trebes Trebež
Parco della rimembranza Gedenkpark
ROŽNA DOLINA
Vrtojbica
Pri Bajti
Liskur
Anhöhe Markov hrib
Schloss Coronini
STARA GORA
227
ŠEMPETER PRI GORICI
LUCINICO LOČNIK (67)
MOCHETTA (47)
ITALIEN
S. ANDREA ŠTANDREŽ
Kosirišče
Miače
Kempršče
Kopajno
Šempeter
Vrtojba
Gorizia
H4
V Klancu
Jeremitišče
Gornja Vrtojba
Čukije
Bazara
Grabsteine
CARIANO ŠKRLJE (52)
V Getu
VRTOJBA (62)
Aeroporto Gorizia Letališče Gorica
Militärwachturm
Lovčeva Draga
Zapučke
Dolnja Vrtojba
Na Hribu
VOLČJA DRAGA (54)
AVOGNA D' ISONZO
OVODNJE (41)
Vrtojbica
84
Vrtojba-Bilje Hügel
Gornji Miren
Lasec
V Klancu
BUKOVICA (52)
Frnaža
Sv. Lovrenc
GABRIA INF. DOL. GABRJE
MIREN (44)
Sv. Jurij
Nad Otokom
Križ
Sv. Anton
Britof
Konec
RUPA RUPA
Britof
Pod Otokom
Polje
Britof
Laz
SLOWENIEN
RENČE (50)
Staro mesto
Dolnji Konec
BILJE
Počivale
GABRIA SUP. GOR. GABRJE
Breg
OREHOVLJE
Vas
VIPAVA
Sv. Mohor in Fortunat
Pri Grapci
Krgišče
Jerabišče
Polinišče
Menjtovca
Tureli
Japnišče
Na Potoku
Pri Selu
Zloverj
Figovec 122
MERLJAKI
Goriške opekarne
Pristavci
Mirenski grad
VRTOČE
Pušeljci
Dolgi hrib 141
Velika Pot
Nad Logem 212
Špacapani
Ozrenj
MARTINUČI
ŽIGONI
Reber
Volkovnjak 283
Čukišče
Cerje (Veliki hrib) 343
Veliko Medvejšče 376
Venišče
Črni hribi
Fajtji hrib 434
Veliki vrh 403
Medvejšče
Renški vrh 452
412
Vrtovka 502
LOKVICA
Segeti

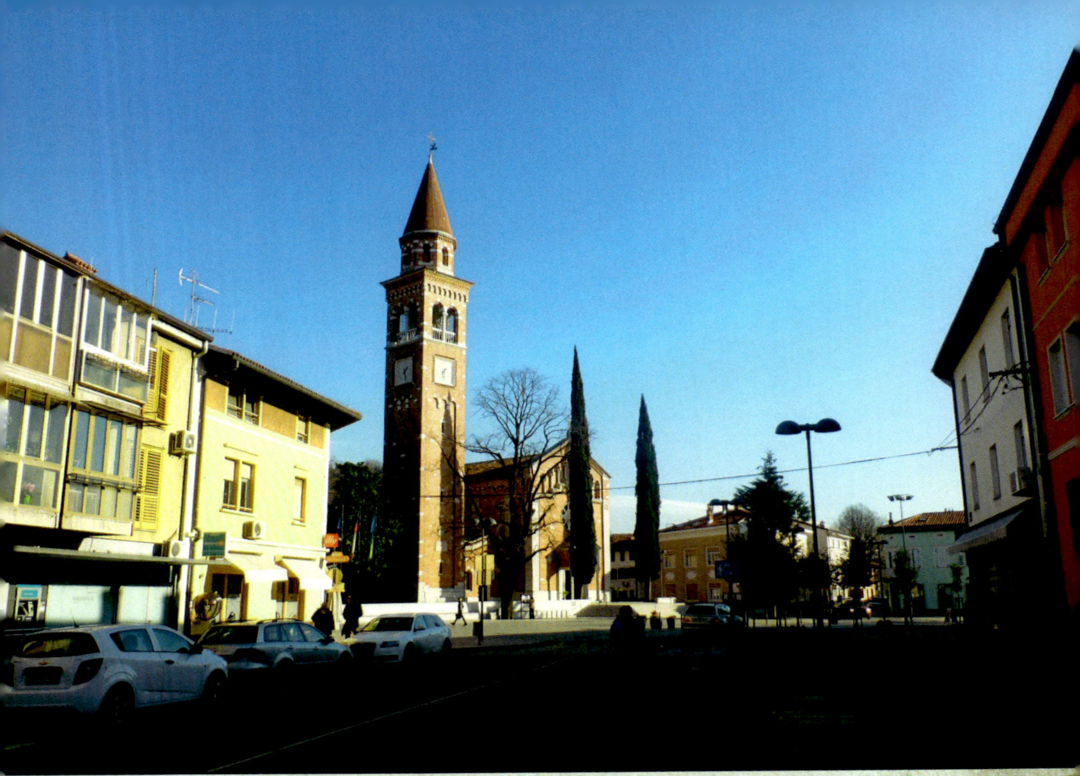

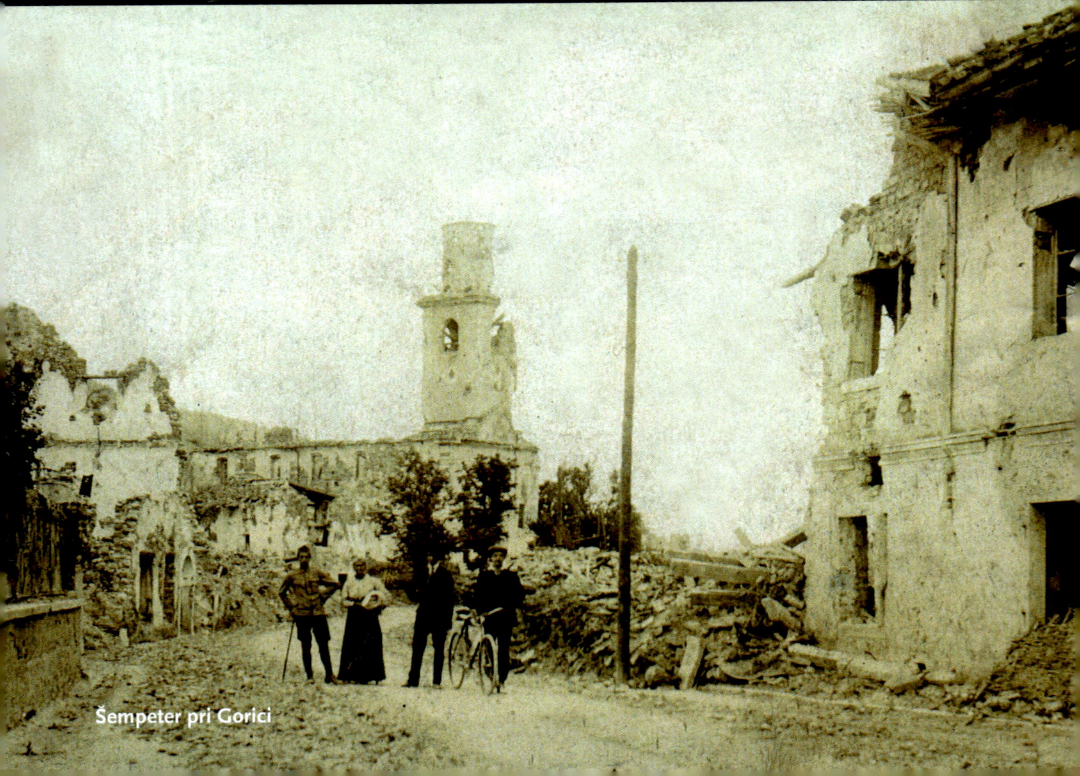

Šempeter pri Gorici

Nova Gorica ◆ Šempeter pri Gorici ◆ Vrtojba ◆ Miren ◆ Cerje ◆ Lokvica

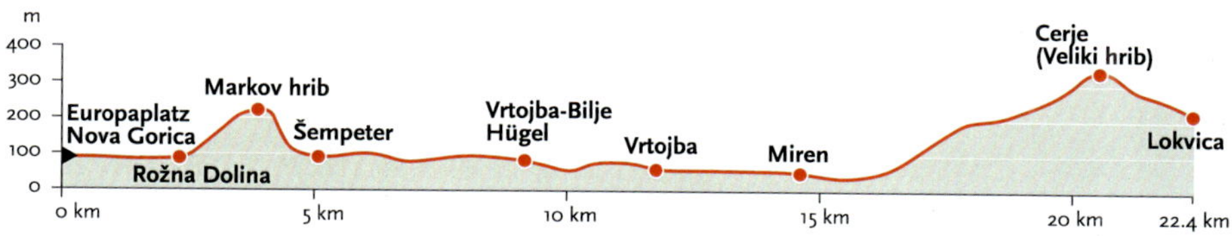

Gemeinsamer Höhenunterschied: 480 m

Šempeter pri Gorici, Vrtojba

Mit der Eröffnung der Isonzofront wurde das ländliche Gebiet zum unmittelbaren Kriegshinterland. Täglich strömten Truppen durch die Ortschaften, die auf dem Weg zum Schlachtfeld des Doberdò im Karst unterwegs waren. Verwundete und Kriegsgefangene wurden von der Front abtransportiert. In Šempeter und Umgebung wurden österreichisch-ungarische Waffen- und Ausrüstungslager, schwere Artillerie und die Mannschaften dazu untergebracht. Deswegen befand sich dieses Gebiet auch schon bald unter italienischem Artilleriefeuer. Auf diesem Abschnitt der Front, war es das Ziel der italienischen Armee Gorizia (Görz) einzunehmen. Dies gelang ihnen auch in der 6. Isonzoschlacht im August 1916. Die italienischen Einheiten marschierten am Morgen des 9. August 1916 in die Stadt ein und Šempeter und Vrtojba befanden sich nun inmitten der Frontlinie. Vrtojba wurde mit Ausnahme eines Hauses zur Gänze zerstört. Nach dem Fall von Gorizia stabilisierte sich die österreichisch-ungarische Verteidigungslinie in der Umgebung von Šempeter auf der Linie Škabrijel–Grčna–Panovec–Anhöhe Markov hrib–Vrtojba-Bilje–Hügel–Schloss von Miren. Die Italiener versuchten ausdauernd die österreichisch-ungarischen Stellungen zu durchbrechen, doch ohne Erfolg. Die Kriegsoperationen auf dem Gebiet von Šempeter und Vrtojba endeten nach dem österreichisch-

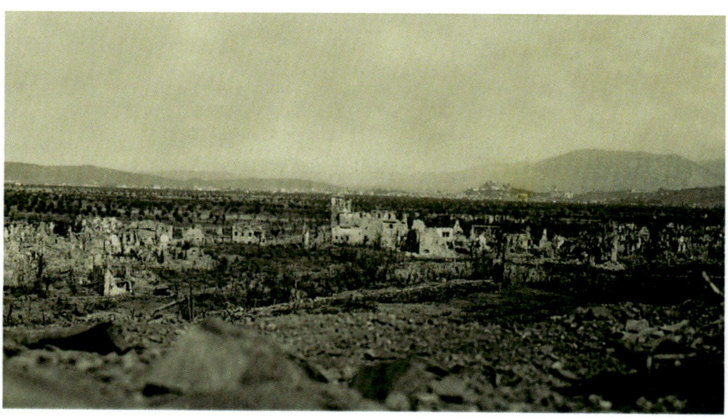

Blick aus österreichisch-ungarischen Verteidigungsstellungen, die sich auf den Vrtojba-Bilje Hügeln befanden, auf das zerstörte Vrtojba, Anfang September 1917

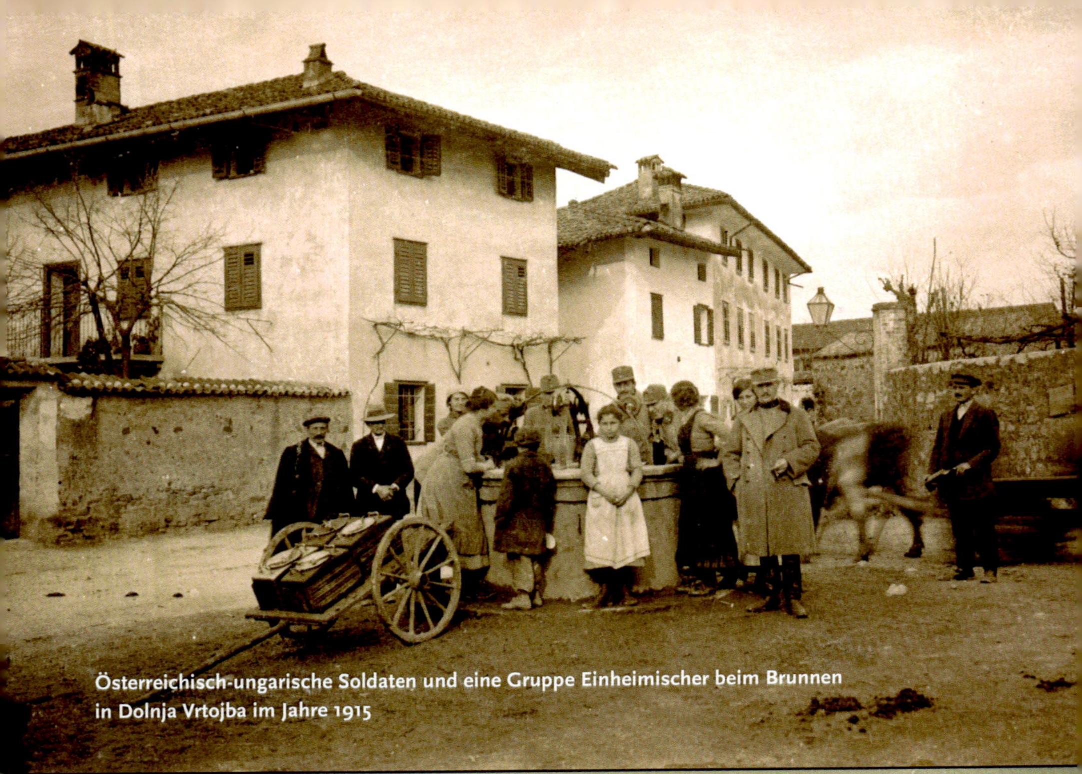

Österreichisch-ungarische Soldaten und eine Gruppe Einheimischer beim Brunnen in Dolnja Vrtojba im Jahre 1915

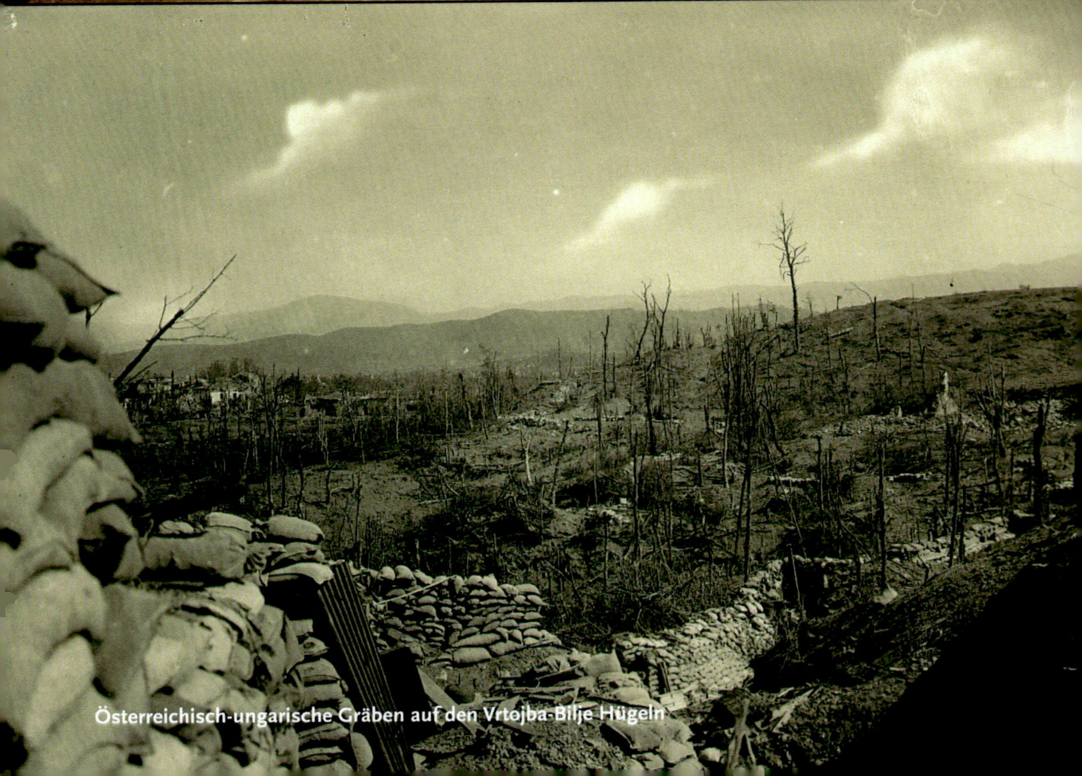

Österreichisch-ungarische Gräben auf den Vrtojba-Bilje Hügeln

ungarisch-deutschen Durchbruch bei Kobarid in der 12. Isonzoschlacht im Herbst 1917. Die Bedingungen normalisierten sich schrittweise im Sommer 1918, als auch die Flüchtlinge zurückkehrten.

Auf dem Gebiet von Vrtojba befanden sich sofort nach dem Ersten Weltkrieg mindestens zwölf Soldatenfriedhöfe. Später, im Jahre 1928, wurden die sterblichen Überreste von diesen Friedhöfen auf den zentralen Friedhof von Vrtojba umgebettet. Er befindet sich heute an der Umgehungsstraße Šempeter–Miren. Dort lagen mehr als 3300 gefallene Soldaten begraben, anderen Angaben nach sogar doppelt so viel. Der Friedhof wurde nach Bruno Danero (1896–1917) benannt, der Träger des goldenen italienischen Ordens für Tapferkeit war und der während der Kämpfe auf dem Banjšice-Plateau ums Leben kam. Im Jahre 1938 erbauten die Italiener das Beinhaus Oslavia (Oslavje), wohin sie die sterblichen Überreste ihrer Soldaten umbetteten. Die Einheimischen entfernten die Grabsteine von den Friedhöfen und benutzten sie als Baumaterial. Noch heute befinden sich fast 3000 solcher Grabsteine am Trimmpfad, da sie dort als Stützmauer verwendet, eingebaut worden sind.

In Šempeter können wir uns auch die ständige Ausstellung des Vereins Društvo soška fronta, *Šempeter in okolica med prvo svetovno vojno* (Šempeter und die Umgebung im Ersten Weltkrieg) anschauen.

Zivilfriedhof, Vrtojba
Eine der deutschen Artilleriebatterien war bei Vrtojba positioniert. Auf dem dortigen Zivilfriedhof sind Teile des Grabsteins, der den deutschen Artilleristen gewidmet wurde, erhalten geblieben. Es blieben Archivbilder dieses Grabes und ein Tagebuch eines der Angehöriger der Batterie erhalten.

Anhöhe Markov hrib (227 m)

Auf der Anhöhe Markov hrib wurde am 8. August 1922 in Anwesenheit des italienischen Königs Vittorio Emanuele III. ein Denkmal (Obelisk des Sieges) mit Kapelle eingeweiht, die dem hl. Markus gewidmet wurde. Es wurde zu Ehren der gefallenen italienischen Soldaten errichtet und am Denkmal wurden die Namen der italienischen Militärformationen eingemeißelt, die in den Kämpfen für Gorizia mitgewirkt haben. Nach dem Zweiten Weltkrieg, im Jahre 1948, hat eine Gruppe jugendlicher Kommunisten dieses Denkmal gesprengt. Es handelte sich dabei um Schüler des Gymnasiums, welches damals seinen Sitz in Šempeter pri Gorici hatte. Als Besonderheit sei erwähnt, dass bereits 1949 auf der Burg in Gorizia (Italien) eine verkleinerte Replika des erwähnten Denkmals enthüllt wurde.

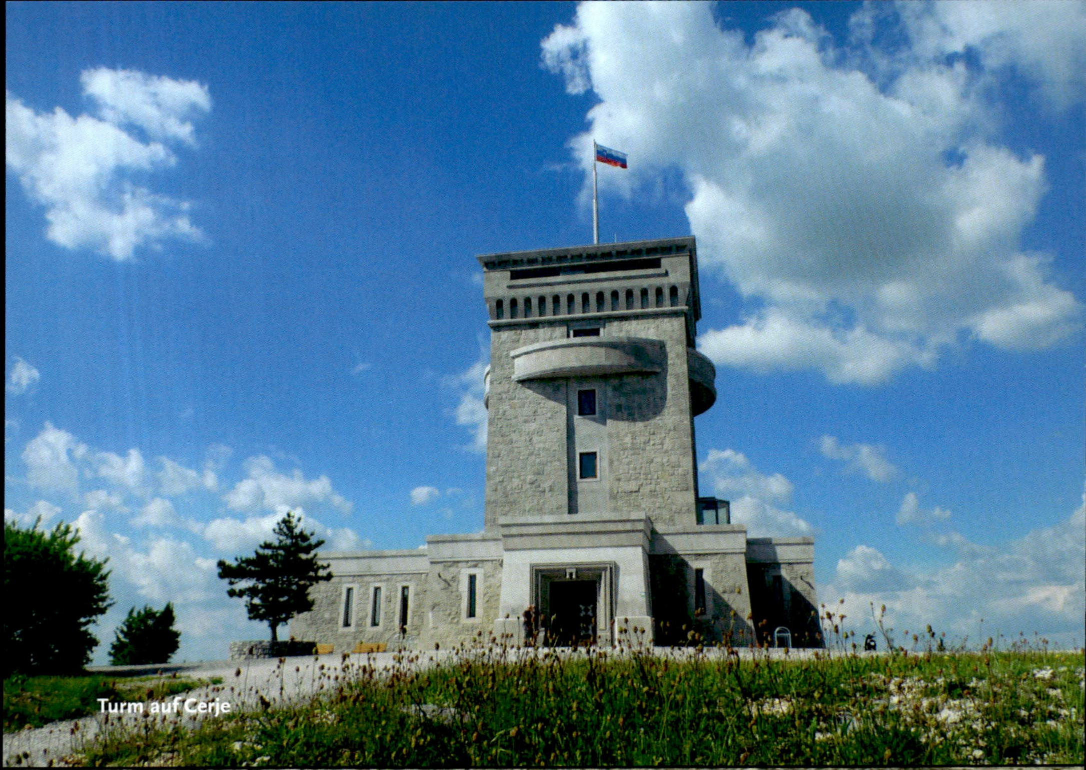

Turm auf Cerje

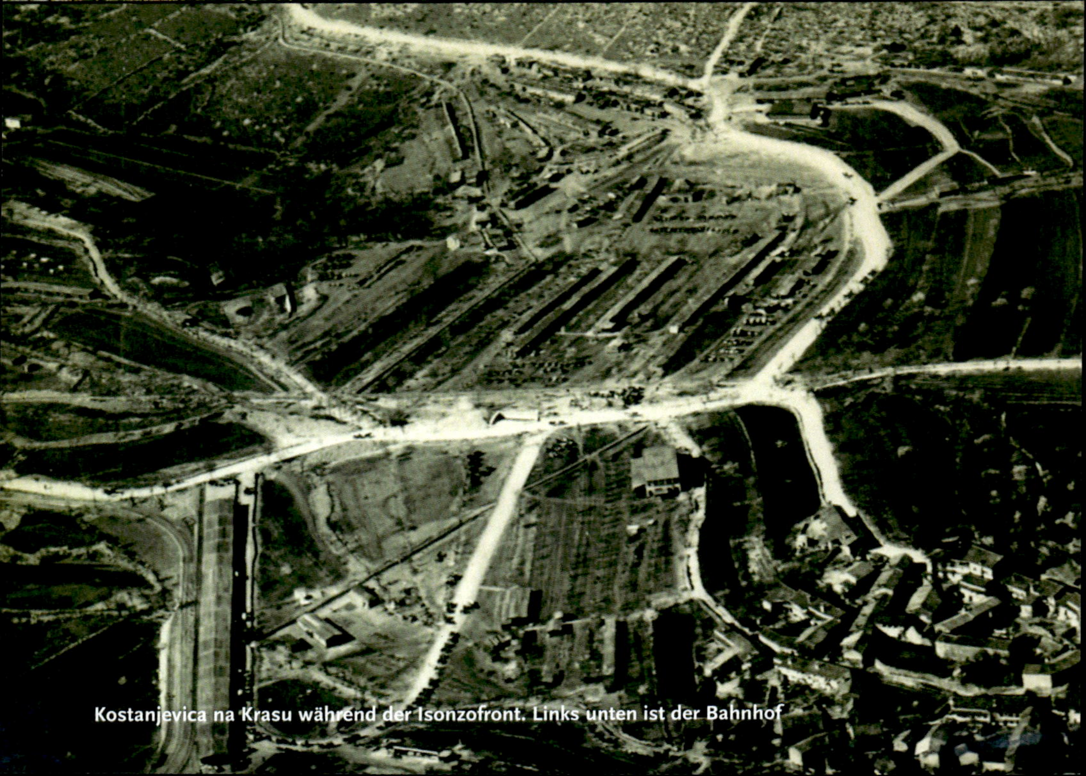

Kostanjevica na Krasu während der Isonzofront. Links unten ist der Bahnhof

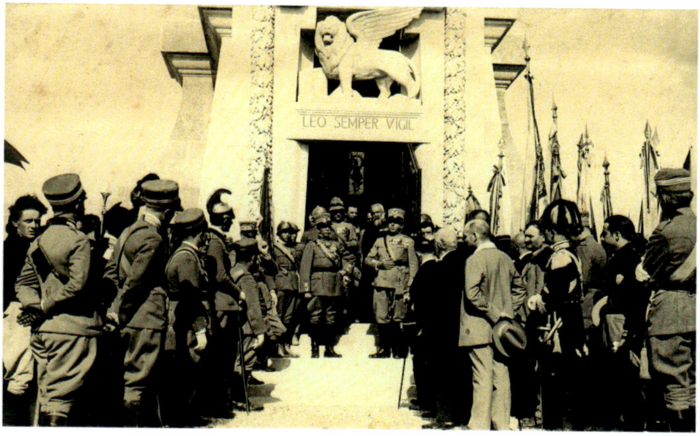

Enthüllung des italienischen Obelisken auf der Anhöhe Markov hrib im Jahre 1922

Die Vrtojba-Bilje Hügel

Im Herzen der Vrtojba-Bilje Hügel, bei Bukovica, blieb ein österreichisch-ungarischer Soldatenfriedhof erhalten. Dort liegen 282 österreichisch-ungarische Soldaten begraben, die Angehörige des 24. Infanterieregiments waren und im Ersten Weltkrieg auf dem Gebiet von Dolnja Vrtojba gefallen sind.

Cerje (343 m)

Am Rande des Karstplateaus, auf der Anhöhe Cerje (Veliki hrib), steht ein 21 m hoher Turm. Er bietet einen Ausblick auf das Vipavatal, das Gebiet von Goriška, Friaul-Julisch Venetien, die Triester Bucht und auf den Karst. Der mächtige Turm symbolisiert die Geschichte des Gebietes, mit besonderer Betonung auf die Bedeutung und die historische Rolle der slowenischen Bevölkerung bis hin zur Unabhängigkeit Sloweniens. Auf sieben Etagen kann der Besucher durch verschiedene historische Epochen spazieren: von der Urgeschichte bis hin zu den Weltkriegen, dem Unabhängigkeitskrieg Sloweniens bis hin zur letzten Etage mit ihrer Plattform, welche den Blick in die Zukunft symbolisiert. Die Museumssammlung ist noch in der Entstehung, doch ist das Informationszentrum bereits eingerichtet, welches auch ein ausgezeichneter Ausgangspunkt für das Entdecken des *Weges des Friedens* im Karst ist.

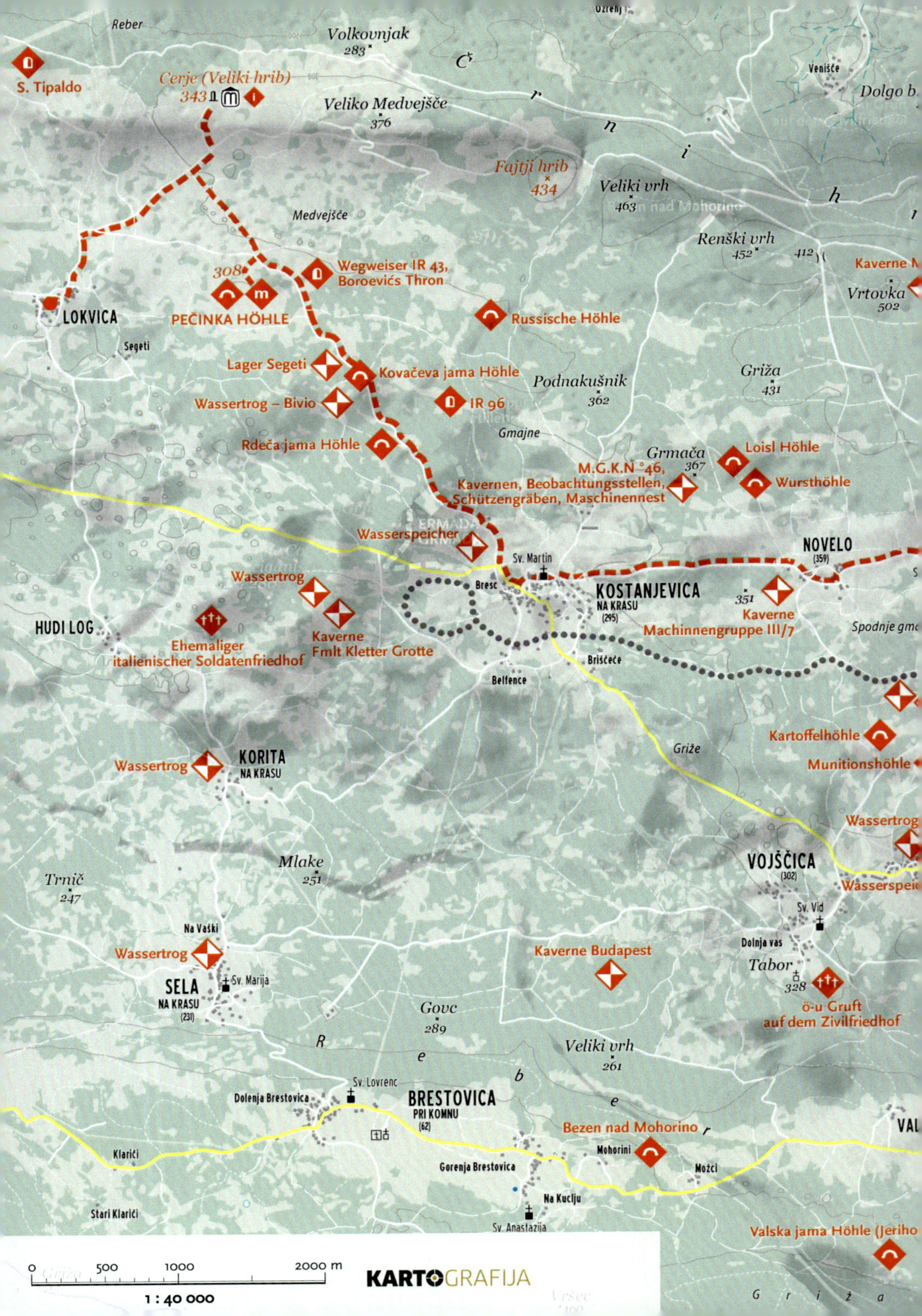

Reber
Volkovnjak
283
Č
r
n
i
h
S. Tipaldo
Cerje (Veliki hrib)
343
Veliko Medvejšče
376
Venišče
Dolgo b
Fajtji hrib
434
Veliki vrh
463
Medvejšče
Renški vrh
452
412
308
Wegweiser IR 43,
Boroevićs Thron
Kaverne
Vrtovka
502
LOKVICA
PEČINKA HÖHLE
Russische Höhle
Segeti
Lager Segeti
Kovačeva jama Höhle
Podnakušnik
362
Griža
431
Wassertrog – Bivio
IR 96
Gmajne
Rdeča jama Höhle
Grmača
367
Loisl Höhle
M.G.K.N °46,
Kavernen, Beobachtungsstellen,
Schützengräben, Maschinennest
Wursthöhle
Wasserspeicher
Sv. Martin
NOVELO
(359)
Wassertrog
Bresc
KOSTANJEVICA
NA KRASU
(295)
351
Kaverne
Machinnengruppe III/7
Spodnje gmc
HUDI LOG
Ehemaliger
italienischer Soldatenfriedhof
Kaverne
Fmlt Kletter Grotte
Briščeče
Belfence
Kartoffelhöhle
Griže
Munitionshöhle
Wassertrog
KORITA
NA KRASU
Wassertrog
Mlake
251
VOJŠČICA
(302)
Trnič
247
Wasserspei
Sv. Vid
Na Vaški
Wassertrog
Kaverne Budapest
Dolnja vas
Tabor
328
SELA
NA KRASU
(231)
Sv. Marija
ö-u Gruft
auf dem Zivilfriedhof
Govc
289
R
e
Veliki vrh
261
b
Sv. Lovrenc
e
Dolenja Brestovica
BRESTOVICA
PRI KOMNU
(62)
VAL
Bezen nad Mohorino
r
Klariči
Mohorini
Gorenja Brestovica
Možci
Na Kuclju
Stari Klariči
Sv. Anastazija
Valska jama Höhle (Jeriho
0
500
1000
2000 m
1 : 40 000
KARTOGRAFIJA
G
r
i
ž
a

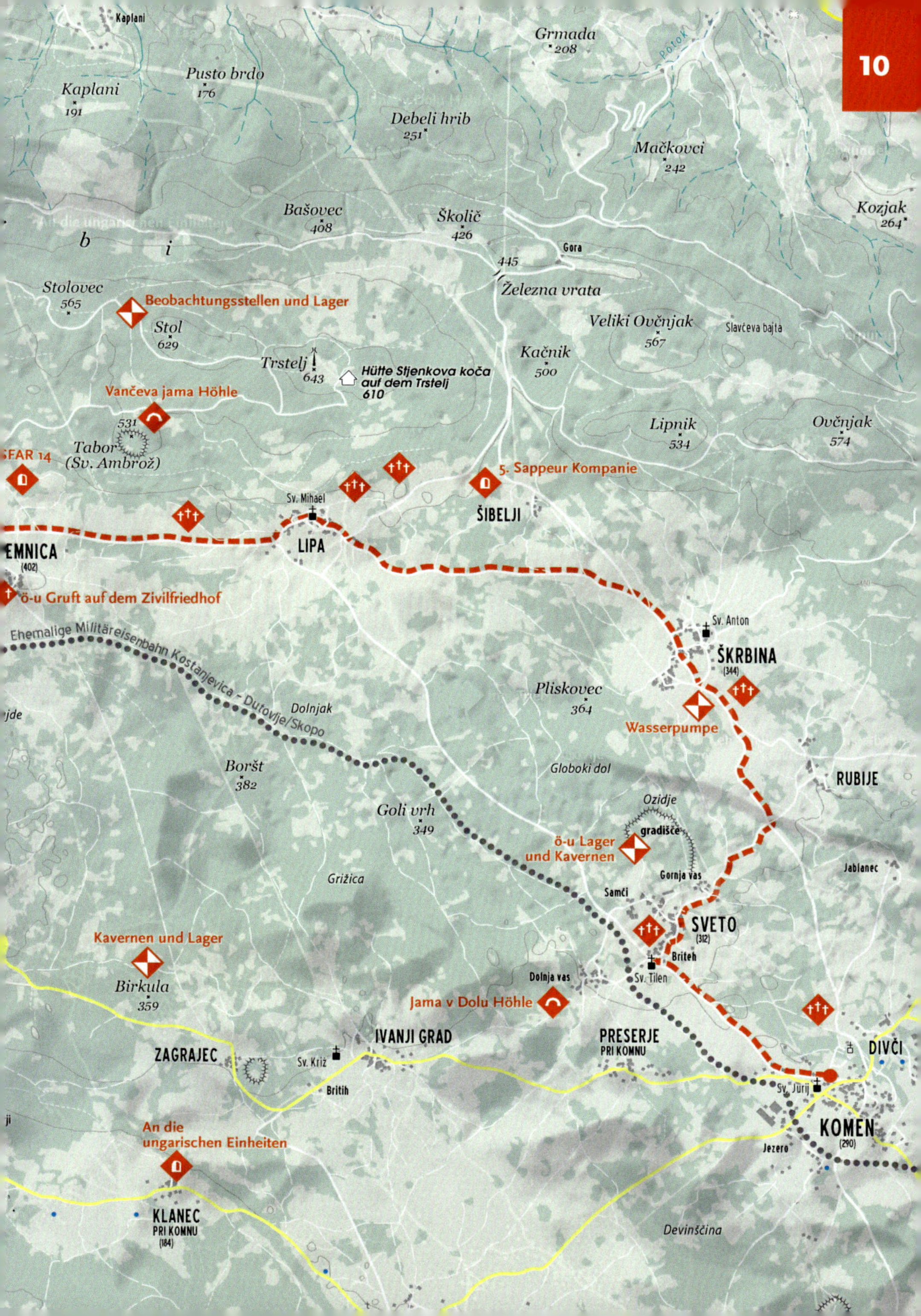

Kaplani
Grmada 208
Pusto brdo 176
Kaplani 191
Debeli hrib 251
Mačkovci 242
Kozjak 264
Bašovec 408
Školič 426
Gora
445
Železna vrata
Stolovec 565
Beobachtungsstellen und Lager
Stol 629
Veliki Ovčnjak 567
Slavčeva bajta
Kačnik 500
Trstelj 643
Hütte Stjenkova koča auf dem Trstelj 610
Vančeva jama Höhle
531
Tabor (Sv. Ambrož)
Lipnik 534
Ovčnjak 574
5. Sappeur Kompanie
Sv. Mihael
ŠIBELJI
LIPA
EMNICA (402)
ö-u Gruft auf dem Zivilfriedhof
Ehemalige Militäreisenbahn Kostanjevica – Dutovlje/Skopo
Sv. Anton
ŠKRBINA (344)
Pliskovec 364
Dolnjak
Wasserpumpe
Boršt 382
Globoki dol
RUBIJE
Goli vrh 349
Ozidje
gradišče
ö-u Lager und Kavernen
Jablanec
Gornja vas
Grižica
Samči
SVETO (312)
Kavernen und Lager
Briteh
Birkula 359
Dolnja vas
Sv. Tilen
Jama v Dolu Höhle
IVANJI GRAD
PRESERJE PRI KOMNU
DIVČI
ZAGRAJEC
Sv. Križ
Sv. Jurij
Britih
KOMEN (290)
An die ungarischen Einheiten
Jezero
KLANEC PRI KOMNU (184)
Devinščina

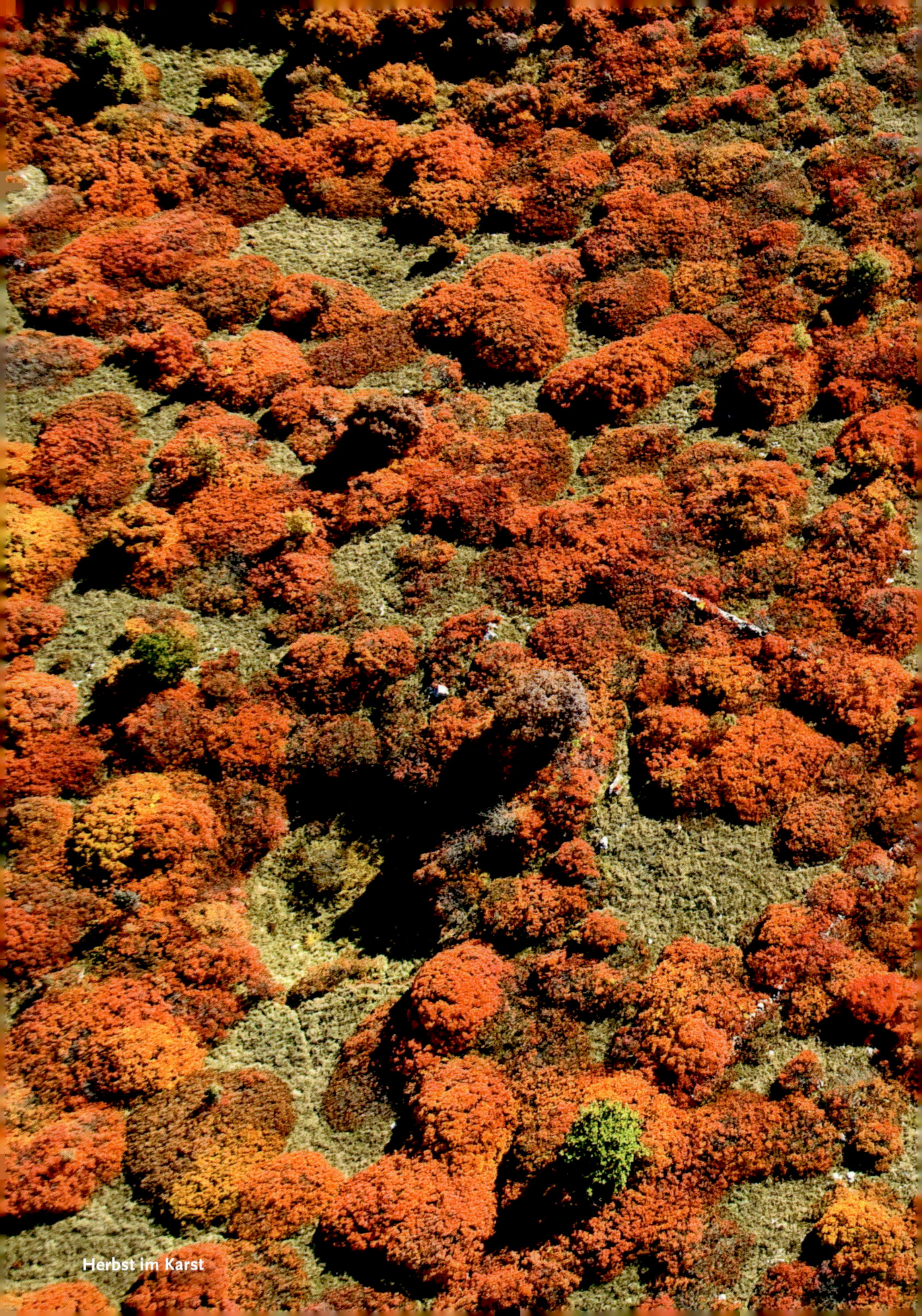

Herbst im Karst

Lokvica ◆ Freilichtmuseum Pečinka Höhle ◆ Kostanjevica na Krasu ◆ Temnica ◆ Lipa ◆ Škrbina ◆ Sveto ◆ Komen

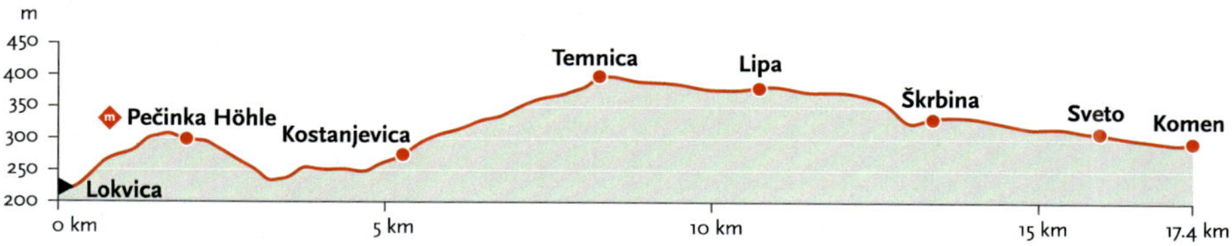

Gemeinsamer Höhenunterschied: 280 m

Karst *Kras*

In den ersten sechs Schlachten waren die Kämpfe zwischen der österreichisch-ungarischen und italienischen Armee auf das weitere Gebiet des Doberdò-Plateaus konzentriert. Nach dem Fall von Gorizia (Görz) in der 6. Isonzoschlacht (August 1916) verlegte sich die Frontlinie mehr in östlicher Richtung, in etwa an die heutige slowenisch-italienische Grenze. Als die italienische Armee weiter vordrang benutzte sie die eingenommenen Gräben nun als eigene Kampfstellung, sie verlegten nur die Verteidigung auf die andere Seite. Die italienischen Gräben, die sich vorher auf der ersten Kampflinie befanden, wurden nun zum italienischen Hinterland zur dritten oder vierten Kampflinie. Ebenso haben sie alle Gegebenheiten des Karsts für ihre militärischen Zwecke genutzt, von den sicheren Unterkünften in den Karsthöhlen bis hin zu den für den Schutz geeigneten Dolinen.

Zu weiteren Bewegungen zwischen den beiden sich bekämpfenden Einheiten kam es erneut in der 9. Isonzoschlacht (November 1916), als sich die Front auf dem Gebiet des Fajtji hrib–Kostanjevica–Sela na Krasu–Ermada stabilisierte. Die Lage veränderte sich bis zum Ende der Isonzoschlachten im Oktober 1917 nicht wesentlich. Das steinige Karstplateau wurde in der Zwischenzeit immer kahler. Es blieben zerstörte Schützengräben, Kavernen, Militärlager und Baracken, Artilleriestellungen, eine von Granaten zerpflückte Landschaft, tausende nicht explodierter Sprengkörper und zerstörte Ortschaften zurück. Vieler dieser Überreste blieben bis heute erhalten.

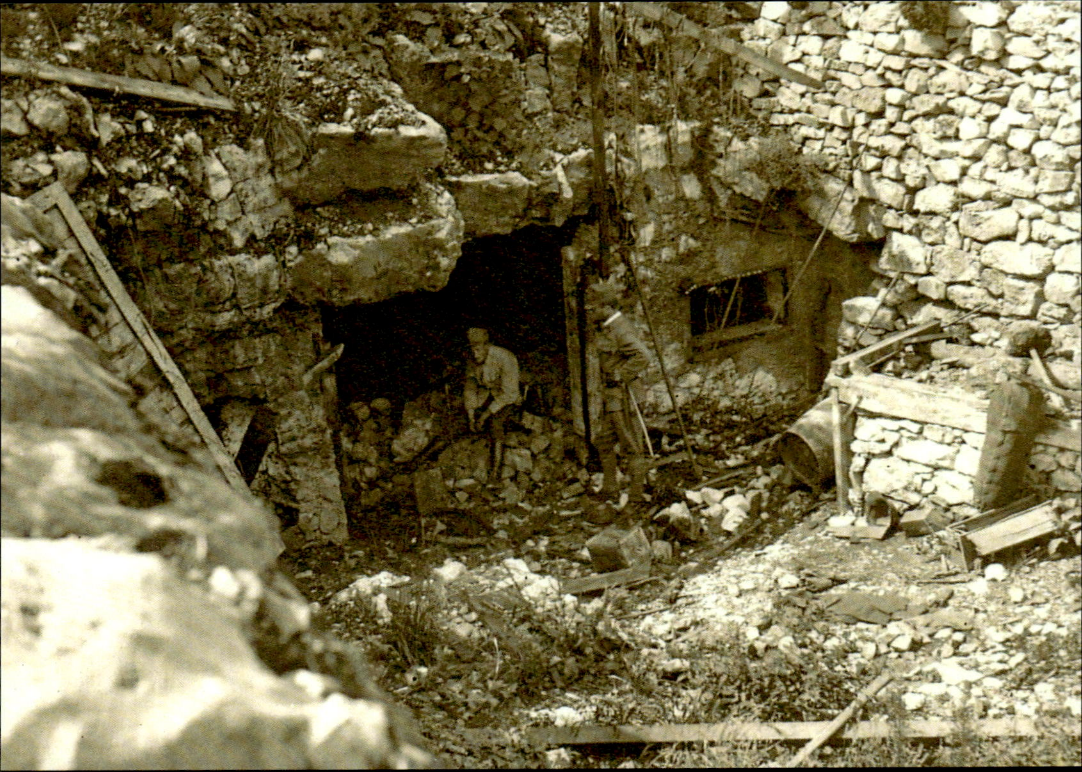

Österreichisch-ungarische Soldaten vor dem Eingang in die Pečinka Höhle

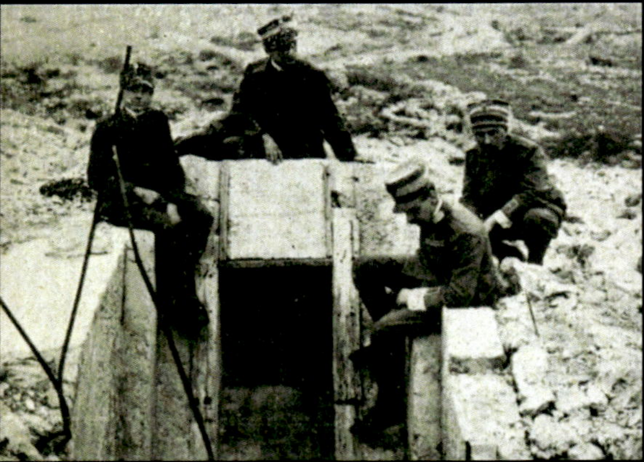

Italienische Soldaten beim Beobachtungsturm mit Scheinwerfer auf der Spitze der Pečina (+ 308)

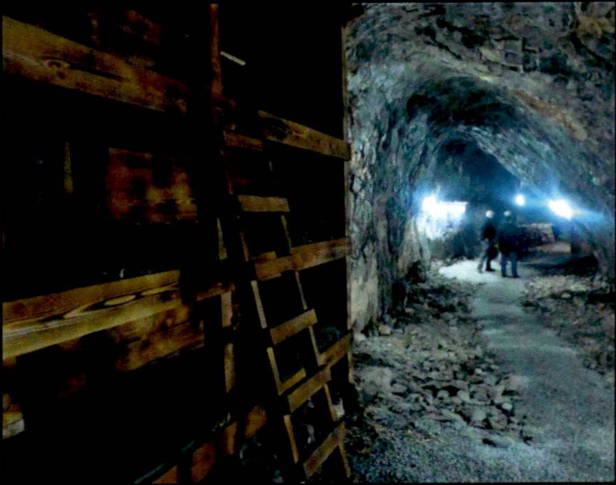

Die Höhle ist zu einem Museum umgebaut worden. Es sind nochmals Etagenbetten, eine Kabine für Offiziere und ein Scheinwerfer errichtet worden

Freilichtmuseum Pečinka Höhle

308 m ü.d.M.

GPS:
45.86247
13.61989

In der Nähe des Dorfes Lokvica, das während des Krieges vollkommen zerstört wurde, befindet sich die Pečinka Höhle. Es handelt sich hierbei um eine schräge Höhle, die 150 m lang ist und einen Höhenunterschied von 22 m hat. Sie zeugt von natürlicher Herkunft (70% der heutigen Höhle) und geht in einem künstlich hergestellten Gang bis zur Spitze des Hügels Pečina (⌖ 308) weiter. Sie ist auch aus archäologischer Sicht wichtig, denn zu Beginn des 20. Jahrhunderts hat man beim Sondieren zahlreiche urgeschichtliche Tonsplitter gemeinsam mit Menschenknochen gefunden.

In der österreichisch-ungarischen Armee hat man, um die natürlichen Höhlen und Abgründe bestmöglich zu nutzen, eine Abteilung des Höhlenbaus (VII. Korps) gegründet, sie bestand aus 500 Mann. Sie wurde vom Speläologen Ing. Oberleutnant Alois Peter Bock geführt. Es wurden über hundert Höhlen erforscht und hergerichtet und viele sind für militärische Zwecke umgestaltet worden. Die Bauarbeiten wurden meist von russischen Kriegsgefangenen ausgeführt. Unter die bekannten Höhlen im Karst, die für militärische Zwecke genutzt wurden, gehören auch einige, von denen man bereits von der Namensgebung her weiß, für was sie genutzt wurden: Municijska jama (Munitionshöhle), Klobasja in Krompirjeva jama (Wurst- und Kartoffelhöhle), als auch Ruska jama (Russische Höhle), Lojzova jama (Loisl Höhle) und die Grofova jama (Grafenhöhle) u.a.

Die Pečinka Höhle diente im Ersten Weltkrieg zum Schutz der Soldaten. Zuerst war sie in Besitz der österreichish-ungarischen Armee. In der 9. Isonzoschlacht, im November 1916, wurde sie dann von italienischen Einheiten besetzt, und blieb auch bis zur 12. Isonzoschlacht im Oktober 1917 unter deren Kontrolle. Die Höhle war mit Hochbetten für Soldaten und Kabinen für Offiziere ausgestattet. Auf der Spitze des Hügels Pečina (308 m) befand sich ein Beobachtungsposten, wo ein Scheinwerfer angebracht war. Aufgrund der strategischen Lage dieser Anhöhe wurde sie auch das *Auge des Karsts* genannt. Heute ist die Pečinka Höhle für Besucher zugänglich.

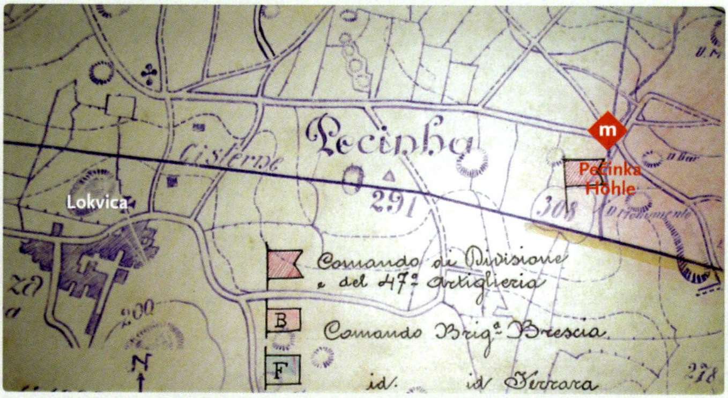

Der Stützpunkt Pečinka umfasste die Koten 291, 308 und 278

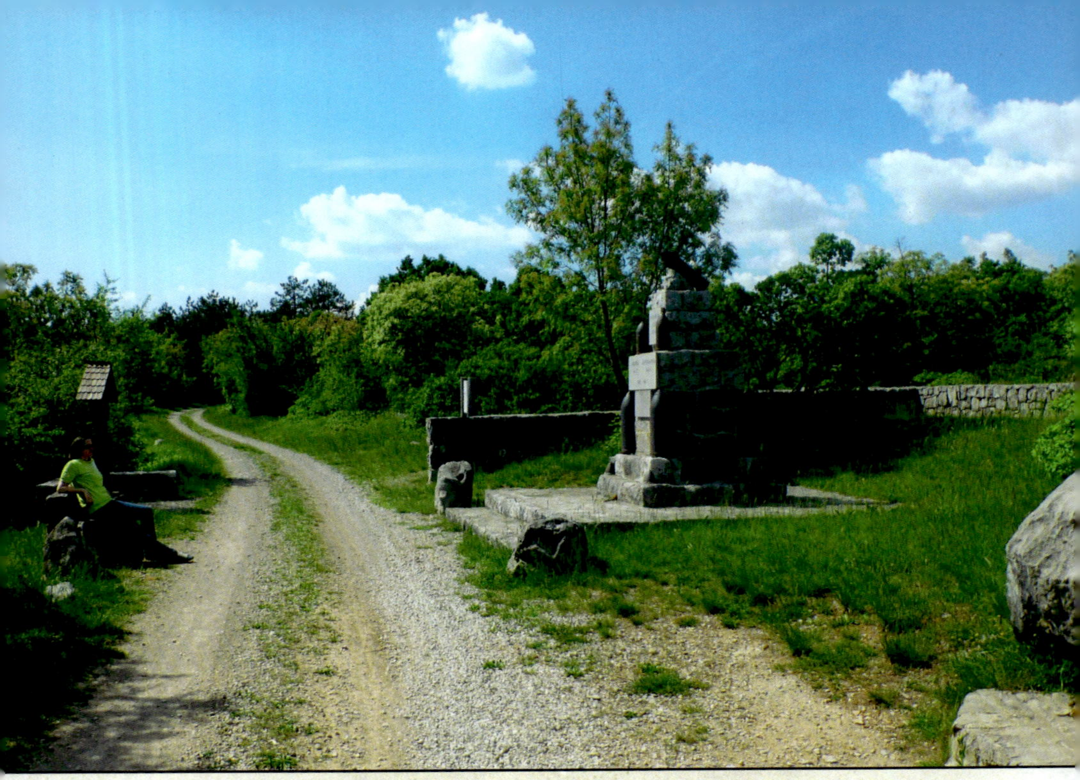

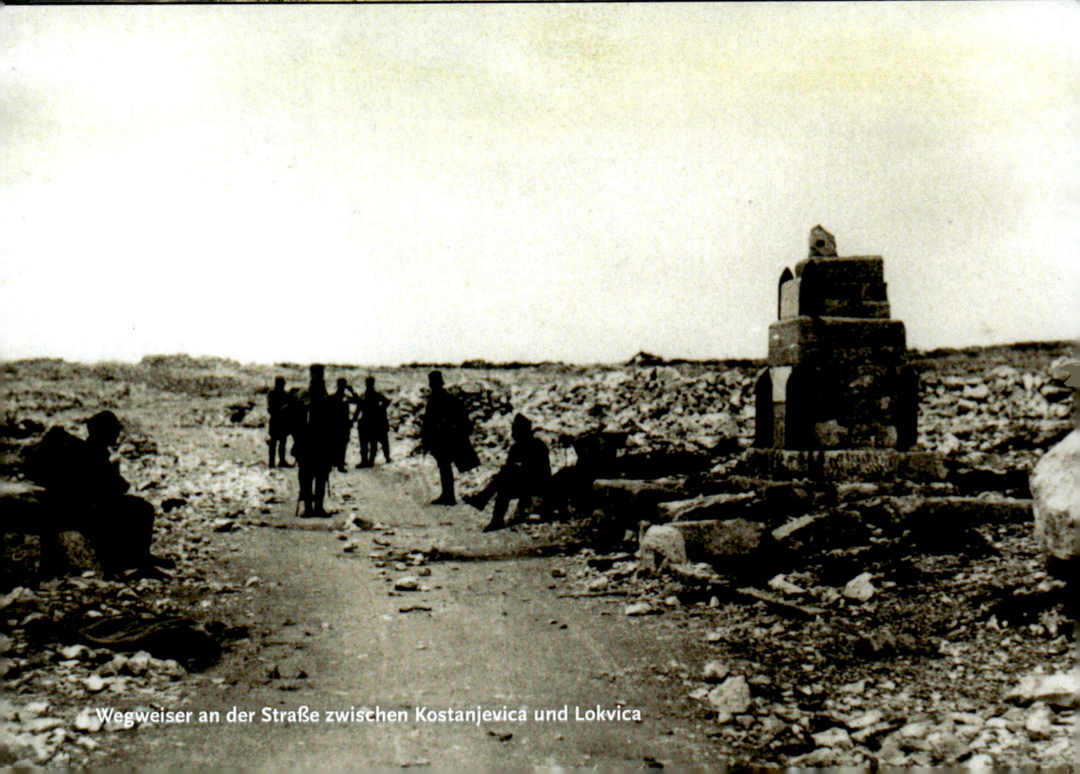

Wegweiser an der Straße zwischen Kostanjevica und Lokvica

Wegweiser und der Boroević-Thron

Im Rahmen der Straße zwischen Kostanjevica und Lokvica haben die Angehörigen des 43. Infanterieregiments, aus dem Ort Caransebeş in Rumänien ein Denkmal bzw. einen Wegweiser zu Ehren des Befehlshabers des VII. österreichisch-ungarischen Korps, Großherzog Joseph, erbaut. Nach ihm wurde auch die erwähnte Straße, *Erzherzog Joseph Straße*, benannt. Am Denkmal steht auch ein Steinstuhl, der seinen Namen nach dem Befehlshaber der 5. österreichisch-ungarischen Armee, Svetozar Boroević von Bojna, erhielt.

In unmittelbarer Nähe finden wir noch weitere Überreste vor, unter welchen wir die des Lagers Segeti, mehrere Denk- und Ehrenmäler, Wasserstellen u.a. nicht übersehen dürfen.

Ehemaliges italienisches Beinhaus, Kostanjevica

Das italienische Beinhaus in Kostanjevica na Krasu wurde im Jahre 1920 zu Ehren der gefallenen Soldaten, die in der Zeit des Ersten Weltkrieges in der unmittelbaren Umgebung verstarben, errichtet. Im Beinhaus wurden mehrere tausend Schädel und Knochen von Soldaten, sowie verschiedene Gegenstände, unter denen sich auch Notizen mit genauen Schilderungen der Kämpfe, die in der Umgebung von Kostanjevica stattfanden, aufbewahrt. Das Objekt wurde 1938 nach dem Bau des neuen Beinhauses in Redipuglia aufgegeben. Nach dem Zweiten Weltkrieg wurde das Beinhaus entgültig entfernt.

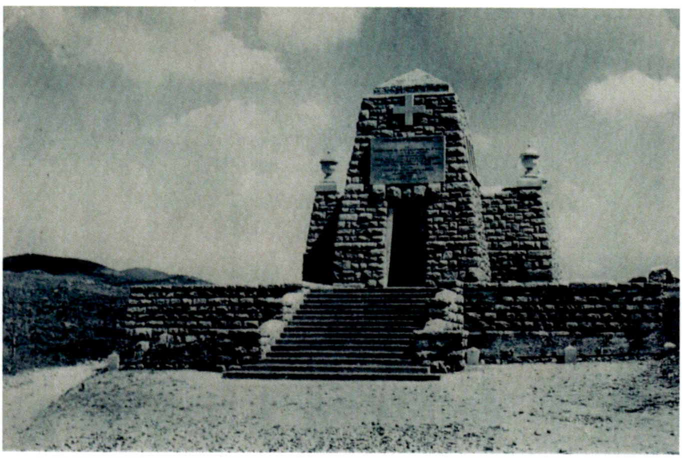

Ehemaliges italienisches Beinhaus in Kostanjevica na Krasu. Die Gedenktafel von der Stirnseite des Beinhauses steht heute im Gedenkpark in Redipuglia

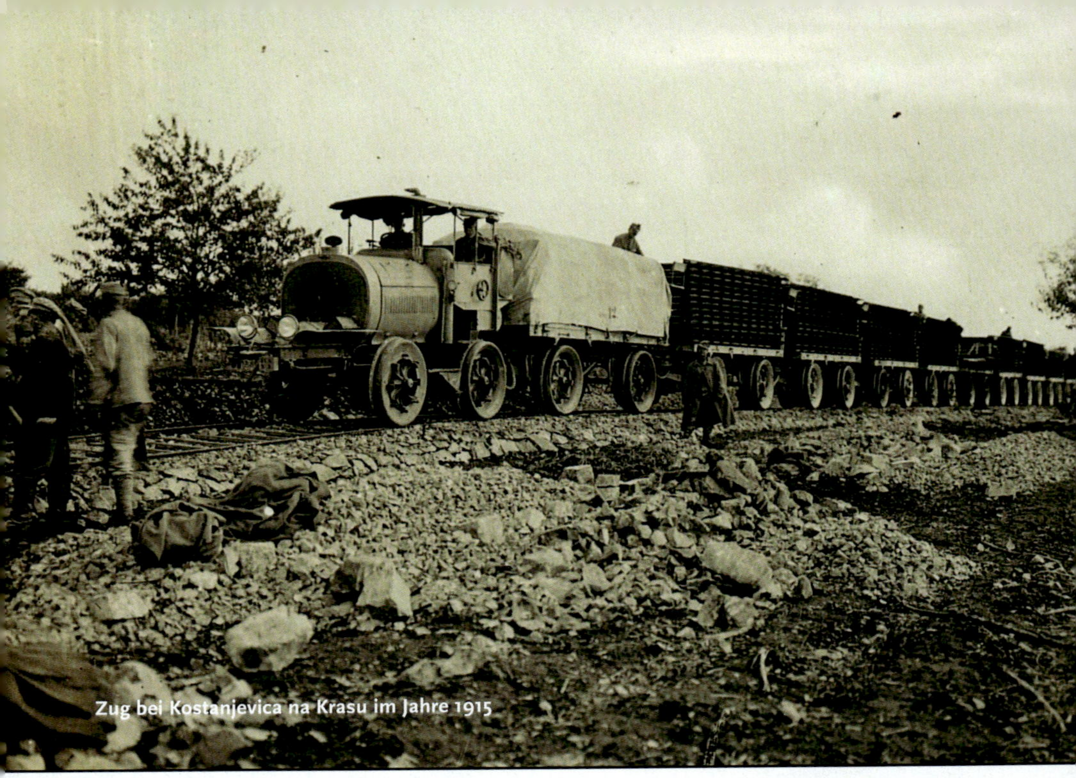

Zug bei Kostanjevica na Krasu im Jahre 1915

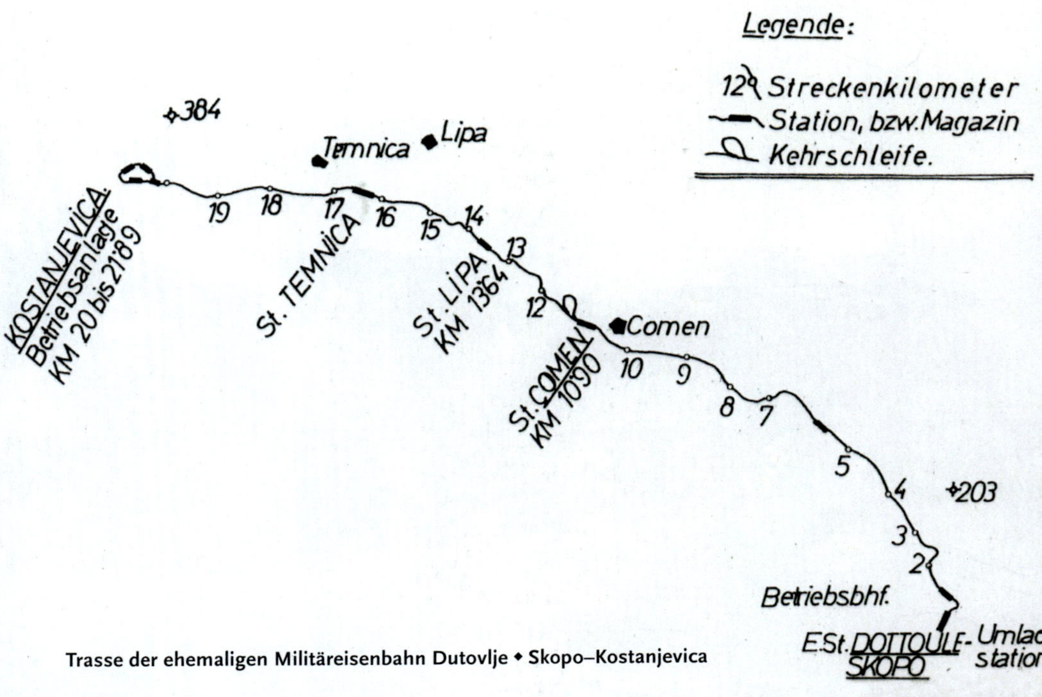

Trasse der ehemaligen Militäreisenbahn Dutovlje • Skopo–Kostanjevica

Militäreisenbahn Dutovlje • Skopo–Kostanjevica

Für die Versorgung des Karstabschnitts der Isonzofront war die Eisenbahnlinie Dutovlje • Skopo–Kostanjevica von wichtiger Bedeutung. Die Bahnlinie war 22 km lang und führte vom Bahnhof Dutovlje • Skopo vorbei an Gabrovica, Komen, Sveto und Temnica bis nach Kostanjevica. Ihre Überreste sind heute noch sichtbar. Zwischen dem 1. und 28. August 1915, wurde die Trasse festgelegt. Die Bahnlinie wurde von der 35. kaiserlich-königlichen Eisenbahneinheit unter Mithilfe mehrerer Gefangener erbaut. Die Arbeiten verliefen vom 15. August bis zum 4. Oktober 1915. Die erste Fahrt vom Bahnhof in Dutovlje • Skopo bis nach Komen war am 4. September 1915. Der Bau der Bahnlinie ging weiter bis nach Kostanjevica, wo genau einen Monat später, am 4. Oktober 1915, der erste Zug ankam. Die Züge, die auf dieser Bahnlinie fuhren, nannte man *B-ZUG* und wurden von Ferdinand Porsche konstruiert. Ihre Besonderheit war, das die Lokomotive die Waggons nur ziehen, sie aber nicht schieben, bzw. rückwärts fahren konnte. Für diesen Zweck wurden Umkehrschleifen erbaut. Die Stationen befanden sich westlich von Sveto (Komen), wo sich auch eine Umkehrschleife befand, südlich von Lipa, bei Temnica und westlich von Kostanjevica, wo sich eine Endstation mit Umkehrschleife befand. Die Bahnlinie befand sich während der 6. Isonzoschlacht unter starkem italienischem Artilleriebeschuss und war deswegen an mehreren Stellen vollkommen zerstört. Im Herbst desselben Jahres besetzten Italiener die Stellungen knapp unter Kostanjevica, deswegen fuhren die Züge nur bis Komen. Nur außerordentlich wichtige Transporte, natürlich nur wenn es die Umstände erlaubten, fuhren bis nach Temnica. Nach dem Durchbruch der Front im Herbst 1917 war kein Bedarf mehr diese Linie instand zu halten, deswegen wurde sie schrittweise abgebaut.

Österreichisch-ungarische Soldatenfriedhöfe: Temnica, Lipa, Sveto

Auf dem Friedhof in Temnica ruhen Soldaten, die dem 61. Infanterieregiment (IR 61) angehörten. Das Musterungsgebiet dieses Regiments war in der Stadt Timişoara in Rumänien. Die bestatteten Soldaten waren von der Nationalität her Rumänen, Serben und Ungarn.

In Lipa befinden sich zwei Friedhöfe und auf beiden wurden ungarische Soldaten des 46. und 39. Infanterieregiments (IR 46 und IR 39) begraben. Das Musterungsgebiet des 46. Infanterieregiments war in der Umgebung von Szeged, das des 39. Infanterieregiments in der Umgebung von Debrecen. Auf dem Friedhof liegen auch Soldaten begraben, die im Militärkrankenhaus ums Leben gekommen sind.

In Sveto auf dem Soldatenfriedhof liegen Soldaten begraben, die im dortigen Militärkrankenhaus ums Leben gekommen sind.

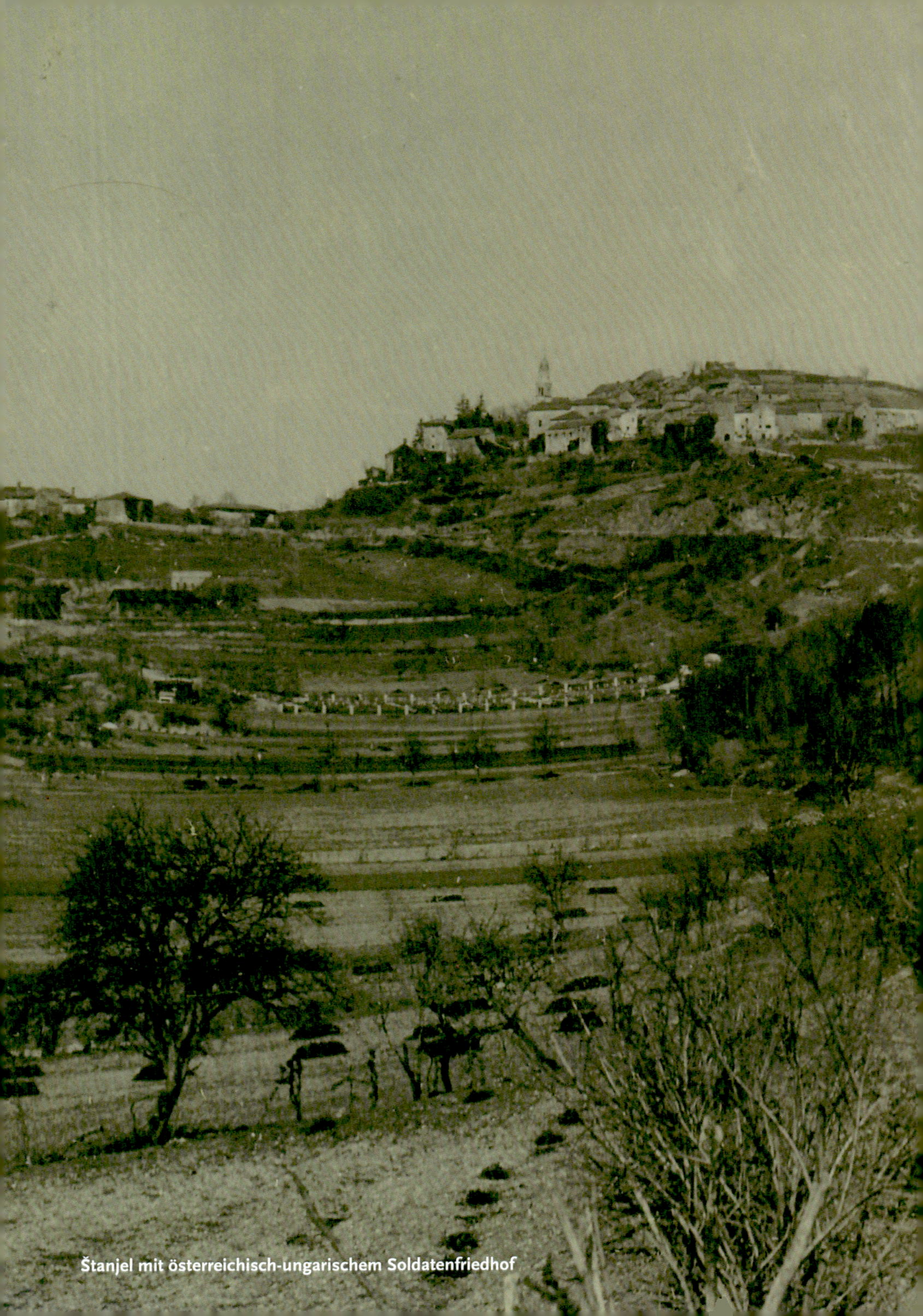

Štanjel mit österreichisch-ungarischem Soldatenfriedhof

Andere Sehenswürdigkeiten in der Umgebung

Štanjel

Štanjel ist eine der ältesten Siedlungen im Karst und aufgrund des alten Ortskerns erkennbar. Sein Name stammt vom Schutzheiligen der Kirche, dem heiligen Daniel. Aufgrund seiner strategischen Hügellage war Štanjel bereits seit prähistorischen Zeiten besiedelt und schon während der Antike befestigt. Die Ortschaft wurde erstmals 1402 schriftlich erwähnt. Die typische Festungsmauer stammt aus dem 15. Jahrhundert und schützte die Bewohner in der Zeit der Türkeneinfälle. Seinen Höhepunkt erlebte die Siedlung im 16. und 17. Jahrhundert. Aus dieser Zeit stammen auch die architektonischen Merkmale an den Häusern. In der Zeit zwischen den beiden Weltkriegen prägte der Architekt und damalige Bürgermeister, Max Fabiani, das Ortsbild. Im Zweiten Weltkrieg wurde das Dorf teilweise niedergebrannt und das Schloss schwer beschädigt. Die Erneuerung des alten Ortskerns und des Schlosses begann in den 60er Jahren des letzten Jahrhunderts und dauert noch bis heute an. Nach dem Zweiten Weltkrieg entwickelte sich unterhalb des alten Ortskerns das neue Štanjel.

In der Nähe von Štanjel liegt der Soldatenfriedhof, in dem österreichisch-ungarische Soldaten und russische Gefangene begraben liegen. Sie verstarben im naheliegenden Militärkrankenhaus im Schloss Štanjel und den Behelfskrankenhäusern in der Umgebung. Im Jahre 1917 erstellte der Architekt Joseph Ulrich den architektonischen Plan für die Herrichtung des Friedhofs, den er mit einem großartigen Tempel vollendete. Die Arbeiten wurden im Jahre 1918 fertig gestellt. Nach Angaben der italienischen Behörden, die in den dreißiger Jahren des 20. Jahrhunderts die Umbettung der Soldatenfriedhöfe leiteten, sollen hier 1315 Soldaten begraben liegen.

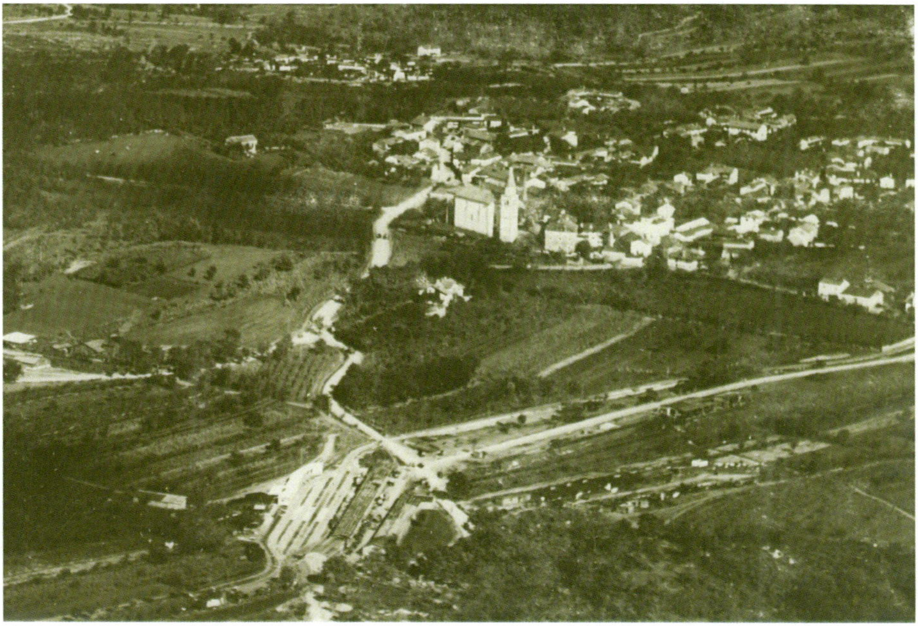

Komen mit ehemaligem Bahnhof

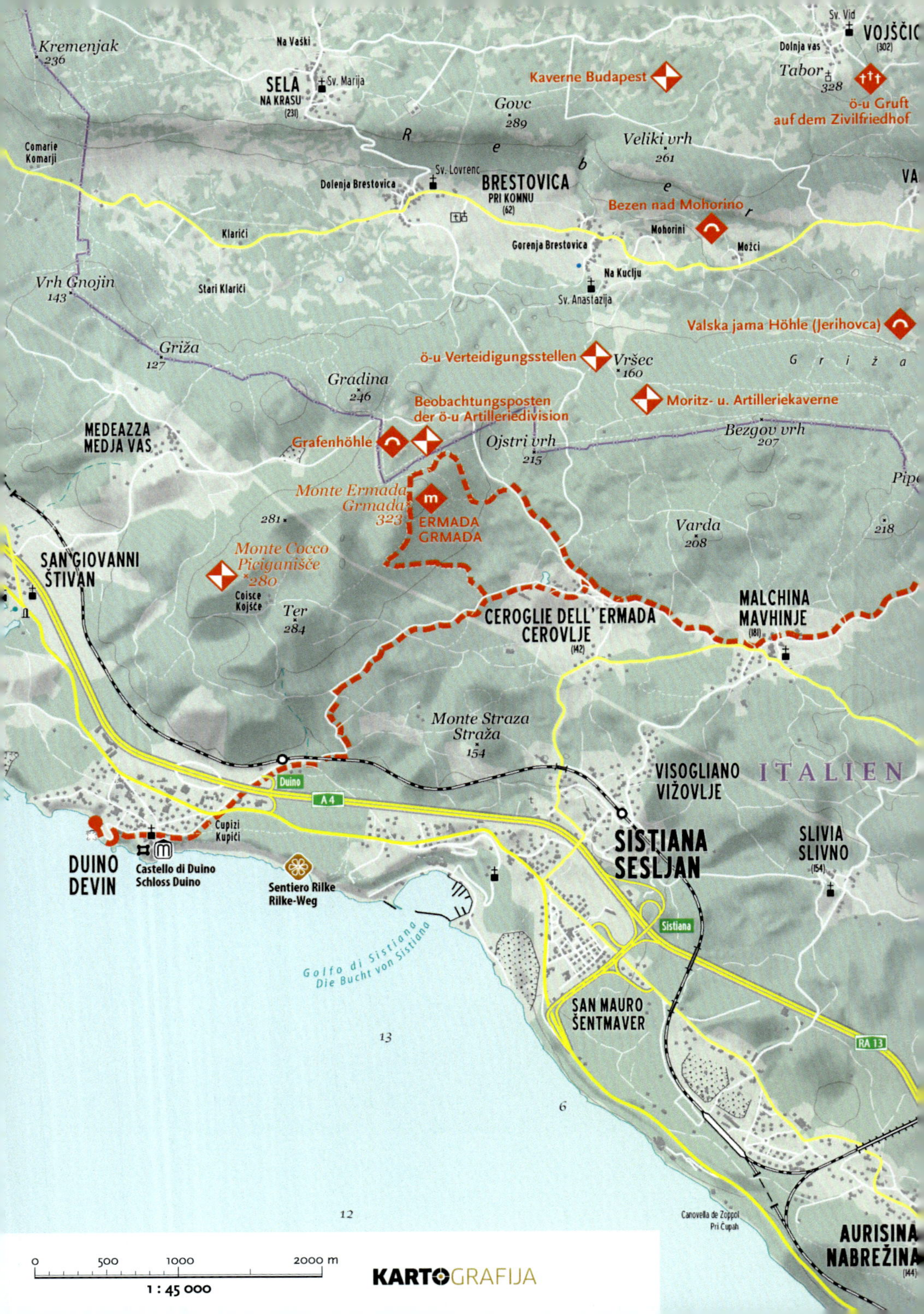

Kremenjak 236
Na Vaški
SELA NA KRASU (231)
Sv. Marija
Kaverne Budapest
Sv. Vid
VOJŠČIC (302)
Dolnja vas
Tabor 328
ö-u Gruft auf dem Zivilfriedhof
Govc 289
Comarie Komarji
Veliki vrh 261
R e b e r
Sv. Lovrenc
Dolenja Brestovica
BRESTOVICA PRI KOMNU (62)
Bezen nad Mohorino
Mohorini
Možci
Klarići
Gorenja Brestovica
Na Kuclju
Vrh Gnojin 143
Stari Klarići
Sv. Anastazija
Valska jama Höhle (Jerihovca)
Griža 127
ö-u Verteidigungsstellen
Vršec 160
G r i ž a
Gradina 246
Beobachtungsposten der ö-u Artilleriedivision
Moritz- u. Artilleriekaverne
MEDEAZZA MEDJA VAS
Grafenhöhle
Ojstri vrh 215
Bezgov vrh 207
Monte Ermada Grmada 323
ERMADA GRMADA
281
Varda 208
218
SAN GIOVANNI ŠTIVAN
Monte Cocco Piciganišče 280
Coisce Kojšče
Ter 284
CEROGLIE DELL' ERMADA CEROVLJE (142)
MALCHINA MAVHINJE (181)
Monte Straza Straža 154
VISOGLIANO VIŽOVLJE
ITALIEN
Duino
A 4
Cupizi Kupiči
DUINO DEVIN
Castello di Duino Schloss Duino
Sentiero Rilke Rilke-Weg
SISTIANA SESLJAN
SLIVIA SLIVNO (154)
Sistiana
Golfo di Sistiana Die Bucht von Sistiana
SAN MAURO ŠENTMAVER
RA 13
13
6
12
Canovella de Zoppol Pri Cupah
AURISINA NABREŽINA (144)
0 500 1000 2000 m
1 : 45 000
KARTOGRAFIJA

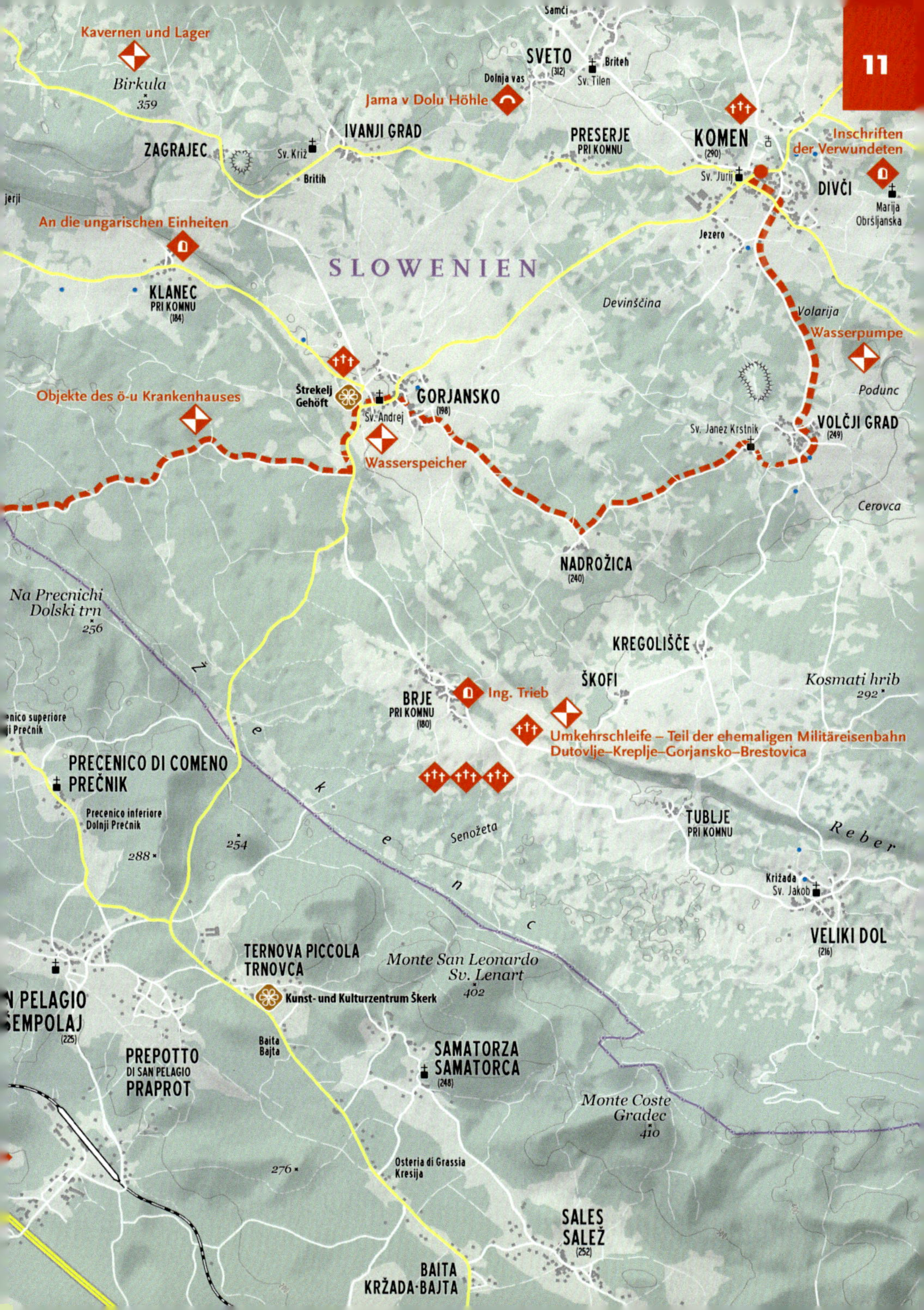
Kavernen und Lager
Birkula 359
Jama v Dolu Höhle
SVETO (312)
Samči
Dolnja vas
Briteh
Sv. Tilen
ZAGRAJEC
Sv. Križ
IVANJI GRAD
Britih
PRESERJE PRI KOMNU
KOMEN (290)
Sv. Jurij
Inschriften der Verwundeten
DIVČI
Marija Obršljanska
Jezero
An die ungarischen Einheiten
KLANEC PRI KOMNU (184)
SLOWENIEN
Devinščina
Volarija
Wasserpumpe
Podunc
Objekte des ö-u Krankenhauses
Štrekelj Gehöft
GORJANSKO (198)
Sv. Andrej
Wasserspeicher
Sv. Janez Krstnik
VOLČJI GRAD (249)
Cerovca
NADROŽICA (240)
Na Precnichi Dolski trn 256
KREGOLIŠČE
ŠKOFI
Kosmati hrib 292
BRJE PRI KOMNU (180)
Ing. Trieb
Umkehrschleife – Teil der ehemaligen Militäreisenbahn Dutovlje–Kreplje–Gorjansko–Brestovica
PRECENICO DI COMENO
PREČNIK
Precenico inferiore
Dolnji Prečnik
288
254
Ž e k e n c
Senožeta
TUBLJE PRI KOMNU
Reber
Križada
Sv. Jakob
VELIKI DOL (216)
TERNOVA PICCOLA
TRNOVCA
Monte San Leonardo Sv. Lenart 402
Kunst- und Kulturzentrum Škerk
Baita Bajta
SAMATORZA SAMATORCA (248)
PREPOTTO DI SAN PELAGIO PRAPROT
Monte Coste Gradec 410
276
Osteria di Grassia Kresija
SALES SALEŽ (252)
BAITA KRŽADA-BAJTA

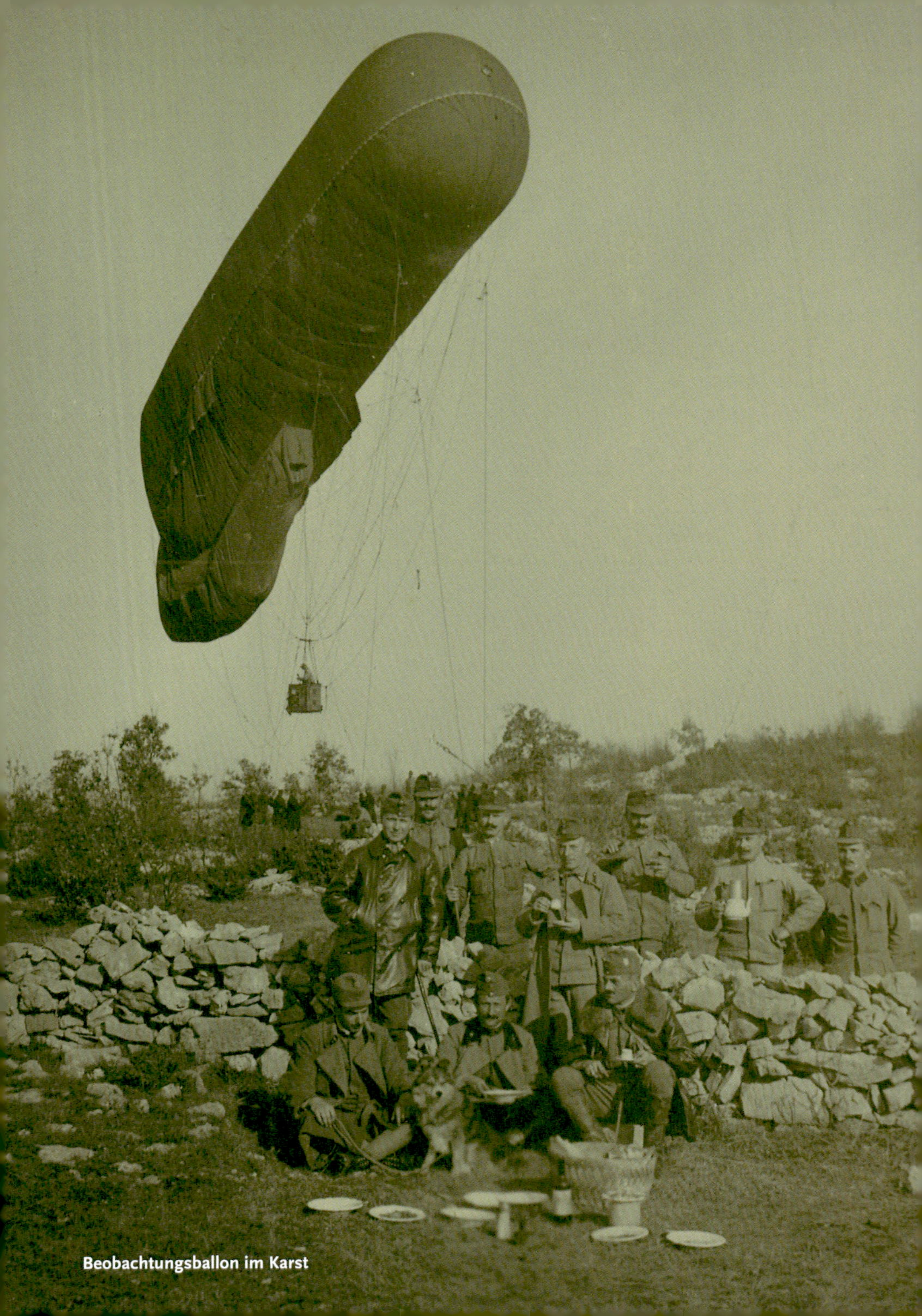

Beobachtungsballon im Karst

Komen ◆ Volčji Grad ◆ Gorjansko ◆ Malchina *Mavhinje* ◆ Ceroglie *Cerovlje* ◆ Freilichtmuseum Ermada ◆ Duino *Devin*

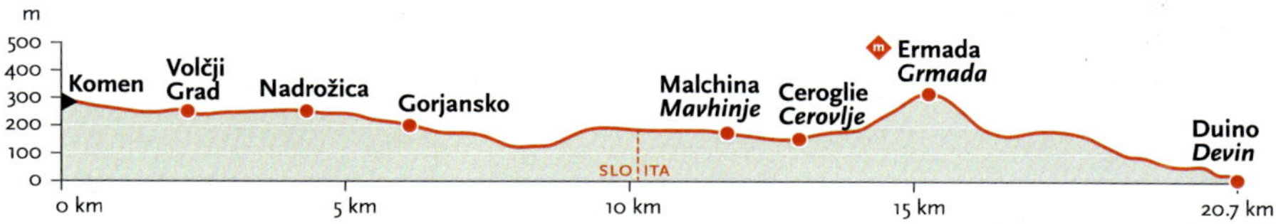

Gemeinsamer Höhenunterschied: 270 m

Beobachtungsballons an der Isonzofront

Um gut geplante Militärmanöver ausführen zu können, brauchten beide kämpfenden Seiten so viele Angaben über den Feind wie nur möglich und einen guten Überblick über das Schlachtfeld. Am besten konnte man diesen Bedingungen mit Beobachten aus der Höhe gerecht werden. Für einen Einblick in die Tiefe des feindlichen Gebietes wurden zuerst Beobachtungsballons (Drachenballons), später dann auch Aufklärungsflugzeuge eingesetzt. Die Balloneinheiten konnten aufgrund des Terrains, auf dem die Logistik beruhte, nur auf dem Karstgebiet der Isonzofront tätig sein. Ihre Aufgabe war das Beobachten, das Fotografieren der feindlichen Stellungen, das Ermitteln der feindlichen Verschiebungen und das Übermitteln der gesamten Informationen an die Kommandantur. In der österreichisch-ungarischen Armee wurden zum Beispiel zwei Arten von Balloneinheiten eingesetzt: Abteilungen für Feld- und Festungsluftschiffer, letztere zählte 69 Mann und ihre Tätigkeit beschränkte sich auf das Gebiet von Festungen. Feldluftschifferabteilungen gab es zu Anfang des Krieges viele. Nach der Reorganisierung im Jahre 1917 zählte sie 143 Mann, 82 Pferde, 31 Wagen, 3 Lastwagen, 3 Gasentwickler, 1 Ballon, 2 zusätzliche Gasreservoirs und eine Motorwinde mit Korb zum Anheben und Senken des Ballons. Jede Einheit hatte ein mobiles Fotolabor, eine Wetterstation und eine direkte Verbindung zur Kommandantur. Die Wetterverhältnisse ermöglichten einen Aufstieg des Ballons bis auf 400 m, bei Windstille sogar bis auf 800 m. Für die Herstellung einer ausreichenden Menge an Wasserstoffgas, für die Füllung eines Ballons und zwei Reservereservoirs brauchte man 30.000 l Wasser. Aufgrund des Wassermangels im Karst, war die Nutzung der Ballons beschränkt. So konnte Österreich-Ungarn nur 3 Ballon-Kompanien einsetzen, während die italienische Armee 8 Balloneinheiten einsetzen konnte.

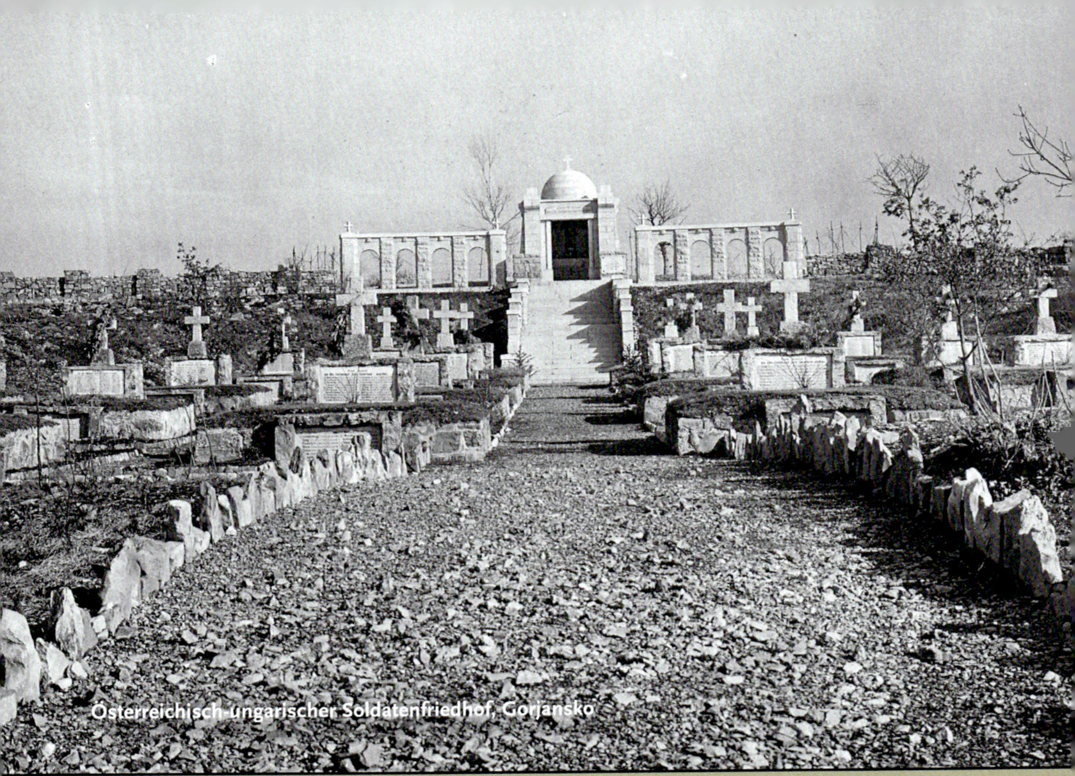

Österreichisch-ungarischer Soldatenfriedhof, Gorjansko

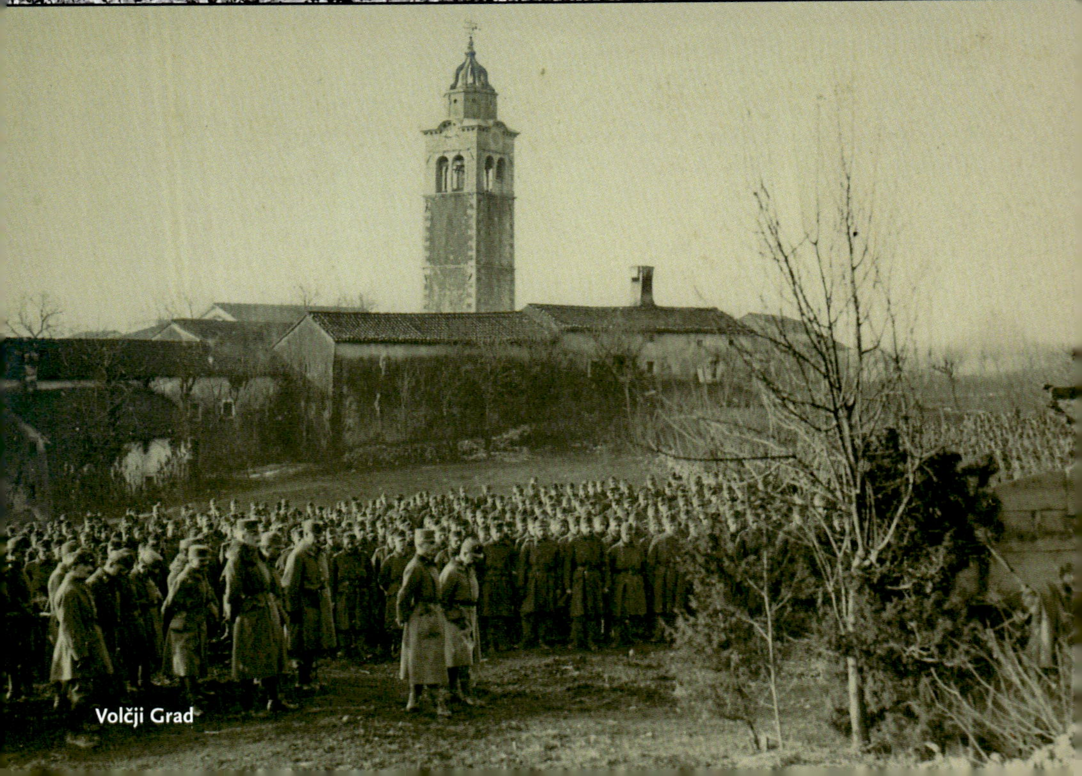

Volčji Grad

Österreichisch-ungarischer Soldatenfriedhof, Gorjansko

Der Soldatenfriedhof des Ersten Weltkriegs liegt nordwestlich vom Dorf Gorjansko in unmittelbarer Nähe des zivilen Friedhofs. Auf dem Friedhof liegen österreichisch-ungarische Soldaten begraben, die im nahegelegenen Krankenhaus ums Leben gekommen sind. Der monumentale Teil des Friedhofs wurde bereits während des Krieges im Juli 1916 fertiggestellt. Der Friedhof behielt sein ursprüngliches Aussehen, doch sind die dreiteiligen Steinkreuze und die Marmorplatten mit den Namen auf den gemeinsamen Gräbern nicht mehr erhalten. Nach Angaben der italienischen Behörden, die in den dreißiger Jahren des 20. Jahrhunderts die Umbettung der Soldatenfriedhöfe leiteten, sind hier 6015 Soldaten begraben. Der Soldatenfriedhof Gorjansko ist der größte österreichisch-ungarische Soldatenfriedhof aus dem Ersten Weltkrieg, der sich auf slowenischem Boden befindet. Er ist sehr gut erhalten.

Während der Isonzofront verliefen gerade im Karst die meisten Militäroperationen, was auch eine große Anzahl an Todesopfern mit sich brachte. Bis heute blieben viele österreichisch-ungarische Soldatenfriedhöfe erhalten, wie zum Beispiel in der Umgebung des Dorfes Brje, wo wir gleich vier Friedhöfe vorfinden, des weiteren ein gut erhaltener Friedhof in Dutovlje usw.

Gorjansko, Štrekljeva domačija (197 m)

Štrekljeva domačija (Štrekelj Gehöft) ist zum Kulturdenkmal von lokaler Bedeutung erklärt worden. Dort wurde der Sprachwissenschaftler und Ethnologe Dr. Karel Štrekelj geboren. In den Räumen des Gehöfts ist ein Gedenkzimmer eingerichtet worden. Dort befindet sich auch ein Infopunkt und man kann sich die Ausstellung *Komenski Kras 1915–1918* (Der Karst von Komen 1915–1918) ansehen.

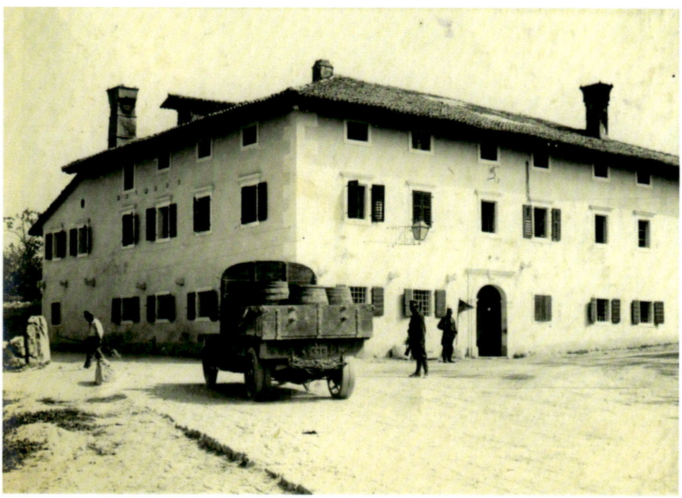

Štrekljeva domačija (Štrekelj Gehöft) in Gorjansko wurde während der Isonzofront zum Krankenhaus umfunktioniert

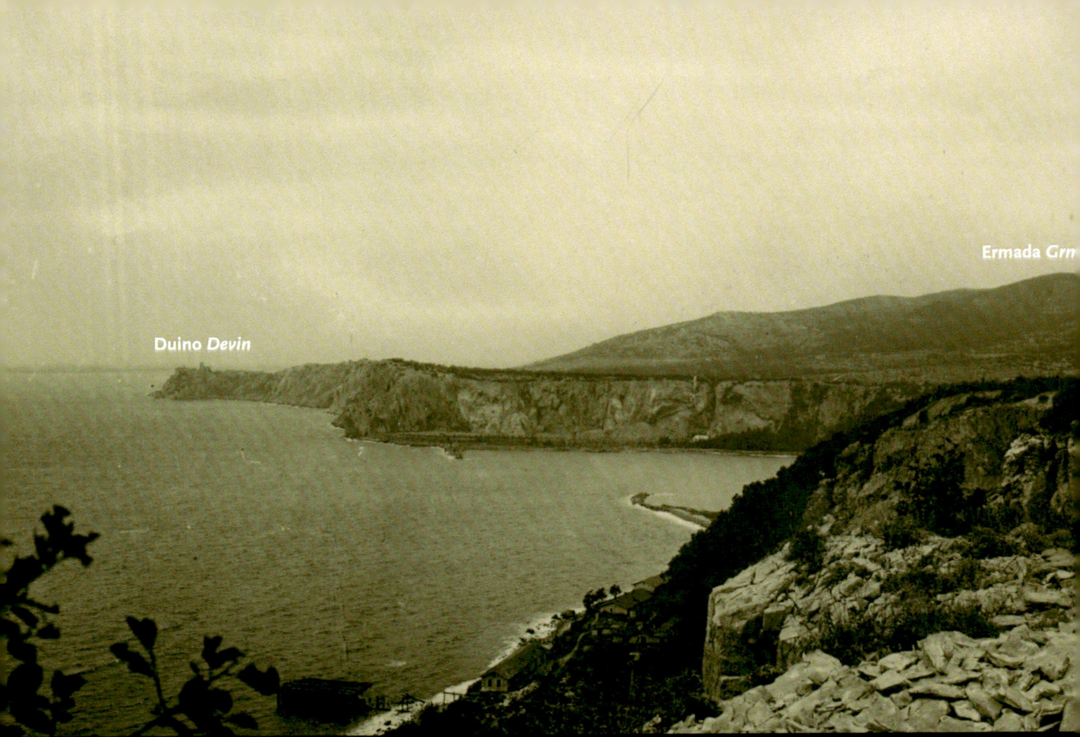

Golfo di Sistiana *Die Bucht von Sistiana*

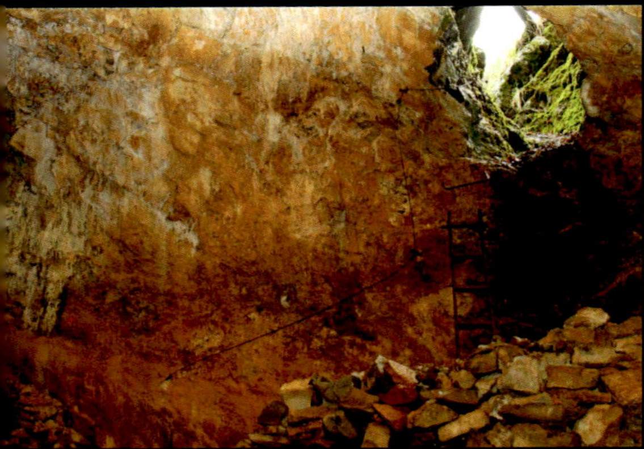

Auf dem Gebiet der Monte Ermada gibt es mehrere Höhlen. Zur Zeit der Isonzofront galten diese als sicherste Unterkunft. Es geht hier um die Höhlen Karl und Zita, auch bekannt als *Grotta della Gavetta* und *Grotta del Pilone*. Die Habsburger Befehlshaber wollten damit den neuen Kaiser würdigen, der der Thronnachfolger Franz Josephs war, nämlich Kaiser Karl I. und seine Gemahlin Zita von Bourbon-Parma.

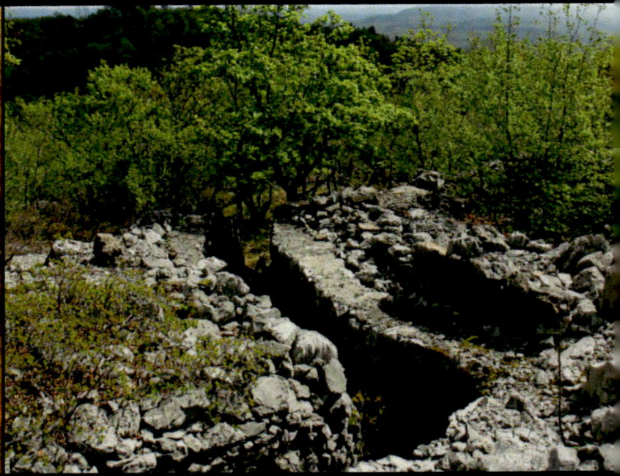

Schützengräben auf dem Hang der Monte Ermada

Freilichtmuseum Monte Ermada

Auf dem Monte Ermada (Grmada) können wir uns einen Teil der österreichisch-ungarischen Verteidigungslinie anschauen, die im Jahre 1916 befestigt wurde. Nach der Niederlage in der 6. Isonzoschlacht musste sich die österreichisch-ungarische Armee von den Anhöhen in der Umgebung von Monfalcone (Tržič) zurückziehen. Die Entscheidung sich auf dem Monte Ermada und den umliegenden Anhöhen zu befestigen war nicht zufällig, sondern die Folge strategischer und praktischer Entscheidungen. Von hier aus konnte man sowohl das Tal Brestoviški dol wie auch den Durchgang nach Triest überwachen. Das Karstplateau war übersät mit Dolinen, Durchgängen zwischen den Felsen und Naturhöhlen, die bestens für die Bedürfnisse der Armee im Ersten Weltkrieg geeignet waren. In kürzester Zeit bauten die österreichisch-ungarischen Einheiten Schützengräben, Stellungen und Unterkünfte für Soldaten, weswegen die neue Verteidigungslinie für die Italiener unüberbrückbar wurde. So wurden alle Angriffe der 3. italienischen Armee zwischen der 8. und 9. Isonzoschlacht trotz der bedeutend geringeren Anzahl der österreichisch-ungarischen Soldaten abgewährt.

323 m ü.d.M.

GPS:
45.79464
13.62652

Heute führen von der italienischen Seite aus mehrere Wege auf den Monte Ermada. Auch die Verbindungswege auf der slowenischen Seite in Richtung Brestovica sind gut hergerichtet.

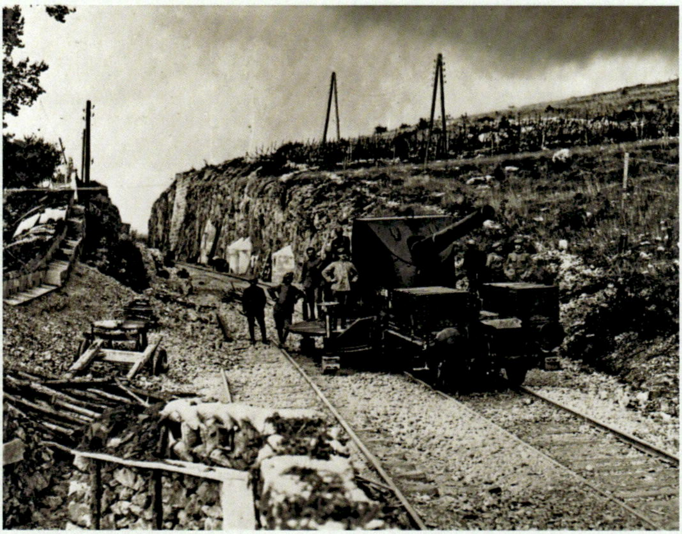

Schiffsartillerie (152 mm) auf einem Eisenbahnwaggon bei Monfalcone (Tržič)

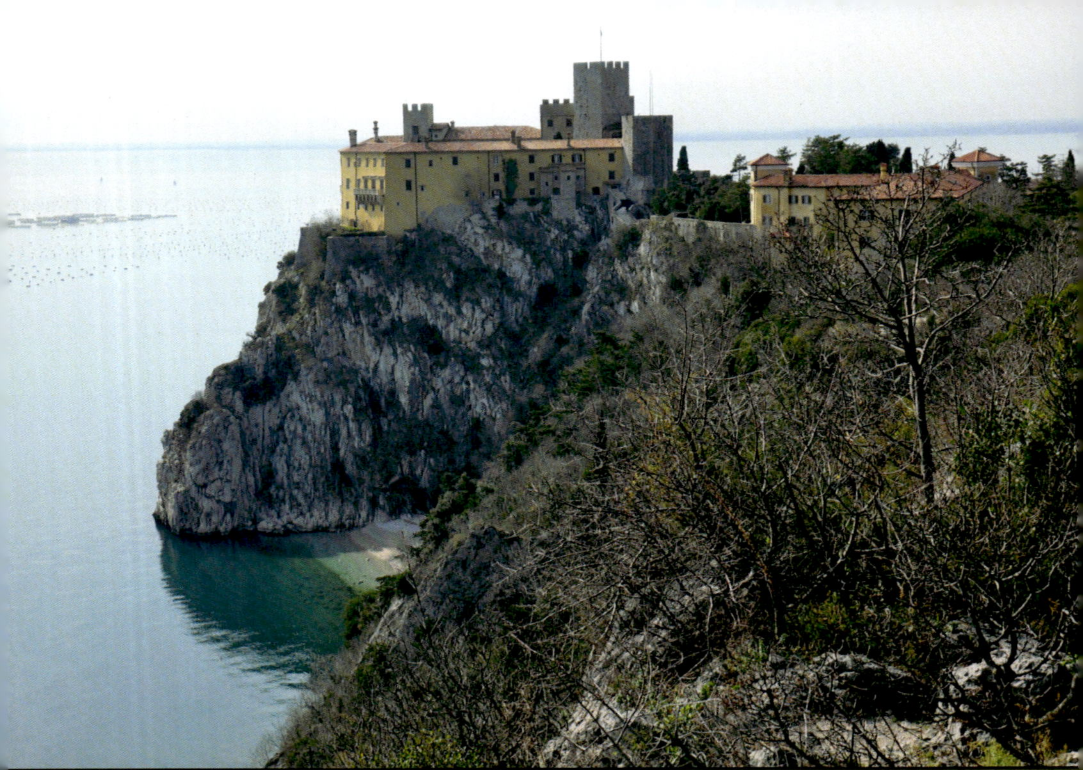

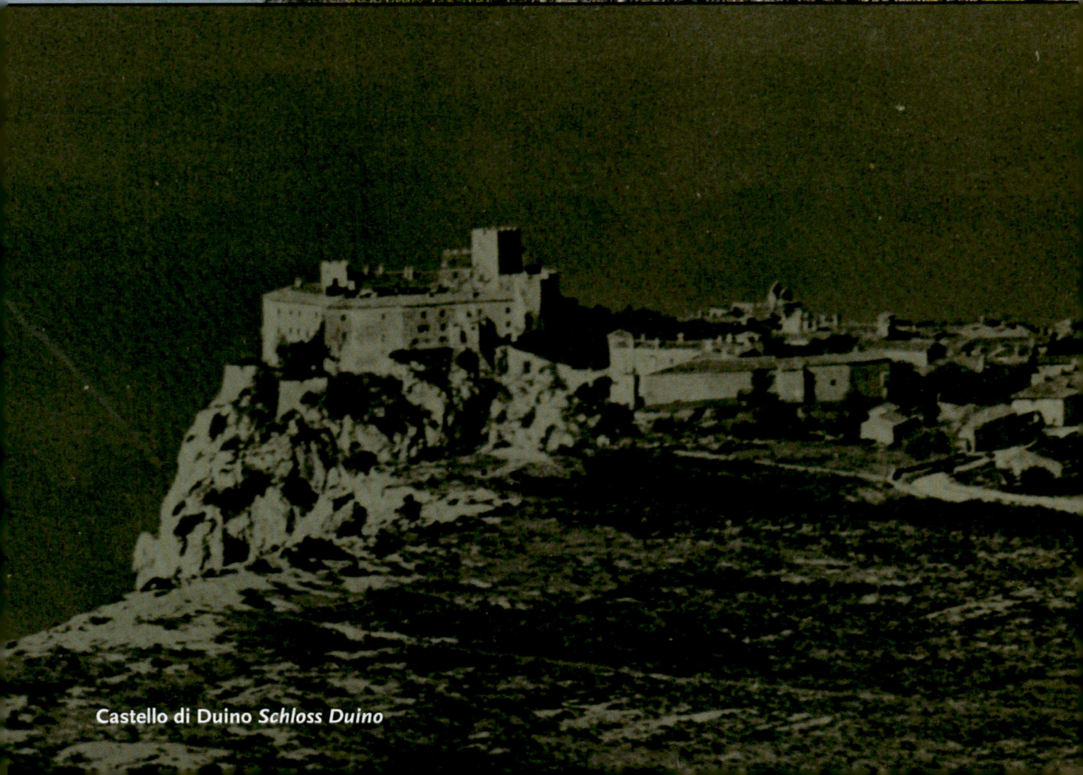

Castello di Duino *Schloss Duino*

DUINO *DEVIN*

Duino kann sich gleich mit zwei Schlössern rühmen. Schon von weitem ist das neue Schloss gut zu sehen, währenddessen vom alten Schloss nur noch Ruinen übriggeblieben sind. Das neue Schloss Duino thront am Rande des Karsts auf einem Kliff, das sich malerisch über dem Meer erhebt. Das Schloss ist sehr gut erhalten, denn es hat im Laufe der Jahrhunderte zahlreiche Erweiterungen, Erneuerungen und Restaurierungen durchgemacht. Der Besuch des Schlosses bietet eine Übersicht über die Geschichte dieses Gebietes und von den Fenstern und Terrassen bietet sich ein einmaliger Blick auf die Triester Bucht. Die ersten schriftlichen Erwähnungen über das heutige Schloss gehen bis in das Jahr 1363 zurück, als dieses vom älteren Schloss noch getrennt war. Die Geschichte des Schlosses ist eng mit der Familie Thurn und Taxis (Torre e Tasso) verbunden. Während des Ersten Weltkrieges war Duino praktisch ein Teil der österreichisch-ungarischen Verteidigungslinie und auch der südlichste Punkt.

Heute kann das Schloss der Ausgangspunkt für den Rilkeweg sein. Der etwa 2 km lange Fußweg führt am Rande von hohen Felskliffen über der Bucht von Sistiana entlang.

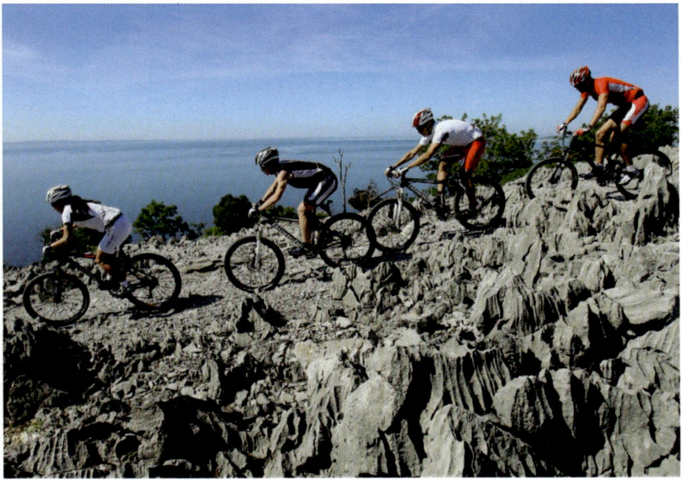

Der Karst bietet viele Möglichkeiten für eine aktive Auszeit

- Weg des Friedens
- Besucherzentrum Weg des Friedens
- Freilichtmuseum
- Denkmal, Gedenktafel
- Beinhaus
- Soldatenfriedhof
- Soldatenkapelle
- Militärflugplatz während der Isonzofront
- Festung
- Überreste der Isonzofront
- Gedenkkirche
- Höhle, Kaverne
- Aussichtspunkt
- Private Museumssammlung
- Museum
- Natursehenswürdigkeit
- Kultursehenswürdigkeit
- Touristikinformationszentrum
- Kote

0 500 1000 2000 3000 m

1 : 55 000

KARTOGRAFIJA

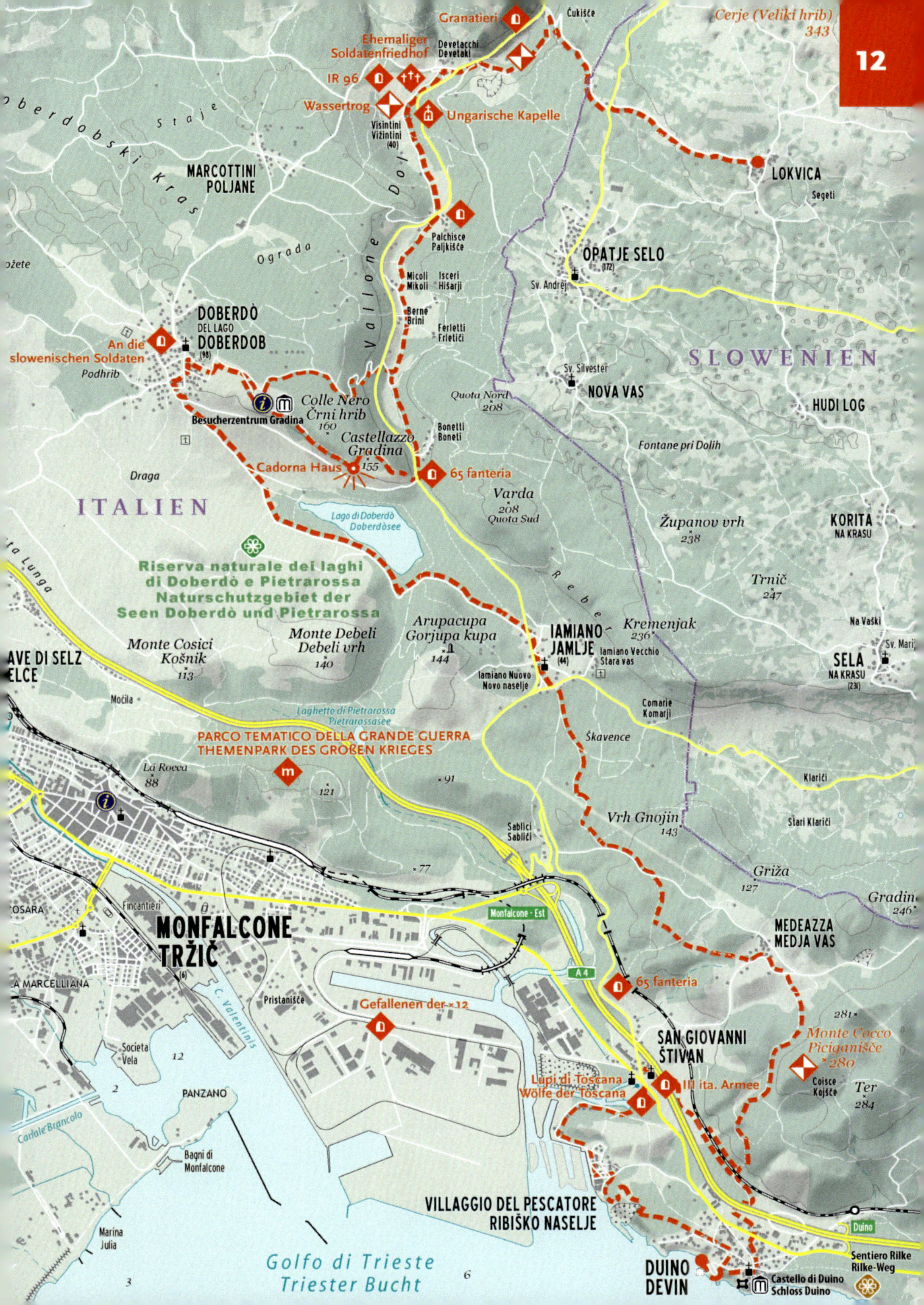
Granatieri
Čukišče
Cerje (Veliki hrib)
343
Ehemaliger Soldatenfriedhof
Devetacchi
Devetaki
IR 96
Wassertrog
Ungarische Kapelle
Visintini
Vižintini
(40)
oberdobski Kras
Staje
MARCOTTINI
POLJANE
Vallone Dol
LOKVICA
Segeti
Palchisce
Paljkišče
Ograda
OPATJE SELO
(172)
Sv. Andrej
ožete
Micoli
Mikoli
Isceri
Hišarji
Berne
Brini
Ferletti
Frletiči
DOBERDÒ
DEL LAGO
DOBERDOB
(98)
An die slowenischen Soldaten
Podhrib
SLOWENIEN
Sv. Silvester
NOVA VAS
Colle Nero
Črni hrib
160
Besucherzentrum Gradina
Quota Nord
208
HUDI LOG
Bonetti
Boneti
Castellazzo
Gradina
155
Fontane pri Dolih
Cadorna Haus
65 fanteria
Draga
Varda
208
Quota Sud
ITALIEN
Lago di Doberdò
Doberdòsee
Županov vrh
238
KORITA
NA KRASU
Riserva naturale dei laghi di Doberdò e Pietrarossa
Naturschutzgebiet der Seen Doberdò und Pietrarossa
Rebe
Trnič
247
Arupacupa
Gorjupa kupa
IAMIANO
JAMLJE
Kremenjak
236
Na Vaški
Monte Cosici
Košnik
113
Monte Debeli
Debeli vrh
140
144
(44)
Iamiano Vecchio
Stara vas
Sv. Mari
SELA
NA KRASU
(231)
AVE DI SELZ
ELCE
Iamiano Nuovo
Novo naselje
Močila
Laghetto di Pietrarossa
Pietrarossasee
Comarie
Komarji
PARCO TEMATICO DELLA GRANDE GUERRA
THEMENPARK DES GROßEN KRIEGES
Škavence
La Rocca
88
121
91
Klariči
Vrh Gnojin
143
Stari Klariči
Sablici
Sablići
77
Griža
127
Gradin
246
OSARA
Fincantieri
Monfalcone - Est
MEDEAZZA
MEDJA VAS
MONFALCONE
TRŽIČ
(6)
A4
65 fanteria
A MARCELLIANA
C. Valentinis
Pristanišče
Gefallenen der × 12
281
Monte Cocco
Piciganišče
280
Societa
Vela
12
SAN GIOVANNI
ŠTIVAN
Lupi di Toscana
Wölfe der Toscana
III ita. Armee
Coisce
Kojšče
Ter
284
PANZANO
Canale Brancolo
2
Bagni di
Monfalcone
VILLAGGIO DEL PESCATORE
RIBIŠKO NASELJE
Duino
Marina
Julia
Sentiero Rilke
Rilke-Weg
Golfo di Trieste
Triester Bucht
6
3
DUINO
DEVIN
Castello di Duino
Schloss Duino

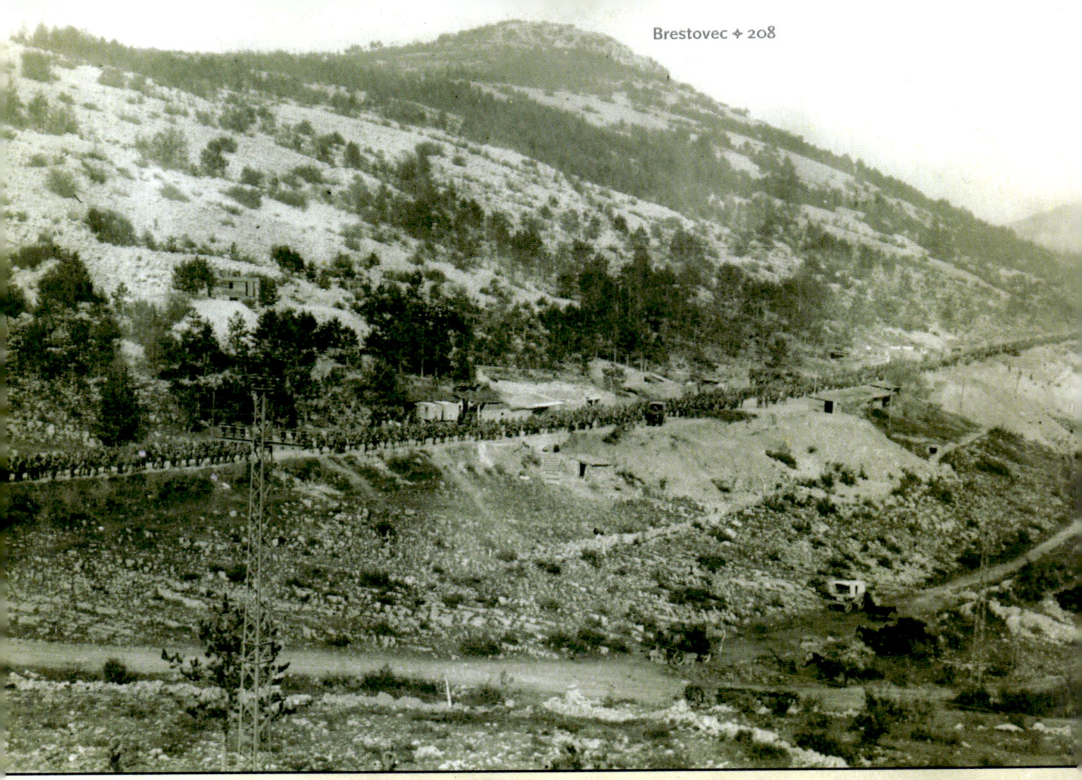
Brestovec ✦ 208

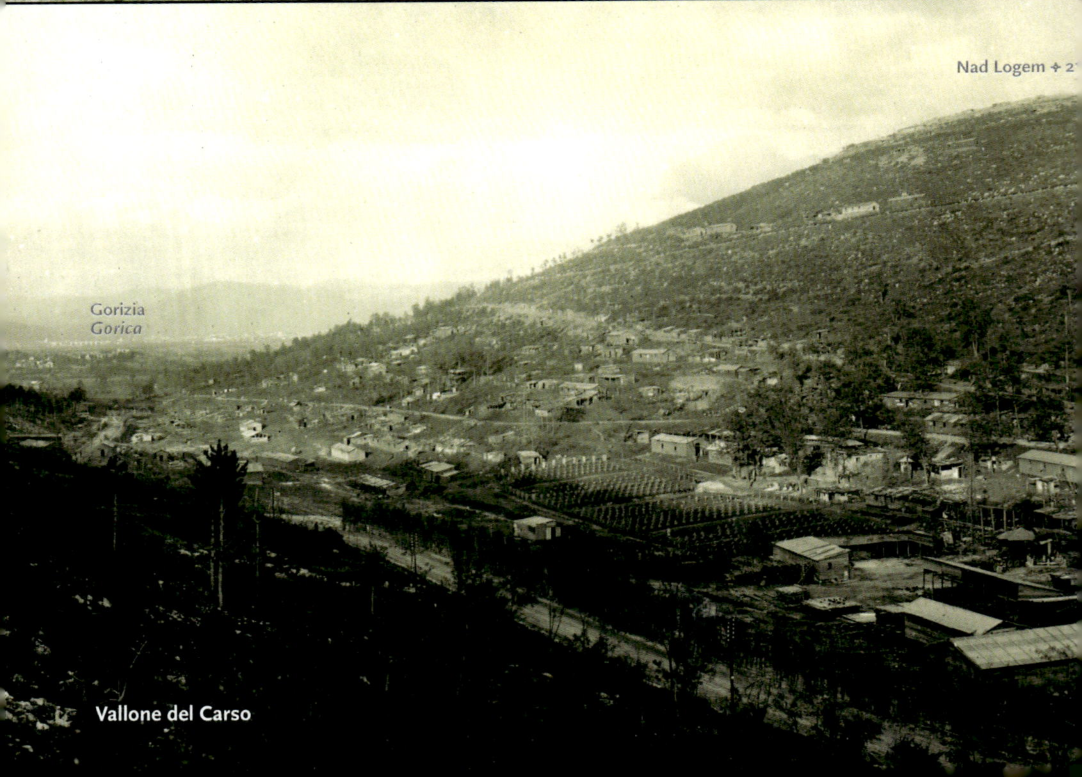
Nad Logem ✦ 2
Gorizia
Gorica
Vallone del Carso

Lokvica • Devetacchi *Devetaki* • Visintini *Vižintini* • Besucherzentrum Gradina • Doberdò del lago *Doberdob* • Iamiano *Jamlje* • Medeazza *Medja vas* • S. Giovanni del Timavo *Štivan* • Duino *Devin*

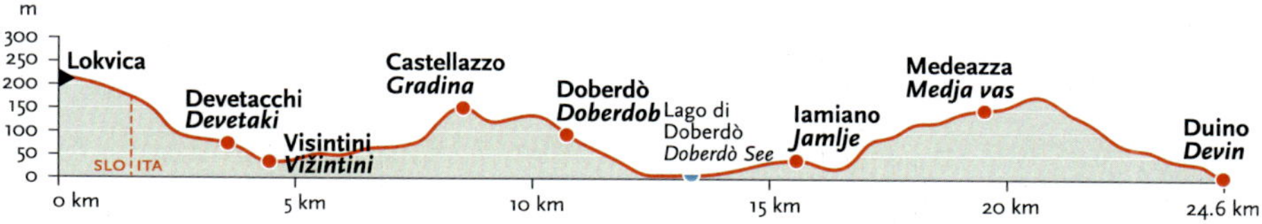

Gemeinsamer Höhenunterschied: 320 m

Vallone del Carso

Von Lokvica und dem slowenischen Teil des Karsts, überqueren wir die slowenisch-italienische Grenze und begeben uns hinunter zum Tal Vallone del Carso. Nach Meinung der Fachwelt geht es hier um ein verlassenes Gewässerbett der ehemaligen Verbindung der Flüsse Vipava und Timavo. Es stellt aber auch den kürzesten Weg zwischen dem Gorizia Gebiet und der Triester Bucht dar. Auf der östlichen Seite des Tals erhebt sich die Anhöhe Nad Logem (¤ 212). Bis zur 6. Isonzoschlacht bedeutete dies für die österreichisch-ungarische Armee gemeinsam mit der Anhöhe Brestovec (¤ 208) auf der westlichen Seite einen wichtigen strategischen Punkt für die Überwachung des erwähnten Übergangs. Die Anhöhe war deswegen mit Schützengräben und Artilleriestellungen übersät. Die italienische Armee konnte diese im August 1916 einnehmen und baute dort einen wahren kleinen Militärstützpunkt, ein italienisches Lager für Etappeneinheiten, auf. Sie behielten diesen bis zum Durchbruch in der 12. Isonzoschlacht im Oktober 1917 in ihren Händen.

Der Erste Weltkrieg veränderte radikal das Leben in Vallone. Ortschaften wie Devetacchi (Devetaki), Visintini (Vižintini), Micoli (Mikoli), Berne (Brni), Bonetti (Boneti) u.a., wechselten so ihre Verwalter. Zwischen den Steinabgrenzungen auf den Feldern und Wiesen, sowie auf den verwachsenen Hängen finden wir heute noch Überreste von Objekten und Denkmälern, die von Angehörigen der italienischen sowie österreichisch-ungarischen Armee erbaut worden sind. Auf der Strecke zwischen Gabria (Gabrje) und Iamiano (Jamlje), die kürzer als 10 km ist, befanden sich während der Isonzofront ca. 30 Soldatenfriedhöfe. Nach dem Krieg, als die neue Straße zwischen Gorizia (Gorica) und San Giovanni del Timavo (Štivan) gebaut wurde, hat man dort eine Baumallee aus Zypressen angepflanzt. Die Bäume, die man noch heute auf einzelnen Abschnitten sehen kann, symbolisieren die Ehrung der Helden und der Kriegsopfer, doch oft vergleicht man sie auch als in Reih und Glied stehende Soldaten.

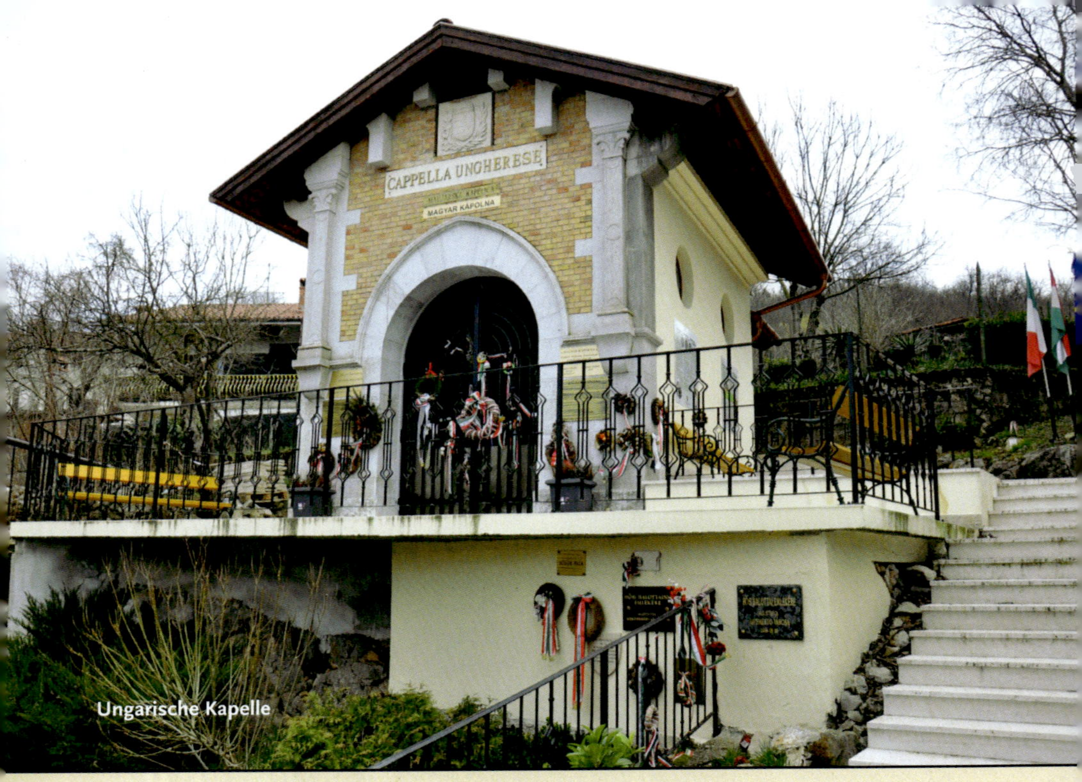

Ungarische Kapelle

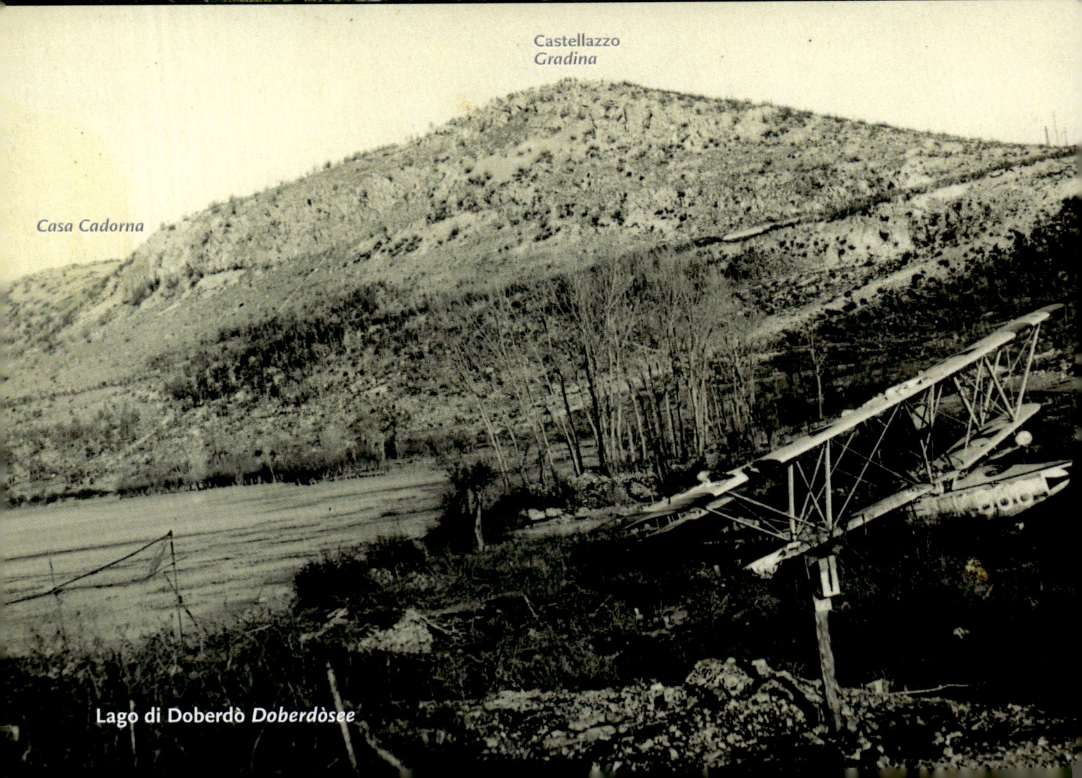

Lago di Doberdò *Doberdòsee*

Die Staatsgrenze, die 1947 am östlichen Hang verlief, trennte die alltägliche Verbindung der Einheimischen im Tal und auf dem Plateau.

Ungarische Kapelle, Visintini *Vižintini*

In Visintini steht eine erneuerte ungarische Kapelle, die heute als der Mittelpunkt der Gedenkstätten für gefallene ungarischen Soldaten an der Isonzofront gilt. Gegenüber der Kapelle steht auf der anderen Seite der Straße eine gut erhaltene Pferdetränke, die mit einem ovalen Relief verziert ist und von der italienischen Armee erbaut wurde. Im Dorf befinden sich noch zwei weitere ehemalige österreichisch-ungarische Soldatenfriedhöfe, die nach der Besetzung des Gebietes auch von der italienischen Armee benutzt wurden. Ein Denkmal blieb erhalten, das den gefallenen Angehörigen des kroatischen 96. Infanterieregiments aus Karlovac gewidmet wurde.

Besucherzentrum Gradina

Auf dem Hang des Colle Nero (Črni hrib) befindet sich auf dem Gebiet des ehemaligen Steinbruchs das Besucherzentrum Gradina. Das Zentrum ist mit seinem Geschichts- und naturwissenschaftlichen Museum der Referenzpunkt des Naturreservats *Laghi di Doberdò e Pietrarossa*. Das geschützte Gebiet erstreckt sich auf dem Gebiet von drei Gemeinden: Doberdò di Lago (Doberdob), Monfalcone (Tržič) und Ronchi dei Legionari (Ronke). Das Merkmal des Reservats sind zwei Karstfelder mit zwei periodischen Seen. Die Wasseroberflächen werden von einem höheren Kalkkamm geteilt.

In der Nähe des Zentrums, auf dem Hang des Castellazzo (Gradina), haben die italienischen Soldaten in den Jahren 1916 und 1917 die Schutzunterkunft *Casa Cadorna* erbaut. Aufgrund der Lage galt diese Unterkunft als vollkommen sicher vor gegnerischen Angriffen und deswegen wurde hier auch das Militärkommando untergebracht. Die Unterkunft wurde nach dem italienischen General und Oberbefehlshaber Luigi Cadorna benannt. Heute bietet sich uns ein wundervoller Ausblick auf den See von Doberdò und den Triester Karst und auf geschichtlich wichtige Anhöhen wie: Arupacupa (Gorjupa kupa), Monte Debeli (Debeli vrh), Monte Ermada (Grmada) u.a.

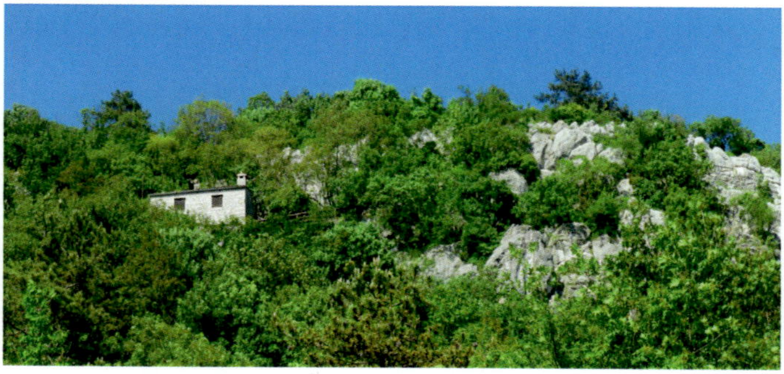

Schutzunterkunft *Casa Cadorna*

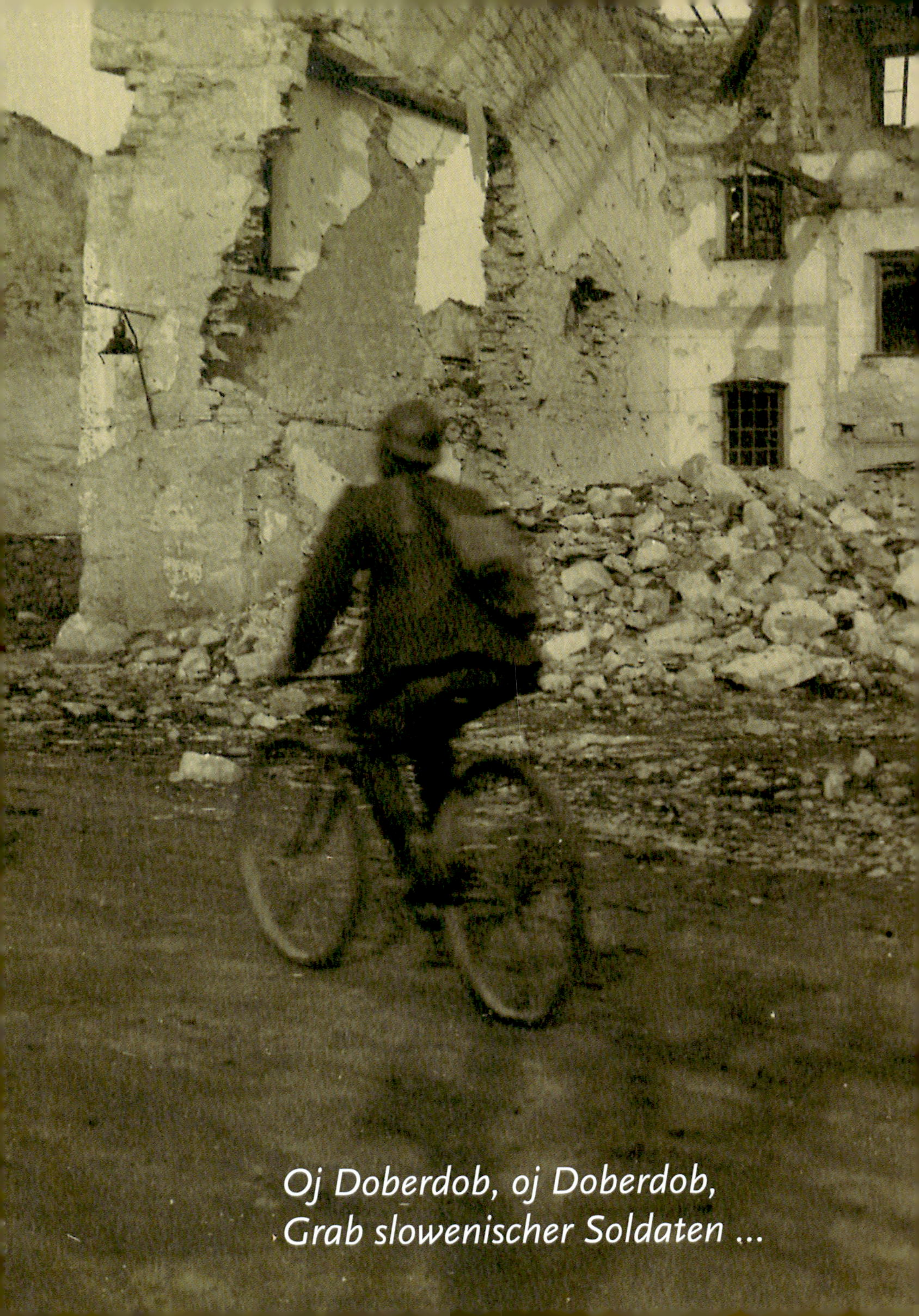

Oj Doberdob, oj Doberdob,
Grab slowenischer Soldaten ...

Lago di Doberdò *Doberdòsee*

Der Lago di Doberdò ist ein typischer periodischer Karstsee. In bestimmten Perioden ist er mit Wasser gefüllt und manchmal fast ausgetrocknet. Gemeinsam mit der einzigartigen Gegend ist er ein Teil des Naturreservats *Laghi di Doberdò e Pietrarossa*. Während der Kämpfe im Karst war dieser See eine äußerst wichtige Quelle der Versorgung mit Wasser im sprichwörtlich wasserarmen Karstgebiet. Den Namen erhielt er nach der nahgelegenen Ortschaft Doberdò del Lago (Doberdob), welche die größte Ortschaft auf dem Plateau ist. Während der Isonzofront befand sich Doberdò in der Mitte des Kriegsgeschehens und wurde deswegen fast zur Gänze zerstört.

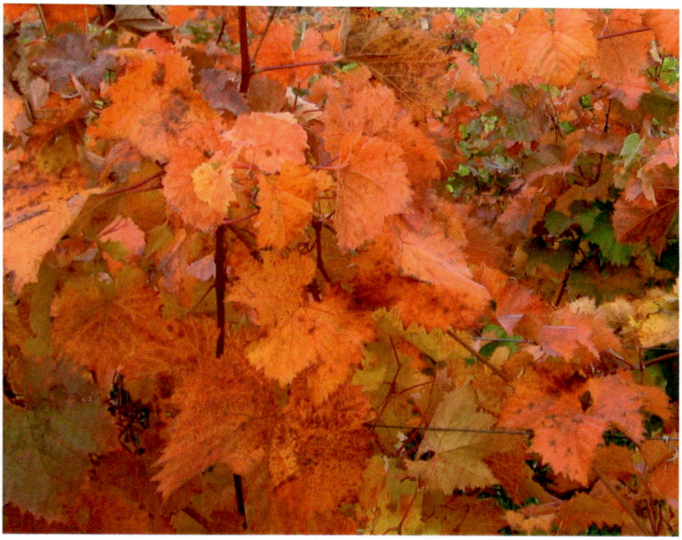

Das Doberdò-Plateau hat sich sehr stark in das slowenische kollektive Gedenken eingeprägt. Es entstand das slowenische Volkslied *Oj Doberdob*, welches sehr aussagekräftig an die schlimmen Kämpfe und die Gräber vieler junger Männer erinnert: *Oj Doberdob, oj Doberdob, Grab slowenischer Soldaten …*

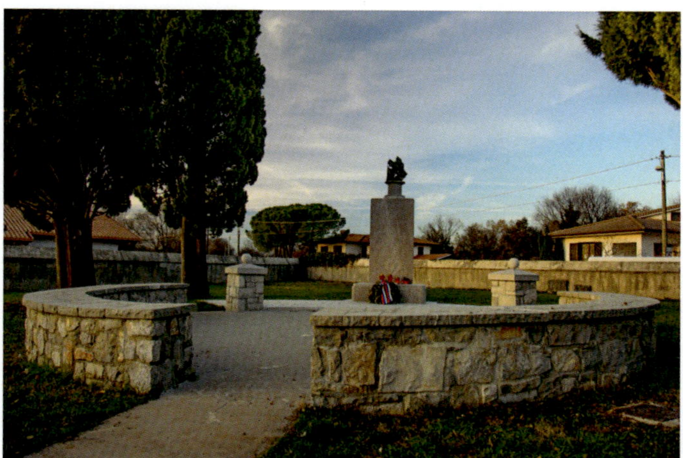

Denkmal, das den an der Isonzofront gefallenen slowenischen Soldaten gewidmet wurde. Es wurde in Doberdò del Lago (Doberdob), im Jahre 1916 enthüllt.

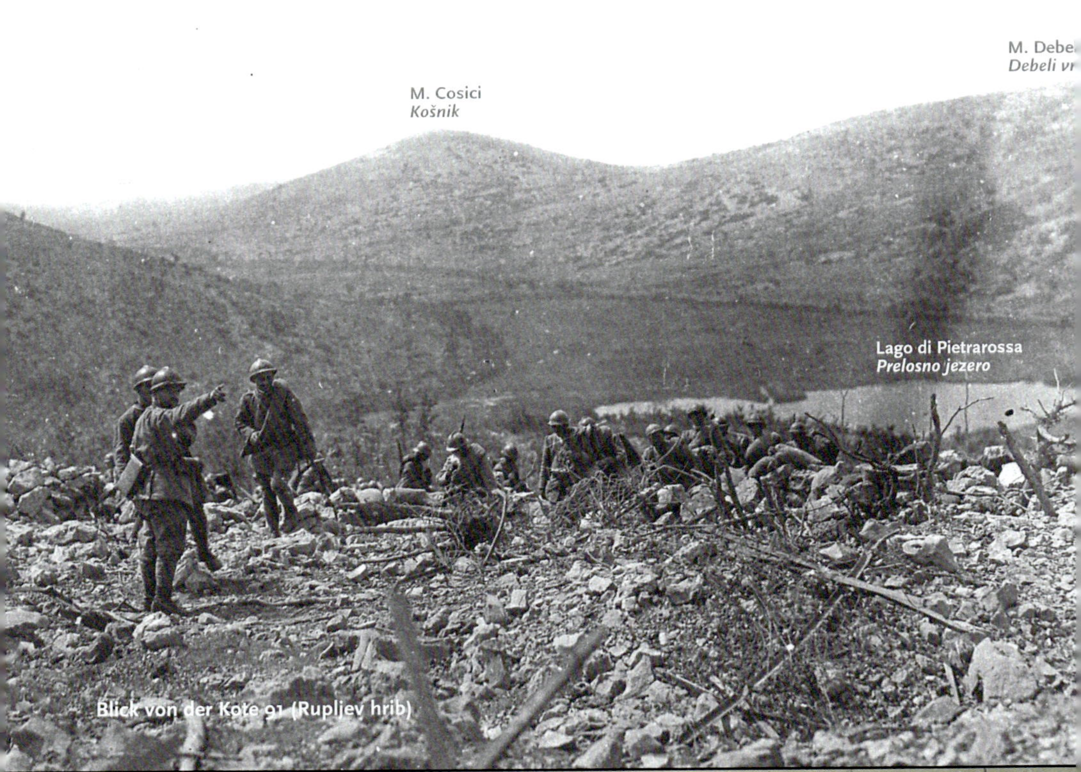

Blick von der Kote 91 (Rupljev hrib)

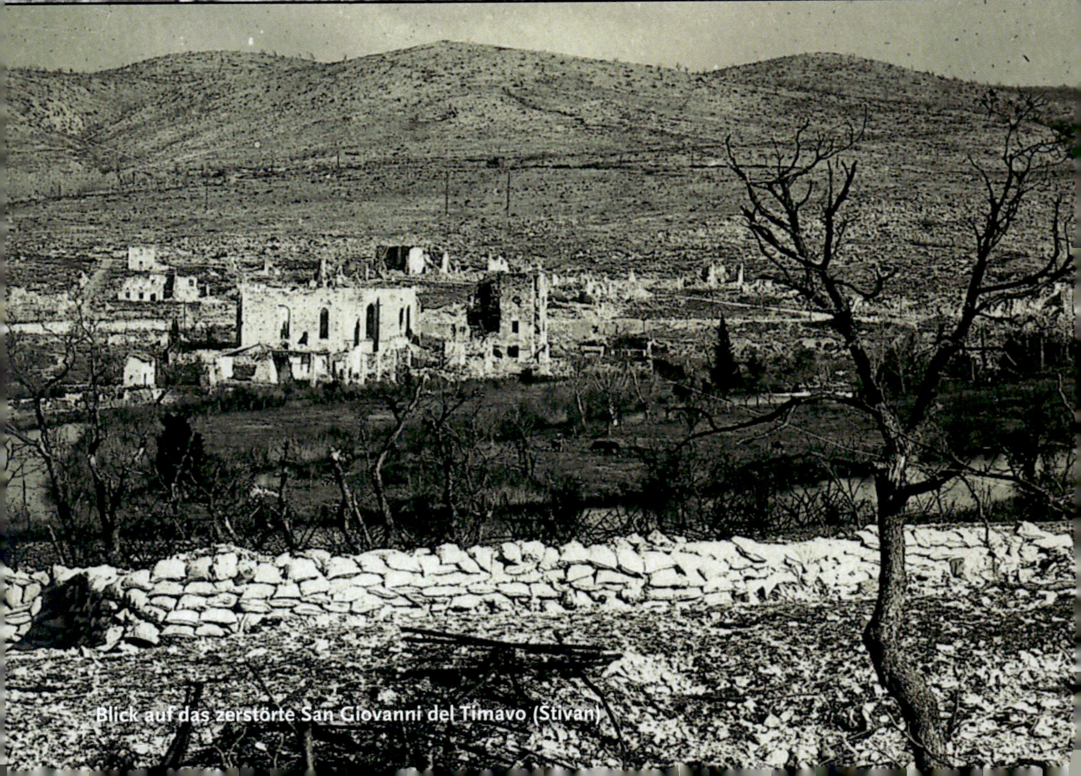

Blick auf das zerstörte San Giovanni del Timavo (Štivan)

Denkmal der Toskanischen Wölfe in San Giovanni del Timavo *Štivan*

In San Giovanni del Timavo steht ein Denkmal, *Lupi di Toscana* (den Toskanischen Wölfen), welches dem 77. und 78. Infanterieregiment, bzw. der Brigade Toskana gewidmet wurde. Es liegt nur wenige Kilometer vom Monte Ermada (Grmada), dem südlichsten Punkt der Front, die im Karst verlief, entfernt. Auf dieses Gebiet kam im Frühjahr 1917 die Brigade Toskana, um die Brigade Trapani in der 10. Isonzoschlacht zu unterstützen.

Das Denkmal das im Jahre 1951 auf einen Felsen an der Einfahrt nach San Giovanni del Timavo aufgestellt wurde, besteht aus zwei bronzenen Wölfen. Der erste steht mit Blick auf den Monte Ermada gerichtet, so als wenn er das Rudel rufen würde und der zweite schaut hinunter, als wenn er den Feind überwachen wolle. Am Denkmal steht ein Grabstein, welcher Major Giovanni Randacci, dem Kommandanten der Brigade Toscana gewidmet wurde, der in der 10. Isonzoschlacht fiel. Auf den Felsen, auf dem die Wölfe stehen, ließ der Architekt Arduin Berlam im Jahre 1930, zum zweitausendsten Jahrestag der Geburt des Poeten Vergil, die ersten Verse des Epos Aeneis einmeißeln.

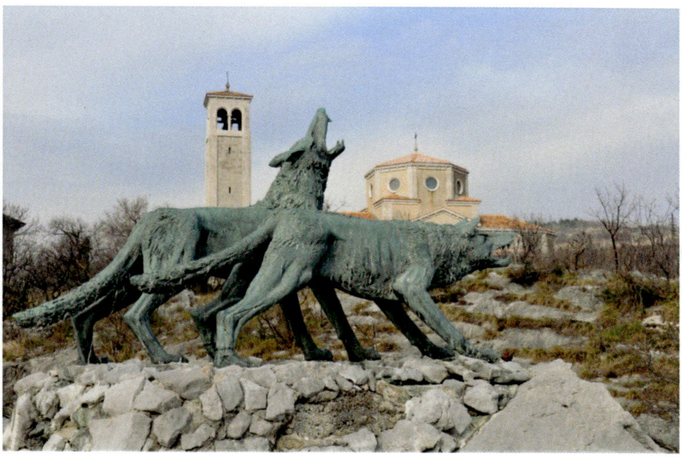

Denkmal *Lupi di Toscana* (den Toskanischen Wölfen), San Giovanni del Timavo (Štivan)

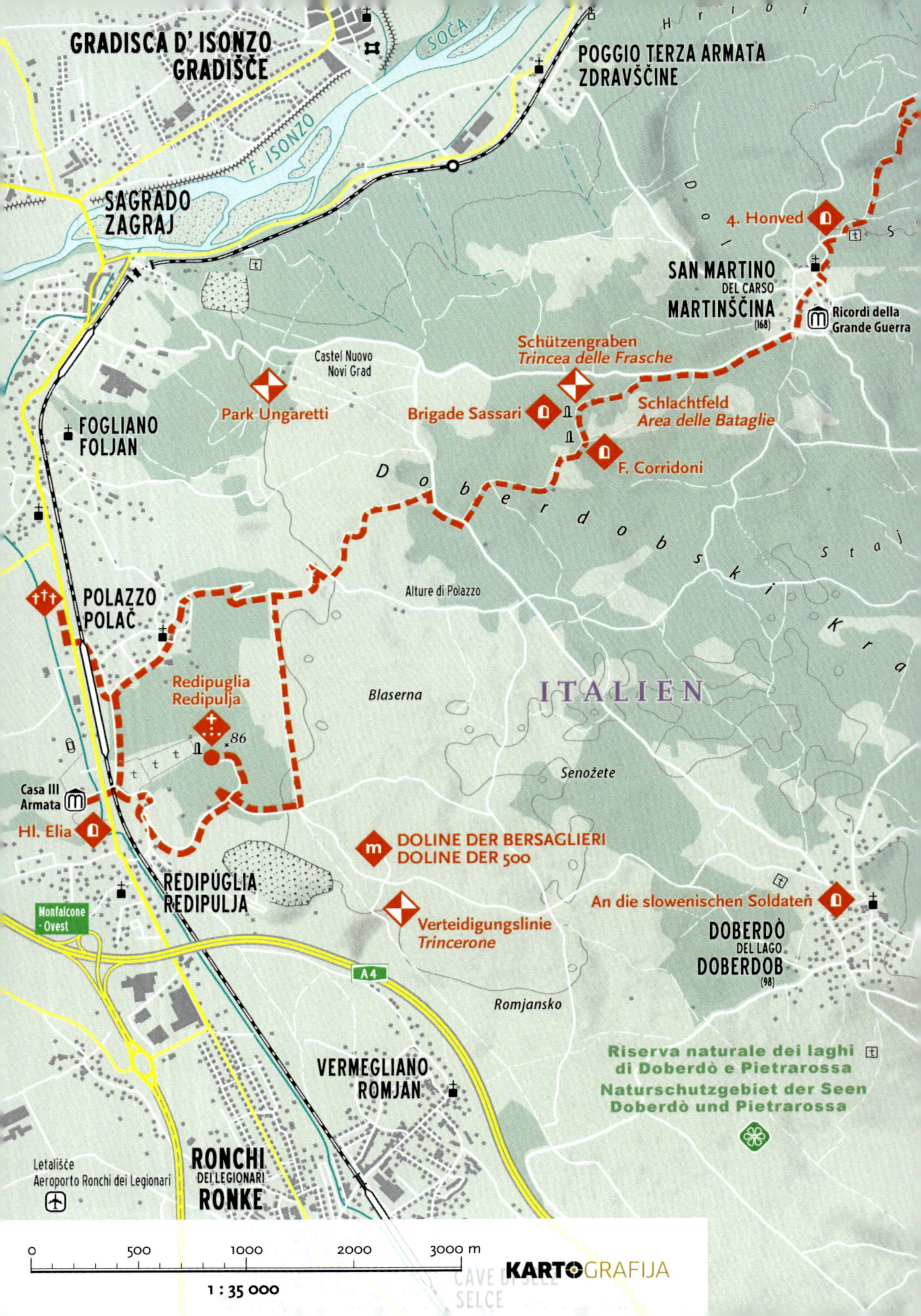
GRADISCA D'ISONZO
GRADIŠČE
SOČA
F. ISONZO
POGGIO TERZA ARMATA
ZDRAVŠČINE
SAGRADO
ZAGRAJ
4. Honved
SAN MARTINO
DEL CARSO
MARTINŠČINA
(168)
Ricordi della Grande Guerra
Castel Nuovo
Novi Grad
Schützengraben
Trincea delle Frasche
Park Ungaretti
Brigade Sassari
Schlachtfeld
Area delle Bataglie
FOGLIANO
FOLJAN
F. Corridoni
Doberdobski Kras
Alture di Polazzo
POLAZZO
POLAČ
Redipuglia
Redipulja
Blaserna
ITALIEN
86
Senožete
Casa III Armata
Hl. Elia
DOLINE DER BERSAGLIERI
DOLINE DER 500
REDIPÚGLIA
REDIPULJA
Verteidigungslinie
Trincerone
An die slowenischen Soldaten
DOBERDÒ
DEL LAGO
DOBERDOB
(98)
Monfalcone - Ovest
A4
Romjansko
Riserva naturale dei laghi di Doberdò e Pietrarossa
Naturschutzgebiet der Seen Doberdò und Pietrarossa
VERMEGLIANO
ROMJAN
Letališče
Aeroporto Ronchi dei Legionari
RONCHI
DEI LEGIONARI
RONKE
0
500
1000
2000
3000 m
1 : 35 000
KARTOGRAFIJA

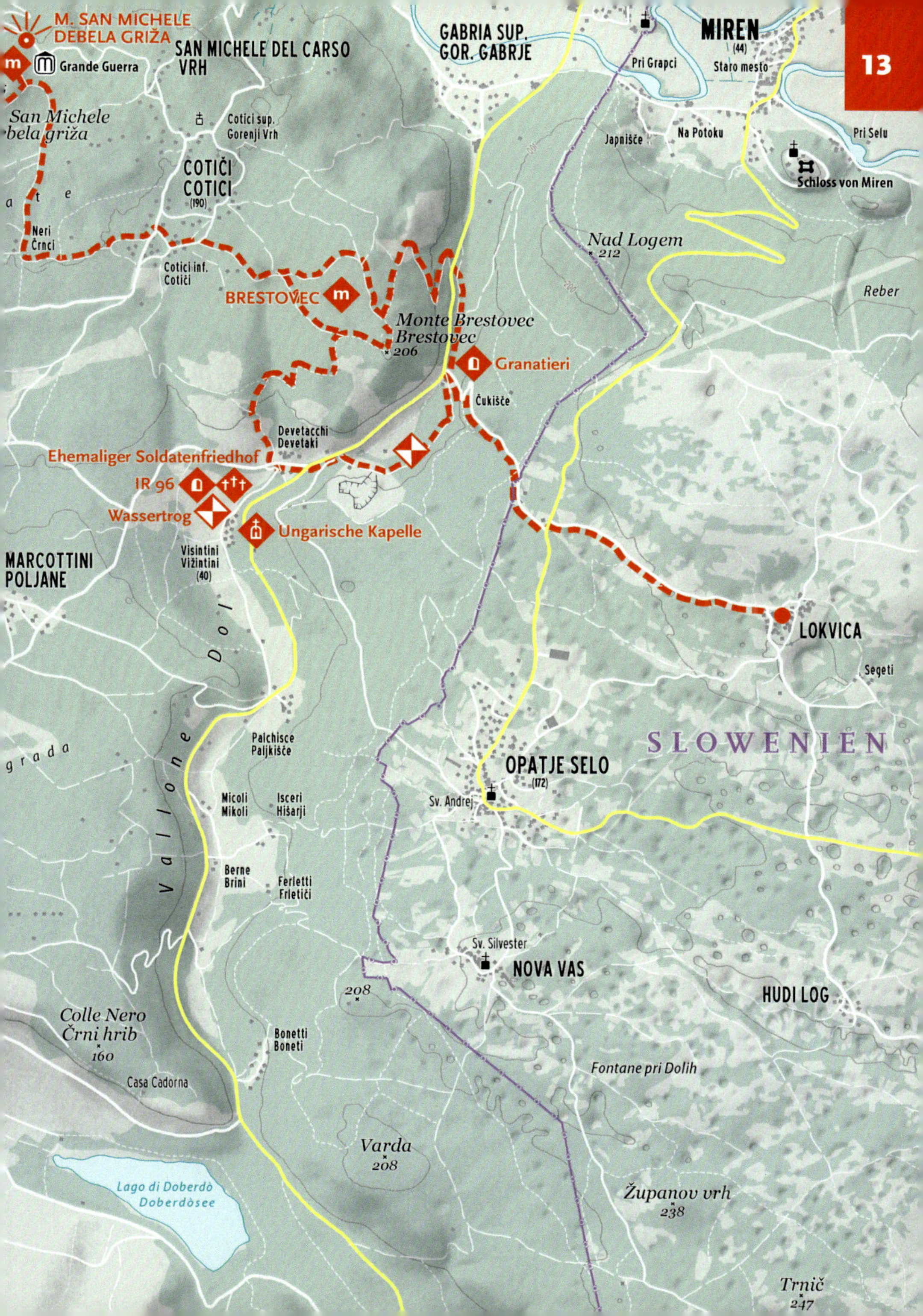
M. SAN MICHELE
DEBELA GRIŽA
Grande Guerra
San Michele
bela griža
SAN MICHELE DEL CARSO
VRH
Cotici sup.
Gorenji Vrh
COTIČI
COTICI
(190)
Neri
Črnci
Cotici inf.
Cotiči
BRESTOVEC
Monte Brestovec
Brestovec
206
Granatieri
Čukišče
GABRIA SUP.
GOR. GABRJE
MIREN
(44)
Pri Grapci
Staro mesto
Japnišče
Na Potoku
Pri Selu
Schloss von Miren
Nad Logem
212
Reber
Devetacchi
Devetaki
Ehemaliger Soldatenfriedhof
IR 96
Wassertrog
Ungarische Kapelle
Visintini
Vižintini
(40)
MARCOTTINI
POLJANE
Dol
LOKVICA
Segeti
Palchisce
Paljkišče
Vallone
grada
OPATJE SELO
(172)
Sv. Andrej
SLOWENIEN
Micoli
Mikoli
Isceri
Hišarji
Berne
Brini
Ferletti
Frletiči
Sv. Silvester
NOVA VAS
208
HUDI LOG
Colle Nero
Črni hrib
160
Casa Cadorna
Bonetti
Boneti
Fontane pri Dolih
Varda
208
Lago di Doberdò
Doberdòsee
Županov vrh
238
Trnič
247

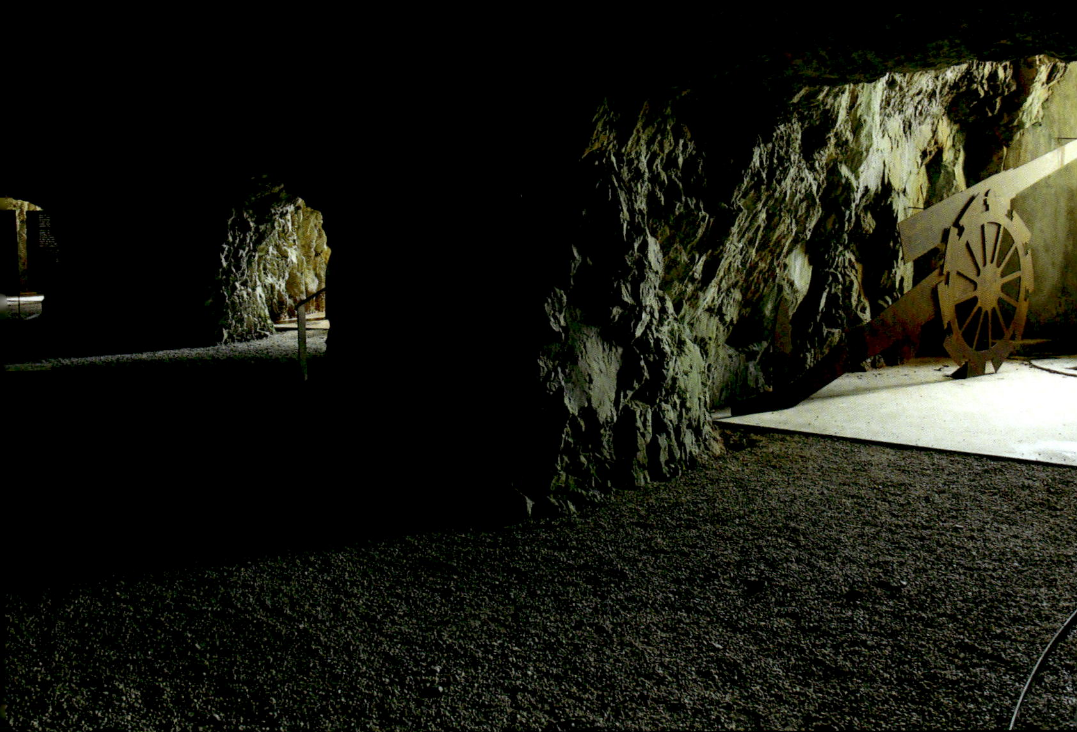

In der Artilleriekaverne waren acht Kanonen des Kal. 149 mm aufgestellt

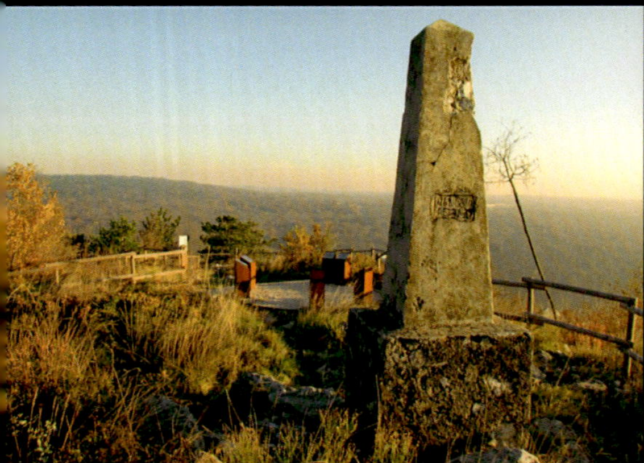

Spitze des Brestovec

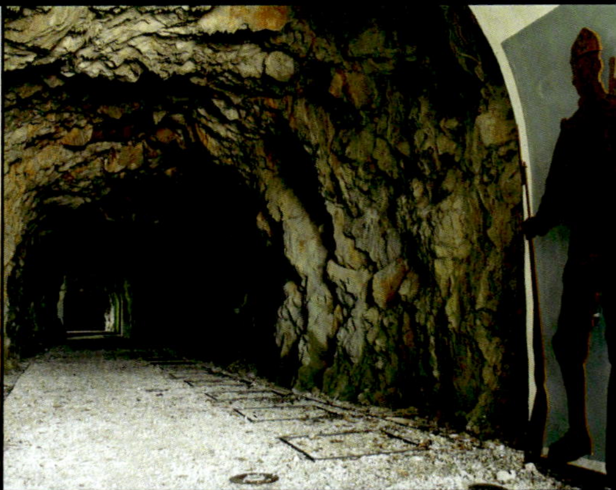

Die historischen Ereignisse werden anhand von Metallinstallationen dargestellt

Lokvica ◆ Freilichtmuseum Brestovec ◆ Freilichtmuseum Monte San Michele ◆ San Martino del Carso *Martinščina* ◆ Fogliano *Foljan* ◆ Redipuglia *Redipulja*

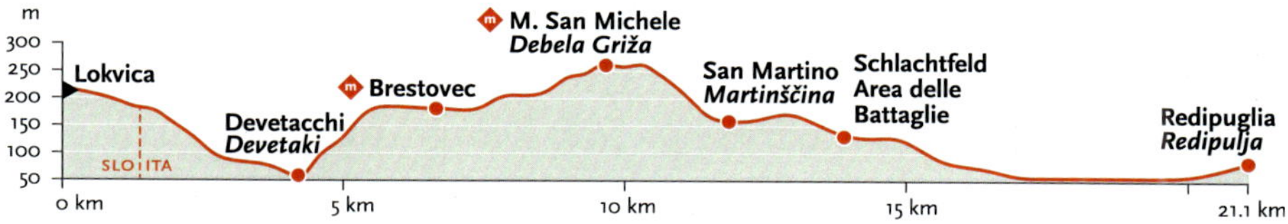

Gemeinsamer Höhenunterschied: 250 m

Freilichtmuseum Brestovec

Durch das Freilichtmuseum Brestovec führt ein historischer Lehrpfad. Die Anhöhe wurde während des Ersten Weltkrieges niemals direkt getroffen. Auf dem Brestovec (⌖ 208), von wo man den natürlichen Übergang aus Gorizia bis zur Triester Bucht (sog. Vallone) überwachen konnte, hatte die österreichisch-ungarische Armee einen Beobachtungsposten. Nach der 6. Isonzoschlacht, als die italienischen Einheiten die Spitze besetzten, bauten sie ein umfangreiches System von Schützengräben, die mit anderen Verteidigungsstellungen auf dem Doberdò-Plateau verbunden waren. In diesem System tritt vor allem eine Kanonenkaverne hervor, die vom Januar bis August 1917 erbaut wurde. In der Kaverne waren acht Kanonen (Kal. 149 mm) aufgestellt worden, die alle auf das Karstgebiet in Richtung von Komen ausgerichtet waren. Heute sind in diesem Objekt Metallinstallationen angebracht, die von den Geschehnissen auf dem Karst zur Zeit des Ersten Weltkrieges zeugen. Wir können auch den symbolischen Erzählungen der österreichisch-ungarischen oder italienischen Soldaten folgen, die jeweils einen eigenen Eingang haben. Am Eingang des italienischen Soldaten befindet sich die Aufschrift *La Pace* (Frieden) und am Eingang des österreichisch-ungarischen Soldaten die Aufschrift *Vo(g)liamo la Pace* (Wir wollen Frieden). Es handelt sich hierbei um Worte, die auf dem Brestovec von Soldaten auf Steine eingemeißelt wurden.

206 m ü.d.M.

GPS:
45.88047
13.56193

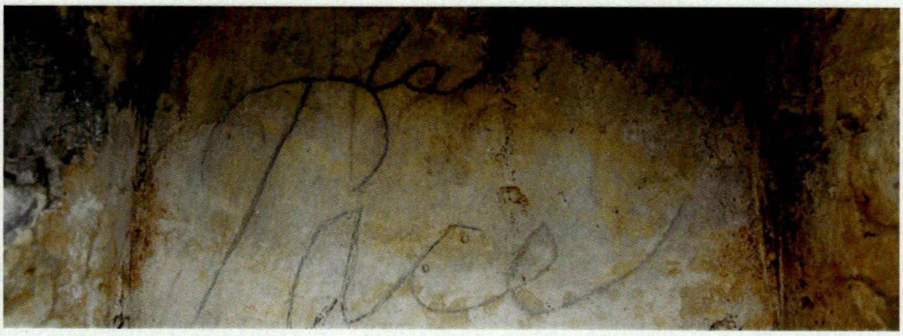

Aufschrift: *La Pace* (Frieden)

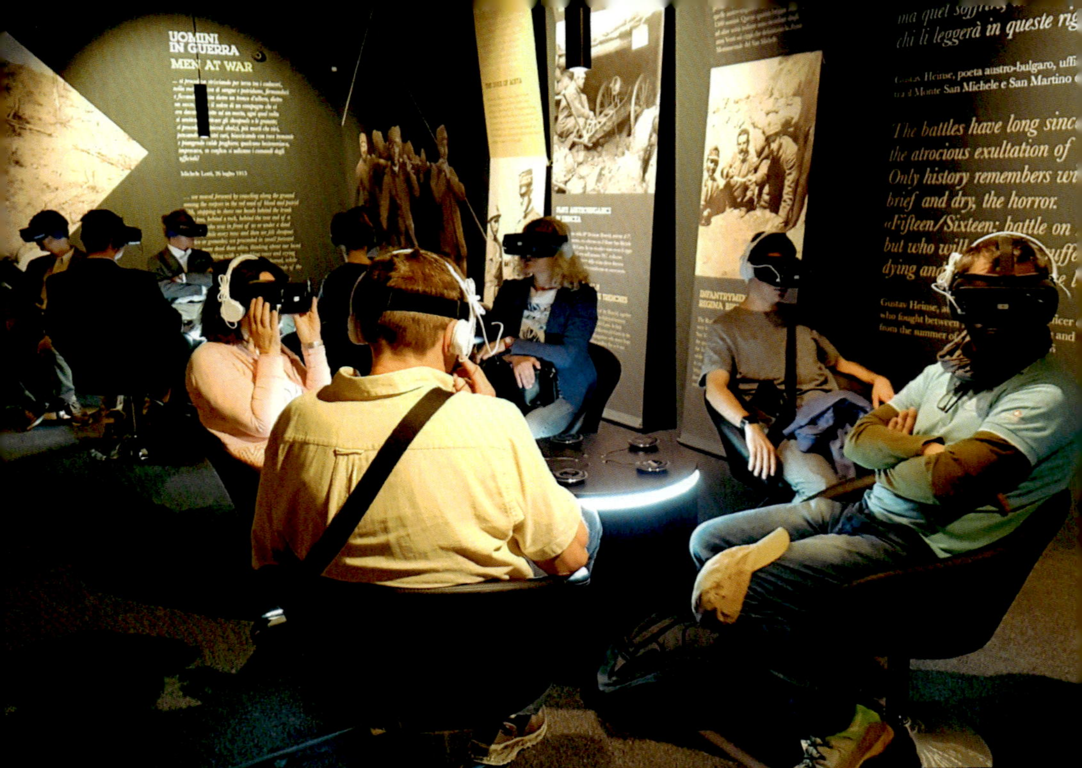

Raum der virtuellen Realität im Museum auf Monte San Michele.
Planung und Ausführung des multimedialen Projekts: IKON,
Powered by: Virtours

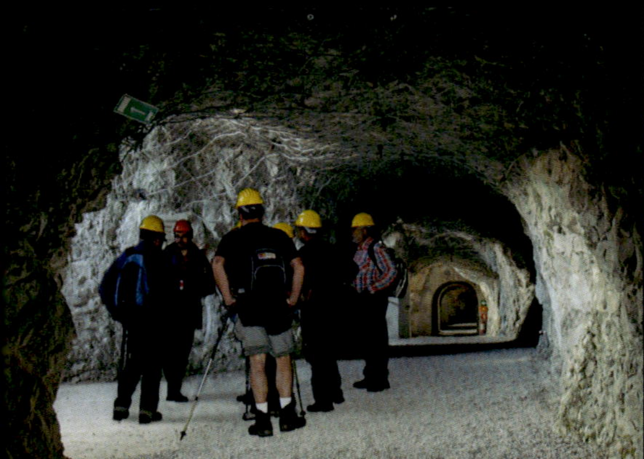

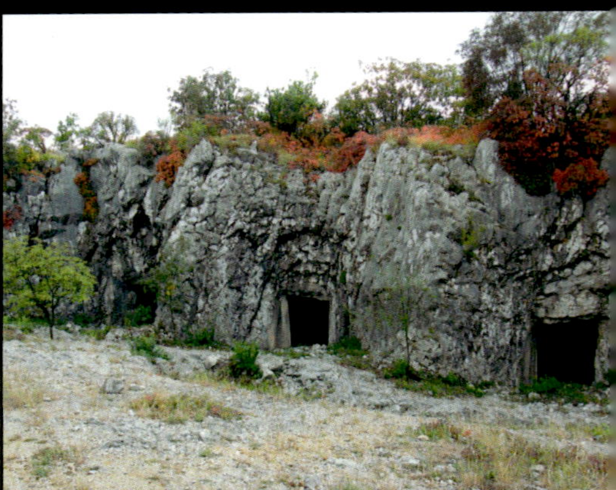

Zwischen Oktober 1916 und Juni 1917 wurde die große Artilleriekaverne von der italienischen Armee (20ª Compagnia del 5° Reggimento Minatori) erbaut. Sie ermöglichte die Aufstellung von sechs Kanonen in Richtung des Fajtji hrib und zwei Kanonen in Richtung der Monte Ermada (Grmada)

Freilichtmuseum Monte San Michele

Das Freilichtmuseum Monte San Michele (Debela Griža) bietet ein interessantes Geflecht aus Geschichte und natürlichen Gegebenheiten. Der Besucher entdeckt auf dem Weg, der durch das Freilichtmuseum führt, Objekte und Denkmäler, die zwischen den vier Bergkuppen dieser Karstanhöhe während des Ersten Weltkrieges erbaut wurden. Von den schlimmen Kämpfen auf dem Monte San Michele zeugt die Angabe, dass es hier einst 13 Soldatenfriedhöfe gab.

275 m ü.d.M.

GPS:
45.885117
13.54210

Der Ausgangspunkt ist eine Aussichtsplattform, von der aus wir dem Weg folgen, der zur naheliegenden Kaverne des Generals Lukačič führt. Unweit entfernt befinden sich zwei Eingänge, die in einen Artillerietunnel der dritten Armee führen. Der Tunnel war von weitläufiger unterirdischer Struktur und wurde von der italienischen Armee benutzt. Entlang der Spitze 3 können wir uns den Teil einer Kanonenschießscharte anschauen und an der Spitze 2 öffnet sich uns der Eingang zum *Schönburgtunnel*. Im Jahre 1922, zur Zeit des Faschismus, wurde der Monte San Michele zur sogenannten Heiligen Zone *Zona sacra* erklärt. Genau zu dieser Zeit kam auch die Idee einen Weg von Erinnerungsdenkmälern, *Percorso dei cippi*, zu errichten, der genau auf dem Monte San Michele beginnen sollte. Der Weg windet sich am Hang entlang bis zum Friedhof in San Martino del Carso (Martinščina) und dem italienischen Graben, der am 29. Juni 1916 zum Angriffsziel mit chemischen Waffen (Gasangriff) wurde.

Die beste Art sich das Freilichtmuseum Monte San Michele anzuschauen ist den gesamten Fußweg entlang zu gehen. Wenn man den Hinweisschildern folgt, sieht man alle wichtigsten italienischen und österreichisch-ungarischen Überreste auf diesem Gebiet. Auf dem Weg gibt es mehr als fünfzig Denkmäler, die verschiedenen Militäreinheiten der italienischen und österreichisch-ungarischen Armee gewidmet wurden. Sie alle haben hier auf dieser strategisch wichtigen Anhöhe bis zur 6. Isonzoschlacht im Jahre 1916 gekämpft. Diese Frontlinie verlegte sich später in östliche Richtung, was somit auch bedeutete, dass die schlimmsten Kämpfe auf diesem Gebiet ein Ende fanden.

Im Rahmen dieses Freilichtmuseums wurde auch ein interaktives Museum des Ersten Weltkrieges, das *Museo del San Michele*, eingerichtet. Es bietet den Besuchern eine einmalige Erfahrung und bewahrt wichtige Zeugnisse über die Probleme auf, mit denen sich die Soldaten in diesem Gebiet auseinandersetzen mussten.

Valloncello dell Albero Isolato

Zwischen dem Monte San Michele (Debela Griža) und dem Dorf San Martino del Carso (Martinščina) liegt das *Valloncello dell Albero Isolato* (Kleines Tal des einsamen Baumes). Es geht um ein Gebiet, das während der Isonzofront als Übergang zwischen der Kote 141 und der Spitze 4 benutzt wurde. Aufgrund der Tiefe und den zahlreichen kleineren künstlichen Kavernen zählte es als sicherster Zugang zu den ersten Frontstellungen. Die italienischen Soldateneinheiten waren somit vor dem Beschuss der feindlichen Stellungen geschützt.

Das Tal erhielt seinen Namen nach einem Baumstamm, der am Eingang zu diesem kleinen Tal steht. Er blieb als einer der wenigen Beispiele in

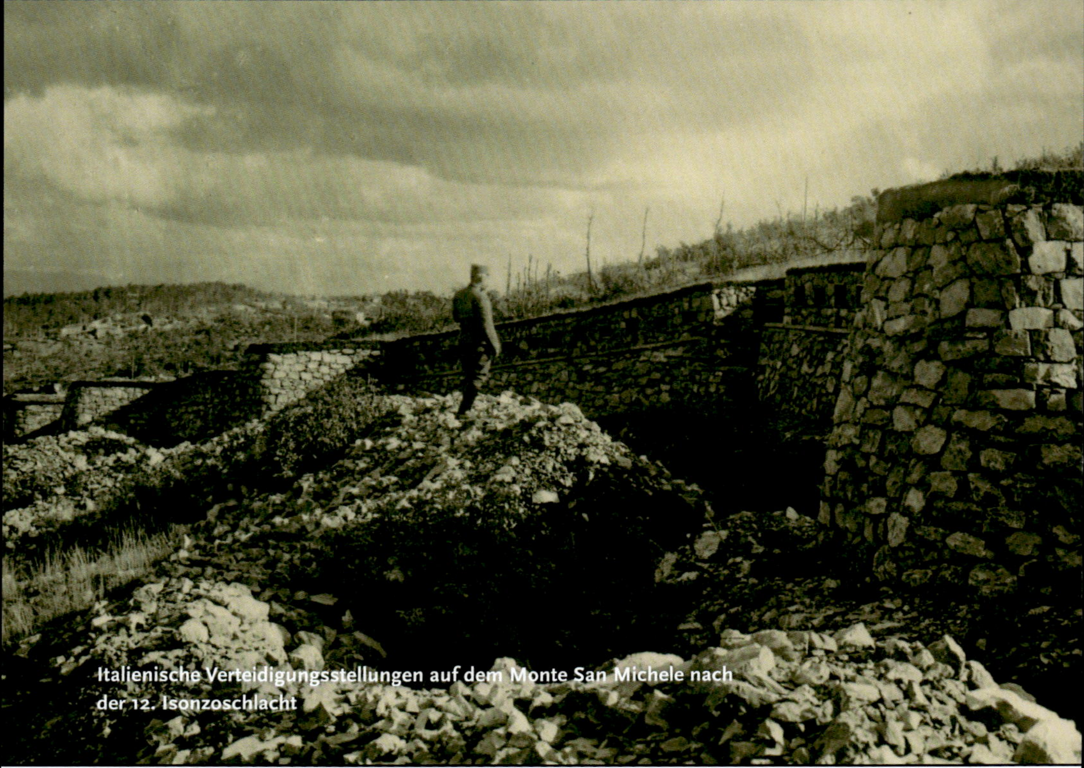

Italienische Verteidigungsstellungen auf dem Monte San Michele nach der 12. Isonzoschlacht

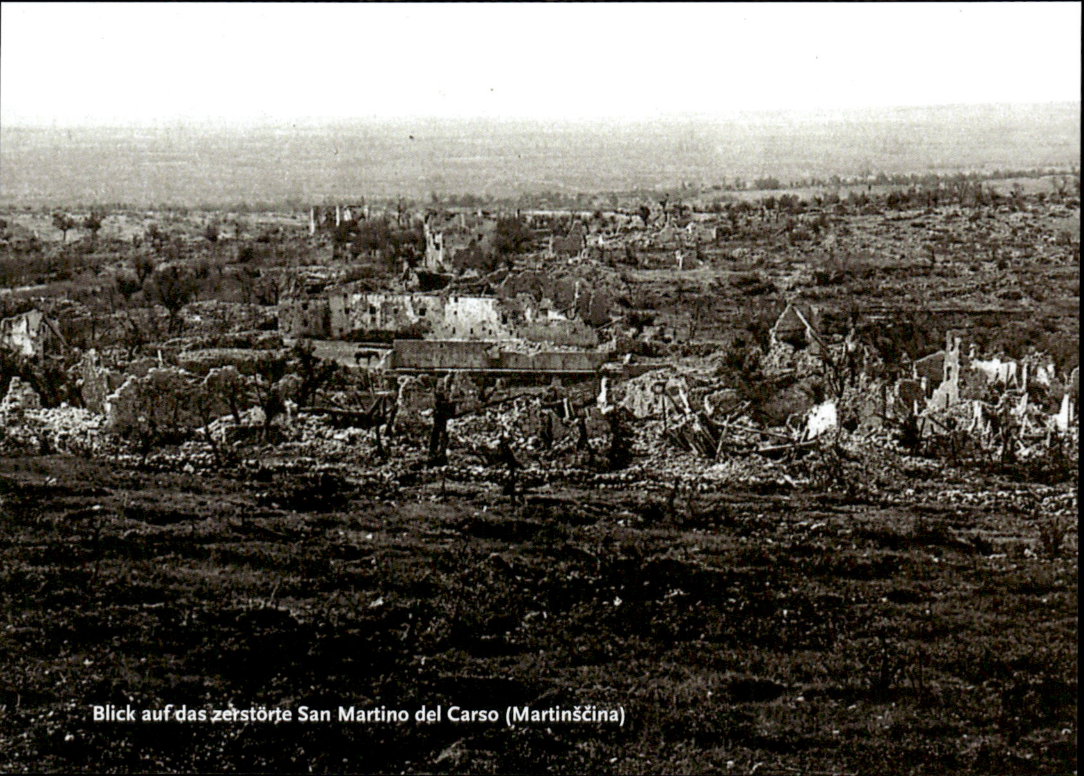

Blick auf das zerstörte San Martino del Carso (Martinščina)

einer Vegetation erhalten, die unter ständigem Beschuss stand. Als Symbol des Überlebens bewahrt ihn heute das ungarische Museum in Szeged als Ausstellungsstück auf. Genau in dieser ungarischen Stadt wurden die Soldaten für das 46. österreichisch-ungarische Infanterieregiment rekrutiert, die auf den erwähnten Spitzen bis zum Jahre 1916 gekämpft hat.

Denkmal, dem 4. Honvedregiment gewidmet

Das Denkmal wurde zu Ehren der ungarischen Infanterie des Honvedregiments erbaut, die in den ersten sechs Isonzoschlachten hier gekämpft hat. Es wurde von ungarischen Soldaten im Jahre 1917 erstellt. Es hat die Form einer Pyramide deren Spitze fehlt und wurde aus den Steinen der nahegelegenen Kirche erbaut. Diese wurde von Soldaten der dritten Armee zerstört, da sie glaubten, dies sei ein österreichisch-ungarischer Beobachtungsposten. In die Steine wurden später Kreise eingemeißelt, die sich miteinander berühren. Es geht hierbei um eine typische Art von Denkmälern, die den ungarischen Einheiten gewidmet waren.

San Martino del Carso *Martinščina* (189 m)

Dieses kleine Dorf, welches von einer ruhigen Karstlandschaft umgeben ist, fand sich im Jahre 1915 inmitten des Schlachtfeldes wieder. Die Bombardierungen haben den Weiler vollkommen zerstört. Vor allem ist dieses kleine Dorf in Italien aufgrund der Dichtung *San Martino del Carso* des Dichters Guiseppe Ungaretti bekannt geworden. Im Dorf kann man sich die private Sammlung Erinnerungen aus dem Ersten Weltkrieg (*Museo privato Ricordi della Grande Guerra*) anschauen.

Schlachtfeld *Area delle Battaglie*

Eineinhalb Kilometer von San Martino del Carso (Martinščina) entfernt in Richtung von Sagrado (Zagraj) befindet sich das sogenannte *Area delle Battaglie* (Schlachtfeld), wo man noch zahlreiche Spuren, die von den Geschehnissen vor hundert Jahren zeugen, sehen kann. Hier gibt es einen Schützengraben, der *Trincea della Frasche* heißt, ein Denkmal, welches Filippo Corridoni gewidmet wurde, das Denkmal der Brigade Sassari usw. zu sehen. In unmittelbarer Nähe befindet sich ein literarischer Park, der dem italienischen Dichter Guiseppe Ungaretti gewidmet wurde.

Schützengraben *Trincea della Frasche*

Auf dem Kampfgebiet befinden sich zahlreiche Verbindungsgräben, Schützengraben, Befestigungen und österreichisch-ungarische sowie italienische Objekte. Unter den Überresten ist ein Schützengraben erwähnenswert, den die italienischen Soldaten *Trincea delle Frasche* nannten. Für sie war er einer der größten Hindernisse der ersten Angriffe gegen die österreichisch-ungarische Armee. Der naheliegende Wall, den die österreichisch-ungarischen Soldaten in den ersten Kriegsmonaten ausgruben, war sehr erfinderisch getarnt gewesen und wurde von der italienischen Armee gegen Ende des Jahres 1915

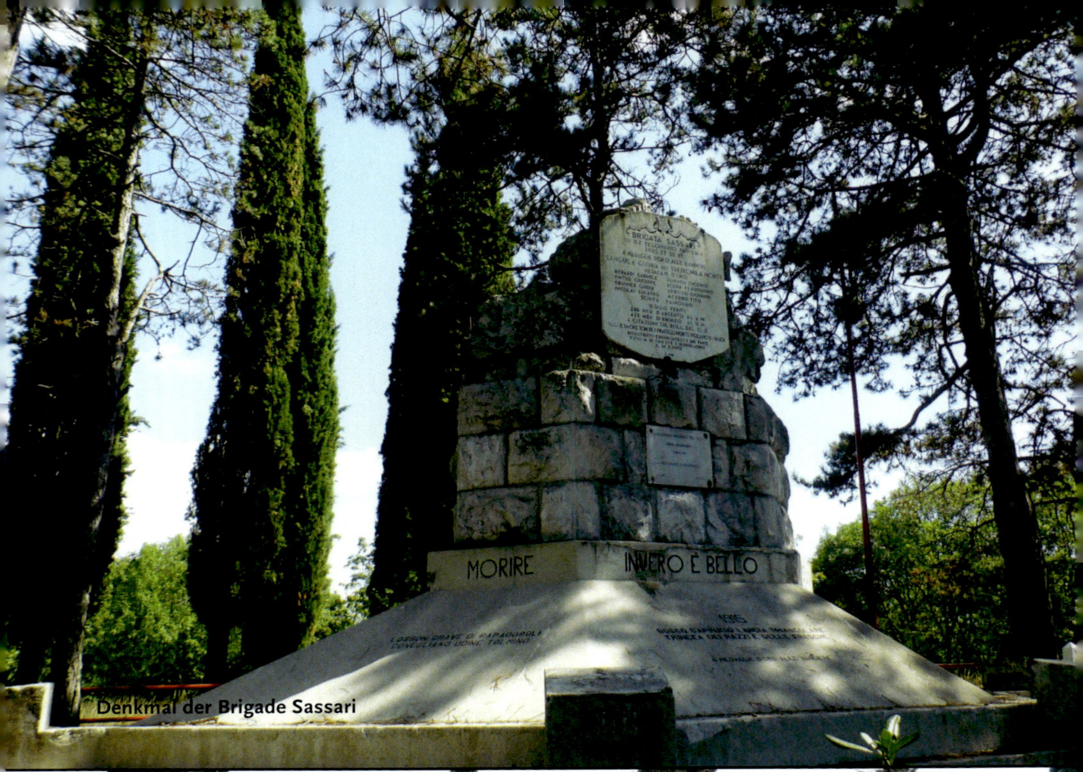

Denkmal der Brigade Sassari

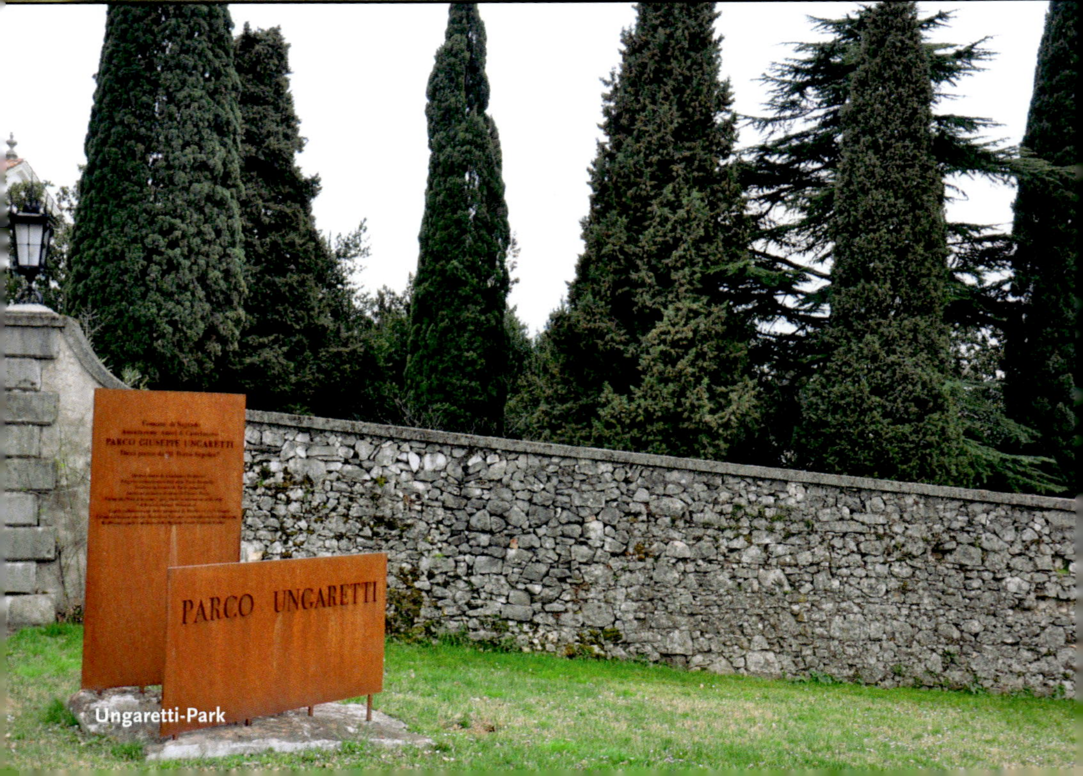

Ungaretti-Park

eingenommen. Für diese Täuschung waren die ungarischen Soldaten verantwortlich gewesen, denn sie haben Gezweig (Frasche) benutzt, um die Aushebung abzudecken und somit vor Beobachtern und Aufklärern zu sichern. Heute sind vor allem die Überreste der Befestigung, die von den Italienern zwischen Herbst 1916 und den ersten Monaten des Jahres 1917 erbaut wurden, zu sehen. Entlang des Grabens ist auch ein Militärtunnel zu sehen, der zur damaligen Zeit die Verbindung mit anderen Kampflinien auf diesem Gebiet gewährte, vor allem die mit der naheliegenden *Doline der Bersaglieri*.

Denkmal der Brigade Sassari

Inmitten der Lichtung, die von einem Kiefern- und Zypressenwald umgeben ist, steht ein Denkmal, das den Soldaten der Brigade Sassari gewidmet wurde. Die Ausdauer, welche die sardinischen Soldaten (die meisten kamen genau von dieser Insel) an den Tag legten, spielte in der 4. Isonzoschlacht bei der Einnahme des Schützengrabens *Trincea delle Frasche* eine wichtige Rolle. Die Brigade machte auf die österreichisch-ungarischen Soldaten solch einen großen Eindruck, dass sie ihre Angehörigen *Die roten Teufel* nannten. Die sardinischen Soldaten verdanken diesen Namen bestimmt auch den roten Aufnähern, die sie an ihren Krägen trugen.

Denkmal, Fillipo Corridoni gewidmet

Das Denkmal ist dem italienischen Gewerkschaftler und Interventionisten Fillipo Corridoni gewidmet, der im Oktober 1915 während der 3. Isonzoschlacht auf diesem Gebiet gefallen ist. Das Denkmal ist 23 m hoch und schon von weitem sichtbar. Das Projekt für das Denkmal wurde 1933 von Benito Mussolini bestellt, denn er wollte das Gedenken an seinen alten Freund ehren. Es wurde zur Zeit des Faschismus erbaut und deswegen sieht man auch heute noch die typischen Symbole und kann sie mit Leichtigkeit erkennen: die zum faschistischen Gruß geöffnete rechte Handfläche, den Adler, das Zahnrad, den Pflug und das Liktorenbündel, das fast bis zur Spitze des Denkmals reicht.

Der Ungaretti-Park, Sagrado *Zagraj*

Der italienische Dichter Giuseppe Ungaretti kämpfte auf dem Gebiet des Karsts in der Umgebung von San Martino del Carso (Martinščina), wo er auch die Inspiration für seinen ersten Poesieband *Il porto sepolto* (Der begrabene Hafen) bekam. Das Erstlingswerk, welches 1916 erschien, beinhaltet neunundzwanzig Dichtungen, unter denen vor allem *Fratelli* (Brüder), *San Martino del Carso* usw. die bekanntesten sind. Ungaretti war in Italien der führende Vertreter des Hermetismus und eine wichtige Persönlichkeit auf dem literarischen und geschichtlichen Schauplatz des 20. Jahrhunderts. In der Ortschaft Castelnuovo finden wir den Ungaretti-Park (Parco Ungaretti). Er wurde nach den Plänen des Architekten Paolo Bornelli erneuert, der die Interpretation Ungarettis in Hinsicht auf das Karstgebiet und den Ersten Weltkrieg hervorheben wollte.

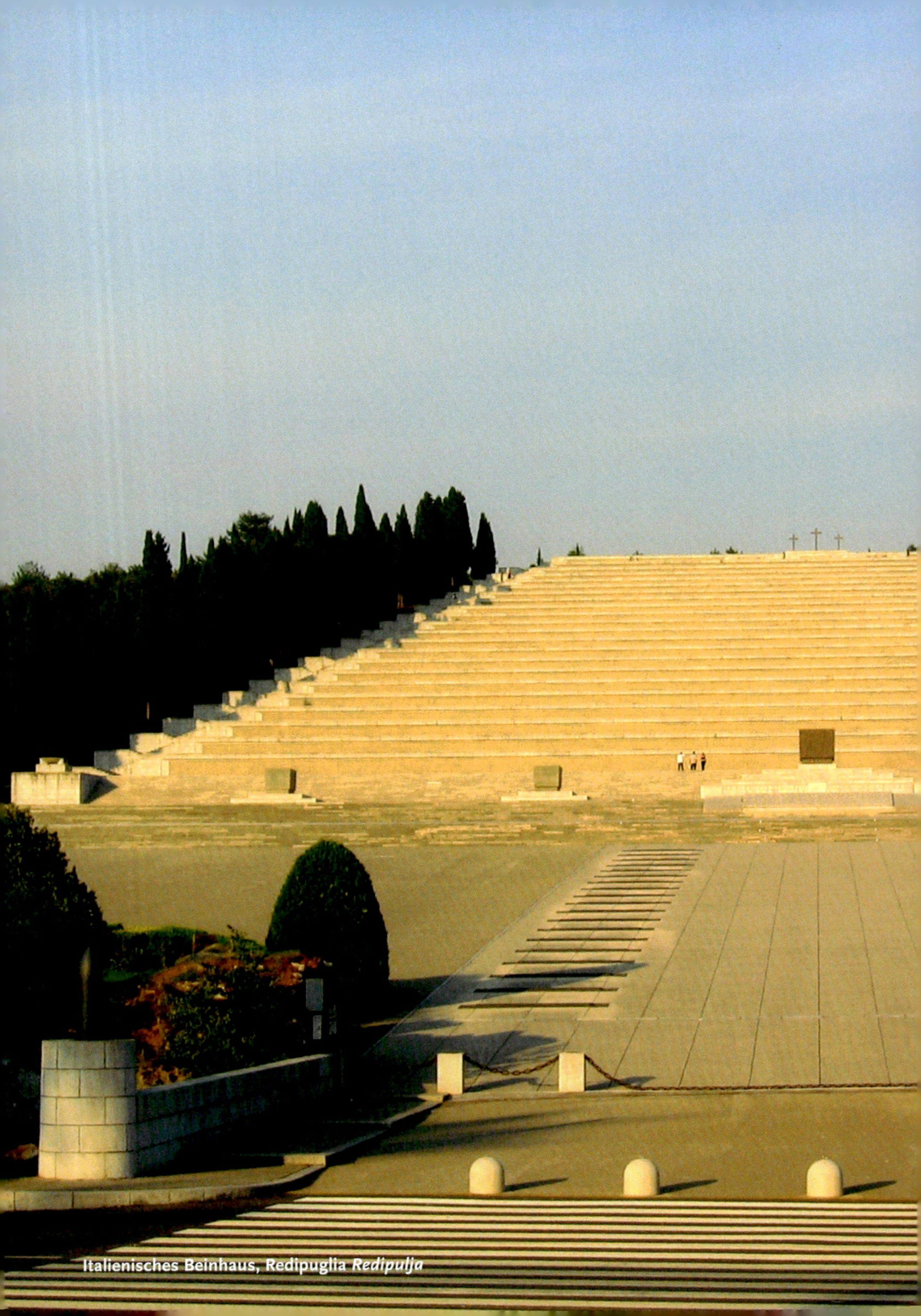

Italienisches Beinhaus, Redipuglia *Redipulja*

Österreichisch-ungarischer Soldatenfriedhof, Fogliano *Foljan*

Der österreichisch-ungarische Soldatenfriedhof in Fogliano befindet sich neben dem zivilen Friedhof und ist nur einen Kilometer vom italienischen Beinhaus in Redipuglia (Redipulja) entfernt. Auf der Eingangstür steht die Aufschrift *Im Leben und im Tode vereint*. Auf dem Friedhof liegen 14.550 österreichisch-ungarische Soldaten begraben, die auf diesem Gebiet gefallen sind. Zur großen Gruft, in der 7000 unbekannte Soldaten begraben liegen, führt eine lange Baumalle aus Zypressen. An der Gruft ist eine Aufschrift in Ehrung und im Gedenken an die Soldaten, die für ihr Heimatland gefallen sind. Ringsherum befinden sich die Gräber identifizierter Soldaten. Mit 2550 kleinen Grabsteinen wird ihrer gedacht. Auf dem Friedhof gibt es noch zwei weitere Gemeinschaftsgruften, in denen 5000 unbekannte Soldaten ruhen.

Redipuglia *Redipulja*

In Redipuglia befindet sich im Bahnhof ein Multimedia Museum des Großen Krieges (Stazione Multimediale, Museo della Grande Guerra).

Italienisches Beinhaus, Redipuglia *Redipulja*

Das Beinhaus in Redipuglia ist das größte und prächtigste Denkmal in Italien, das den Gefallenen im Ersten Weltkrieg gewidmet wurde. Erbaut wurde es auf dem Hang des Hügels Monte Sei Busi nach den Plänen des Architekten Giovanni Greppi und des Bildhauers Giannino Castiglioni. Das Beinhaus, das am 18. September 1938 eingeweiht wurde, ist auch unter dem Namen *Denkmal der Hunderttausende* bekannt, denn es bewahrt die sterblichen Überreste von 100.187 Soldaten, die in diesem Gebiet gefallen waren und zunächst auf dem naheliegenden Hügel Colle di Sant'Elia begraben worden waren. Das Denkmal soll alle Gefallenen ehren, die Ihr Leben geopfert haben, aber auch all jenen ein angemessenes Begräbnis ermöglichen, für die auf dem Hügel Colle di Sant'Elia kein Platz mehr war. Die gesamte Struktur besteht aus drei Ebenen und symbolisiert eine Armee, die vom Himmel herabsteigt und mit dem Befehlshaber an der Spitze den *Weg der Helden* (Via degli Eroi) entlang läuft. Am Ende des Treppenaufgangs stehen drei Kreuze, die die Kreuzigung Jesu auf Golgota darstellen. Die damalige faschistische Herrschaft trug viel zum grandiosen Entwurf des Denkmals bei. Sie hat die Opfer des Ersten Weltkrieges als Märtyrer dargestellt und ihnen monumentale Objekte für nationalistisch gefärbte Gedenkriten errichtet, wie auch z.B. das Beinhaus in Kobarid und auf Oslavia.

Am Fuße des Beinhauses in Redipuglia befindet sich ein Museum *Museo Casa III Armata*, das den Geschehnissen des Großen Krieges gewidmet wurde. Hier ist auch ein ausgezeichneter Ausgangspunkt für den Besuch des Beinhauses, der symbolisch mit dem Überschreiten der Kette des Torpedozerstörers *Triglav*, einem österreichisch-ungarischen Kriegsschiff, beginnt. Der Zerstörer wurde nach dem Krieg von den

Die Liste der bestatteten Soldaten in italienischen Beinhäusern (Redipuglia, Oslavia, Kobarid) ist zugänglich auf: *www.cadutigrandeguerra.net*

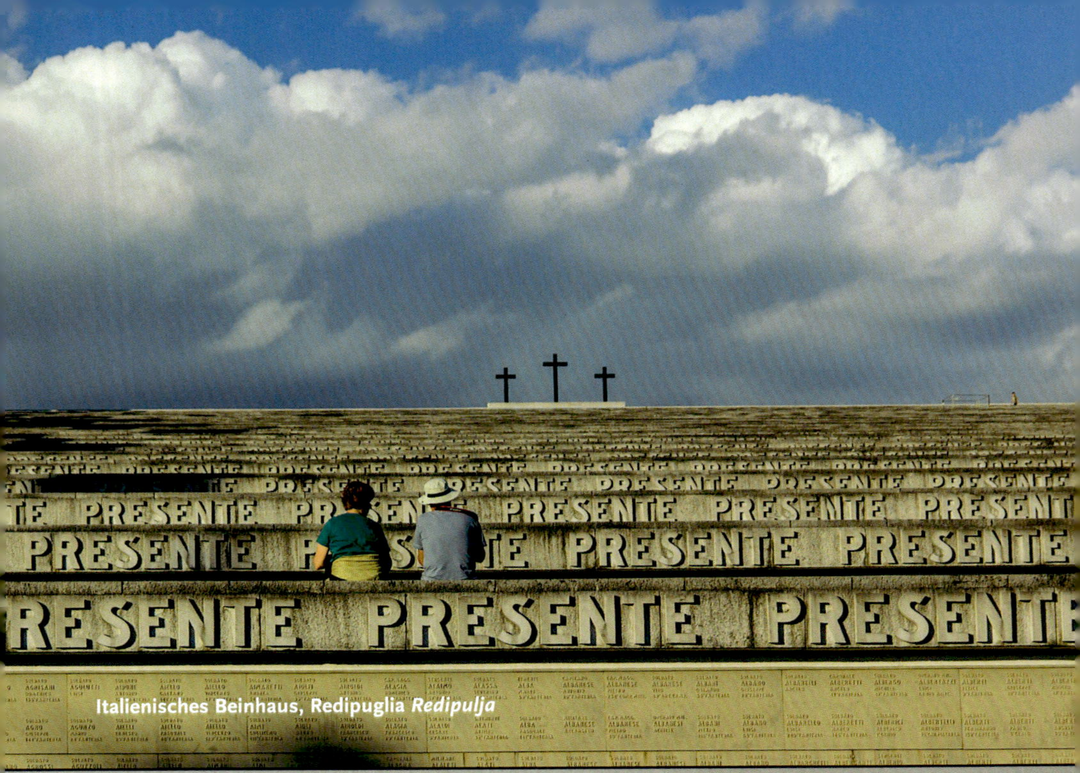

Italienisches Beinhaus, Redipuglia *Redipulja*

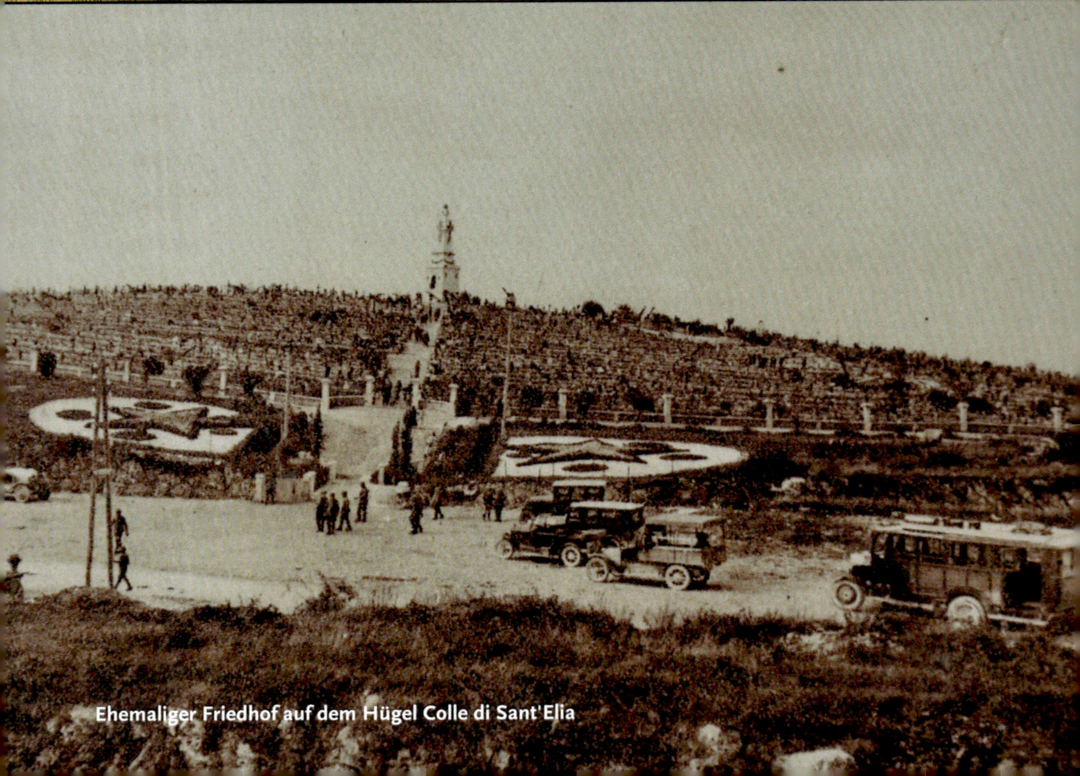

Ehemaliger Friedhof auf dem Hügel Colle di Sant'Elia

Italienern beschlagnahmt und wurde in *Grado* umbenannt. Der Besuch geht weiter über den *Via degli Eroi*, einer mit Steinen gepflasterten Straße, an der sich 38 Tafeln mit den Namen der Ortschaften im Karst befinden, in denen während des Ersten Weltkrieges Kämpfe stattfanden. Bald darauf gelangen wir zu mächtigen Gruften, in denen Generäle begraben liegen. Unter ihnen tritt vor allem, auch der Größe nach, eine Gruft hervor, in welcher der Oberbefehlshaber der dritten Armee Emanuele Filiberto Duca d'Aosta begraben wurde. Sie ist aus einem einzigen Stück roten Marmors gefertigt und wiegt 75 Tonnen. Neben der Gruft stehen fünf Granitgräber begrabener Generäle: Antonio Chinotta, Tommaso Monti, Giovanni Prelli, Guiseppe Paolini und Fulvio Ricceri. Hinter den Gräbern führen 22 große Seitenstufen hinauf, wo alphabetisch geordnet die sterblichen Überreste von 39.857 identifizierten Soldaten bewahrt werden. Über jeder Grabnische steht die Aufschrift *Presente* (Anwesend). Über die seitlichen Stufen, die auch bis nach oben führen, gelangt man auf jede Ebene. Als Besonderheit sei erwähnt, dass in der Grabnische in der Mitte der ersten Stufe die einzige Frau begraben liegt, eine Krankenschwester die Margherita Kaiser Parodi Orlando hieß. Auf der letzten, zweiundzwanzigsten Stufe, liegen 72 Marinesoldaten und 56 Angehörige der Finanzwache begraben. Am Ende der Treppe sind zwei größere Gruften, die mit Kupferplatten abgedeckt sind. Hier sind über 60.000 unbekannte Soldaten begraben. Es gibt auch eine kleine Kapelle, in der die Werke des Bildhauers Castiglioni *Kreuzabnahme* und *Kreuzweg* ausgestellt sind. Im letzten Teil der zweiundzwanzigsten und letzten Stufe befinden sich zwei Museumsräume, in denen Fotografien des ersten Beinhauses in Redipuglia, Dokumente und Kriegsmaterial aufbewahrt werden. Auf der Kote 86, oberhalb des monumentalen Beinhauses ist eine Beobachtungsstelle und ein Modell, auf dem die Frontlinie vom 24. Oktober 1917, dem ersten Tag der 12. Isonzoschlacht, eingezeichnet ist.

Colle di Sant'Ellia (45 m)

Der Friedhof der nicht besiegten dritten Armee (Cimitero degli invitti della Terza Armata) entstand auf dem Hügel Colle di Sant'Ellia. Die Idee dafür entstand bereits im Jahre 1919 aufgrund des Vorschlags der Militärdienststelle für Kriegsgefallene (Ufficio militare per i Caduti di Guerra). Deswegen ist er als erstes Beinhaus und Denkmal der Kriegsgefallenen im Ersten Weltkrieg bekannt. Der Friedhof wurde im Jahre 1923 eröffnet und dort wurden 30.000 gefallene Soldaten begraben. Als im Jahre 1938 das Beinhaus in Redipuglia feierlich eröffnet wurde und auch die sterblichen Überreste der hier bestatteten Soldaten umgebettet wurden, verlor dieser Friedhof seine Bedeutung. Deswegen wurde er zum Park der Erinnerung (Parco della Rimembranza) umgestaltet.

Heute führt zur Spitze des Hügels ein breiter Stufenaufgang mit Baumallee, an dem die Repliken originaler Grabsteine und Epigraphe aufgestellt wurden.

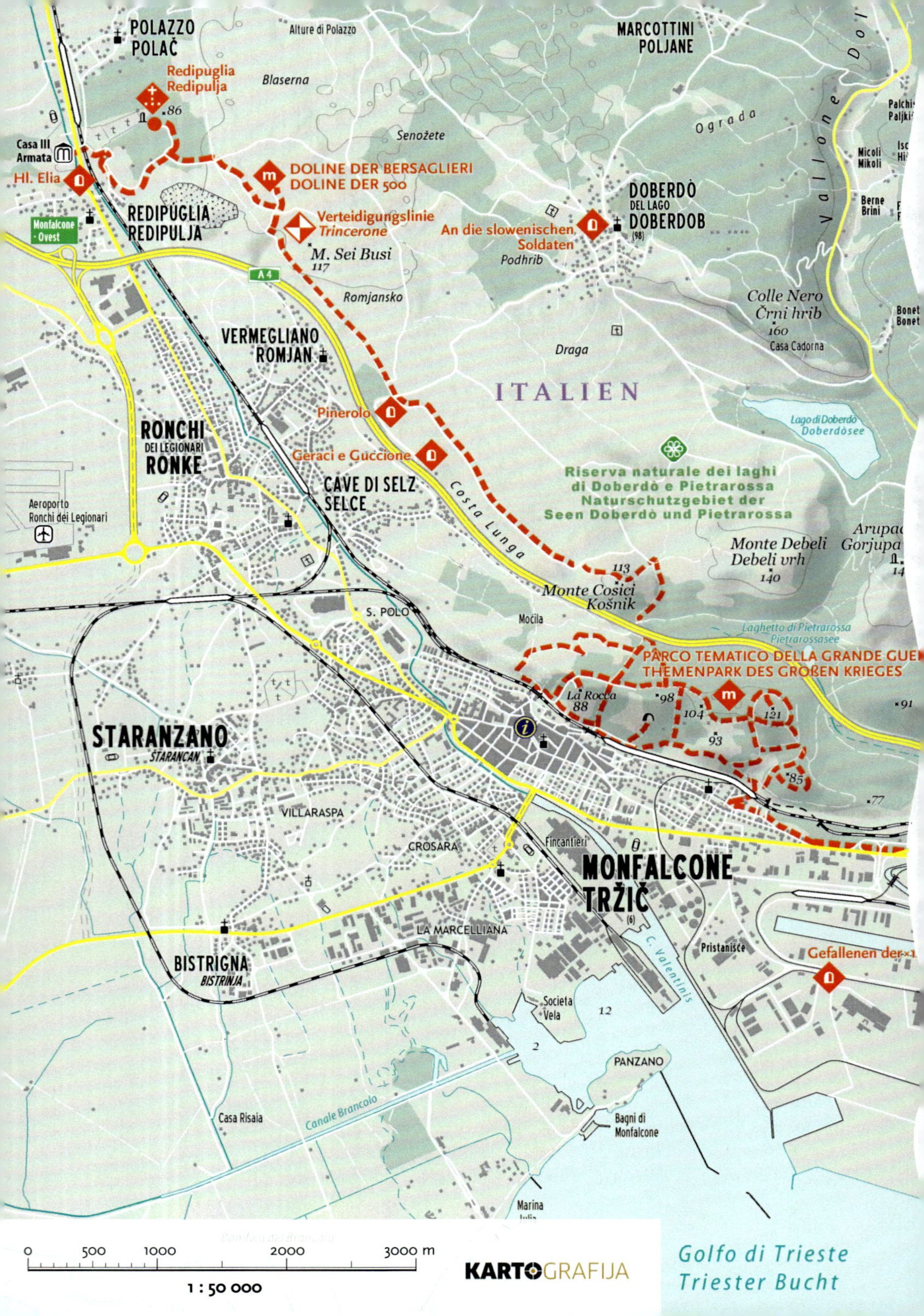

POLAZZO
POLAČ
Alture di Polazzo
MARCOTTINI
POLJANE
Redipuglia
Redipulja
Blaserna
Vallone
Dol
Senožete
Ograda
Casa III Armata
Hl. Elia
DOLINE DER BERSAGLIERI
DOLINE DER 500
REDIPUGLIA
REDIPULJA
Verteidigungslinie
Trincerone
DOBERDÒ DEL LAGO
DOBERDOB
Monfalcone - Ovest
An die slowenischen Soldaten
M. Sei Busi
Podhrib
A4
Romjansko
Colle Nero
Črni hrib
Casa Cadorna
VERMEGLIANO
ROMJAN
Draga
ITALIEN
Lago di Doberdò
Doberdòsee
Pinerolo
RONCHI
DEI LEGIONARI
RONKE
Geraci e Guccione
Riserva naturale dei laghi di Doberdò e Pietrarossa
Naturschutzgebiet der Seen Doberdò und Pietrarossa
CAVE DI SELZ
SELCE
Aeroporto Ronchi dei Legionari
Costa Lunga
Arupacupa
Gorjupa
Monte Debeli
Debeli vrh
Monte Cosici
Košnik
S. POLO
Mocila
Laghetto di Pietrarossa
Pietrarossasee
PARCO TEMATICO DELLA GRANDE GUE
THEMENPARK DES GROẞEN KRIEGES
La Rocca
STARANZANO
STARANCAN
VILLARASPA
CROSARA
Fincantieri
MONFALCONE
TRŽIČ
LA MARCELLIANA
Pristanišče
Gefallenen der
BISTRIGNA
BISTRINJA
C. Valentinis
Societa Vela
PANZANO
Bagni di Monfalcone
Casa Risaia
Canale Brancolo
Marina Julia
0 500 1000 2000 3000 m
1 : 50 000
KARTOGRAFIJA
Golfo di Trieste
Triester Bucht

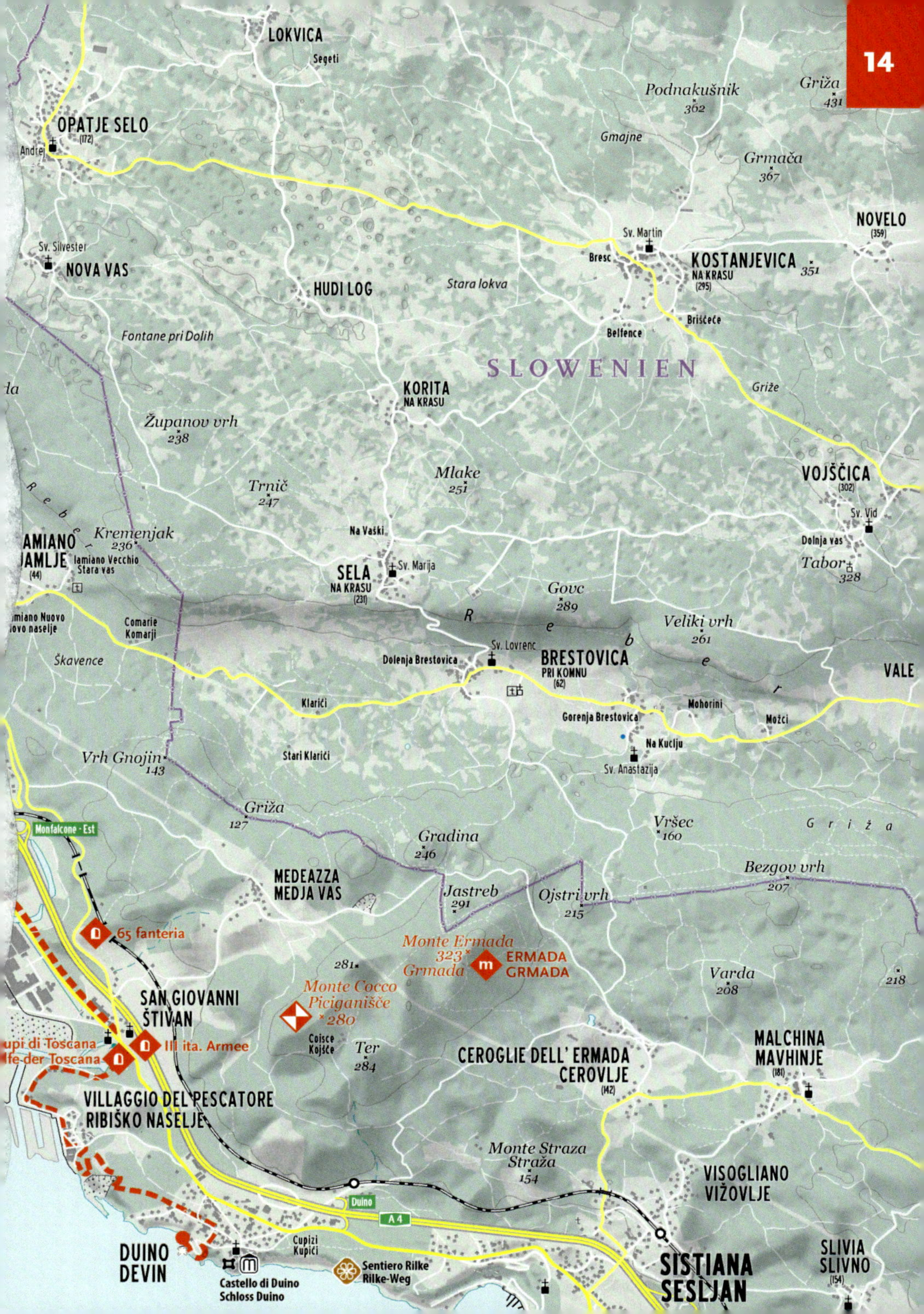
LOKVICA
Segeti
OPATJE SELO
(172)
Andrej
Podnakušnik
362
Griža
431
Gmajne
Grmača
367
NOVELO
(359)
Sv. Martin
Bresc
KOSTANJEVICA
NA KRASU
(295)
351
Sv. Silvester
NOVA VAS
HUDI LOG
Stara lokva
Briščeče
Belfence
Fontane pri Dolih
SLOWENIEN
KORITA
NA KRASU
Griže
Županov vrh
238
Mlake
251
VOJŠČICA
(302)
Trnič
247
Sv. Vid
Kremenjak
236
Na Vaški
Dolnja vas
Tabor
328
Iamiano Vecchio
Stara vas
SELA
NA KRASU
(231)
Sv. Marija
Govc
289
Comarie
Komarji
Veliki vrh
261
Škavence
Sv. Lovrenc
Dolenja Brestovica
BRESTOVICA
PRI KOMNU
(62)
VALE
Klarići
Mohorini
Gorenja Brestovica
Možci
Na Kuclju
Vrh Gnojin
143
Stari Klarići
Sv. Anastazija
Griža
127
Vršec
160
Monfalcone - Est
Gradina
246
Bezgov vrh
207
MEDEAZZA
MEDJA VAS
Jastreb
291
Ojstri vrh
215
65 fanteria
Monte Ermada
323
Grmada
ERMADA
GRMADA
281
Varda
208
218
SAN GIOVANNI
ŠTIVAN
Monte Cocco
Piciganišče
280
III ita. Armee
Coisce
Kojšče
Ter
284
CEROGLIE DELL' ERMADA
CEROVLJE
(142)
MALCHINA
MAVHINJE
(181)
VILLAGGIO DEL PESCATORE
RIBIŠKO NASELJE
Monte Straza
Straža
154
VISOGLIANO
VIŽOVLJE
Duino
A 4
DUINO
DEVIN
Cupizi
Kupići
Castello di Duino
Schloss Duino
Sentiero Rilke
Rilke-Weg
SISTIANA
SESLJAN
SLIVIA
SLIVNO
(154)

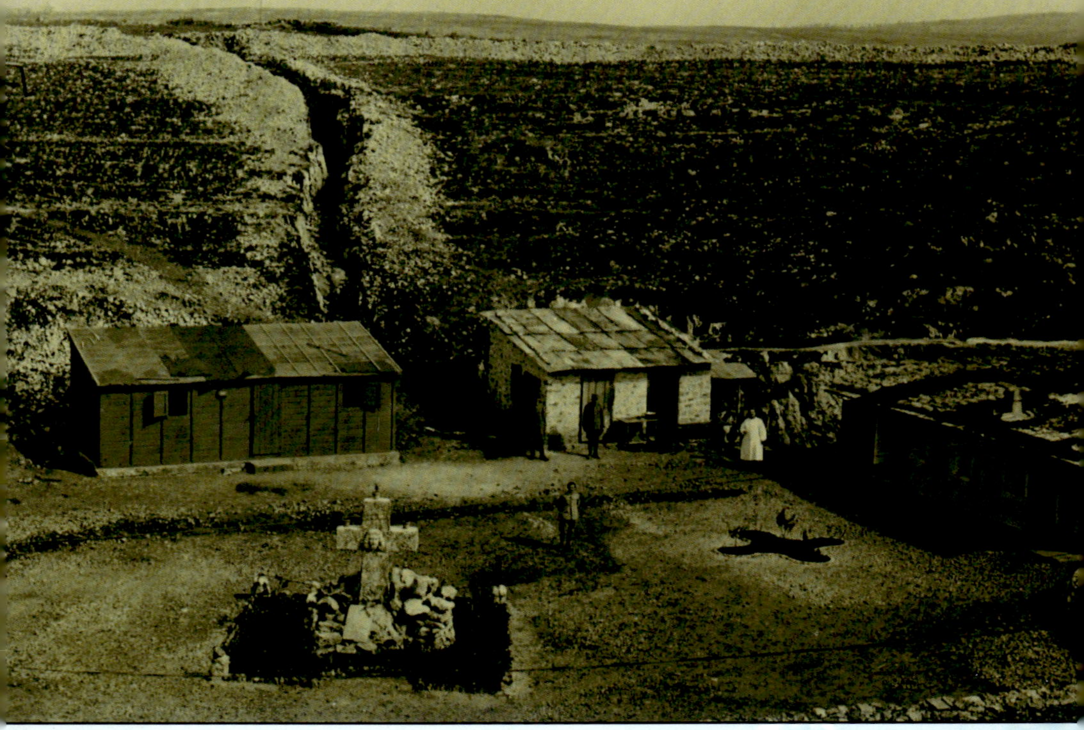

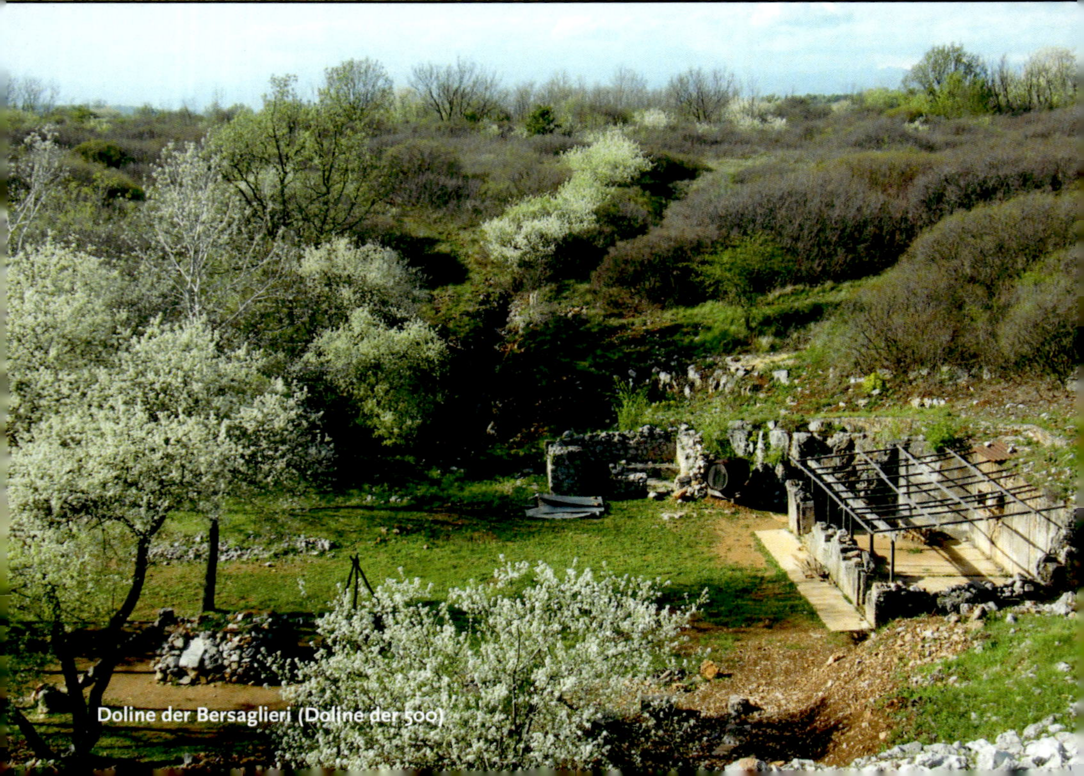

Doline der Bersaglieri (Doline der 500)

Redipuglia *Redipulja* ◆ Freilichtmuseum Doline der Bersaglieri ◆ Themenpark des Ersten Weltkrieges ◆ Monfalcone *Tržič* ◆ S. Giovanni del Timavo *Štivan* ◆ Duino *Devin*

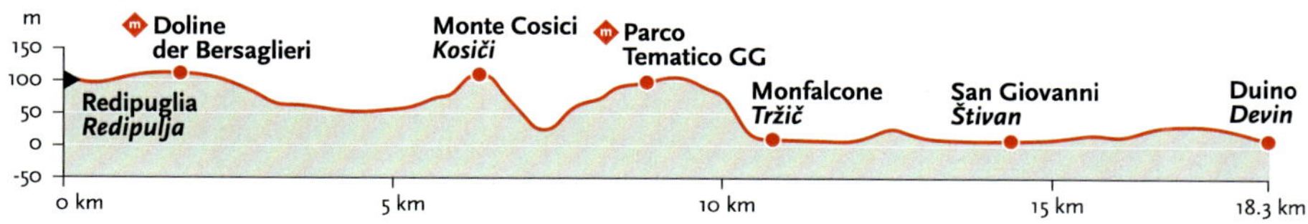

Gemeinsamer Höhenunterschied: 210 m

Freilichtmuseum Doline der Bersaglieri

112 m ü.d.M.

GPS: 45.84804 13.50497

Den Hauptteil des Freilichtmuseums, das im Jahre 2000 eröffnet wurde, stellt die *Doline der Bersaglieri* dar. Es handelt sich hierbei um eine Karstdoline bzw. einen Karsttrichter zwischen der Kote 86 (Beinhaus Redipuglia) und der Kote 117 (Monte Sei Busi). Aufgrund des Fundes eines Abzeichens mit dem Symbol des Bersaglieri-Bataillons wird die Doline so genannt. Bekannt ist es aber auch unter dem Namen *Dolina dei Cinquecento* (Doline der Fünfhundert), denn genau hier wurde ein Gemeinschaftsgrab mit fünfhundert Leichen gefallener Soldaten entdeckt, die später in das nahegelegene Beinhaus umgebettet wurden.

Auf dem Gebiet der *Doline der Bersaglieri* fanden seit der 1. Isonzoschlacht stets Kämpfe zwischen der österreichisch-ungarischen und italienischen Armee statt. Zwischen Juli und August im Jahre 1915 nahmen italienische Einheiten dieses Gebiet ein. Da sich die Front immer mehr in östlicher Richtung verschob, befand sich die Doline nicht mehr an der ersten Frontlinie. Somit konnte dort eine Kommandantur und ein kleines Krankenhaus errichtet werden, von der heute noch Ruinen zeugen. Ebenso sind noch zahlreiche Objekte mit Schützengräben und Überresten von Soldatenbaracken sichtbar.

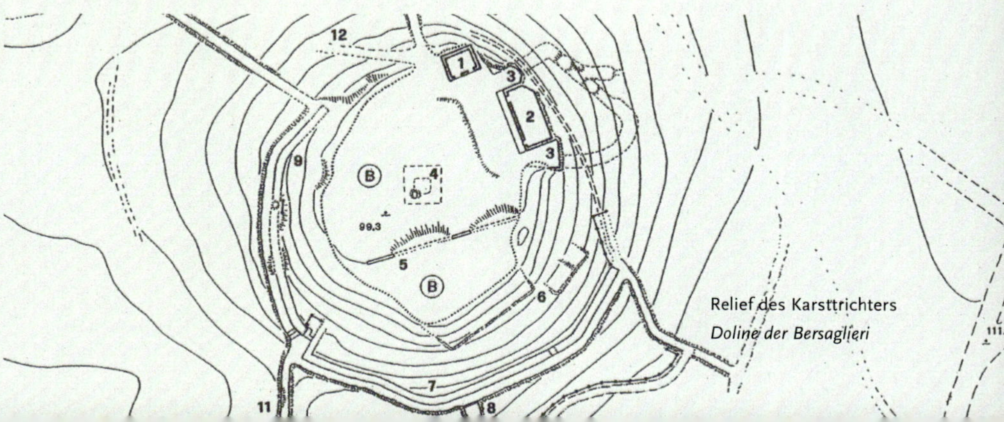

Relief des Karsttrichters
Doline der Bersaglieri

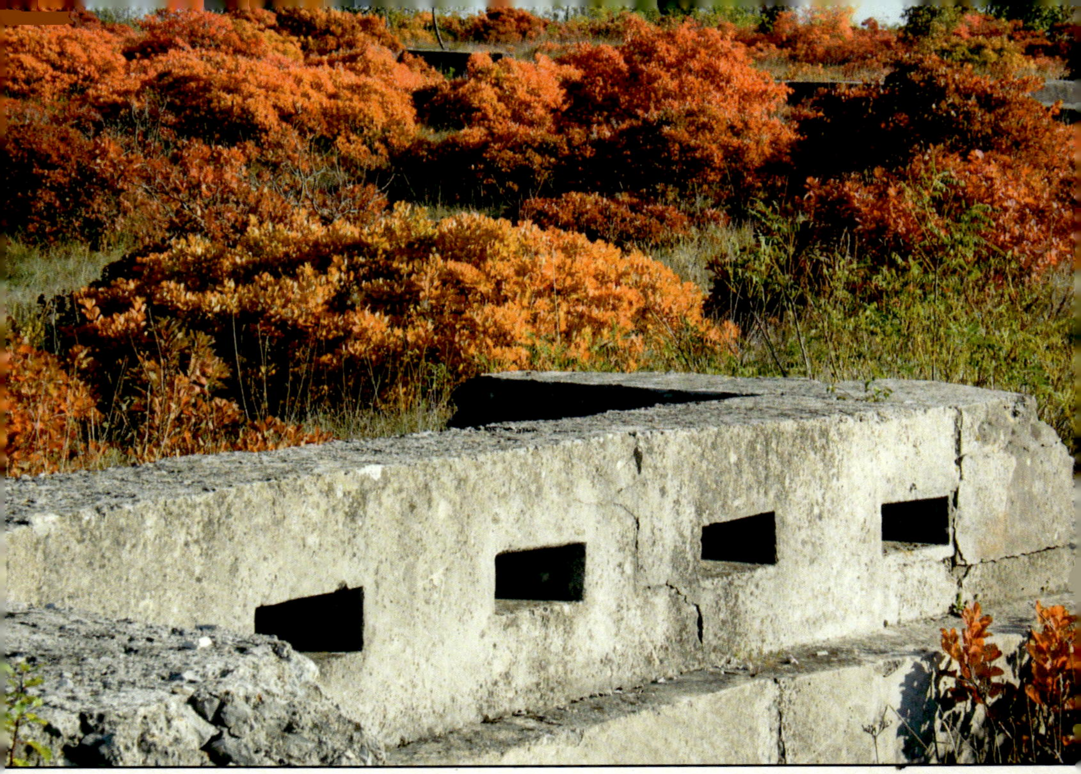

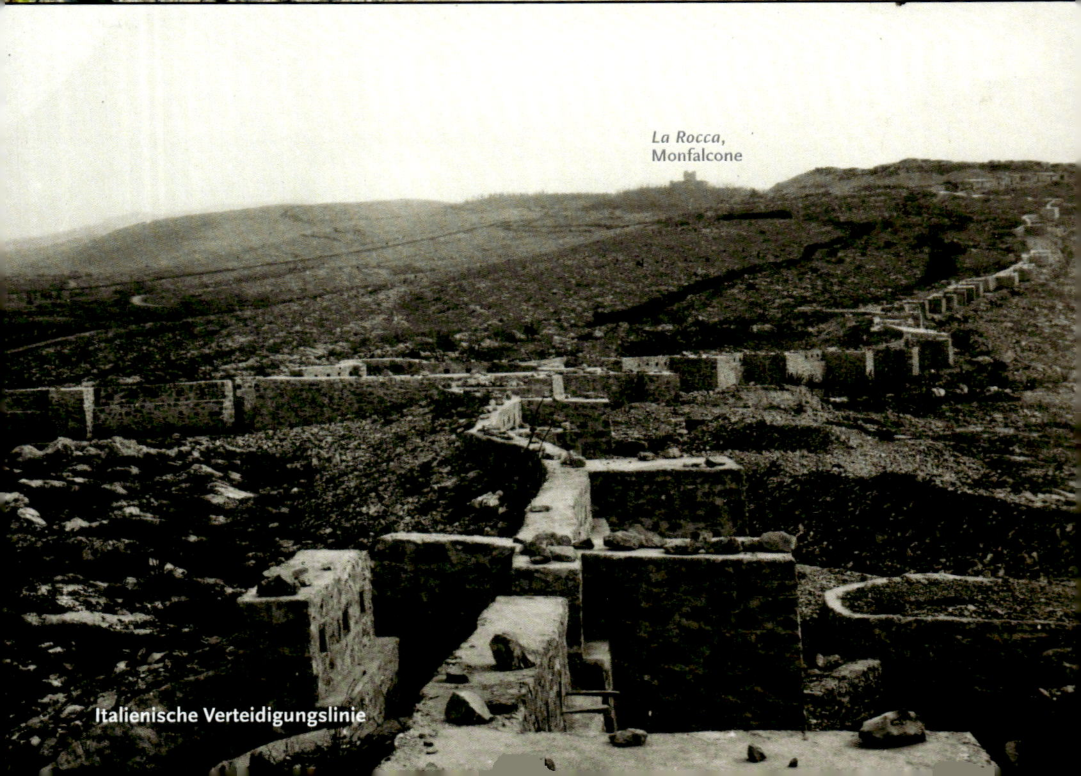

Italienische Verteidigungslinie

Befestigte Verteidigungslinie auf dem Hügel Monte Sei Busi

Um die Spitze des Hügels Monte Sei Busi sieht man einen Abschnitt des sog. italienischen Walls (Trincerone italiano). Dies ist eine große befestigte Verteidigungslinie, die auf dem Monte San Michele (Debela Griža) begann und bis nach Cave di Selz (Selce) ging und weiter nach Doberdò del Lago (Doberdob) und Monfalcone (Tržič) führte. Er ist auch unter dem Namen *Trincea Mazzoldi* bekannt. Erbaut wurde er auf der Basis eines Schützengrabens, der von österreichisch-ungarischen Einheiten ausgegraben wurde, als sie dieses Gebiet noch in ihren Händen hielten. Die italienische Armee befestigte ihn in den Jahren 1916 und 1917 mit Zement und sorgte damit für eine starke Verteidigung im Falle einer Gegenoffensive der österreichisch-ungarischen Armee. Nach der 12. Isonzooffensive wurde das Verteidigungssystem unbrauchbar. Aufgrund des österreichisch-ungarischen Angriffs im oberen Isonzotal und dem Durchbruch in die Friauler Ebene, musste die dritte italienische Armee es sofort verlassen, denn nur so konnten sie einer Umzingelung entkommen.

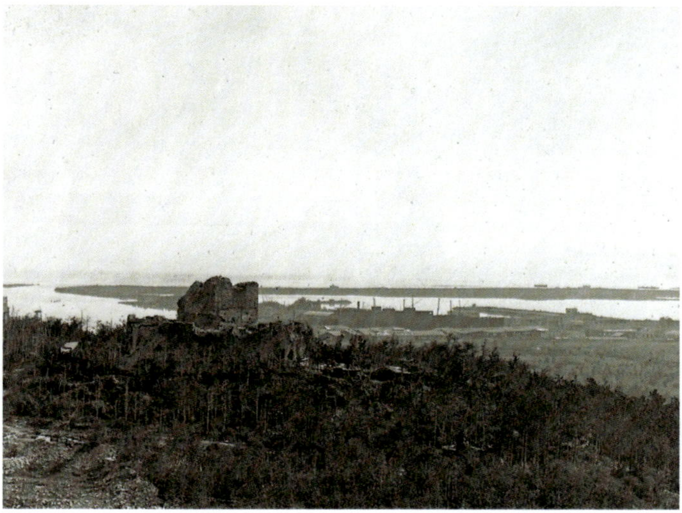

Mittelalterliche Befestigung *La Rocca*, Symbol der Stadt Monfalcone (Tržič)

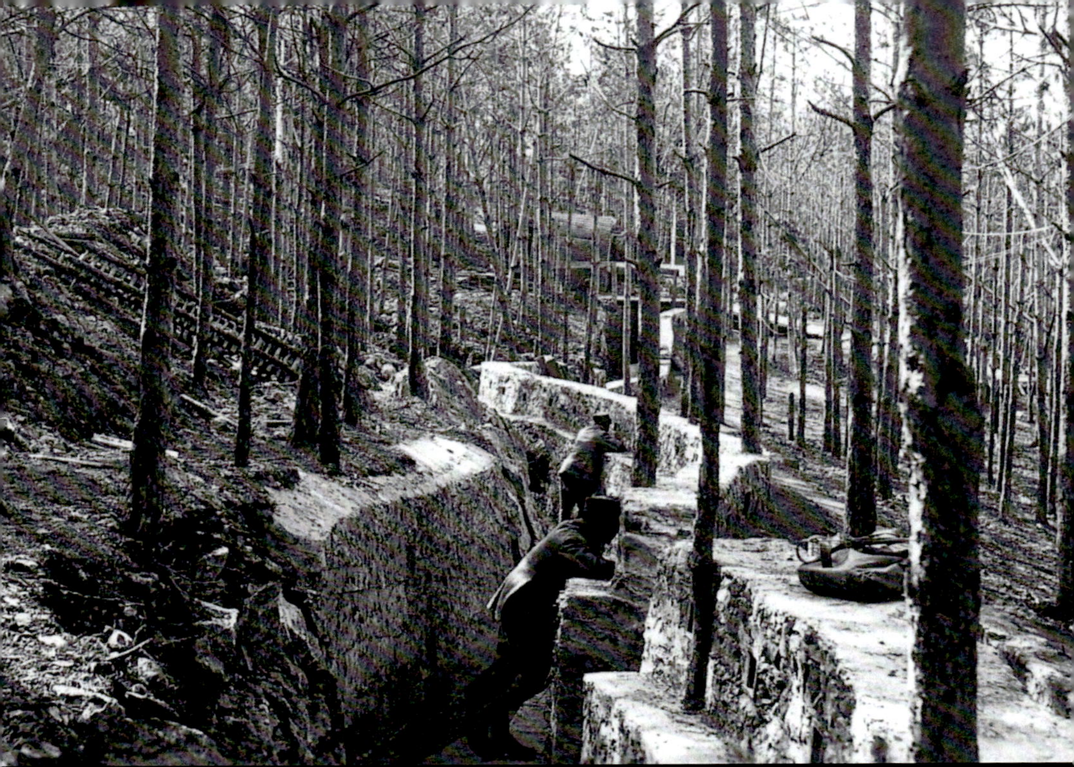

Zweite italienische Verteidigungslinie nördlich der Kote 98

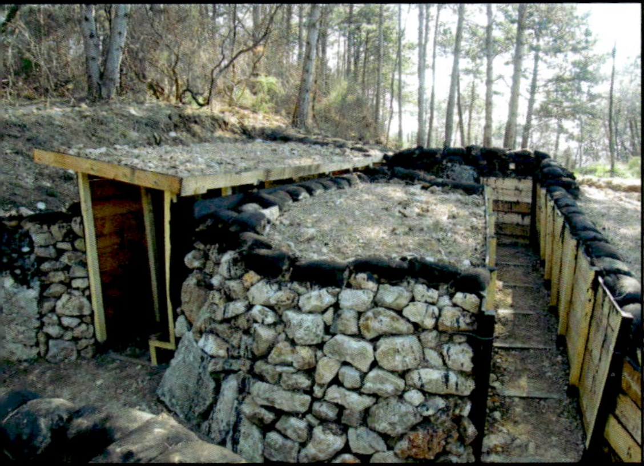

Erneuerte Verteidigungslinien auf der Kote 121

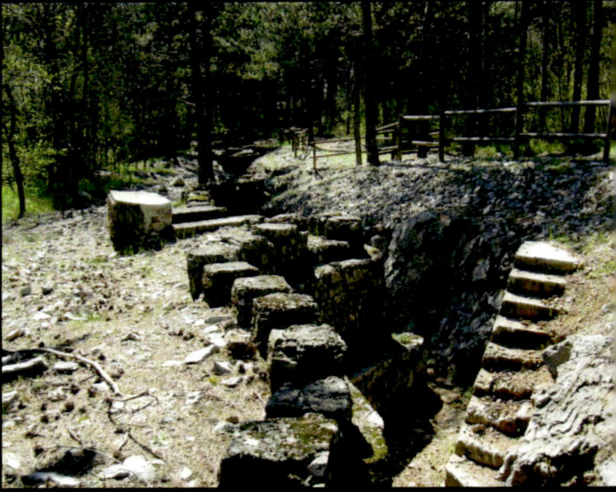

Schützengraben *Trincea Joffre*

m Themenpark des Ersten Weltkrieges, Monfalcone *Tržič*

Auf den Karstanhöhen über Monfalcone erstreckt sich auf vier Quadratkilometern ein Themenpark des Ersten Weltkrieges (Parco Tematico della Grande Guerra). Am westlichen Rand des Parks befindet sich eine Befestigung aus dem Mittelalter, die *La Rocca* genannt wird und das Symbol der Stadt Monfalcone ist. Die Befestigung besteht aus einem Turm mit quadratischem Grundriss und einer Ringmauer, Überresten eines Verteidigungsgrabens und einer Aufschüttung auf der Außenseite.

121 m ü.d.M.

GPS:
45.804759
13.554069

Der Themenpark ist aus drei verschiedenen Themenbereichen zusammengestellt worden, die dem Besucher die Möglichkeit bietet das Kriegsgebiet und die Geschehnisse, die hier zwischen Juni 1915 und Mai 1917 stattfanden, kennen zu lernen. In den ersten beiden Bereichen befinden sich die Feldschanze *Ridotta di Quota 121* und der Schützengraben auf der Kote 85 *Trincea di Quota 85*. Es handelt sich hierbei um Strukturen, die ein Teil des österreichisch-ungarischen Verteidigungssystems waren, bis sie im August 1916 nach dem Sieg in der 6. Isonzoschlacht von der italienischen Armee besetzt wurden. Für den ersten Themenbereich ist das komplizierte System der Schützengräben und Kanonenstellungen charakteristisch und für den zweiten Themenbereich die Verteidigungslinie mit Unterständen für die Soldaten. Die Kote 85 ist Enrico Toti gewidmet. Im dritten Themenbereich können wir uns den Schützengraben *Trincea Joffre* und die Höhle Grotta Vergine anschauen, die ein wichtiger Teil der österreichisch-ungarischen Verteidigungslinie war und bereits im Juni 1915 von italienischen Bataillonen erobert wurde. Der Park wird noch durch einen Schützengraben *Trincea Cuzzi* zwischen den Koten 98 und 104 vervollständigt.

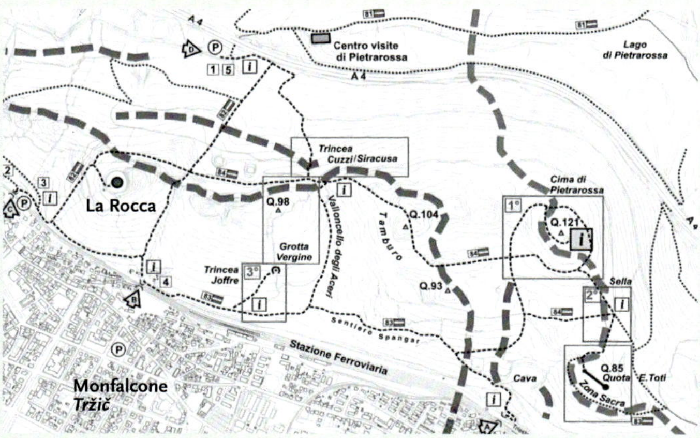

Karte des Themenparks des Ersten Weltkrieges, Monfalcone (Tržič)

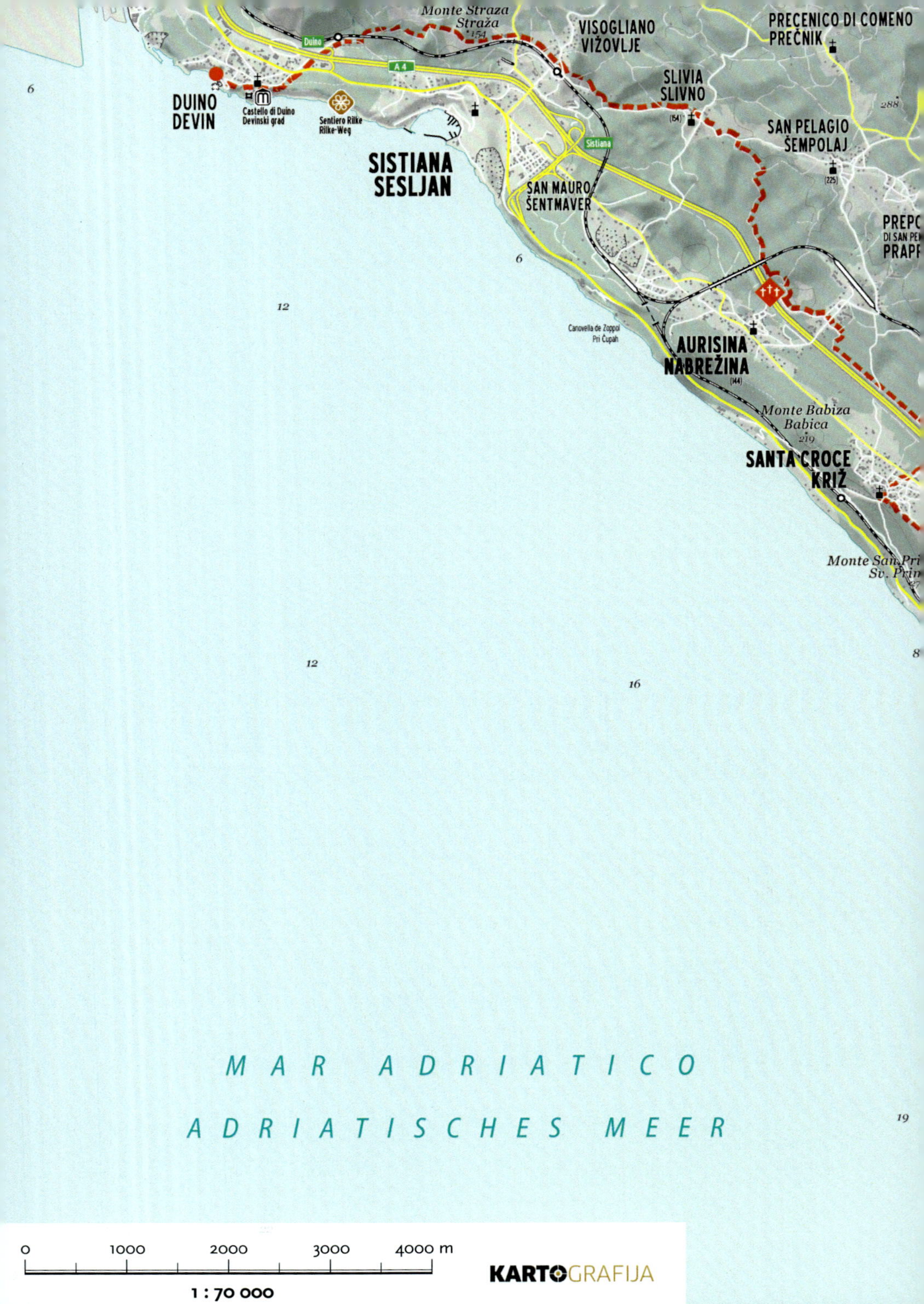

KARTOGRAFIJA

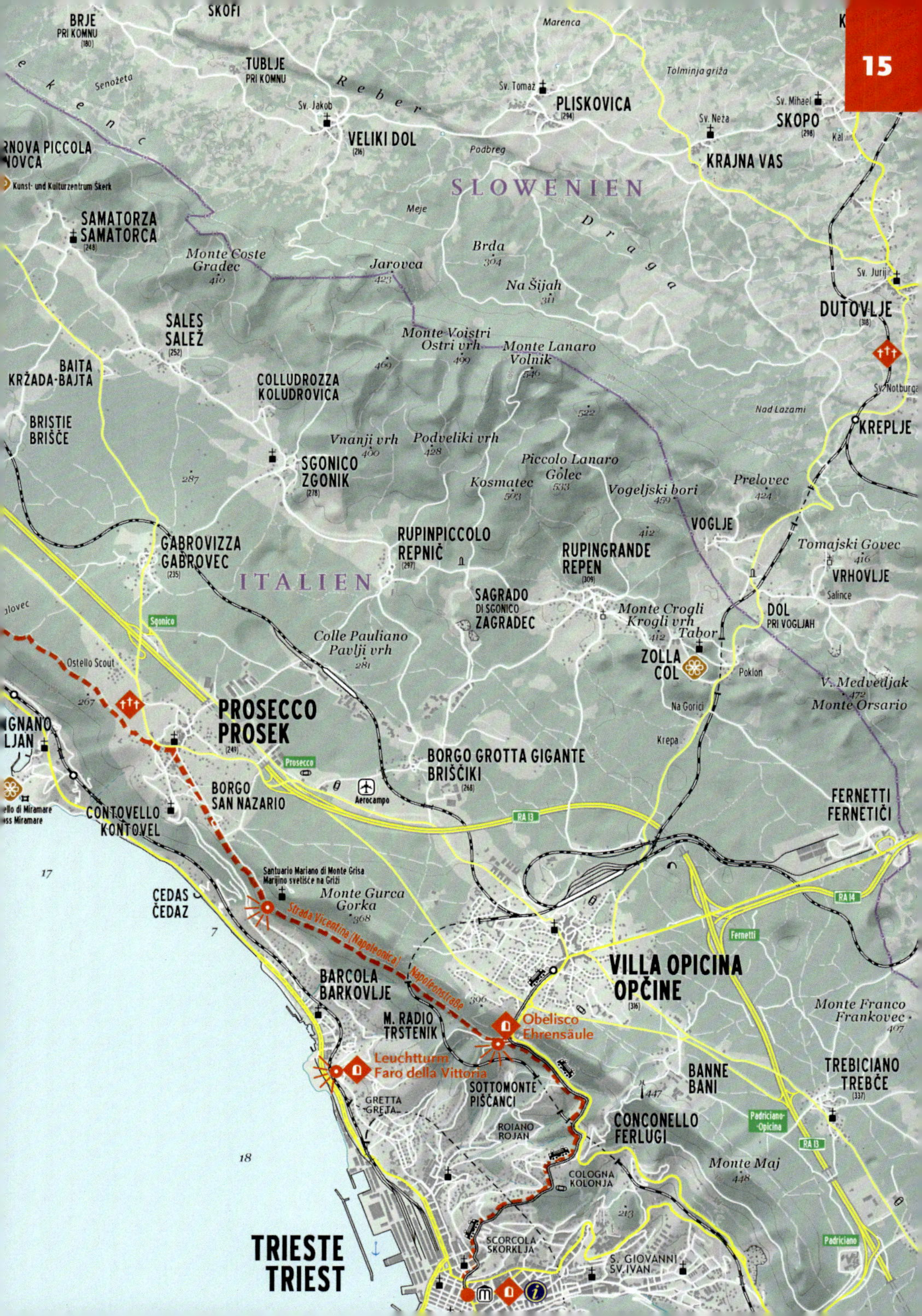
SKOFI
BRJE PRI KOMNU (180)
Marenca
TUBLJE PRI KOMNU
Senožeta
Reber
Sv. Tomaž
PLISKOVICA (294)
Tolminja griža
Sv. Mihael
SKOPO (298)
Sv. Jakob
VELIKI DOL (216)
Podbreg
Sv. Neža
KRAJNA VAS
Kal
RNOVA PICCOLA
NOVCA
Kunst- und Kulturzentrum Škerk
SLOWENIEN
Draga
Meje
SAMATORZA
SAMATORCA (248)
Monte Coste
Gradec
410
Jarovca
423
Brda
304
Na Šijah
311
Sv. Jurij
DUTOVLJE (318)
SALES
SALEŽ (252)
Monte Voistri
Ostri vrh
499
Monte Lanaro
Volnik
546
469
Sv. Notburga
BAITA
KRŽADA-BAJTA
COLLUDROZZA
KOLUDROVICA
522
Nad Lazami
BRISTIE
BRIŠČE
KREPLJE
Vnanji vrh
400
Podveliki vrh
428
Piccolo Lanaro
Golec
533
SGONICO
ZGONIK (278)
287
Kosmatec
503
Vogeljski bori
459
Prelovec
424
VOGLJE
412
GABROVIZZA
GABROVEC (235)
RUPINPICCOLO
REPNIČ (297)
RUPINGRANDE
REPEN (309)
Tomajski Govec
416
VRHOVLJE
ITALIEN
Salince
SAGRADO DI SGONICO
ZAGRADEC
Monte Crogli
Krogli vrh
412
Tabor
DOL PRI VOGLJAH
Sgonico
Colle Pauliano
Pavlji vrh
281
ZOLLA
COL
Poklon
Ostello Scout
V. Medvedjak
472
Monte Orsario
267
PROSECCO
PROSEK (249)
Na Gorici
GNANO
LJAN
Krepa
Prosecco
BORGO GROTTA GIGANTE
BRIŠČIKI (268)
BORGO
SAN NAZARIO
Aerocampo
FERNETTI
FERNETIČI
CONTOVELLO
KONTOVEL
RA 13
17
Santuario Mariano di Monte Grisa
Marijino svetišče na Grizi
CEDAS
ČEDAZ
Monte Gurca
Gorka
368
RA 14
7
Strada Vicentina (Napoleonica)
Napoleonstraße
Fernetti
VILLA OPICINA
OPČINE (316)
BARCOLA
BARKOVLJE
396
M. RADIO
TRSTENIK
Obelisco
Ehrensäule
Monte Franco
Frankovec
407
Leuchtturm
Faro della Vittoria
BANNE
BANI
TREBICIANO
TREBČE (337)
SOTTOMONTE
PIŠČANCI
447
GRETTA
GRETA
CONCONELLO
FERLUGI
Padriciano-Opicina
ROIANO
ROJAN
RA 13
18
Monte Maj
448
COLOGNA
KOLONJA
213
Padriciano
TRIESTE
TRIEST
SCORCOLA
SKORKLJA
S. GIOVANNI
SV. IVAN

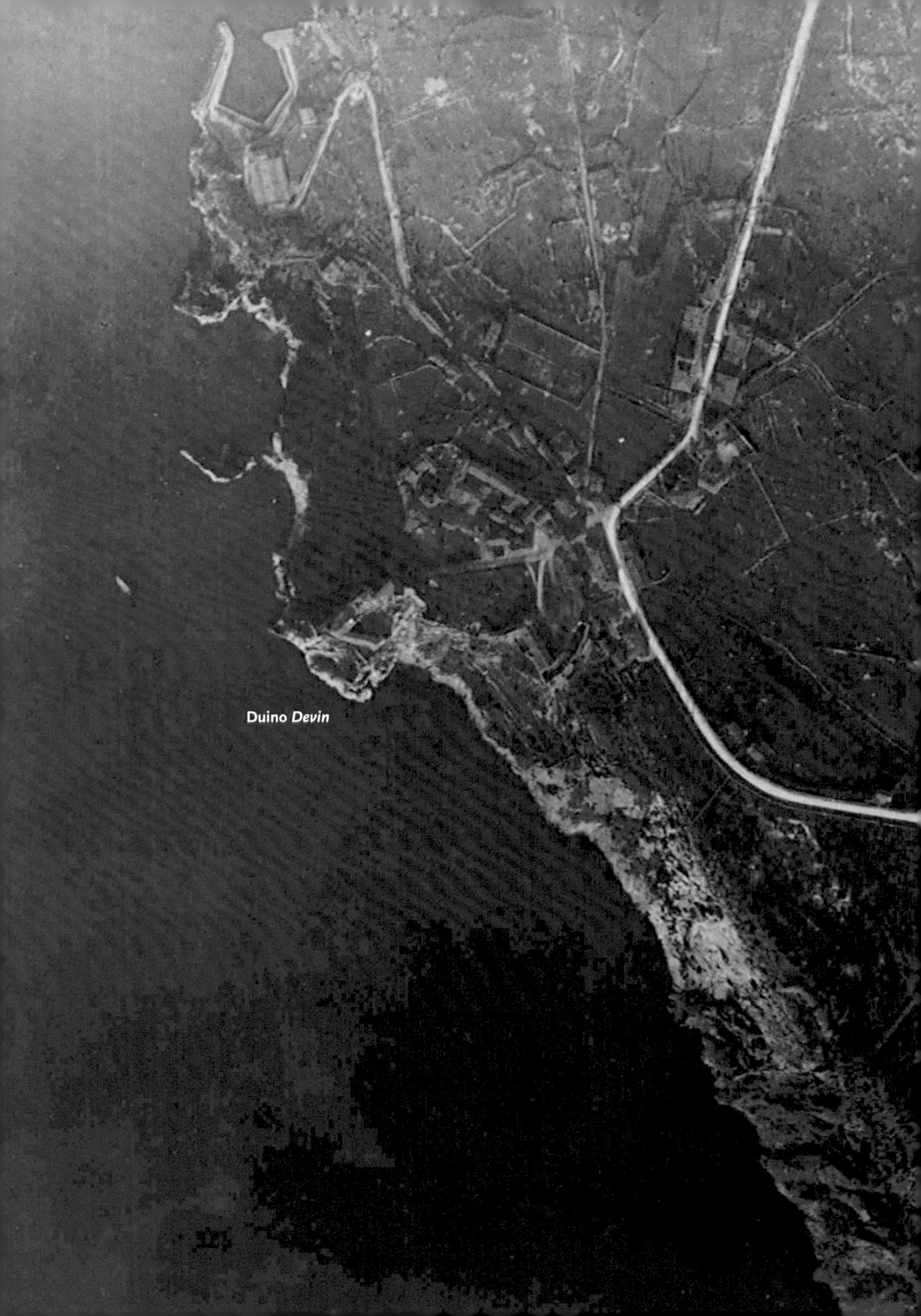
Duino *Devin*

DUINO *DEVIN* ◆ **AURISINA** *NABREŽINA* ◆ **PROSECCO** *PROSEK* ◆ **OPICINA** *OPČINE* ◆ **TRIESTE** *TRST*

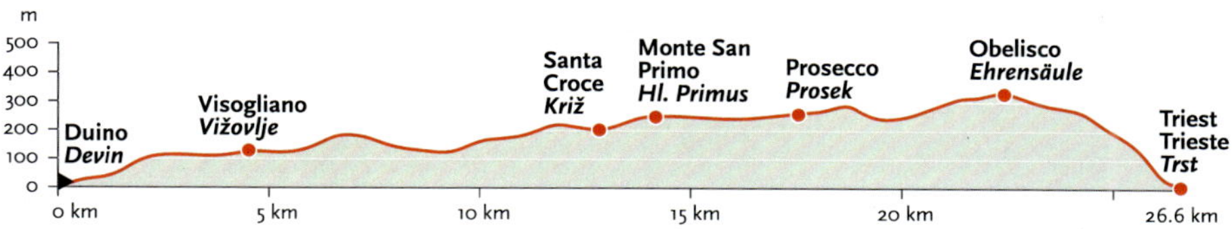

Gemeinsamer Höhenunterschied: 470 m

ÖSTERREICHISCH-UNGARISCHER SOLDATENFRIEDHOF, AURISINA *NABREŽINA*

Auf dem Soldatenfriedhof in Aurisina liegen etwa 2000 österreichisch-ungarische Soldaten begraben, die während des Ersten Weltkrieges auf dem Gebiet zwischen Monfalcone (Tržič) und Monte Ermada (Grmada) ums Leben gekommen sind. Der Friedhof ist mit einer Steinmauer umgeben. Auf den Steinkreuzen, die sich auf einer Wiese befinden, kann man die Namen der gefallenen Soldaten lesen.

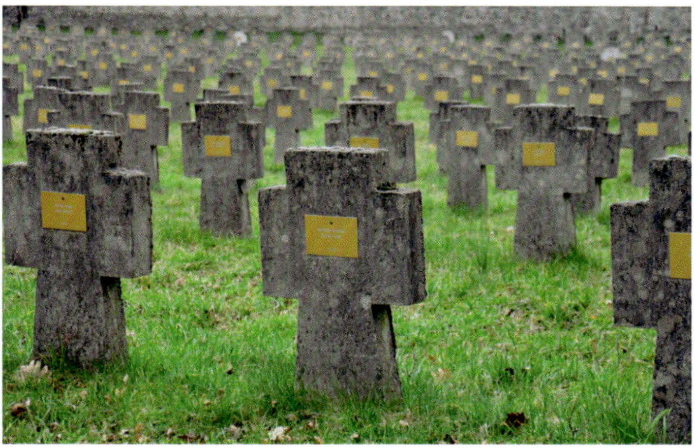

Soldatenfriedhof in Aurisina (Nabrežina). Eine Liste der bestatteten Soldaten auf den Friedhöfen in Aurisina und Prosecco (Prosek) findet man unter: *www.percorsiprovinciats.it/1914-1918*

ÖSTERREICHISCH-UNGARSICHER SOLDATENFRIEDHOF, PROSECCO *PROSEK*

Der Soldatenfriedhof in Prosecco gilt als einer der wichtigsten österreichisch-ungarischen Friedhöfe in Italien. Er befindet sich am Boden eines Karsttrichters und deswegen führen Treppen hinunter. Auf diesen Friedhof wurden die sterblichen Überreste von anderen naheliegenden Friedhöfen umgebettet. Hier liegen 5000 österreichisch-ungarische Soldaten begraben, die im Karst gefallen sind.

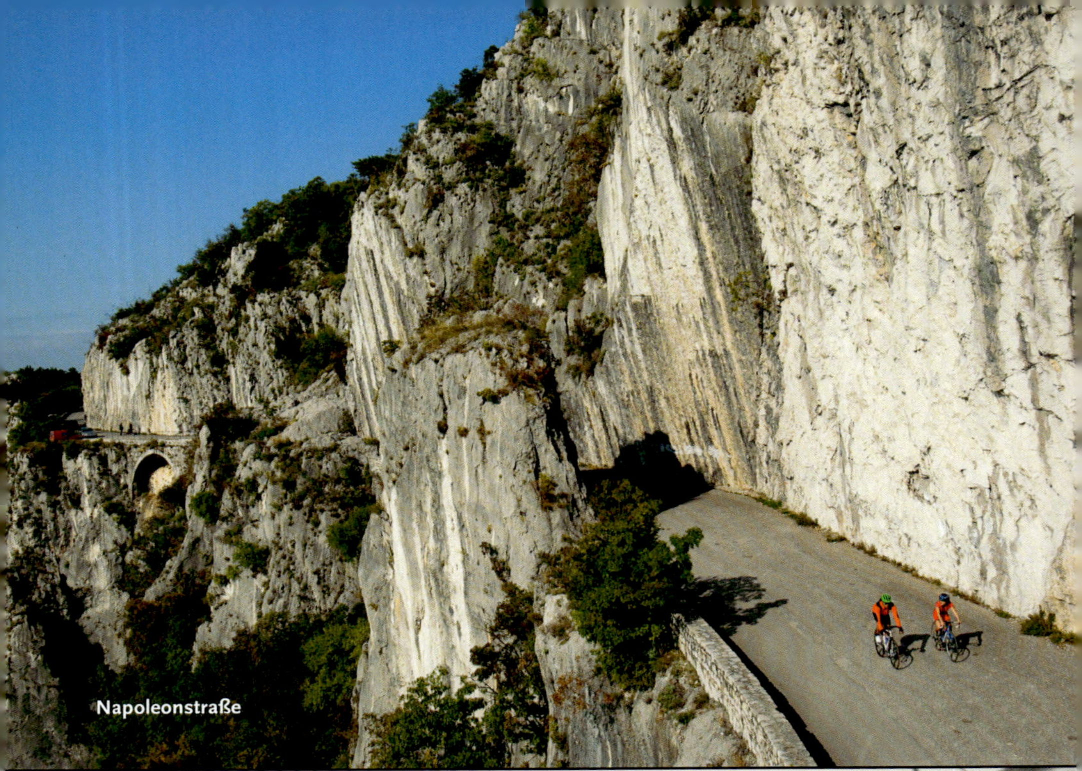

Napoleonstraße

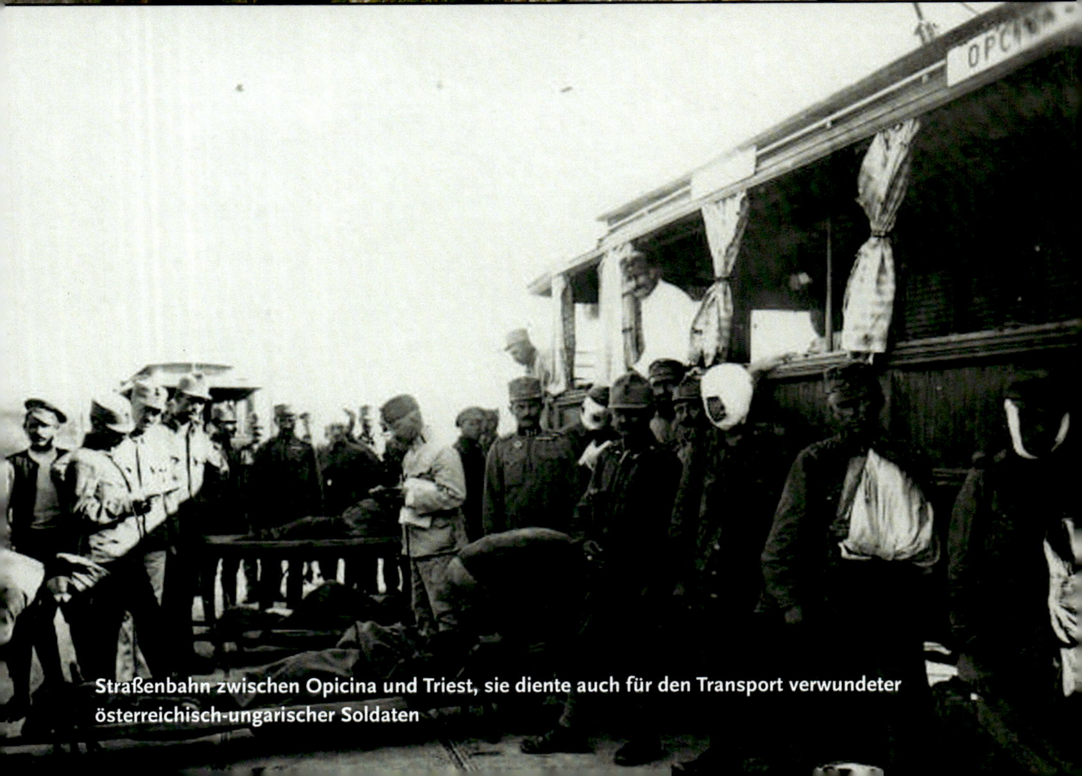

Straßenbahn zwischen Opicina und Triest, sie diente auch für den Transport verwundeter österreichisch-ungarischer Soldaten

Die Napoleonstraße und die Ehrensäule in Opicina *Opčine*

Von Prosecco (Prosek) bis nach Opicina (Opčine) führt uns am Karstrand die waghalsig geplante und etwa drei Kilometer lange Napoleonstraße (Strada Napoleonica), die eine Panoramatrasse ist. Sie bietet uns einen wundervollen Ausblick auf Triest und die Bucht. Der Weg ist auch als die Napoleonstraße bekannt – zum Gedenken an das Ende der Herrschaft Napoleons in diesem Gebiet. Doch der offizielle Name lautet *Strada Vicentina*, benannt nach seinem Projektanten, Ingenieur Giacomo Vicenti. Er legte die Trasse für die Straße im Jahre 1821 fest, sie sollte in Prosecco beginnen und das Karstplateau mit Triest verbinden. Da das Projekt zu teuer war, wurde es nur teilweise realisiert und auch heute noch ist nur der erste Teil der Trasse vor Anfang des Waldes asphaltiert.

Vor Opicina bei Sella di Opicina steht eine große Ehrensäule, die aus Karstmarmor (Repentabor) erschaffen wurde. Zum Zeichen des Dankes an den österreichischen Kaiser Franz I., der die Straße von Opicina bis nach Triest erbauen ließ, wurde die Ehrensäule im Jahre 1839 von der Handelskammer errichtet. Die neue Straße, die im Jahre 1830 fertig gestellt wurde, ermöglichte den Aufschwung des Handels.

An der Ehrensäule führt eine Straßenbahn vorbei, die auf der Strecke Opicina–Triest fährt. Die Bahnstrecke wurde im Jahre 1902 erbaut und spielte auch im Ersten Weltkrieg eine wichtige Rolle. Die Armee nutzte sie für verschiedene Zwecke, unter anderem auch für die Beförderung der Verletzten vom Karstplateau zur Stadt, wo sie dann in den Krankenhäusern versorgt wurden. Die Straßenbahn ist in die Trasse des *Weges des Friedens* einbezogen. Sie bietet dem Besucher eine andere, vor allem aber auch eine interessante Art mit einem Hauch von Geschichte, wie man Triest erreichen, bzw. wie man von Triest an den Rand des Karstes gelangen kann.

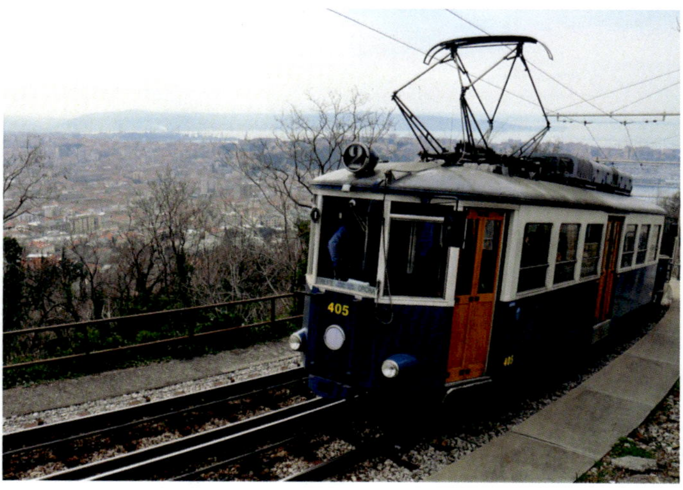

Die Straßenbahn Opicina–Triest wurde im Jahre 1902 in Betrieb genommen

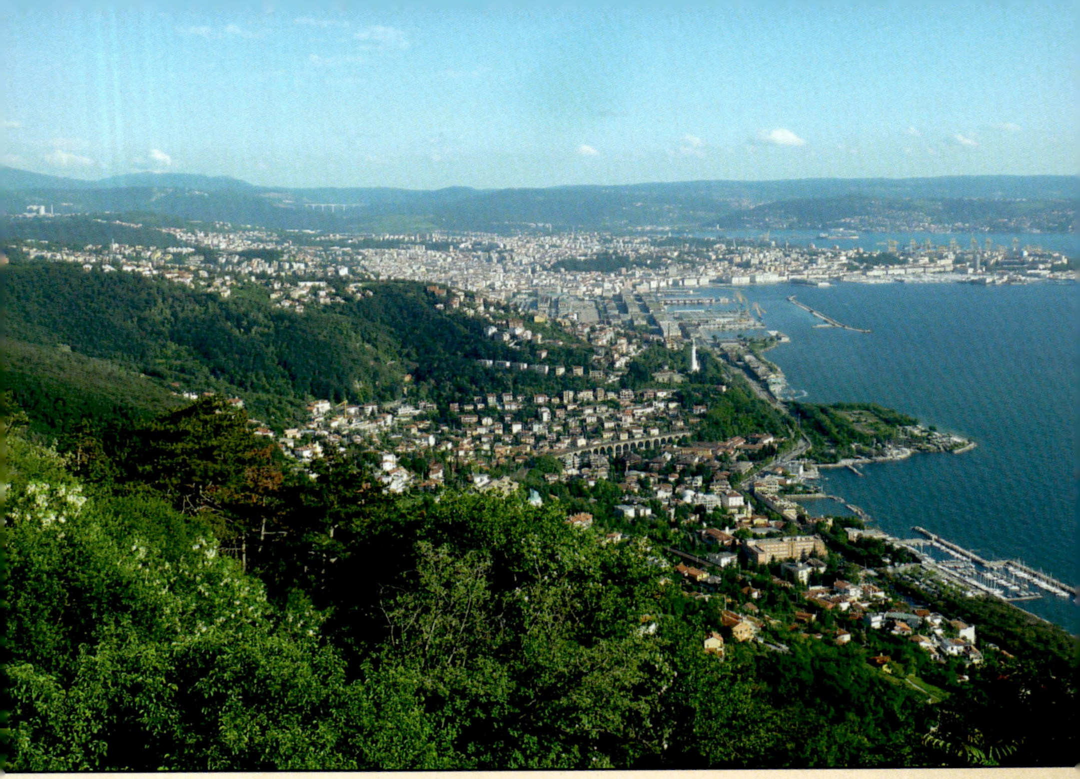

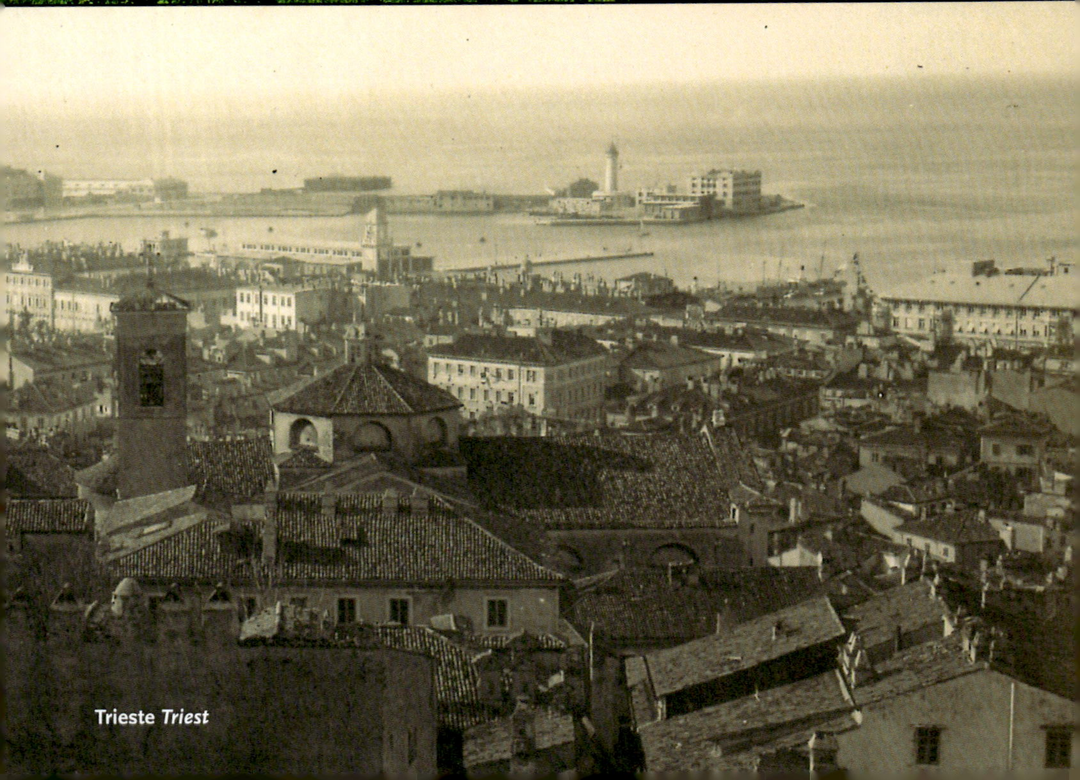

Trieste ***Triest***

Trieste *Triest*

Triest, Hauptstadt des Gebietes von Friaul-Julisch Venetien, liegt zwischen dem Meer und einem Hang, der hinauf auf das Karstplateau führt. Dem Besucher bietet es eine wahre Schatztruhe voller kultureller, künstlerischer und geschichtlicher Kostbarkeiten: Paläste, charakteristische versteckte Ecken und alte Kaffeehäuser, die noch heute den Zauber vergangener Zeiten wiederspiegeln, als hinter den Salontischen noch Literaten wie Italo Svevo, James Joyce und Umberto Saba saßen.

Vor dem Ersten Weltkrieg, als Triest noch ein Teil des österreichisch-ungarischen Kaiserreichs war und ihm der Status eines Freihafens erteilt wurde, war hier der Mittelpunkt des Handels- und Kulturaustausches zwischen dem Mittelmeerraum und der germanischen Welt. Das multikulturelle Zusammenleben endete am Ende des 19. Jahrhunderts mit dem Aufstieg des Nationalismus und dem Irredentismus, was das italienische Königreich letztendlich auch zum Eintritt in den Ersten Weltkrieg bewegte. Triest wurde gleichzeitig einer der Hauptziele der italienischen Armee, doch die starke österreichisch-ungarische Verteidigungslinie Fajtji hrib–Monte Ermada (Grmada) verhinderte jeglichen Angriff auf die Stadt. Die italienische Armee nahm die Stadt erst nach der Kapitulation Österreich-Ungarns am Ende des Ersten Weltkrieges ein. An das Kriegsgeschehen vor hundert Jahren weisen heute noch Benennungen von Straßen und Plätzen und viele Denkmäler und Museen hin.

Denkmal für die Gefallenen, die ihr Leben auf dem Meer verloren haben
Zum Gedenken an alle Gefallenen, die ihr Leben auf dem Meer zur Zeit des Ersten Weltkrieges verloren haben, wurde im Jahre 2016 beim Museum *Civico Museo del Mare* ein Denkmal enthüllt.

Gedenkpark Colle di San Giusto

Im Zentrum von Triest, an den Hängen des Hügels Colle di San Giusto, wurde im Mai 1926 der Gedenkpark *Parco della Rimembranza* gegründet. Inmitten einer Grünfläche, die von der *Via Capitolina* durchquert wird, wurden Karststeine aufgestellt. Dort sind die Namen mit den dazugehörigen Militärabteilungen von Triestern zu sehen, die in den letzten Kriegen gefallen sind. Der Park ist in 26 Bereiche aufgeteilt, in denen die Karststeine aufgestellt wurden. Die Bereiche 16–25 sind dem Ersten Weltkrieg gewidmet worden.

Bereits in den ersten Jahren des Faschismus wurden Orte der Erinnerung (auch aufgrund von ideologisch-propagandistischer Zwecke) gegründet. Sie wurden von Dario Lupi organisiert, der zur damaligen Zeit Untersekretär des Schulministeriums war. Dies war ein Ort der Hingabe der Erinnerungen an die Geschehnisse der Kriegszeit zwischen 1915–1917 und er diente gleichzeitig als Kontrolle der Erinnerungen als solche. Lupi wurde vom Baum der Freiheit inspiriert, eines der Symbole der Französischen Revolution. Deswegen regte er aufgrund seiner Stellung im Schulministerium alle italienischen Schulen dazu an einen sakralen Raum der Andacht in Erinnerung an die Gefallenen im Ersten Weltkrieg, zu errichten.

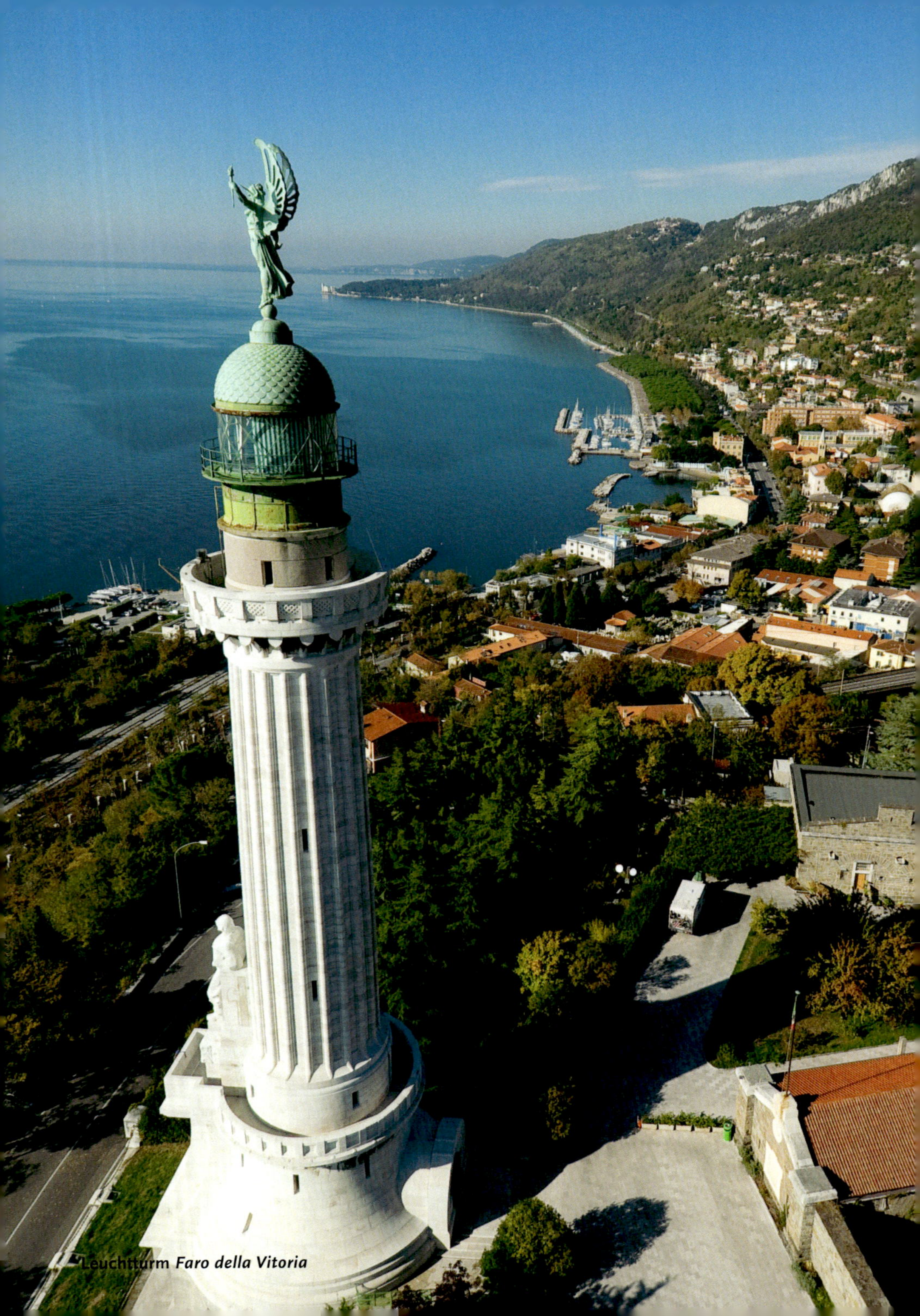

Leuchtturm *Faro della Vitoria*

Denkmal der Gefallenen

Am Rande des Gedenkparks *Parco della Rimembranza*, in der Nähe der Plattform auf der Spitze des Colle di San Giusto, steht eine hohe Statue zu Ehren der Gefallenen im Ersten Weltkrieg. Bei der Eröffnungszeremonie im Jahre 1935 waren auch der italienische König Vittorio Emanuele III. und zahlreiche faschistische Funktionäre anwesend. Das Denkmal wurde vom Triester Bildhauer Attilio Selva entworfen und der marmorne Sockel ist die Arbeit des Architekten Enrico del Nebbia. Das Denkmal der Gefallenen, das im klassischen Stil erbaut wurde, stellt fünf Männerfiguren inmitten einer dramatischen Kriegsszene dar. Drei unterstützen einen verwundeten Kameraden, währenddessen der fünfte ihnen mit einem Schild die Schultern schützt. Im ganzen ist die Skulptur mehr als fünf Meter hoch, die Statuen bestehen aus Guseisen und der Sockel aus weißem istrischem Gestein. Darauf steht die Aufschrift: *Trieste ai caduti nella guerra di liberazione MCMXV–MCMXVII* (Triest den Gefallenen im Befreiungskampf 1915–1918). Der idealistische Entwurf des Denkmals lehnt an die Idee der Befreiung von der österreichisch-ungarischen Gewaltherrschaft an, die sehr nah am faschistischen Nationalismus war.

Leuchtturm

Der Leuchtturm *Faro della Vittoria* auf dem Hügel Poggio di Gretta wurde sofort nach dem Ende des Ersten Weltkrieges projektiert und erbaut. Der Originalplan für den Bau wird dem Triester Architekten Arduin Berlam und dem Bildhauer Giovanni Mayer zugeschrieben. Er wurde als Widmung für den italienischen Sieg im Ersten Weltkrieg erbaut und mit der Absicht hiermit den Übergang der Stadt in das italienische Königreich zu glorifizieren.

Der Leuchtturm wurde an der Stelle erbaut, wo die ehemalige österreichische Festung *Kressich* stand, die Mitte des 19. Jahrhunderts zur Verteidigung der Stadt erbaut worden war. Den Sockel kann man heute nicht mehr sehen, da er mit weißen Steinen aus Vrsar überdeckt wurde. Die Arbeiten am Leuchtturm dauerten von 1923 bis 1927. Bei der Eröffnungszeremonie war auch der italienische König Vittorio Emanuele III. anwesend, um den äußerst wichtigen symbolischen Wert des Bauwerks zu betonen.

Der Leuchtturm, der ca. 70 m hoch ist, besteht aus einem Sockel, einer hohen gemeißelten Säule und einer Laterne, welche die Triester Bucht beleuchtet und schon aus 20 Meilen Entfernung sichtbar ist. Auf der Laterne befindet sich die geflügelte Siegesgöttin *Nike* und auf dem Sockel stellte der Bildhauer Mayer die Statue eines Marinesoldaten auf. Etwas weiter unten ist auf einem Sockel der Anker des Torpedobootjägers *Audace* gut sichtbar, es war das erste italienische Boot, dass am 3. November 1918 nach Triest einlief. Am Sockel ist außerdem noch der Satz des italienischen, irredentistischen Dichters D'Annunzio: *Splendi e ricorda i caduti sul mare MCMXV–MCMXVII* (Leuchte und gedenke der Gefallenen zur See 1915–1918), zu sehen.

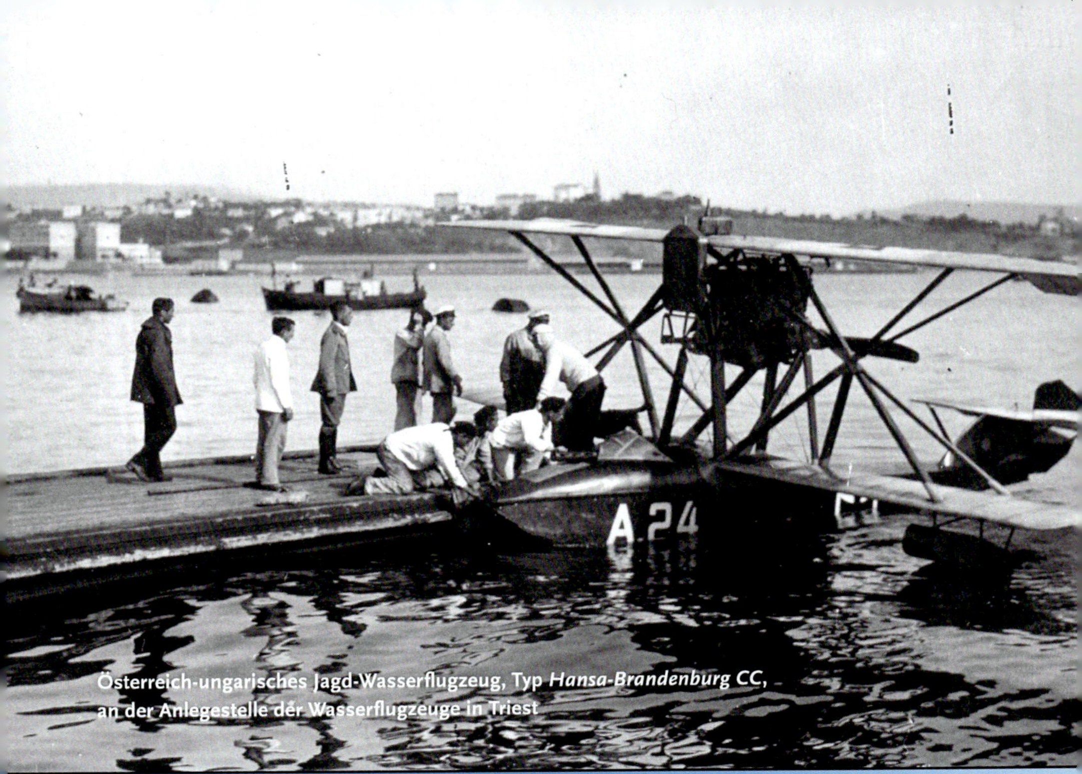

Österreich-ungarisches Jagd-Wasserflugzeug, Typ *Hansa-Brandenburg CC*, an der Anlegestelle der Wasserflugzeuge in Triest

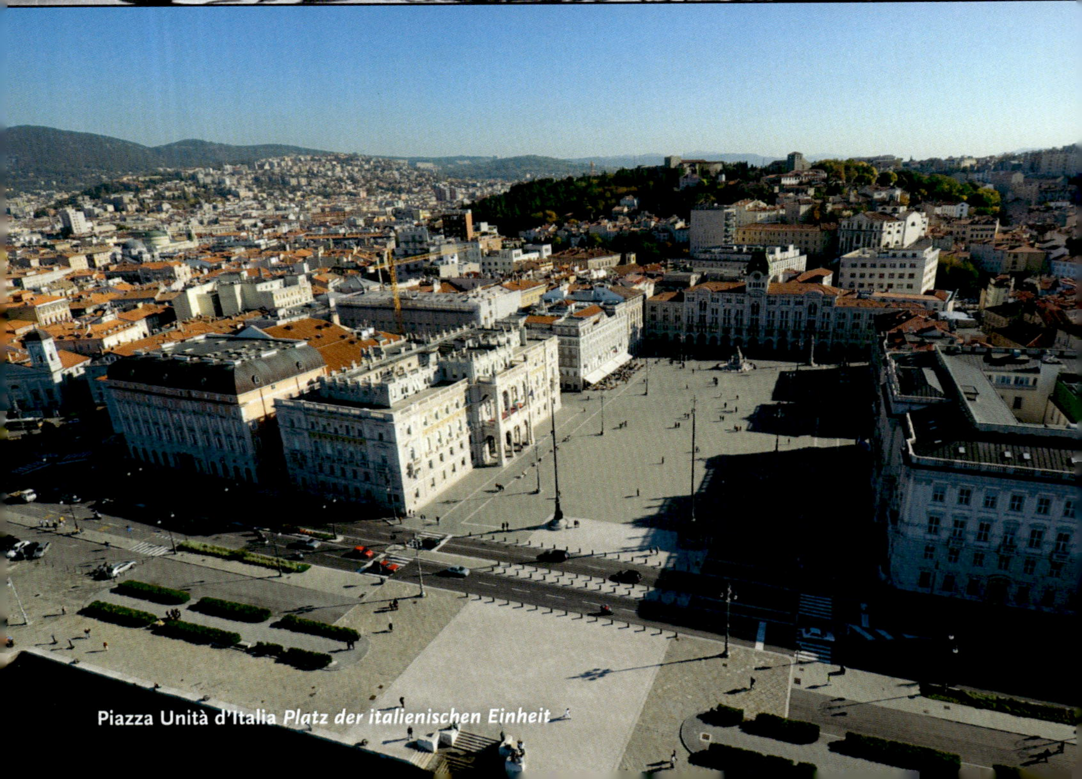

Piazza Unità d'Italia *Platz der italienischen Einheit*

Piazza Unità d'Italia

Die Piazza Unità d'Italia (Platz der italienischen Einheit) stellt zweifelsfrei eine der schönsten Perspektiven Triests dar. Die Paläste, die ihn umsäumen, geben ihm einen besonderen Reiz, aber auch der Platz selber, der gegen das Meer geöffnet ist, ist einzigartig. Egal ob bei Tag oder in der Nacht, wenn er mit vielen weißen und blauen Lichtern beleuchtet wird. Der Platz ist historisch stark mit dem Ersten Weltkrieg verknüpft, vor allem aufgrund seines Namens. Zur Zeit der Habsburgermonarchie wurde der Platz *Piazza Grande* genannt. Der Teil, der näher am Meer liegt, war damals von einem Park bedeckt. Im November 1918 wurde der Platz in *Piazza Unità d'Italia* umbenannt, um somit den Übergang der Stadt in das Königreich Italiens, zu feiern.

Denkmal der dritten italienischen Armee

Auf der Anhöhe des Hügels Colle di San Giusto steht ein Denkmal, das der dritten italienischen Armee (Ara della Terza Armata) gewidmet wurde, die von Herzog Emanuele Filiberto Duca d'Aosta befehligt wurde. Das Denkmal wurde offiziell im Jahre 1929 in Anwesenheit des Herzogs eröffnet. Das Denkmal, das aus weißem Gestein erbaut wurde, ist die Arbeit des Architekten Carlo Polli. Es steht auf einem Sockel und hat mehrere eingemeißelte Inschriften: vom Epigraph *Le vittoriose armi qui consacrò la III Armata al commando di Emanuele Filiberto di Savoia* (An diesem Ort hat die dritte Armee unter dem Befehl von Emanuele Filiberto di Savoia die siegreichen Waffen geweiht), bis zu den eingravierten Flussnamen Isonzo (Soča) und Piave, entlang derer die dritte Armee während des Ersten Weltkrieges gekämpft hatte. Im klassischen Stil sind auf dem Denkmal auch Gewehre, Maschinengewehre und zwei Schutzschilder gezeigt.

Friedhof der Heiligen Anna • Denkmal der Gefallenen

Im Jahre 1825 wurde in einem Winkel des Hügels der hl. Anna am südlichen Stadtrand ein neuer Bereich bestimmt, auf dem ein neuer Friedhof entstehen sollte. Er sollte für die Bedürfnisse der ganzen Stadt ausreichen. Mit den Jahren wurde der Friedhof architektonisch mit monumentalen Gruften bereichert, die von reichen Familien aus Triest erbaut wurden. Im Laufe des 20. Jahrhunderts wurde der Friedhof zusätzlich vergrößert und ein neuer Entwurf für den Soldatenfriedhof wurde dabei gleich mit aufgegriffen. Dort wurden Gefallene des Ersten und Zweiten Weltkrieges begraben. Im Rahmen des Soldatenfriedhofs befindet sich der *Altar der Gefallenen* (L'Ara dei caduti). Es handelt sich hierbei um eines der wichtigsten Denkmäler im Angedenken an die Opfer des Ersten Weltkrieges, das vom Architekten Carlo Polli entworfen wurde. Die damalige faschistische Herrschaft hat sich sehr dafür eingesetzt. Zum *Altar der Gefallenen* wurden aus dem alten Beinhaus die sterblichen Überreste

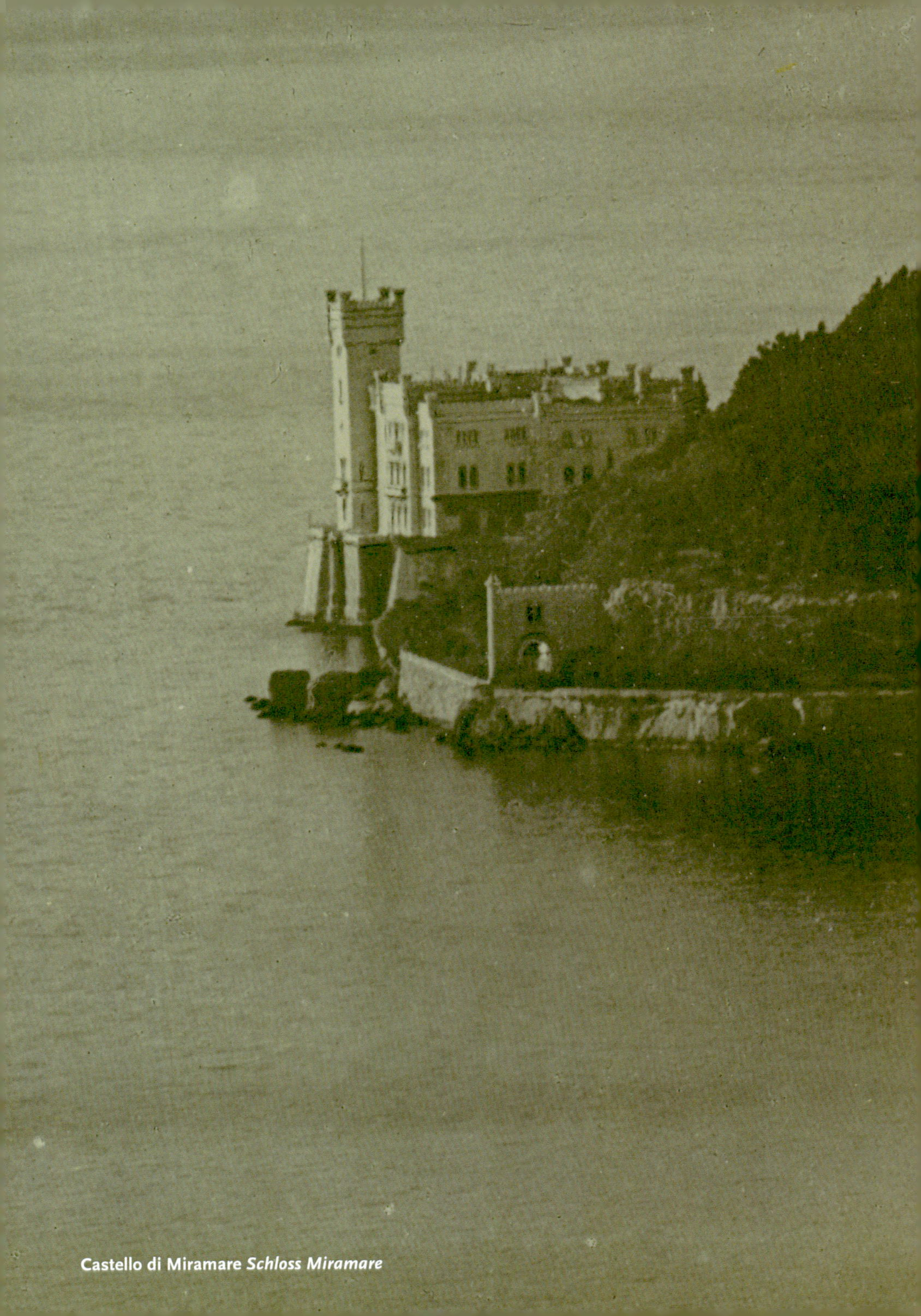

Castello di Miramare *Schloss Miramare*

des Irredentisten Guglielmo Oberdan und weiterer zweiundsiebzig Freiwilliger umgebettet, die im Großen Krieg gefallen waren. Das Denkmal, das am 26. Mai 1929 eröffnet wurde, befindet sich auf einer Plattform, am oberen Ende eines kürzeren Treppenaufgangs. Es wird von mehreren Symbolen charakterisiert, die das Gedenken des Ersten Weltkrieges mit der faschistischen Ideologie und der klassischen Kultur verbinden: von altgriechischen Helmen zu zeitgemäßen Waffen und kaiserlichen Adlern. Um das Heldentum der Kriegsfreiwilligen noch mehr hervorzuheben, wurde ein Satz in den Stein gemeißelt, der an die Opfer der Schlacht bei den Thermopylen erinnert: *Come gli eroi di Sparta tornammo sugli scudi* (Wie die Helden von Sparta kehren wir auf unseren Schilden zurück).

Triest bietet in zahlreichen Museen wertvolle historische Hinterlassenschaften an, von denen die folgenden erwähnenswert sind:

Civico Museo della Guerra per la Pace Diego de Henriquez
Das Museum Diego de Henriquez stellt die wertvolle Sammlung eines Bewohners von Triest vor, der lange Jahre beharrlich verschiedenes Material (Uniformen, Schiffsmodelle, Sanitätsmaterial, Archivmaterial, Ikonographie usw.) sammelte, das mit der Geschichte Triests zu tun hatte. Es geht hierbei um verblüffende Exponate, unter denen nicht einmal schwerste Militärausrüstung, Autos und andere Dokumente aus dem Ersten Weltkrieg fehlen und die in sehr gutem Zustand erhalten geblieben sind. Die Sammlung wird durch eine Vorstellung der Geschichte von Triest ergänzt.

Civico Museo del Risorgimento
Das Museum bietet uns einen Einblick in den Zeitabschnitt der Geschichte Triests – von den ersten Anfängen des italienischen Patriotismus im Frühling der Völker im Jahre 1848/49, als viele Stadtbewohner bei irredentistischen Bewegungen mitwirkten, bis hin zur Zeit des Ersten Weltkrieges.

Sala storica della Sezione G. Corsi di Trieste
In den historischen Räumen der Nationalen Alpini Vereinigung (ANA-Associazione Nazionale Alpini), die in der italienischen Geschichte bestimmt eine wichtige Rolle spielte, stehen dem Besucher verschiedene Ausstellungsstücke wie Uniformen, Dokumente, Fotografien usw. zur Verfügung, die einen historischen Überblick über die Tätigkeit der Alpini darstellen.

Museo dell'Associazione Culturale F. Zenobi
Das Museum der kulturellen Vereinigung F. Zenobi ist zwar ein kleines, dennoch interessantes Museum, in dem eine Sammlung von Ausstellungsstücken aus der Zeit des Endes des 19. Jahrhunderts bis zum Jahre 1918 zu sehen sind.

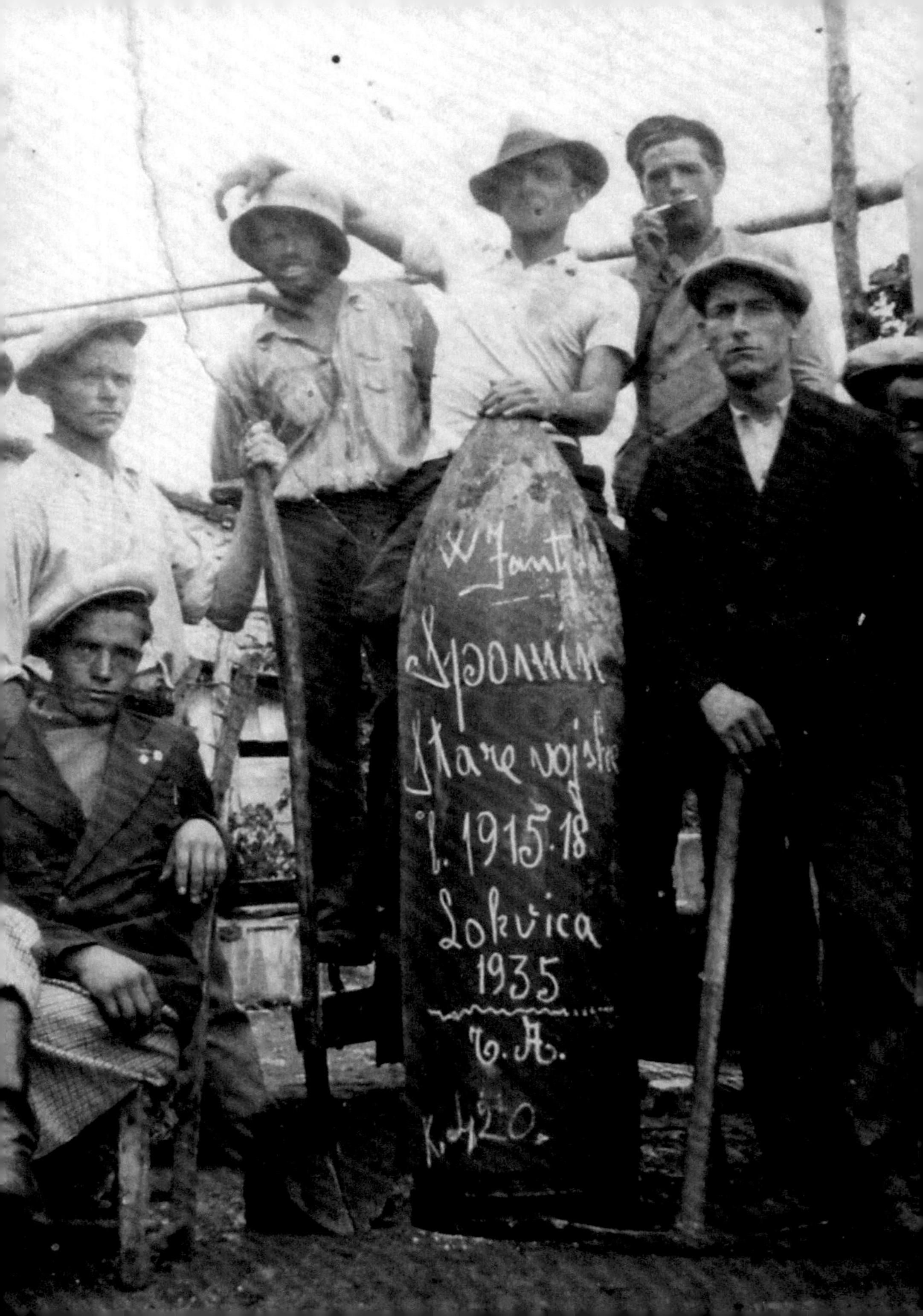
Spomnin
stare vojske
l. 1915-18
Lokvica
1935
T. A.

Zum Gedenken ...

Die Isonzofront hinterließ eine mehrschichtige Erbschaft, u.a. auch Materialien, die von der Zivilbevölkerung nach der Rückkehr aus dem Flüchtlingsdasein genutzt wurden. Sie benutzten diese, um zerstörte Ortschaften oder ihre Heime wieder aufzubauen. Einige hielten sich mit dem Verkauf dieser Materialien, die für die damalige Zeit auf dem Markt einen hohen Preis einbrachten, am Leben. Auf der Fotografie sieht man eine Gruppe von Einheimischen aus der Umgebung von Lokvica na Krasu, die im Jahre 1935 eine nicht explodierte Granate des Kalibers 420 mm fand. Es geht hier um die größte Granate, die an der Isonzofront benutzt wurde; sie war 160 cm hoch und wog 1060 kg. Die Schussweite eines solchen Geschosses betrug etwa 12 km. Der Erlös des Verkaufs einer solchen Granate konnte sogar den Wert eines monatlichen Gehalts eines Fabrikarbeiters betragen.

Dieses Wander-Reise-Lesebuch ist neben dem Gedenken an die Gefallenen während der blutigen Kämpfe all denjenigen gewidmet, die im Hinterland litten und gestorben sind. Es ist aber auch denen gewidmet, die nach dem Krieg die Gebiete am Sočafluss wieder zum Leben erweckt, sie gesäubert und ihre Heime erneut errichtet haben. Ebenso entstand es zum Gedenken an all diejenigen, die durch die Folgen des Krieges nach Beendigung der Gefechte ums Leben kamen. Unter ihnen waren Verletzte, Erkrankte mit ansteckenden Krankheiten und letztendlich auch Opfer durch unangemessenen Umgang mit explosiven Sprengkörpern, wovon oftmals Kinder betroffen waren. Trotz der hundertjährigen Entfernung des Ersten Weltkrieges findet man in der Natur immer noch nicht explodierte Sprengkörper, die so manchen das Leben gekostet haben. Erinnern Sie sich an diese Opfer, wenn Sie auf dem *Weg des Friedens* wandern. Falls Sie Sprengkörper finden sollten, bitten wir Sie dies den zuständigen Behörden zu melden.

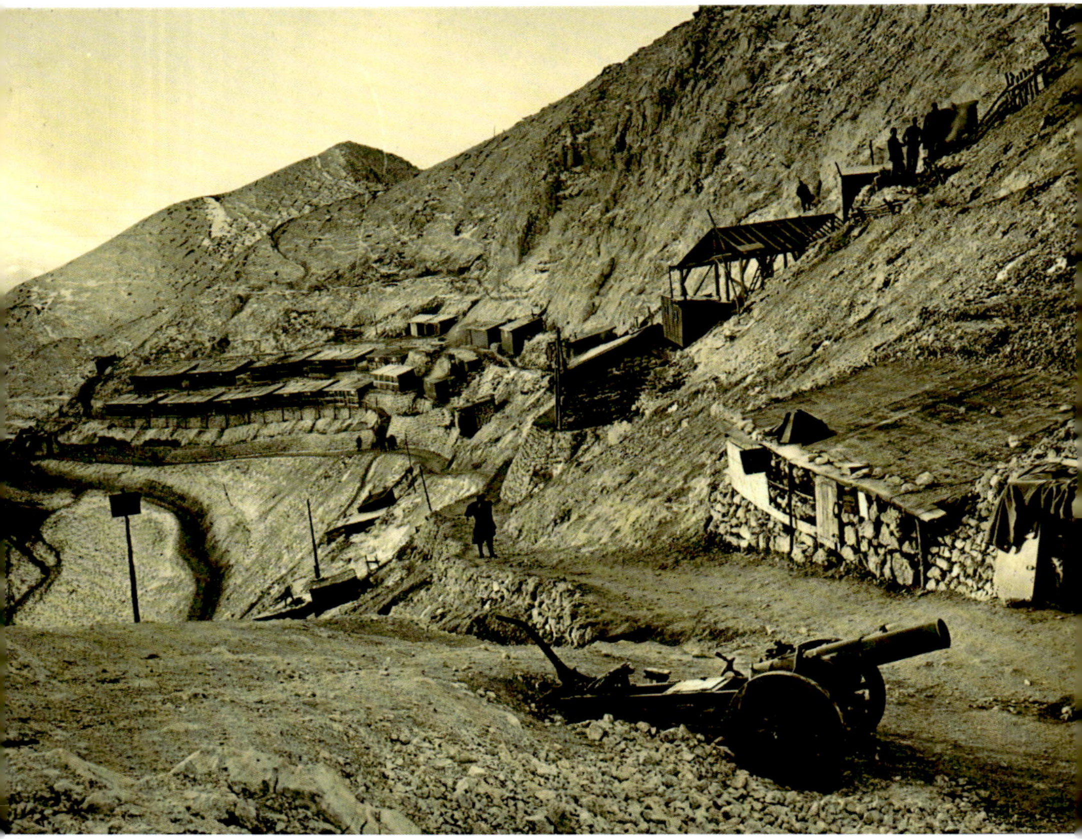

Kommandantur der 15. österreichisch-ungarischen Gebirgsbrigade hinter der Spitze des Mali Peski (✧ 2033), Krngebirge

Literatur und Quellen (Auswahl):

Abel, Kornel, *Karst. Ein Buch vom Isonzo*, Rat-Sloga PromoSKulturE, Doberdob 2009.

Alliney, Guido, *Tolmino 1915–16*, LEG, Gorizia 2016.

Badoglio, Gianluca et al., *Skrivnostni Sabotin* (Mitja Močnik Red. der slowenischen Übersetzung), Eigenverlag B. Potokar, Šempeter pri Gorici 2016.

Beguš, Ines, Marko Klavora (Red.), *Begunci. Slovenski begunci s soške fronte*, Zbornik, Goriški muzej, Nova Gorica 2016.

Brait, Andrea, *Der Isonzoraum – Ein transnationaler Gedächtnisort für Österreicher, Italiener und Slowenen, in: Manfried Rauchensteiner* (Hrsg.), *Waffentreue, Die 12. Isonzoschlacht 1917*, Begleitband zur Ausstellung des Österreichischen Staatsarchivs, 23. Oktober 2007–1. Februar 2008, Wien 2007, S. 115–130.

Budkovič, Tomaž, *Wochein / Bohinj 1914–1918. Das Aufmarschgebeit der Isonzofront*, Hermagoras, Klagenfurt, Ljubljana, Wien 2001.

Bultrini, Nicola, Lucio Fabi, *Pianto di pietra. La grande guerra di Giuseppe Ungaretti*, Nordpress, Chiari 2007.

Covaz, Roberto, *Gorizia nella Grande Guerra. Saggio in forma di racconto*, Leg, Gorizia 2014.

Chersovani, Sergio, Mitja Juren (Red.), *La testa di ponte di Gorizia (1915–1916). Goriško mostišče (1915–1916). Der görzer Brückenkopf (1915–1916)*, Isonzo – Gruppo di ricerca storica, Gorizia 2010.

Fabi, Lucio, *Gente di trincea. La grande guerra sul Carso e sull'Isonzo*, Mursia, Milano 2001.

Fabi, Lucio, *Le strade della memoria. Itinerario storico e sentimentale sui luoghi della grande guerra*, Persico, Cremona 2008.

Fest, Werner, *Spurensuche am Isonzo. Das Tagebuch des Thomas B.*, Kitab, Klagenfurt, Wien 2011.

Fortunat Černilogar, Damjana, *Spominska cerkev Sv. Duha v Javorci. Sto let bazilike miru*, Tolminski muzej, Tolmin 2016.

Fritz, Peter, Christian Rapp (Red.), *Jubel & Elend. Leben mit dem Grossen Krieg 1914–1918*, Schallaburg Kulturbetriebsges., Schallaburg 2014.

Galić, Lovro, Branko Marušič, *Tolminsko mostišče I*, Tolminski muzej, Tolmin 2005.

Galić, Lovro, Darja Pirih, *Od Krna do Rombona 1915–1917*, Ustanova „Fundacija Poti miru v Posočju", Kobarid 2007.

Gasser, Patrick, Evelyn Reso, Paul Rösch (Red.), *Tourismus & Krieg, Katalog zur Sonderausstellung 2015*, Touriseum, Meran/Merano 2015.

Grdina, Igor, Neda Pagon (Red.), *Ruski album. Veliko prijateljstvo v slikah*, Inštitut za civilizacijo in kulturo, Ljubljana 2016.

Hemingway, Ernest, *In einem andern Land*, Rowohlt, Reinbek bei Hamburg 1991.

Humar, Gorazd, *Kamniti velikan na Soči. Most čez Sočo pri Solkanu – most z največjim kamnitim lokom na železniških progah na svetu*, Branko, Nova Gorica 1996.

Jeločnik, Bojan, *Cesta čez Vršič in Ruska kapelica*, Energovat, Ljubljana 2016.

Juren, Mitja, *Guida al percorso storico del Brestovec*, Edizioni Juliaest, Sagrado 2012.

Juren, Mitja, *Nad Logem la collina fra due mondi*, Gaspari, Udine 2007.

Juren, Mitja et al., *Pozabljeni Kras. Ofenzive v jeseni 1916*, Mladika, Trst 2011.

Jurić-Pahor, Marija, *Das Gedächtnis des Krieges. Die Isonzofront in der Erinnerungsliteratur von Soldaten und Zivilisten*, Hermagoras, Klagenfurt, Ljubljana, Wien 2017.

Klabjan, Borut, *Nation and commemoration in the Adriatic. The commemoration of the Italian unknown soldier in a multinational area. The case of the former Austrian littoral*, in: „Acta Histriae", 18, 2010, N. 3, S. 399–424.

Klavora, Marko, Ana Hawlina, *Begunci. Slovenski begunci s soške fronte*, Dokumentarna fotomonografija, Goriški muzej, Nova Gorica 2015.

Klavora, Vasja, *Blaukreuz. Die Isonzofront Flitsch/Bovec 1915–1917*, Hermagoras, Klagenfurt, Ljubljana, Wien 2003.

Klavora, Vasja, *Der Fajti hrib. Berg des Todes. Die Comen-Karst-Front im Ersten Weltkrieg*, Hermagoras, Klagenfurt, Ljubljana, Wien 2015.

Klavora, Vasja, *Die Karstfront 1915–1916*, Hermagoras, Klagenfurt 2008.

Klavora, Vasja, *Monte San Gabriele. Die Isonzofront 1917*, Hermagoras, Klagenfurt, Ljubljana, Wien 1998.

Klavora, Vasja, *Schritte im Nebel. Die Isonzofront Karfreit/Kobarid - Tolmein/Tolmin 1915–1917*, Hermagoras, Klagenfurt, Ljubljana, Wien 1995.

Koren, Tadej, *Das Erbe der Isonzofront nach 100 Jahren - Weg des Friedens*, in: Patrick Gasser et. al. (Hrsg.), *Krieg und Tourismus im Spannungsfeld des Ersten Weltkrieges. Guerra e turismo nell'area di tensione della prima guerra mondiale*, Studien Verlag, Innsbruck, Wien, Bozen 2014, S. 445–466.

Koren, Tadej, *Freilichtmuseen des ersten Weltkrieges, Isonzofront, 1915–1917*, Ustanova „Fundacija Poti miru v Posočju", Kobarid 2009.

Koren, Tadej, *Pot miru od Alp do Jadrana. Zgornje Posočje*, Zgodovinsko-turistična karta, *1:25.000*, Ustanova „Fundacija Poti miru v Posočju", Kobarid 2014.

Koren, Tadej, *Weg des Friedens, Führer der Isonzofront im oberen Sočatal*, Ustanova „Fundacija Poti miru v Posočju", Kobarid 2007.

Koren, Tadej, Jernej Bric, *Soška fronta od Rombona do Mengor*, Ustanova »Fundacija Poti miru v Posočju«, Kobarid 2006.

Koren, Tadej, Petra Testen, Ruske sledi iz dni prve svetovne vojne na Slovenskem, v: *Monitor*, Jg. 16, Nr. 1, Ljubljana 2014, str. 107–156.

Koren Tadej, Tomáš Kykal (Red.), *Vzpomínky na Sočskou frontu*, Republika Slovinsko, Velvyslanectví Republiky Slovinsko v Praze, Praga, Kobarid 2015.

Kovačič, Simon et al., *Itinerari storici tra Carso e Isonzo. Zgodovinske poti med Krasom in Sočo*, Consorzio culturale del Monfalconese, Miren-Kostanjevica, Ronchi dei Legionari 2008.

Krafft von Dellmensingen, Konrad, *Der Durchbruch am Isonzo*, G. Stalling, Oldenburg, Berlin 1926.

Kugy, Julius, *La mia guerra nelle Giulie. Mein Krieg in den Julischen. Moja vojna v Julijcih*, Edizioni Saisera, Tavagnacco 2008.

Kuhar, Lovro – Prežihov Voranc, *Doberdò. Slowenischer Antikriegsroman*, Hermagoras, Klagenfurt 2008/2009.

Labanca, Nicola, Oswald Überegger (Hg.), *Krieg in den Alpen. Österreich-Ungarn und Italien im Ersten Weltkrieg, (1914–1918)*, Böhlau, Wien, Köln, Weimar 2015.

***L'esercito italiano** nella grande guerra (1915–1918)*, 37 Hefte, Ministero della difesa, Stato maggiore dell'esercito, Ufficio storico, Roma 1927–1988.

Lichem, Heinz von, *Krieg in den Alpen 1915–1918*, Weltbild, Augsburg 1993.

Lieb, Peter, *„Wüstenfuchs" und „Bluthund" in den Alpen. Erwin Rommel und Ferdinand Schörner in der Schlacht von Karfreit 1917*, Militaergeschichtliche Zeitschrift, Volume 77, Issue 1, Walter de Gruyter GmbH, Berlin, Boston 2018, S. 78–107.

Lipovec, Aleš, *Vedno kot pri Bovcu. Always like at Bovec*, Vojni muzej, Logatec 2013.

Macdonald, John, Željko Cimprič, *Caporetto and the Isonzo campaign. The Italian front 1915–1918*, Pen & Sword Military, Barnsley 2015.

Mantini, Marco, *Da Tolmino a Caporetto. I percorsi della grande guerra tra Italia e Slovenia*, Gaspari, Udine 2011.

Mantini, Marco, Silvio Stok, I *tracciati delle trincee sul fronte dell'Isonzo, 3. Le alture di Monfalcone, Parte 1a*, Gaspari, Udine 2009.

Mantini, Marco, *La zona monumentale del Monte San Michele. Carso 2014+ Da teatro di guerra a paesaggio della memoria*, Gaspari, Udine 2016.

Maver, Kristjan, *Erster Weltkrieg. Isonzofront 1914–1918*, Selbstverlag, Nova Gorica 2014.

Moritsch, Andreas, Gudmund Tributsch (Hrsg.), *Isonzo-Protokoll*, Hermagoras, Klagenfurt, Ljubljana, Wien 1994.

Neugebauer, Mangred, *Die Schlachten am Isonzo 1915–1917*, Melchior Verlag, Wolffenbüttel 2012.

Österreichisches Bundesministerium für Landesverteidigung und Kriegsarchiv (Hrsg.), *Österreich-Ungarns letzter Krieg* 1914–1918, 1–7 (Text), 1–7 (Beilagen), Wien 1930–38.

Persegati, Nicola, Mitja Juren, *Il quarto cavaliere. l'Apocalisse dell'attacco con i gas sul San Michele il 29 giugno 1916*, Gaspari, Udine 2015.

Plahuta, Slavica, *Cook book / Kochbuch. Sabotin peace park / Sabotin Friedenspark. Selected recipes for traditional dishes of the nationalities taking part in the battles of the Isonzo front / Rezeptauswahl traditioneller Speisen der an Isonzoschlachten beteiligten Nationen*, Stadtgemeinde, Nova Gorica 2007.

Poljak Istenič, Saša (Red.), *Kulturna dediščina med Alpami in Krasom. L'eredità culturale fra Alpi e Carso, Vodnik po zbirkah*, Založba ZRC SAZU, Ljubljana 2015.

***Pot miru** od Alp do Jadrana. Brda, Kanal, Nova Gorica. Zgodovinsko-turistična karta, 1:25.000*, Ustanova „Fundacija Poti miru v Posočju", Kobarid 2015.

Prinčič, Vili, *V Brucku taborišču 1915–1918*, ZTT = EST, Trst 2015.

Pust, Ingomar, *Die steinerne Front. Vom Isonzo zur Piave. Auf den Spuren des Gebirgskrieges in den Julischen Alpen*, Ares, Graz 2009.

Rajšp, Vincenc (Red.), *Isonzofront 1915–1917. Die Kultur des Erinnerns*, Založba ZRC, ZRC SAZU, Slowenisches Wissenschaftsinstitut, Ljubljana, Wien 2010.

Rauchensteiner, Manfried, *Der Erste Weltkrieg und das Ende der Habsburgermonarchie 1914–1918*, Böhlau, Wien, Köln, Weimar 2013.

Redipuglia, *Oslavia ed altri sacrari del Friuli Venezia Giulia e d'oltre confine*, Ministero della difesa, Commissariato generale Onoranze Caduti in Guerra, Roma 2002.

Rehberger, Arthur, *Mit den westböhmischen Soldaten an der Isonzofront bei St. Maria, Tolmein im Verlauf der 3. bis 5. italienischen Offensive, von August 1915 bis März 1916*, Buchreihe Geschichte, Kultur und Heimatkunde, Bd. 5, Heimatkreis Mies-Pilsen, Dinkelsbühl 2005.

Rommel, Erwin, *Angriffsschlacht bei Tolmein 1917*, Kobariški muzej, Kobarid 2002.

Rommel, Erwin, *Infanterie greift an. Erlebnis und Erfahrung*, Österreichischer Milizverlag, Salzburg 1995.

Schaumann, Gabriele und Walther, *Unterwegs zwischen Save und Soča. Auf den Spuren der Isonzofront 1915–1917*, Hermagoras, Klagenfurt 2002.

Schaumann, Walther, Peter Schubert, *Südwest-Front. Österreich-Ungarn und Italien 1915–1918*, Mayer, Klosterneuburg 1992.

Schittenhelm, Helmut, *Wir zogen nach Friaul. Erlebnisse einer kriegskameradschaft zwischen Isonzo und Piave mit vielen Originalaufnahmen*, K. Thienemanns, Stuttgart 1941.

Seccia, Giorgio, *Gorizia 1916, 9–17 agosto. La 6ª battaglia dell'Isonzo*, Itinera progetti, Bassano del Grappa 2015.

Sedmak, Drago, *Življenje v Kobaridu med prvo svetovno vojno*, Mohorjeva družba, Celovec 2003.

Simčič, Miro, *Die Schlachten am Isonzo. 888 Tage Krieg im Karst in Fotos, Karten und Berichten*, Leopold Stocker Verlag, Graz, Stuttgart 2003.

Simić, Marko, *Auf den Spuren der Isonzofront*, Hermagoras, Klagenfurt, Ljubljana, Wien 2004.

Simić, Marko, *Utrdbi pod Rombonom*, Založba Rombon, Ljubljana 2005.

Stok, Silvo, *Monfalcone paesaggi della Grande Guerra. Tržič krajine prve svetovne vojne. Monfalcone landscapes of the Great War*, Comune di Monfalcone, Monfalcone 2015.

Strachan, Hew, *Der Erste Weltkrieg. Eine neue illustrierte Geschichte*, Pantheon, München 2006.

Svoljšak, Petra et al., *Tolminsko mostišče II*, Tolminski muzej, Tolmin 2005.

Tavagnutti, Maurizio, *Le gallerie cannoniere del Monte Sabotino*, Centro Ricerche Carsiche „C. Seppenhoffer", Gorizia 2016.

Testen, Petra, Tadej Koren, *The Isonzo front one hundred years later. The case of the walk of peace*, in: Jaroslav Láník et. al. (Hrsg.), *Léta do pole okovaná 1914–1918. Sv. 2, 1915 - noví nepřátelé, nové výzvy*, Ministerstvo obrany České republiky - VHÚ Praha, Praha 2017, S. 461–476.

Todero, Roberto, *Fortezza Hermada 1915–1917. Storia e itinerari della Grande Guerra in Italia e Slovenia*, Gaspari, Udine 2000.

Triska, Jan, *Im Krieg am Isonzo. Aus dem Tagebuch eines Frontsoldaten*, Hermagoras, Klagenfurt, Ljubljana, Wien 2000.

Vuga, Davorin, *Soška fronta Isonzo Front 1915–1917*, Obzorja, Maribor 1990.

Weber, Fritz, *Der Alpenkrieg*, Österreichischer Milizverlag, Salzburg 1996.

Weber, Fritz, *Menschenmauer am Isonzo*, Steyrermühl-Verlag, Tagblatt-Bibliothek, Leipzig, Wien, Berlin 1934–1940.

Wermelskirchen, Axel, *Wandern auf dem Schlachtfeld der Urgroßväter*, in: Frankfurter Allgemeine Zeitung, 25. August 2012, S. 7.

www.100letprve.si (zitiert 8.8.2018)
www.1914-1918-online.net (zitiert 8.8.2018)
www.centenario1914-1918.it/it (zitiert 8.8.2018)
www.delo.si/druzba/trip/po-napoleonovi-cesti-v-spomin-dveh-cesarjev.html (zitiert 8.8.2018)
www.ersterweltkrieg.at//pages/aktuelles.php (zitiert 8.8.2018)
www.itinerarigrandeguerra.com (zitiert 8.8.2018)
www.irsml.eu (zitiert 8.8.2018)
www.potmiru.si (zitiert 8.8.2018)
www.prohereditate.com (zitiert 8.8.2018)
www.rtvslo.si/1sv (zitiert 8.8.2018)
sl.wikipedia.org/wiki/Glavna_stran (zitiert 8.8.2018)
wk1.staatsarchiv.at (zitiert 8.8.2018)
www.zborzbirk.zrc-sazu.si/sl-si/domov.aspx (zitiert 8.8.2018)
www.sta.si/soska-fronta (zitiert 8.8.2018)
derstandard.at/1385169527906/Spuren-zum-Ersten-Weltkrieg-im-Socatal (zitiert 8.8.2018)
www.youtube.com/watch?v=7_fzmkQjo2I (zitiert 8.8.2018)
www.youtube.com/playlist?list=PL7ypcGGqsGnNJWMGBgibJCdrObyEzKlJI&disable_polymer=true
(zitiert 8.8.2018)

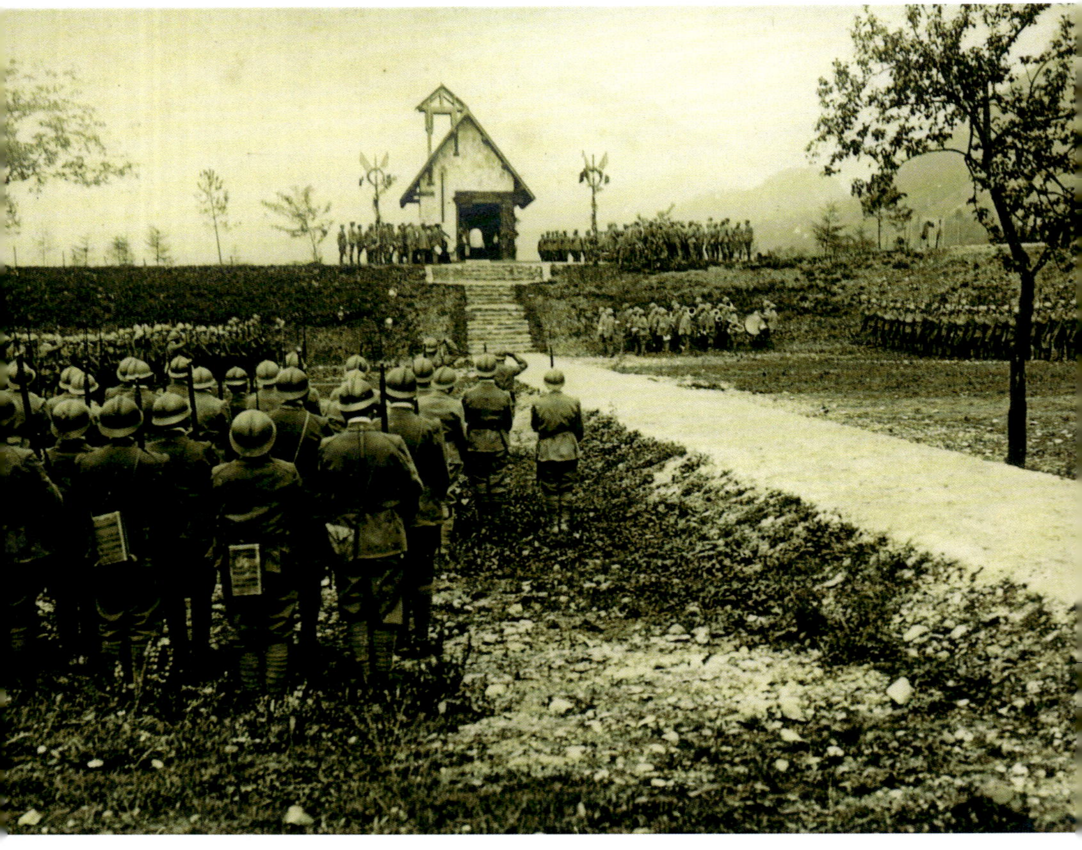

Einweihung der italienischen Soldatenkapelle, Ladra, 30. Mai 1917

Fotografien:

Autoren und Fotoquellen alphabetisch sortiert mit Seitenangaben:

Arhiv STO, Jošt Gantar: 12; Alan Kosmač, 10
AUSSME, Rim: 76 oben
Bertarelli, L.V., E. Boegan, *Due mille grotte di guerra*, Milano 1926, str. 129: 130 unten links
Bevivino, Piermario – zasebni arhiv, hrani Zoran Šuligoj: 107 unten links
Bizjak, Bruno: 106 oben links
Bone, Samo – zasebni arhiv: 68 unten links
Brezigar, David – Privatarchiv: 68 oben
Bric, Jernej: 32 oben, 46 oben, 52 oben, 86 oben, 93 unten, 94 unten, 98 oben, 100 unten, 146 oben, 152 oben, 153, 157, 166 spodaj, 183, 185
Caponi, Fernando – Tagebuch, im Besitz von David Erik Pipan: 116 oben
Cimprič, Željko: 25 oben, 42 oben, 58, 71 unten links, 75, 79
Consorzio Culturale del Monfalconese: 145, 154, 156 unten, 164 unten, 186 unten
Četrtič, Leon: 204
Črv, Stojan – Privatarchiv: 69
Di Matteo, Andrea – Privatarchiv: 184 unten
Društvo soška fronta – Archiv: 114 unten links, 116 unten, 123, 132 unten
Etterich, W. – Privatarchiv, im Besitz der Ustanova »Fundacija Poti miru v Posočju«: 16, 28 unten, 196
Ferner, Peter – Privatarchiv, im Besitz von David Erik Pipan: 110 unten links
Fon, Aleš – Archiv LTO Bovec: 206
Fondazione CariGO GREEN³ – IKON Srl: 162 oben
Goriški muzej, Photothek der historischen Abteilung, Abbildungen, Inv. Nr. 12471, Šempeter pri Gorici, 4.11.1917: 120 unten
Gorjan, Tanja: 8
Görzer Museum, Sammlung von Alben der historischen Abteilung, GMD 64: 190 oben
Görzer Museum, Sammlung von Alben der historischen Abteilung, GMK, Gorjansko – Verbandsplatz: 143
Görzer Museum, Sammlung von Alben der historischen Abteilung, GMN (K.u.k. Festungsballon-Abteilung 1.3 B Photokontrolle: 124 unten, 136, 137, 140, 142 unten , 146 unten, 192
Gregorčič, Matjaž: 47
Heeresgeschichtliches Museum, Wien: 30 unten links, 34 oben
Juren, M. et al., *Pozabljeni Kras. Ofenzive v jeseni 1916*, Mladika, Triest 2011, S. 176: 131
Juren, Mitja – Privatarchiv: 86 unten, 150 oben, 150 unten, 170 unten, 189, 194, 200
Kelih, Peter: 56 oben rechts, 57
Kobariški muzej: 18 unten, 52 unten, 54 unten links, 54 unten rechts, 56 oben links, 56 unten, 74
Kovačič, Simon – Privatarchiv: 4, 40 unten, 54 oben, 106 oben rechts, 112, 114 unten rechts, 121, 122 oben, 122 unten, 133, 155, 162 unten links, 170 oben
Lenardon, Roberto – Privatarchiv: 156 oben, 178 oben
Madon, Mitja: 84 oben links, 110 oben
Mantini, Marco: 162 unten rechts, 168, 174 unten, 176 oben, 178 unten links, 178 unten rechts
Marušič, Konrad – Privatarchiv: 134 oben
Medobčinski muzej Kamnik: 63
Menis, Gabriele, Agenzia Turismo Friuli Venezia Giulia: 144 unten links, 144 unten rechts, 160 oben, 160 unten rechts, 161
Milani, Marco, Agenzia Turismo Friuli Venezia Giulia: 96 unten, 128, 184 oben, 188, 190 unten
Močnik, Mitja – Privatarchiv: 93 oben
Musei Provinciali di Gorizia, Fototeca, Fondo Diaz, Album Jervolino: 174 oben
Museo civico del risorgimento, Bologna: 45 unten, 62 unten, 66, 83, 104 oben, 117, 144 oben, 164 oben
Museo della Grande Guerra di Gorizia: 94 oben, 176 unten
Nalini, Bici, Agenzia Turismo Friuli Venezia Giulia: 147
Občina Miren-Kostanjevica: 125
Občina Tržič (Comune di Monfalcone): 179
Olmi, Leonardo – Archiv LTO Bovec: 26
Ovčak, Tomaž: 28 oben, 37, 40 oben, 45 oben, 48 unten, 55, 60 oben, 60 unten
Österreichische Nationalbibliothek, Dunaj: 30 oben
Petelinšek, Tamino: 34 unten rechts, 42 unten links, 42 unten rechts, 68 unten rechts, 71 unten rechts, 76 unten links, 76 unten rechts, 82
Pipan, David Erik – Privatarchiv: 24, 25 unten, 95, 96 oben, 104 unten, 108 oben, 108 oben, 110 unten rechts, 111, 113, 114 oben, 116 in der Mitte
Pokrajinski arhiv v Novi Gorici. Fond PANG 583, Fotografiensammlung, t. e. 4, a. e. 34: 98 unten
Pokrajinski arhiv v Novi Gorici. Fond PANG 583, Fotografiensammlung, t. e. 23, a. e. 203, Album2: 182
Pro loco di Fogliano Redipuglia, *Sentieri di pace. Sul carso della grande guerra*, Fogliano, Redipuglia 2002, S. 2: 175
Puc, Marko: 107 unten rechts
Rusian, Poldo – Privatarchiv: 130 oben
Russian, Pierpaolo – Privatarchiv: 152 unten
Schaumann, W., *Die Bahnen zwischen Orter und Isonzo 1914–1918*, Wien 1991, S. 161: 134 unten
Simić, M., *Po sledeh soške fronte*, Mladinska knjiga, Ljubljana 1996, S. 109: 22 unten
Stok, Silvo – Privatarchiv: 177
TIC Brda: 87, 90, 92
Tolminski muzej: 61
Ustanova „Fundacija Poti miru v Posočju“: 18 oben, 22 oben, 27, 32 unten, 34 unten links, 46 unten, 48 oben, 62 oben, 84 unten, 100 oben, 120 oben, 124 oben, 130 unten rechts, 132 oben, 142 oben, 155 oben, 160 unten links, 166 oben, 186 oben
Valantič, Egon – Privatarchiv: 84 oben rechts
Vuga, Peter – Privatarchiv: 106 unten
Živulović, Srdjan – BOBO: 30 unten rechts, 67, 202

Fotografie auf dem Buchcover: Heiligengeistkirche auf Javorca (Simon Kovačič)

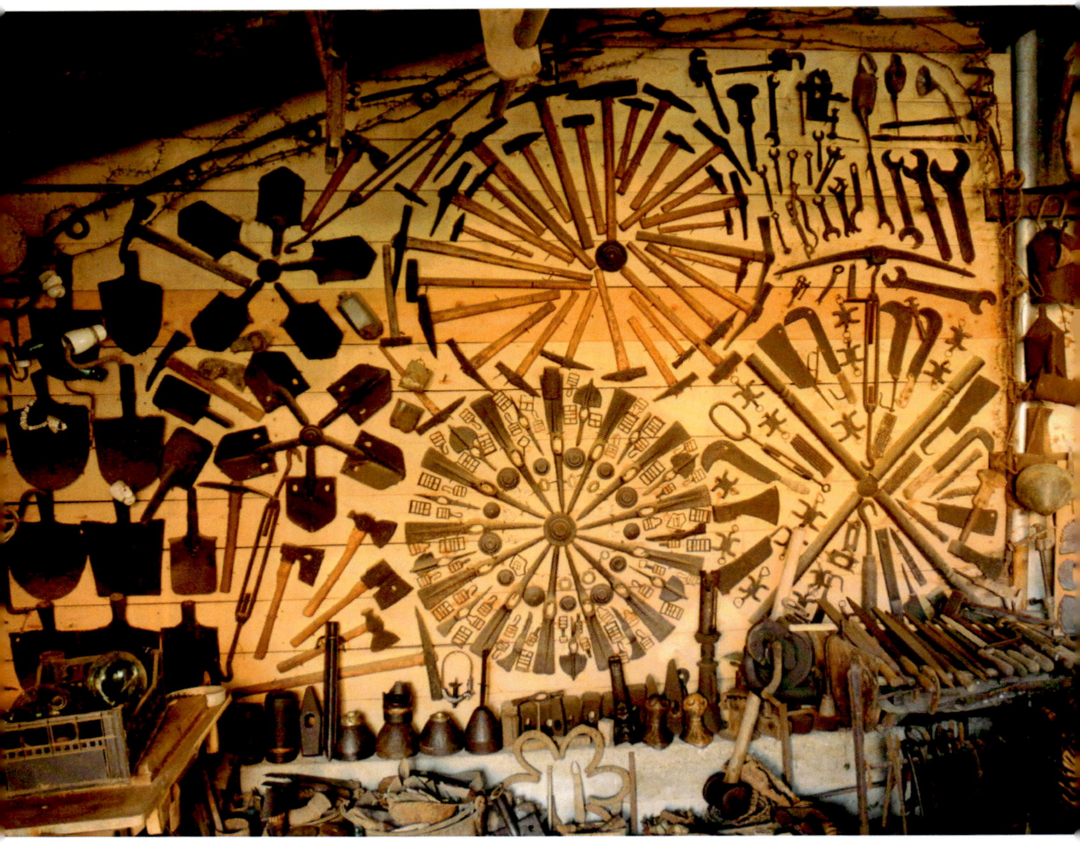

Museumssammlung *Posočje 1915–1917*

Private Museumssammlungen

Zasebna zbirka Samo MIR naj bo
Turistična kmetija Jelinčič, kamp Jelinc
Soča 50, SI–5232 Soča
+386 (0)5 388 95 10, +386 (0)51 222 735

Mali muzej soške fronte Bovec
Miloš Domevšček
Brdo 53, SI–5230 Bovec
+386 (0)41 507 445

Muzejska zbirka Iva Ivančiča,
Ivan Ivančič
Trg golobarskih žrtev 56, SI–5230 Bovec
+386 (0)40 429 421

Vojaška zbirka Zbogom orožje 1915–1917
Sašo Prochazka
Klanc 1, SI–5230 Bovec
+386 (0)41 563 453

Muzejska zbirka Stol 1915–1917
Zdravko Marcola
Breginj 5, SI–5223 Breginj
+386 (0)41 459 219

Etno-vojna zbirka
Zdravko Mazora
Breginj 81, SI–5223 Breginj
+386 (0)51 356 507

Zbirka Botognice
Mirko Kurinčič
Drežnica 22a, SI–5222 Kobarid
+386 (0)31 743 023

Muzejska zbirka Posočje 1915–1917
Matic Volarič
Idrsko 29, SI–5222 Kobarid
+386 (0)51 302 239

Zbirka prve svetovne vojne Alberto Picco
Bojan Rustja
Sergeja Mašera 2, SI–5222 Kobarid
+386 (0)41 693 049

Kobarid v véliki vojni 1917
Ivo Krajnik
Pot na Gradič 5 (beim italienischen Beinhaus)
SI–5222 Kobarid
+386 (0)41 713 658

Rommlova utaboritev – Brgoličeva domačija
Stanislav Šekli
Jevšček 5, SI–5222 Kobarid
info@rommel-isonzo.com

Muzej Mrzli vrh
Andrej & Matjaž Velikonja
Zatolmin 7a, SI–5220 Tolmin
+386 (0)41 798 429

Mali muzej soške fronte Tolminsko mostišče
Peter Kogoj
Most na Soči 53
SI–5216 Most na Soči
+386 (0)31 699 968

Vojni muzej Pečine
Bojan Pisk
Pečine 22, SI–5283 Slap ob Idrijci
+386 (0)5 380 95 22, +386 (0)31 513 131

Muzej prve svetovne vojne Banjšice – Lohke
Zdenko & Darjo Mužič
Banjšice 19a, SI–5251 Grgar
+386 (0)5 307 56 42, +386 (0)31 584 208

Muzejska zbirka Franca Jerončiča
Franc Jerončič
Melinki 3, SI–5213 Kanal
+386 (0)5 309 30 14, +386 (0)51 334 457

Jugova zbirka
Martin Levpušček
Avšje 3, SI–5213 Kanal
+386 (0)40 202 919

Lukčeva hiša
Jožica Strgar
Kambreško 12, SI–5213 Kanal
+386 (0)41 528 592

Muzejska zbirka 1914–1917
Zoran Šuligoj
Kolodvorska 2, SI–5213 Kanal
+386 (0)41 508 876

Muzejska zbirka na Sabotinu
Bogdan Potokar
+386 (0)40 253 234

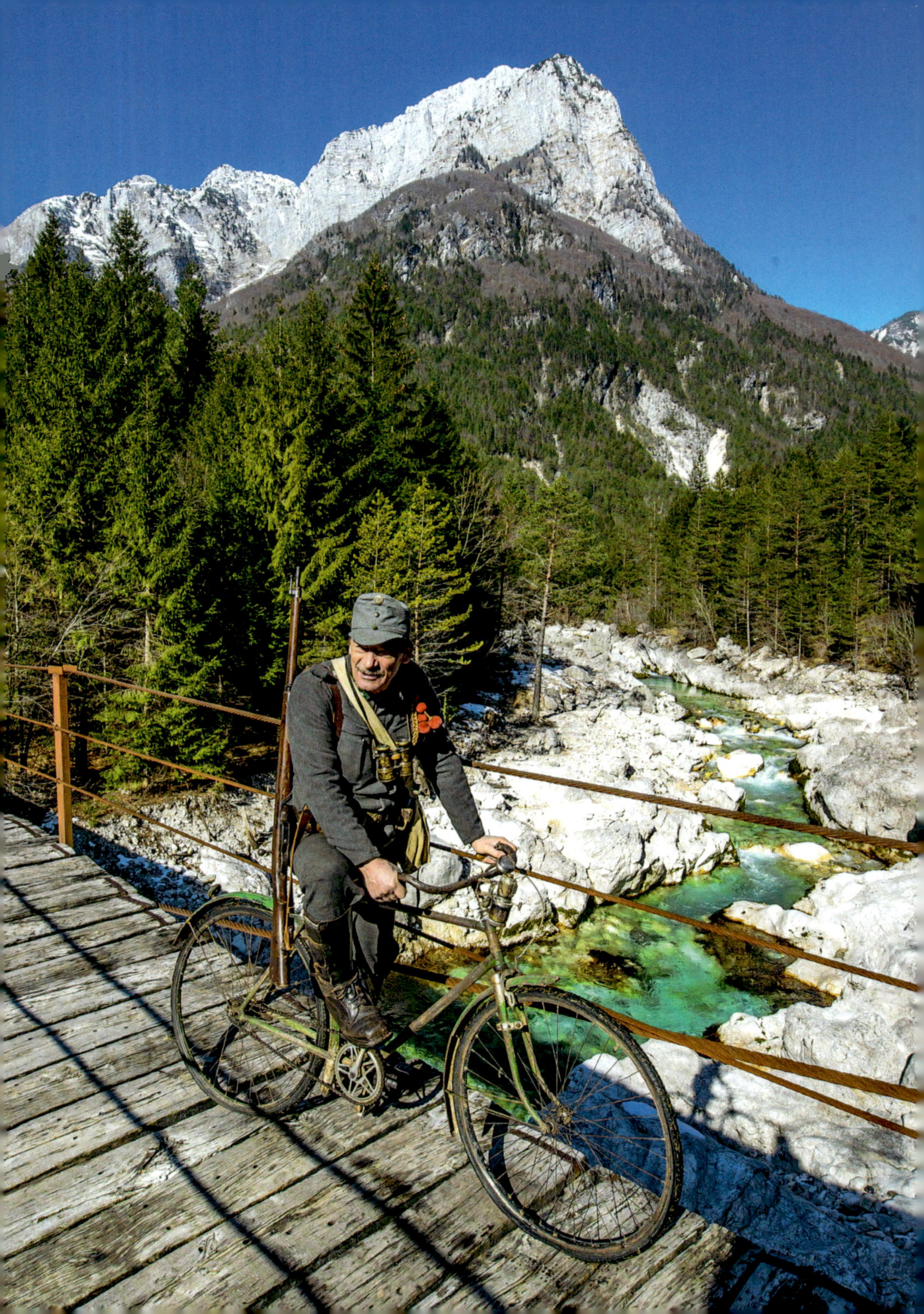

Vojni muzej Solkan
Rok & Jordan Boltar
Soška cesta 31, SI–5250 Solkan
✆ +386 (0)40 437 476

Stalna razstava Društva soška fronta *Šempeter in okolica med prvo svetovno vojno*
David Erik Pipan
Vrtojbenska 21-A, SI–5290 Šempeter
✆ +386 (0)41 541 868

Vojaški muzej Tabor
Srečko Rože
Prelože 10, SI–6219 Lokev
✆ +386 (0)41 516 586

Muzejska zbirka Pri stari dami
Predjama 13, SI–6230 Postojna
✆ +386 (0)41 730 690

Vojni muzej Črni Vrh
Ivan Rudolf
Črni Vrh 36, SI–5274 Črni vrh nad Idrijo
✆ +386 (0)41 739 544

Museo storico Balus
Matteo Balus
Tribil Superiore *Gorenji Tarbij*
I–33040 Stregna *Srednje*
✆ +39 328 416 49 20

Mehr Informationen über private Sammlungen erhalten Sie unter: http://zborzbirk.zrc-sazu.si und in dem Buch *Kulturna dediščina v zbirkah med Alpami in Krasom, Vodnik po zbirkah*.

Informationen über gefallene Soldaten an der Isonzofront:

Ustanova „Fundacija Poti miru v Posočju" und Tolminer Museum:
www.potmiru.si/deu/evidenca-padlih

Italienische Beinhäuser: www.cadutigrandeguerra.net/index.php/home-slo

Friedhöfe Aurisina und Prosecco: www.percorsiprovinciats.it/1914-1918

Rom, Italien:
Ministero della Difesa
Commissariato Generale per le Onoranze ai Caduti
Via XX settembre 123/a
I–00187 Rom
✉ onorcaduti@postacert.difesa.it
onorcaduti@onorcaduti.difesa.it
🌐 www.difesa.it/Il_Ministro/ONORCADUTI/Pagine/Contatti.aspx

Wien, Österreich:
Kriegsarchiv
Nottendorfer Gasse 2
A–1030 Wien
✆ +43 1 79540 452
✉ ka@oesta.gv.at
🌐 www.oesta.gv.at

Für zusätzliche Informationen schreiben Sie bitte an: info@potmiru.si

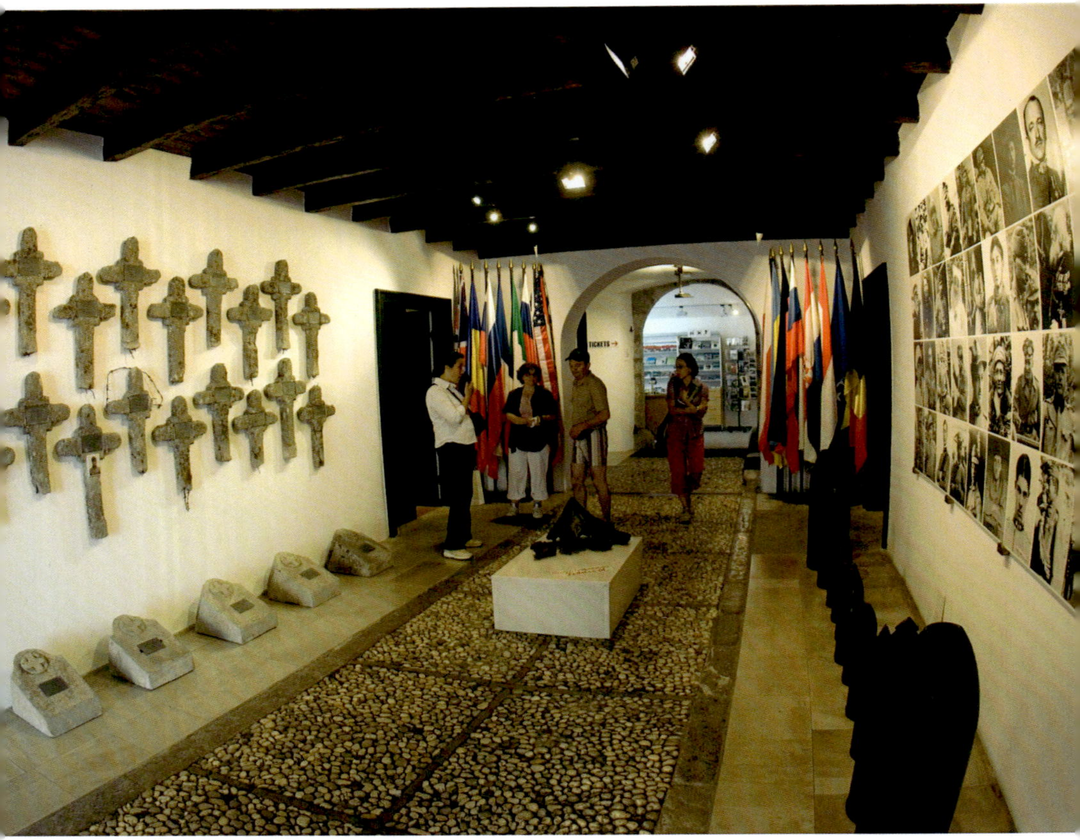

Museum *Kobariški muzej*

Museen

Slowenien

Kobariški muzej
Gregorčičeva 10
SI–5222 Kobarid
+386 5 38 90 000
www.kobariski-muzej.si

Tolminski muzej
Mestni trg 4
SI–5220 Tolmin
+386 5 38 11 360
www.tol-muzej.si

Goriški muzej
Pod vinogradi 8
SI–5250 Solkan
+386 5 33 59 811
www.goriskimuzej.si

Muzej novejše zgodovine Slovenije
Celovška cesta 23
SI–1000 Ljubljana
+386 (0)1 300 96 10
www.muzej-nz.si

Park vojaške zgodovine
Kolodvorska cesta 51
SI–6257 Pivka
+386 31 775 002
www.parkvojaskezgodovine.si

Italien

Museo della Grande Guerra di Gorizia
Borgo Castello *Goriški grad* 13
I–34170 Gorizia *Gorica*
+39 0481 533926
musei@provincia.gorizia.it

Museo del San Michele
Monte San Michele *Debela Griža*
I–34078 Sagrado *Zagraj* (GO)
+39 0481 92002
www.fondazionecarigo.it

Museo della Grande Guerra
Casa III Armata
Via III Armata
I–34070 Fogliano-Redipuglia *Foljan-Redipulja* (GO)
+39 0481 489024

Castello di Duino
Via Castello di Duino 32
I–34011 Duino-Aurisina *Devin-Nabrežina* (TS)
+39 040 208120
www.castellodiduino.it

Civico Museo della Guerra
per la Pace Diego de Henriquez
Via Costantino Cumano 22
I–34139 Triest *Triest*
+39 040 6754699
www.museodiegodehenriquez.it

Museo del Risorgimento
Piazza Oberdan, Via XXIV Maggio 4
I–34133 Triest *Triest*
+39 040 6754068, +39 040 361675
www.museodelrisorgimentotrieste.it

Sala storica della Sezione G. Corsi di Trieste
Associazione Nazionale Alpini di Trieste
Via della Geppa 2
I–34132 Triest *Triest*
+39 040 368020
trieste@ana.it

Museo dell'Associazione Culturale F. Zenobi
Caresana *Mačkolje* 12
I–34018 San Dorligo della Valle *Dolina*
+39 40 231 299
www.zenobionline.com

Museo privato Ricordi della Grande Guerra
San Martino del Carso *Martinščina*
I–34078 Sagrado *Zagraj* (GO)
+39 338 2626267

Stazione Multimediale,
Museo della Grande Guerra
Via III Armata 37
I–34070 Fogliano-Redipuglia *Foljan-Redipulja* (GO)
+39 0481 489139

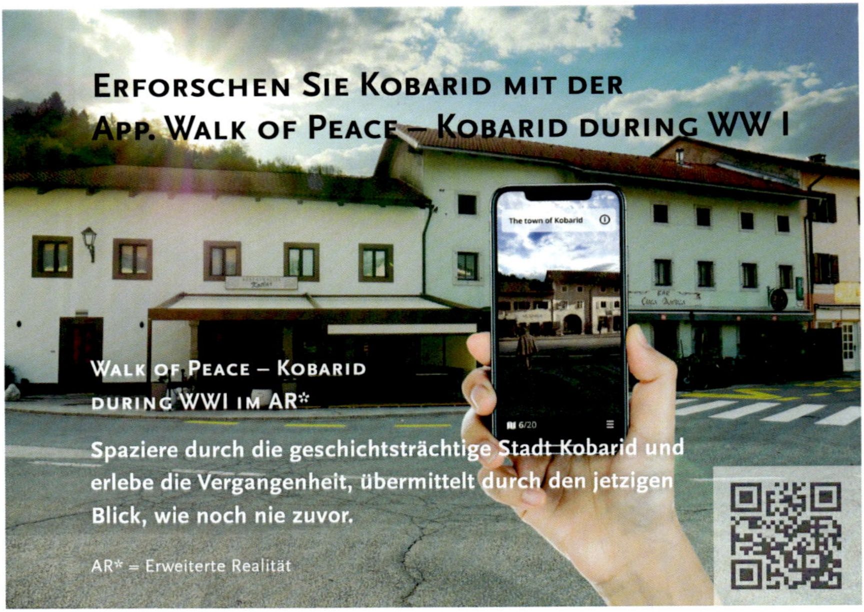

Das Wander-Reise-Lesebuch hätte nicht ohne die aufrichtige Hilfe von Mitarbeitern und Einzelpersonen entstehen können. Besonders hervorheben möchten wir:
David Erik Pipan (Prižnica, Vodice, Sveta Gora, Škabrijel);
Niccola Relevant, FVG Turismo, *www.itinerarigrandeguerra.com*
(Karst Freilichtmuseum Brestovec, Freilichtmuseum Monte San Michele, Redipuglia *Redipulja*, Freilichtmuseum Ermada, Trieste *Triest*);
Mitja Močnik (Goriška Brda, Freilichtmuseum Sabotin, Karst);
Simon Kovačič (Vrtojba, Šempeter pri Gorici, Anhöhe Markov hrib, Vrtojba-Bilje Hügel);
Konrad Marušič (Freilichtmuseum Pečinka Höhle);
Marco Mantini (Themenpark des Ersten Weltkrieges, Monfalcone *Tržič*);
Jože Silič, Mag. Matjaž Ravbar, Mitja Močnik (Luftfahrt auf der Isonzofront).

Dank geht auch an alle Angestellten, die in den Touristikinformationszentren entlang des *Weges des Friedens* arbeiten. Viele Angaben sind aus ihren Internetseiten zusammengefasst worden. Die Kontakte sind am Ende des Wander-Reise-Lesebuchs publiziert.

Unser Dank geht auch an Dr. Petra Testen Koren für die Redaktion, Prof. Dr. Petra Svoljšak, Dr. Renato Podbersič und David Erik Pipan für alle sachkenntlichen Anmerkungen.

Dank auch an alle Organisationen, Vereine und Einzelpersonen, die mit ihrer aktiven Arbeit die Erinnerung an die Isonzofront aufrechterhalten.